课题名称：需求牵引的经济学新文科人才培养模式
JXJG-21-1-13，立项等级：重点，项目类型：
教学改革研究课题

南昌大学 2021 本科生校级教改项目，项目编号：NCUJGLX-2021-167-47

全球能源经济发展的特征研究：
评估、影响与比较分析

李建强　等著

中国财经出版传媒集团
经济科学出版社
Economic Science Press

图书在版编目（CIP）数据

全球能源经济发展的特征研究：评估、影响与比较分析/李建强等著. —北京：经济科学出版社，2021.11

ISBN 978 - 7 - 5218 - 2965 - 5

Ⅰ.①全… Ⅱ.①李… Ⅲ.①能源经济 - 经济发展 - 研究 - 世界 Ⅳ.①F416.2

中国版本图书馆 CIP 数据核字（2021）第 208445 号

责任编辑：李一心
责任校对：隗立娜 李 建
责任印制：范 艳

全球能源经济发展的特征研究：评估、影响与比较分析
李建强 等著
经济科学出版社出版、发行 新华书店经销
社址：北京市海淀区阜成路甲 28 号 邮编：100142
总编部电话：010 - 88191217 发行部电话：010 - 88191522
网址：www.esp.com.cn
电子邮箱：esp@esp.com.cn
天猫网店：经济科学出版社旗舰店
网址：http://jjkxcbs.tmall.com
北京密兴印刷有限公司印装
787×1092 16 开 23 印张 380000 字
2022 年 2 月第 1 版 2022 年 2 月第 1 次印刷
ISBN 978 - 7 - 5218 - 2965 - 5 定价：89.00 元
（图书出现印装问题，本社负责调换。电话：010 - 88191510）
（版权所有 侵权必究 打击盗版 举报热线：010 - 88191661
QQ：2242791300 营销中心电话：010 - 88191537
电子邮箱：dbts@esp.com.cn）

前　言

　　能源在人类社会发展中扮演着重要的角色，对经济社会发展产生了深远的影响。能源已经成为每个人生活中不可或缺的部分。然而能源资源是有限的，人类历史上数次能源危机无不显示着能源资源的稀缺性与人类对能源需求之间的矛盾，这一矛盾正是能源经济学产生的基础，由此而引起的问题是能源经济学的研究对象。林伯强在《高级能源经济学》中认为："经济学是研究人们如何分配其有限资源来满足人们的需要的科学，是为了解决资源稀缺问题而产生的，中心问题是由稀缺性引起的资源配置问题。能源资源相对于人类现代化生活的重要性和在总量上的不足，是人类社会与资源关系的核心问题。能源经济学正是以主流经济学为主线，结合运用其他学科，来探索人类如何面对有限的能源资源，并作出权衡取舍的选择的科学。"

　　随着科学技术的不断发展，人类对能源的利用经历了柴草能源时代、化石能源时代，即将迎来新能源时代，人类对能源的认识也逐渐加深。能源经济学也是随着能源技术的进步、认识的逐步加深而发展起来的。世界各国学者对能源经济学的研究大致经历了以下三个阶段：

　　自第一次世界工业革命开始，依靠消耗大量能源（尤其是化石能源）机械的问世，极大地提升了自然生产率，使人类社会迅速发展、经济快速增长。此间，西方经济学开始蓬勃发展，经历了从古典主义到新古典主义的发展，由此产生了能源经济学的萌芽和基本思想。古典主义主要从供给的角度出发注重对经济总量研究，而经济学主要关注两个问题是如何提高资源利用效率和保持经济长期增长，因此建立在"边际效用论"和"均衡价格论"的基础上，以需求为核心的新古典经济学代替了古典经济学。边际效用价值论、边际分析法和均衡分析法、均衡价格理论、资源优化配置和外部性理论是新古典主义对能源经济学的贡献。在这一阶段，由于煤炭是经济发展的主要经济动力，因此能源经济学初步研究侧重于煤炭的开发利用。英国经济学家威廉·杰文斯1865年出版的《煤的问题》，是文献中最早从经济学角度全面分析能源问题的专著。杰文斯在详细论述了煤的情况和各种替代能源非对称性的特点之后，认为英国的煤储量有限，靠煤炭而繁荣起来的英国经济总有一天不得不停止发展。

从第一次工业革命到19世纪30年代，世界人口猛增，经济迅速增长，导致对资源需求的大幅增长。结束于20世纪初的第二次工业革命，开辟了人类电气化的新纪元，全球生产力得到高速发展，大规模的资源开发利用加快了能源产业的形成和发展，同时也导致资源短缺、环境污染和生态破坏等问题加剧。随着发展资源经济和解决世界性的资源问题，环境成为研究热点，资源经济学作为独立学科在20世纪二三十年代出现。哈罗德·霍特林1931年发表的《可耗尽资源的经济学》被认为是资源经济学产生的标志，为能源经济学研究奠定了基本的理论分析框架。其后，20世纪70年代，以梅多斯《增长的极限》为代表的罗马俱乐部"增长极限论"，孕育了循环经济的思想萌芽。然而直到20世纪70年代，世界范围内的能源生产和供给相对充足，人们对生产要素投入的认识局限于劳动、土地和资本，此时能源被视为一种取之不尽、可有效保持需求的资源，能源的稀缺性并不是一个大问题。此时能源经济主要研究如何充分和最大效率地开发利用能源来满足经济发展的需要，重点是单一的能源开发利用政策。这一时期，对石油资源的研究是主要内容，注意力集中在如何有效地生产、加工、转换、运输能源产品，以满足经济发展的大量需求。

大规模的能源经济研究始于1973年由中东战争引发的石油危击。这一阶段，能源经济研究也经历了两个发展时期：从20世纪70年代~80年代初，研究重点是能源短缺或危机问题；20世纪80年代中期以后，更加关注能源可持续性问题，特别是环境问题。石油危机之后的油价上涨，使商品能源消费增长大幅下降，继而引起经济增长大幅下降。能源资源的有限性和片面追求经济增长而导致的大量资源浪费等问题摆在人们面前，能源匮乏成为世界性问题。传统的经济学观点和经济发展模式，已经不能解决社会经济发展面临的能源矛盾。能源与经济的关系及能源在经济增长中的作用开始引起更多经济学家的重视，能源经济学研究由此进入一个新阶段。能源资源公平分配、能源资源有效配置、能源效率提高和能源经济协调发展等成为研究的中心问题，能源价格变动对经济增长率、通货膨胀、资本市场、劳动力供给、环境污染，以及真实工资的影响是主要研究内容。

前 言

1975年，默克林（H. A. Merklein）的《能源经济学》问世，标志着能源经济学作为经济学的一个分支正式兴起。其他相关的能源研究著作还有《只有一个地球》（B. Ward）、《生存的蓝图》（E. Goldsmith）《经济理论与耗竭性资源》（Dasgupia）等。其中，英国的能源经济学家迈克尔·G. 韦布和马丁·J. 里基茨1979年合作出版的《能源经济学》、理查德·艾登1981年出版的《能源经济学》对后来能源经济学的发展产生了较大的影响。之后还有许多相关著作出版，但是，整体相对于其他学科，能源经济学仍处在初始阶段。

20世纪80年代以后，由于人口、资源、环境和发展等可持续发展的四大问题都与能源经济及其开发利用密切相关，如何实现能源的可持续利用及经济的可持续发展，逐渐成为现代经济学研究的热点和前沿问题，并促使越来越多的国家和国际组织开始对能源经济问题进行系统、深入和全面的研究，包括能源、环境和经济增长的关系，寻求持续协调的发展目标，特别是关于能源的政府公共政策问题。关于能源需求与供给、能源要素与其他生产要素之间的替代、能源与经济增长关系的经济学计量模型和应用软件更多地被利用，特别是一些关于能源、环境和经济增长的大型宏观经济模型得以建立并被广泛采纳。不少国家的高等院校、科研院所也纷纷开设能源经济学学科和能源经济学课程，能源经济学步入一个蓬勃发展的阶段。最近几年，人们对能源的稀缺（具体表现在能源价格持续上涨）和环境污染（具体表现为气候变暖）的担忧和恐惧正在将能源经济学研究推到日益重要的位置。

20世纪80年代以来，正是由于计量经济学的广泛应用，能源经济学的相关研究从传统的定性分析转向定量分析。分析能源消费与宏观经济之间的互动机理及变化，一直是新时期能源经济领域的主要研究内容，这对于实现全球经济的可持续发展具有十分重要的理论与现实意义。早期此类的文献研究大多采用单一国家的数据分析为主，缺乏跨国数据的实证研究，本书所列之研究是作者2005年首次以跨国样本分析各国能源消费与经济增长的互动关系，通过面板模型分析能源消费与经济增长间的动态因果关系，对全球能源经济发展的特征进行评估、影响与比较分析，主要从全球能源消耗的概况与国际比较、能源需求的特征与驱动因素、中国能源消费与经济发展的一般均衡分析与政策优化三个层面来阐释近年来能源经济的研究趋势与前沿，为后续开展全球能源经济相关领域的研究提供全方位总结。

本书第一篇主要介绍全球能源消耗的概况并对其进行国际比较。首先，能源作为经济增长的主要驱动力，正确认识与评估全球能源消耗的趋势以及在全球不同国家之间能源消耗的异质性是把握未来能源需求量变化的客观规律以实现全球节能减排的重要基础。其次，美国作为全球最发达的国家之一，其能源需求代表了新能源的时代特征，以美国为例，对其新能源需求的未来发展趋势及其所采取的扶持政策的影响进行评估，为世界发展新能源市场的国家提供经验总结。

本书第二篇主要分析能源需求的特征与驱动因素。能源规划是影响国家发展的重要因素，分析影响能源需求的相关因素，准确预测能源需求和结构变化，可以为政府等相关决策部门提供指定环境政策的依据。本篇从构建能源需求模型的研究出发，依次分析金融发展、政府治理、国家风险、自然灾害等因素对能源需求量的影响。

本书第三篇主要分析中国能源消费与经济发展的一般均衡与政策优化。由于中国是世界上经济增长速度最快的国家，并且已经成为世界第二大经济体，因此中国的发展经验、能源与经济的相关关系是值得探讨的内容。根据BP《世界能源统计年鉴2020》，中国是世界第一大能源消费国，也是世界碳排放新增最多的国家，能源消耗在中国宏观经济增长中扮演着十分重要的角色。与此同时，中国自党的十九大以来经济正在从高速增长向高质量增长转型，发展绿色经济，实现绿色发展已经成为中国政府实现经济转型的重要方向，本书研究能源消费、绿色经济与可持续发展之间的关系为全球实现可持续发展总结了中国经验。

习近平主席在第七十五届联合国大会一般性辩论上宣布，中国将提高国家自主贡献力度，采取更加有力的政策和措施，二氧化碳排放力争于2030年前达到峰值，努力争取2060年前实现碳中和[①]。因此总结分析全球能源消费与宏观经济之间的互动机理及变化，对于实现"双碳"目标同时促进中国国民经济的可持续发展具有十分重要的借鉴意义。

---

① 中华人民共和国中央人民政府，积极应对气候变化 坚定走绿色低碳发展之路——专访生态环境部新闻发言人刘友宾_滚动新闻_中国政府网，www.gov.cn/xinwen/2020-09/25/content_5547252.htm。

Contents 目 录

第一篇　全球能源消耗的概况与国际比较

第1章　全球能源消耗概况与趋势判断 … 3
- 1.1　引言 … 3
- 1.2　文献综述 … 6
- 1.3　收敛理论与脱钩假设 … 8
- 1.4　研究设计 … 10
- 1.5　实证结果 … 12
- 1.6　结论与政策建议 … 37
- 1.7　讨论 … 38

第2章　新能源发展趋势与政策评估
——以美国为例 … 39
- 2.1　引言 … 39
- 2.2　文献综述 … 42
- 2.3　方法论 … 43
- 2.4　数据处理 … 46
- 2.5　实证结果 … 48
- 2.6　结论和启示 … 62

第二篇　能源需求的特征与驱动因素

第3章　能源需求模型 … 67
- 3.1　引言 … 67

3.2	为什么非线性很重要	69
3.3	研究设计	71
3.4	数据和实证结果	76
3.5	结论	84

第4章　金融发展与能源需求　86

4.1	引言	86
4.2	文献回顾	89
4.3	研究方法	94
4.4	数据处理和主成分分析	96
4.5	实证结果	101
4.6	结论与启示	114

第5章　政府治理与能源需求　132

5.1	引言	132
5.2	文献综述	134
5.3	数据描述和变量	137
5.4	模型与实证方法	143
5.5	结论与启示	145
5.6	结论	155

第6章　国家风险与能源需求　159

6.1	引言	159
6.2	机理分析和假说提出	163
6.3	方法	166
6.4	数据描述	167
6.5	实证结果	171
6.6	结论与启示	184

第7章　自然灾害与能源消耗　188

7.1	引言	188

7.2 文献综述和假说 ·· 190
7.3 计量模型构建及数据 ···································· 194
7.4 实证结果 ·· 200
7.5 结论与启示 ·· 211

第三篇 中国能源消费与经济发展的一般均衡分析与政策优化

第 8 章 能源消费与经济增长
——以中国为例 ·· 219
8.1 引言 ·· 219
8.2 文献综述 ·· 222
8.3 变量和数据 ·· 224
8.4 模型与方法论 ··· 228
8.5 实证结果 ·· 231
8.6 结论与启示 ·· 240

第 9 章 能源消费、绿色经济与可持续发展 ··················· 251
9.1 引言 ·· 251
9.2 文献综述 ·· 254
9.3 研究方法 ·· 258
9.4 数据和变量的定义 ······································ 261
9.5 实证结果 ·· 263
9.6 结论与讨论 ·· 281

结论 ·· 284

参考文献 ··· 288
致谢 ·· 355

第一篇
全球能源消耗的概况与国际比较

第1章

全球能源消耗概况与趋势判断[①]

1.1 引　　言

本书研究的重点是世界各国能源消耗的收敛。大多数传统研究只关注能源消耗的区域收敛（Markandya，2006；Liddle，2010；Jakob，2012；Payne，2017）。相比之下，本书不仅通过区分不同收入水平和不同类型的能源贸易的非线性方法分析了能源消耗的全球收敛性，而且更重要的是，本书还分析了不同国家的收敛顺序，使用计量经济学的方法来分析收敛的主要影响因素。收敛性的存在只是表明是否存在稳态平衡，而不同国家的收敛顺序反映了达到均衡的速度。通过评估不同因素对收敛顺序的影响来寻找收敛原因，对于政策制定者保证全球能源消耗收敛一致性，具有重要的现实意义。

收敛对节能和环境保护具有持续性的影响。许多国家开始认识到提高能源效率以实现高质量增长的重要性。与此同时，节能减排的可持续发展战略已成为世界各国的目标（Le，2017；Chen & Lee，2020）。然而，各国在能源消耗方面存在很大的差异，这种差异是否会随着时间的推移而减少主要取决于技术进步和产业结构（Herrerias，2012）。发展中国家往往遵循发达国

---

① 本部分由本书作者刘铁鹰（Liu，T. Y.）李建强（Lee，C. C.）著 2020 年发表在《资源与能源经济（Resource and Energy Economics）》的《世界能源消耗收敛性》（*Convergence of the world's energy use*）一文整理而成。

家的旧经济发展道路，不考虑能源效率，而一些发达国家才刚刚经历了这个阶段（Jakob，2012）。国家间的收敛研究反映了世界总体能源消耗背后的技术收敛，这种差异可以指导不同国家节能减排政策。不同国家经济发展水平的收敛性可以通过能源收敛来间接理解，而脱钩效应意味着能源与经济关系之间存在拐点（Solow，1956；Barro，1991；Bennetzen，2016）。本书验证了收敛性理论和脱钩效应。同时，我们从非线性的角度验证了上述问题（Mohammadi & Ram，2012；Fallahi，2017）。更重要的是，本书从收敛顺序及其影响因素的角度考察了一系列经验假设，包括替代能源和核能占比、经济增长水平、工业化水平、对外开放水平和能源进口的影响。

能源消耗与环境、产业结构调整、经济增长效率等有关（Lee & Chang，2008；Le，2017；Wen & Lee，2020），它反映了一个国家经济的可持续发展路径，能源消耗的收敛性可以帮助我们了解国家经济增长收敛的驱动力，优化其产业空间结构。重要的全球问题，如能源安全、能源效率、经济增长、可持续性、温室气体排放和气候变化，都与能源部门有关（Fallahi，2017；Lee & Chang，2009）。同时，国家能源消耗的收敛速度随着时间的推移有不同的收敛顺序，区分不同国家的收敛顺序，可以为不同国家的节能减排计划提供参考。

继2014年和2015年分别增长0.9%和1%之后，2016年世界能源消耗仅增长了1%。过去十年全球能源消耗量的平均增长率为1.8%。除了石油和核燃料之外，其他种类的燃料消耗量的增长率一直低于平均水平（BP世界能源统计报告，2017）。埃雷里亚斯和刘（Herrerias，2013；Liu，2013）认为，世界上大多数国家在20世纪80年代和90年代开始提高能源效率，但近期，能源消耗却呈现出广泛增加的趋势。与发达国家相比，发展中国家的能源消耗呈现出快速增长的趋势，如中国和印度。非经合组织国家能耗目前约占全球能源消耗的60%，预计到2040年将上升至70%（Herrerias & Liu，2013）。

本书的贡献如下：首先，从非线性的角度讨论了能源消耗收敛的存在性，而传统研究忽视了不同国家的结构断点（Mohammadi & Ram，2012；Jakob，2012）。能源市场预测受到很多不确定性因素的影响，而且影响未来技术发展、人口变化、经济趋势和驱动能源消耗的资源可用性的因素也无法确定地预测（国际能源署，2017）。恩德斯（Enders，2012）和李（Li，

2012)指出，傅里叶变换比其他方法更能捕捉结构断点的特征。本书使用乔塔利亚（Chortareas，2009）和卡佩塔尼奥斯（Kapetanios，2009）提出的顺序面板选择方法（SPSM）来检验世界上107个国家的能源消耗是否存在收敛的证据①。本书在方法上的贡献是，在传统的 SPSM 模型中引入了傅里叶变换来检验收敛性，这使结果更具解释性。尽管乐（Le，2017）等学者使用 SPSM 发现，大多数亚太经合组织国家在能源消耗和电力上已达到收敛状态，但他们只关注亚太经合组织国家，没有从收入水平和能源贸易类型的角度深入分析国家间的空间差异。

其次，本书分析了不同国家（地区）能源消耗的收敛顺序。以往的研究大多忽略了收敛顺序这一重要问题（Mulder & de Groot，2007，2012；Payne，2017；Kounetas，2018）。能源收敛的顺序是指收敛的速度，可以帮助不同国家分析其能源利用与世界能源利用路径之间的关系。国家收敛优先级及其内在原因反映了空间差异和空间转型的特征，为收敛研究提供了新的视角和解释。非收敛国家的能源政策和国际义务应与这些收敛国家不同。后收敛和非收敛国家应更加重视节能减排。然而，以往的研究也没有考虑不同地区在这一问题上的差异（Markandya，2006；Mishra & smith，2014；Payne，2017）。本书根据人均收入水平和能源进出口方式对107个国家（地区）进行了分类，得到了一些有趣的发现。结果显示，研究期内，70%的国家（地区）能源具有收敛性。高收入和中高收入水平国家（地区）的收敛特征要早于中等收入和低收入国家（地区）。本书还发现，能源出口国（地区）在能源进口国（地区）之前收敛，这意味着高收入国家（地区）和中高收入水平国家（地区）首先通过调整产业结构和采用新技术实现稳定水平，能源出口国（地区）对能源消耗具有支配性控制权。这些结果表明，这些国家（地区）的能源消耗符合全球能源消耗收敛理论，不存在国家（地区）间强脱钩效应。

最后，本书首次运用计量经济学的方法探讨了影响世界各国（地区）能源消耗收敛顺序的因素。鉴于以往的研究只检验了收敛性特征，本书进一步分析了影响能源收敛的因素（Herrerias，2012；Meng，2013；Le，2017）。

---

① 与传统的面板单位根检验不同，本书的结果提供了有关拒绝或不拒绝单位根原假设的面板国家的数量和身份等信息。

本书提出了替代能源和核能占比、经济增长水平、工业化水平、对外开放水平和能源进口对能源收敛顺序的影响等一系列假设。结果表明，人均GDP、工业化水平和能源进口比重对国家（地区）能源收敛具有重要影响。这意味着收敛速度较慢的国家（地区）可以通过提高经济发展水平和工业化水平来实现能源收敛。

1.2 文献综述

能源收敛理论最初发现于经济增长模型（Solow，1956；Barro，1991；Mankiw，1992；Quah，1993），主要从收入分配的角度分析了低收入和高收入国家（地区）之间增长率的收敛。现有的能源收敛理论主要是在传统模型和理论中引入能源或环境变量，如绿色索洛模型（Brock & Taylor，2010）、环境库兹涅茨曲线理论（Luzzati & Orsini，2009；Baek，2015）和能源脱钩效应（Tapio，2005；Bennetzen，2016）。所有这些研究都集中在能源消耗和经济增长之间的关系。

在实证研究方面，诸多研究验证了能源强度（Miketa & Mulder，2005；Markandya，2006，Duro & Padilla，2011；Mulder & de Groot，2012），能源消耗（Jakob，2012），能源和劳动生产率（Mulder & DeGroot，2007）和碳排放的收敛性（Strazicich & List，2003；Van，2005；Aldy，2006；Ezcurra，2007；Romero - Avila，2008；Le Pen & Sla，2010；Liddle，2010；Herrerias，2012）。马肯迪亚（Markandya，2006）等学者通过预测模型表示2000～2020年转型国家（地区）的能源消耗预测值显示出与欧盟水平收敛相似的特征。Le Pen和Se Pen能源消耗表明，全球的收敛并不存在，而中东、经合组织（OECD）和欧洲的子样本对非收敛的排斥并不强烈。纳拉扬（Narayan，2010）等学者发现，从长远来看，澳大利亚的能源消耗可以恢复到平衡状态。利德尔（Liddle，2010）指出，经合组织和欧亚大陆国家（地区）的能源消耗呈现收敛特征，而拉丁美洲和加勒比国家（地区）以及中东和北非国家（地区）没有表现出收敛特征。阿佩尔吉斯（Apergis，2010）和佩恩（Payne，2010）表明，石油消费市场没有单位根，各州之间存在空间异质性。杜罗（Duro，2011）和帕迪利亚（Padilla，2011）发现，人均

GDP 产生的能源消费的不收敛加剧了全球能源消耗的不平等。穆罕默迪（Mohammadi，2012）和拉姆（Ram，2012）认为全球能源消耗的收敛并不明显。埃雷里亚斯（Herrerias，2012）发现了能源消耗中考虑人口规模时的收敛特征。马尔德（Mulder，2012）和德格罗特（de Groot，2012）发现，在 1995 年之后，各国（地区）的能源消耗呈现出收敛趋势。雅格布（Jakob，2012）等学者指出，在快速工业化时期，能源强度将高于平均水平，相应的碳排放和能源消耗将处于较高水平。

法拉希（Fallahi，2015）和沃亚（Voia，2015）表明，25 个经合组织国家的人均能源消耗已经呈现收敛特征。佩恩（Payne，2017）等在考虑结构性断点时，为美国大多数州的人均可再生能源消费的随机收敛提供了支持。郝宇（Hao，2017）和彭辉（Peng，2017）发现各州人均能源消耗既有绝对收敛性，也有条件 β 收敛性。此外，人均能源消耗与人均 GDP 之间存在倒"U"型关系。库内塔斯（Kounetas，2018）发现，针对欧盟样本的能源收敛模式的相关假设是无效的，并支持了欧洲国家的能源政策应按照非收敛范式制定。柏克（Berk，2018）等学者指出，欧盟中 14 国的能源消耗在绝对水平和条件水平上都存在收敛。瓦尔赫尔（Walheer，2018）发现不可再生能源存在收敛特征，而欧洲国家可再生能源市场呈现非收敛趋势。

在技术方法方面，非参数方法、马尔可夫链变换方法和对偶计量经济学方法被广泛用于研究这个问题（Aldy，2006；Pesaran，2007；Juessen，2009；Le Pen & Sévi，2010；Mussini，2020）。拉潘和谢伟（Le Pen & Sévi，2010）表明，在他们的全样本中存在非收敛特征，而根据对偶计量经济方法，中东（地区）和经合组织国家已经在能源强度上具有收敛特征。穆西尼（Mussini，2020）通过非参数方法发现 2003~2014 年欧盟能源强度具有收敛特征。

以往的研究虽然考察了收敛特征，但没有考虑不同国家（地区）收敛的内在原因和动力机制。另外，部分研究也没有考虑结构断点，忽略了事件对结果解释力的影响。纳拉扬（Narayan，2015）和刘（Liu，2015）证明了能源市场中存在结构性突破，因此传统的单位根检验检测均值回归的能力较低。为了解决这一问题，乌卡尔（Ucar，2009）和奥梅（Omay，2009）等学者将卡佩塔尼奥斯（Kapetanios，2003）的非线性方法与伊姆（Im，2003）等学者的面板单位根检验方法相结合，提出了一种非线性面板单位根检验方法。本实证研究采用傅里叶函数面板 KSS 检验，运用顺序面板选择法研究了世界各国（地区）能源消耗的收敛特征。将跨国信息与数据的非线性相结合，可以获得能源消耗的更多信息。

此外，一些研究聚焦于单个部门，不仅考虑碳排放，还考虑其他变量，如能源消耗和强度（Miketa & Mulder, 2005; Mulder & DeGroot, 2007）。由于本书所采用方法和数据变量选择的差异，本书得出的结论与之前的研究并不一致。现有的研究大多集中在具体的区域层面，很少有研究将视角放在世界层面。同时，现有研究忽略了为什么会有收敛、影响收敛的因素是什么、收敛的程度是什么。

本书的研究在以下几个方面不同于以往的研究。首先，本书根据人均收入水平和能源进出口方式分析了能源消耗的收敛顺序，收敛顺序是一个重要的研究课题，因为即使收敛结果最终可以实现，但如果能加速一个地区的收敛，就可以在较短的时间内达到均衡状态。其次，本书首次运用计量分析方法探讨影响能源消耗收敛顺序的因素，讨论不同因素对收敛速度的影响程度，明确哪些因素是收敛速度较慢国家未来改善的地方，这是实现收敛和确保可持续发展的前提。

1.3 收敛理论与脱钩假设

收敛通常被定义为各国生活水平的巨大差距随着时间的推移而缩小的趋势（Le, 2017）。能源是经济发展的一把双刃剑，经济发展以能源投入为基础，对能源需求的依赖性很强。一方面，当能源供应充足时，经济发展的潜力得到释放。另一方面，能源短缺或能源危机也会造成重大的经济损失（Wu & Wang, 2013）。因此能源收敛反映了世界是否正走向能源收敛，以及在能源消耗显著增加的情况下是否会进入稳态平衡。不同国家的经济发展水平在能源消耗上会呈现收敛。根据萨拉·伊马丁（Sala-i-Martin, 1996）的研究，收敛模型如下：

$$\log(E_t) = \alpha + (1-\beta)\log(E_{t-1}) + \mu_t \qquad (1-1)$$

其中 $0 < \beta < 1$ 且 μ_t 的均值为零，且具有有限方差。E_t 代表能源消耗。如果 $0 < \beta < 1$ 则存在条件收敛；否则，就会出现条件发散。新古典经济增长理论假

设在外生技术进步的条件下可以实现经济稳态增长路径（Barro & Sala‐i‐Martin，1992）。在本书的研究中，能源收敛理论认为当能源消耗偏离稳定增长水平时，它可以自动调整到均衡增长路径。收敛假说可归纳为 σ 收敛、β 收敛和俱乐部收敛三种假说。σ 敛收敛被解释为人均收入在不同地区之间的差距随着时间的推移趋于减小的过程，这是对产出存量水平的描述。β 敛收敛是指初始经济水平低的地区的人均增长率高于经济发展水平高的地区。俱乐部收敛是不同经济体的收敛特征，而不是整个样本（Sala‐i‐Martin，1996；Deardorff，2001）。

脱钩假设认为，随着经济的不断增长和科学技术的进步，能源消耗逐渐减少，经济发展对能源的依赖逐渐减少（Nilsson，1993）。"脱钩"是指能源消耗与经济发展之间存在拐点。换句话说，能源消耗会受到国家经济发展水平的影响（Jakob，2012）。本书通过区分不同收入水平地区的能源收敛，分析了脱钩假说。根据脱钩假说，如果高收入国家（地区）的收敛速度放缓，则其收敛顺序将低于中低收入国家（地区），这意味着能源效率的提高。能源脱钩主要有三个原因：一是经济发展改善了生产结构，经济发展带来产业结构的转变正在从工业主导向服务业主导转变，传统产业对能源的巨大需求可能会逐渐被人力资本的减少所取代（Wang，2015）。二是技术进步提高了能源利用的结构和效率。随着技术的不断创新，能源利用的效率也在不断提高，能源消耗的增长速度可能低于经济发展速度，从而产生脱钩效应（Ockwell，2008）。三是随着世界一体化和各国贸易开放程度的提高，能源消耗趋于合理，且全球分工日益明显，特别是发达国家可能通过进出口贸易将能源消费行业分散到国外，导致国内能源消费放缓，产生脱钩效应。此外，外国直接投资可能是发展中国家避免传统技术低效利用能源的一种方式（Mielnik & Goldemberg，2002）。

脱钩假说在短期和长期内与各收入群体的国内生产总值的消费弹性密切相关（Brenkert，2004；Webster，2008；Narayan，2010b；Burke & Csereklyei，2016；Valadkhani & Nguyen，2019）。纳拉扬等学者（Narayan，2010）表明，能源消耗与国内生产总值的长期弹性在 60% 的国家（地区）呈现正相关关系。瓦拉德汗（Valadkhan，2019）和阮（Nguyen，2019）发现，煤炭消费对经济增长的贡献一直在下降，而天然气、太阳能和地球生物质能的贡献在上升。

一些实证模型支持脱钩假说（Baranzini，2013；Garcanzini，2018）。然而，少数学者的研究与脱钩假说相矛盾（Le Pen & Sévi，2010；Csereklyei & Stern，2015；Moreau & Vuille，2018）。切雷克莱伊（Csereklyei，2015）和斯特恩（Stern，2015）认为能源消耗与经济增长之间存在强相关性，不存在强脱钩现象。莫罗（Moreau，2018）和维尔（Vuille，2018）研究表明，能源消费的国际转移可能对国内能源安全构成威胁，主要是由于对国外能源的依赖。

与脱钩理论类似的是能源库兹涅茨曲线理论，其主要内容是经济增长与能源消耗之间的倒"U"型关系（Grossman & Krueger，1995）。该理论认为，当经济增长水平达到一定阶段时，可以通过经济发展、产业结构转型、技术进步等途径降低能源消耗（Tang & Tan，2015；Al－Mulali，2016）。大多数能源库兹涅茨曲线的分析都与污染物排放有关，其中能源消耗被认为是污染的一个重要因素，并证实了能源库兹涅茨曲线理论（Shahbaz，2013；Al－Mulali，2016）。然而，卢扎蒂（Luzzati，2009）和奥尔西尼（Orsini，2009）认为世界各国的能源消耗与经济增长之间存在正向单调关系。帕布罗－罗梅罗（Pablo－Romero，2017）和德·杰斯罗（De JesRo，2017）也支持了库兹涅茨曲线。通过本书，我们可以分析世界各国（地区）的能源消耗是呈现收敛还是脱钩效应（包括能源库兹涅茨曲线）。

1.4 研究设计

传统的单位根检验在结构断点出现时，不能拒绝单位根假设。在传统的线性分析框架下，很难客观地解释宏观经济变量的非线性特征（Maddala & Kim，1999）。此外，断点被当作平滑和渐进的过程（Leybourne，1998）。为了避免此类情况发生，我们使用最新的单位根平稳性检验方法。

恩德斯（Enders，2012）和李（Lee，2012）在单位根检验模型中提出使用柔性傅里叶变换来分析结构断点。此外，加兰特（Gallant，1981）、贝克尔（Becker，2006），恩德斯（Enders，2012）和李（Lee，2012），以及克里斯·托普洛斯（Christopoulos，2010）和莱昂－莱德斯马（León－Ledesma，2010）认为傅里叶变换可以观测到事先不知道的结构断点特性，而传统的研究忽略了收敛的顺序,只关注时间序列数据。乌卡尔和奥梅(Ucar & Omay,2009,UO)在卡佩塔尼奥斯(Kapetanios,2003,KSS)和伊姆(Im,2003)等学者的面板单位根测试理论中提出了非线性面板单位根测试。本书采用乔塔利亚(Chortareas,2009)和卡佩塔尼奥斯(Kapetanios,2009)提出的顺序面板选择法(SPSM)对107个国家(地区)的世界能源消耗收敛性进行了检验。与以往方法相比,顺序面板选择法(SPSM)可以将整个面板划分为收敛和不收敛两部分,该方法最重要的特点是可以获得收敛的阶数。本书方法论的贡献是在传统的SPSM模型中引入了傅里叶变换,傅里叶变换可以在更大程度上观察到结构断点特性(Enders & Lee,2012)。因此,本书的研究结论比之前的研究更加客观。

卡佩塔尼奥斯(Kapetanios,2003)等学者认为,KSS单位根检验符合指数平稳过渡自回归(以下简称ESTAR)过程。模型如下:

$$\Delta E_t = \gamma E_{t-1}\{1 - \exp(-\theta E_{t-1}^2)\} + v_t \tag{1-2}$$

其中 E_t 为能源消耗的数据序列,V_t 为误差项,它的均值为零、方差恒定,$\theta \geq 0$ 为ESTAR模型的过渡参数,控制着过渡速度。在原假设下,E_t 遵循线性的单位根过程。这个模型的一个不足之处在于参数 γ 在原假设下没有被注意。

卡佩塔尼奥斯(Kapetanios,2003)等学者使用一阶泰勒级数近似 $\{1 - \exp(-\theta E_{t-1}^2)\}$,在原假设下使用以下方法:

$$\Delta E_t = \xi + \delta E_{t-1}^3 + \sum_{i=1}^{k} \theta_i \Delta E_{t-1} + v_t \quad t = 1, 2, \cdots, T \tag{1-3}$$

在这个框架中,原假设和备择假设分别表示为 $\delta = 0$(非平稳性)和 $\delta < 0$。乌卡尔和奥梅(Ucar & Omay,2009,UO)基于(1-2)式展开了非线性面板单位根检验,回归方程为:

$$\Delta E_{i,t} = \gamma_i E_{i,t-1}\{1 - \exp(-\theta_i E_{i,t-1}^2)\} + v_{i,t} \tag{1-4}$$

在 $i = 1, 2, \cdots, N$ 和 $t = 1, 2, \cdots, T_i$ 分别代表国家(地区)和时间。乌卡尔和奥梅(Ucar & Omay,2009,UO)也采用一阶泰勒级数近似得到辅助回归:

$$\Delta E_{i,t} = \xi_i + \delta_i E_{t-1}^3 + \sum_{j=1}^{k} \theta_{i,j} \Delta E_{i,t-j} + v_{i,t} \tag{1-5}$$

$\delta_i = \theta_i \gamma_i$,他们根据式(1-5)建立的单位根检验假设如下:

原假设：对于所有的 i 都有 $\delta_i = 0$ （线性非平稳）

备择假设：对于部分 i，存在 $\delta_i < 0$ （非线性平稳）

本书在此基础上近似得到的 KSS 方程为：

$$\Delta E_{i,t} = \xi_i + \delta_i E_{t-1}^3 + \sum_{j=1}^{k} \theta_{i,j} \Delta E_{i,t-j} + a_{i,1} \sin\left(\frac{2\pi kt}{T}\right) + b_{i,1} \cos\left(\frac{2\pi kt}{T}\right) + \varepsilon_{i,t}$$

(1-6)

其中 k 表示为估计选择的规则性[①]，$[a_i, b_i]'$ 为测量振幅和位移的频率分量，并对选择 $[\sin(2\pi kt/T), \cos(2\pi kt/T)]$ 的原理进行说明，即傅里叶表达式可以用来估计完全可积函数的精度。大量文献广泛记载，如果忽略潜在的横截面相关性，面板单位根检验就可能会错误地拒绝单位根空值。为了解决这个问题，本书采用了乌卡尔和奥梅（Ucar & Omay, 2009，UO）提出的自抽样法来适解决能源消耗之间可能存在的相关性。

1.5 实证结果

在本书中，我们使用了世界 107 个国家（地区）1971~2014 年的年度能源消耗数据来检验各国（地区）之间的能源收敛性。能源消耗（单位：人均千克石油当量）是能源消耗总量占国内生产总值的比重，代表着国民经济发展的能源效率和技术发展水平[②]。它也反映了经济增长对能源的依赖，以及对工业化进程的重要影响（Kiran, 2013）。考虑到收敛性，本书采用国家（地区）能源消耗与世界平均能源消耗水平的差值作为检验数据，数据的来源是世界银行数据库（WDI）。自 20 世纪 70 年代能源危机以来，特别是 1993 年以来，能源消耗迅速增加。根据 BP 能源展望（2018），全球能源需求增长放缓，需求已转向亚洲快速发展的国家（地区）。可再生能源消耗持续强劲增长，煤炭消耗有所下降，能源结构逐步优化。图 1-1 显示

---

① k 是根据戴维斯（Davies, 1987）通过使用网格搜索方法选择的，该值使傅里叶方程的残差平方和（SSR）最小化。

② 在本书中，能源消耗是指一次能源（包括煤、石油、原油、天然气、核燃料、可再生能源、水电等）在转化为其他最终用途燃料之前的消耗，它等于本土生产加进口和存量变化，减去对从事国际运输的船舶和飞机的出口和燃料供应。

了1971~2014年107个国家（地区）能源消耗的标准差，通过线性回归可以得到收敛特征，它表明不同国家（地区）之间的能源消耗差异在逐渐缩小。理论上，这是σ收敛，即收敛分析的基准模型。从线性角度来看，发达经济体和落后经济体之间的能源消耗的绝对差距有所缩小。根据107个国家（地区）被选择年份的能源消耗的对数，本书还展示了整个时期的集群趋势。

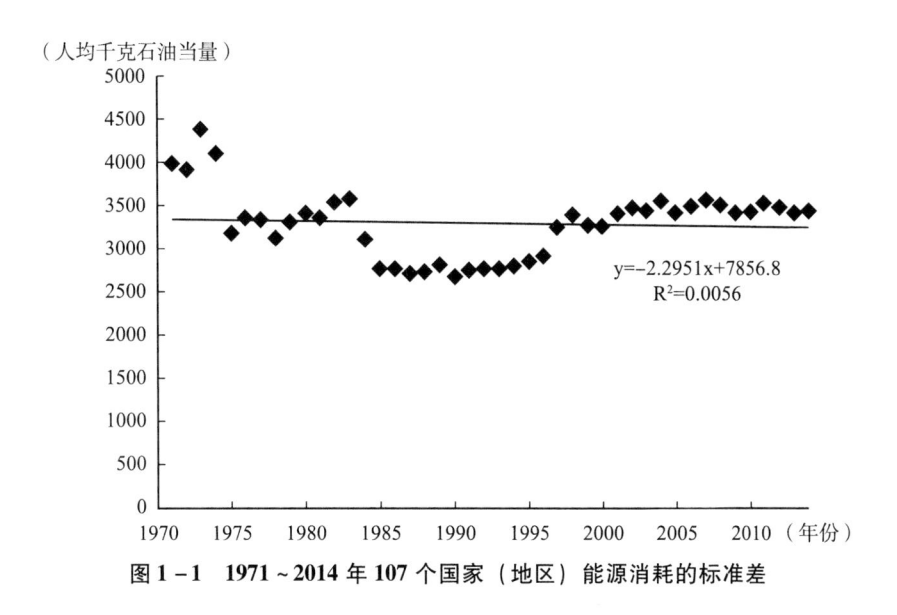

（人均千克石油当量）

$y=-2.2951x+7856.8$
$R^2=0.0056$

图1-1 1971~2014年107个国家（地区）能源消耗的标准差

本书根据世界银行人均国民总收入业务指南和分析分类，对世界主要国家（地区）的收入水平进行了分类。采用低收入、中低收入、中高收入和高收入四个水平来分析收敛的多样性。我们发现，中高收入国家（地区）的国内生产总值和消费增长都快于其他收入水平的国家（地区）。低收入国家（地区）的国内生产总值和消费增长是最慢的。

图1-2显示了1971~2014年不同国家（地区）的能源消耗情况。它表明，除高收入国家（地区）外，所有国家（地区）的收入水平都低于世界平均能源消耗水平，这意味着发达国家（地区）仍然是世界主要的能源消费国（地区），而低收入国家（地区）消耗的能源最少。与中高收入国家（地区）相比，中低收入国家（地区）的能源消耗量一直在上升。图1-3显示了不同收入水平国家（地区）能源消耗的变异系数。中低收入国家（地区）能源消耗的收敛特征相对明显，而高收入国家（地区）和中高收入

（人均千克石油当量）

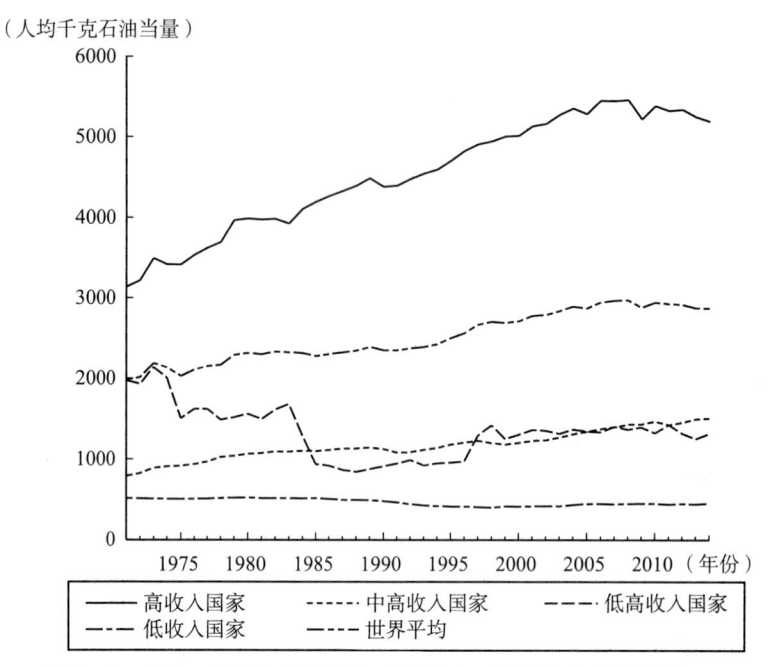

图 1－2 1971~2014 年不同收入水平国家（地区）能源消耗情况

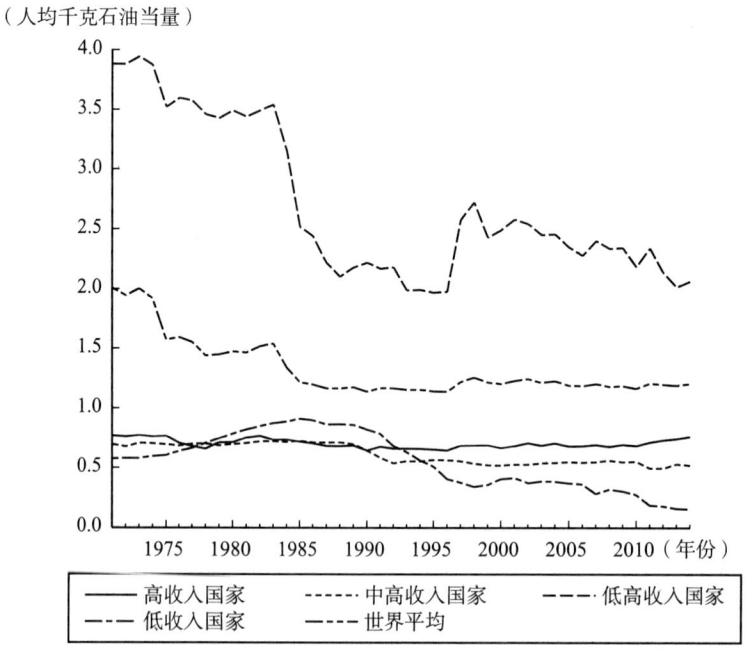

（人均千克石油当量）

图 1－3 不同收入国家（地区）能源消耗的变异系数

国家（地区）的变异系数相对稳定，即这些国家（地区）的收敛特征不明显。低收入国家（地区）能源消耗波动的特点是先上升后下降。总的来说，世界各地的能源消耗有收敛的趋势。不同收入水平国家（地区）内部存在收敛差异和结构性断点特性，这需要从非线性角度进行分析。

根据能源消耗的汇总统计，库拉索岛是世界上平均能源消耗水平最大的地区，孟加拉国是世界上平均能源消耗水平最小的国家。雅克-贝拉检验（J-B检验）结果表明，107个国家（地区）中有71个国家（地区）的数据是呈正态分布的。库拉索岛数据的标准差最大，这表明库拉索岛每年的能源消耗波动最大。

根据传统（1-1）式的收敛理论，本书得出β收敛检验如表1-1所示，收敛特征存在于不同收入水平的国家（地区）。然而，我们没有办法确定每个国家（地区）的收敛特征和收敛顺序。

表1-1　　　　世界各国（地区）能源消耗的β-收敛

区域	1971~2014年	1971~1992年	1993~2014年
综合区域	0.004316***	0.004106***	0.004032***
高收入国家（地区）	0.001003***	0.008709***	0.005139***
中高收入国家（地区）	0.004254***	0.009474***	0.000715***
中低收入国家（地区）	0.047732***	0.062071***	0.005624***
低收入国家（地区）	0.004316***	0.004106***	0.004032***

注：表中的β值是由方程（1-1）根据面板普通最小二乘法回归得到的。***表示0.01水平的显著性。

作为比较，本书采用Augmented Dickey-Fuller检验（ADF）、Phillips-Perron检验（PP）和Kwiatkowski-Phillips-Schmidt-Shin检验（KPSS）等单位根检验方法对107个国家的能源消耗存在单位根的原假设进行检验。表1-2清楚地表明，对于中国、缅甸和坦桑尼亚，ADF检验和PP检验都未能拒绝一阶差分时非平稳能源消耗的原假设。KPSS一阶差分的结果拒绝了34个国家（地区）的原假设。表1-3显示了107个国家（地区）的传统面板单位根检验，表明在一阶差分中存在收敛特征。

表1-2 能源消耗的传统单位根检验

国家（地区）	水平			一阶差分		
	ADF	PP	KPSS	ADF	PP	KPSS
阿尔巴尼亚	-1.469741 (0)	-1.525163 [3]	0.317274 [5]	-7.596456 (0) ***	-7.495446 [3] ***	0.141300 [2]
阿尔及利亚	-0.901584 (0)	-0.903098 [3]	0.759935 [5] ***	-6.206496 (0) ***	-6.217772 [3] ***	0.194569 [3]
安哥拉	-1.455095 (0)	-1.507734 [2]	0.279509 [5]	-6.616107 (0) ***	-6.620589 [3] ***	0.486050 [2] ***
阿根廷	0.374370 (0)	1.499457 [10]	0.746780 [5] ***	-6.578614 (0) ***	-6.829062 [7] ***	0.374117 [7] *
澳大利亚	-2.130819 (0)	-2.119472 [3]	0.787988 [5] ***	-6.498844 (0) ***	-6.527812 [3] ***	0.321177 [3]
奥地利	-1.638945 (0)	-1.638945 [0]	0.803700 [5] ***	-7.472611 (0) ***	-7.501159 [1] ***	0.153957 [1]
巴林	-2.618437 (0) *	-2.606508 [5] *	0.620525 [5] **	-8.843311 (0) ***	-8.854315 [4] ***	0.318854 [5]
孟加拉国	3.279429 (0)	5.185401 [6]	0.796410 [5] ***	-6.150109 (0) ***	-6.387622 [4] ***	0.634867 [4] **
比利时	-2.042329 (0)	-2.062343 [2]	0.569186 [5] **	-6.736888 (0) ***	-6.751116 [1] ***	0.278263 [0]
贝宁	-0.989983 (0)	-1.053186 [2]	0.178978 [5]	-6.365701 (0) ***	-6.365760 [1] ***	0.298444 [1]
玻利维亚	-0.122125 (1)	-0.298036 [2]	0.800701 [5] ***	-8.742035 (0) ***	-8.631278 [3] ***	0.095965 [1]
巴西	0.910823 (0)	0.842022 [2]	0.799644 [5] ***	-6.259123 (0) ***	-6.305563 [3] ***	0.239338 [3]
文莱	-3.039029 (0) **	-3.306048 [9] **	0.633182 [5] **	-6.795072 (0) ***	-6.866024 [4] ***	0.240305 [6]
保加利亚	-1.575988 (0)	-1.756675 [2]	0.295611 [5]	-4.818350 (1) ***	-4.818350 [0] ***	0.241412 [1]
喀麦隆	0.041123 (2)	-0.210962 [3]	0.505844 [5] **	-4.831129 (1) ***	-4.263937 [13] ***	0.331829 [3]
加拿大	-2.199717 (2)	-2.993824 [4] **	0.667480 [5] **	-5.887498 (1) ***	-5.222153 [3] ***	0.265579 [5]

第1章 全球能源消耗概况与趋势判断

续表

国家（地区）	水平			一阶差分		
	ADF	PP	KPSS	ADF	PP	KPSS
智利	0.023605 (2)	0.608552 [4]	0.791203 [5]***	-4.359706 (3)***	-3.068855 [9]**	0.274080 [2]
中国	0.522668 (1)	3.144251 [3]	0.718272 [5]**	-2.354507 (0)	-2.375998 [1]	0.509015 [5]**
哥伦比亚	-1.613624 (0)	-1.707076 [3]	0.233016 [5]	-7.241760 (0)***	-7.191222 [3]***	0.097382 [2]
刚果（金）	-0.170264 (0)	-0.627783 [2]	0.137417 [4]	-5.367655 (0)***	-5.364680 [1]***	0.325331 [2]
刚果（布）	0.192455 (0)	-0.211080 [3]	0.173051 [5]	-5.766165 (0)***	-5.851454 [3]***	0.420004 [3]*
哥斯达黎加	0.052292 (0)	-0.042270 [2]	0.758544 [5]***	-5.659651 (0)***	-5.661885 [2]***	0.135698 [2]
科特迪瓦	-0.282073 (0)	-0.099640 [2]	0.383699 [5]*	-6.817072 (0)***	-6.818384 [1]***	0.366754 [1]*
古巴	-1.723043 (1)	-1.198609 [1]	0.479474 [5]**	-4.058999 (0)***	-3.989433 [4]***	0.211990 [0]
库拉索	-2.176034 (0)	-2.173460 [2]	0.503446 [5]**	-5.878591 (0)***	-5.878591 [0]***	0.201995 [0]
塞浦路斯	-1.677802 (0)	-1.677660 [2]	0.691672 [5]**	-6.967092 (0)***	-6.971629 [1]***	0.379642 [2]*
捷克	-1.565844 (0)	-1.615265 [2]	0.436635 [5]*	-7.123963 (0)***	-7.119529 [1]***	0.065148 [0]
丹麦	-2.003170 (0)	-2.075436 [1]	0.412268 [3]*	-6.820305 (0)***	-6.854250 [3]***	0.163039 [4]
多米尼加	-1.726856 (0)	-1.717407 [3]	0.630795 [5]**	-7.347373 (0)***	-7.425042 [2]***	0.113239 [2]
厄瓜多尔	-1.435453 (1)	-1.263801 [4]	0.756447 [5]***	-8.375284 (0)***	-8.365019 [1]***	0.123986 [5]
埃及	-1.139191 (0)	-1.104219 [3]	0.794324 [5]***	-5.103346 (0)***	-5.175469 [3]***	0.106641 [3]
萨尔瓦多	-1.617227 (0)	-1.736508 [4]	0.521707 [5]**	-6.383394 (0)***	-6.424231 [3]***	0.116734 [4]

续表

国家（地区）	水平			一阶差分		
	ADF	PP	KPSS	ADF	PP	KPSS
埃塞俄比亚	2.042886 (0)	4.233741 [7]	0.696396 [5]**	-5.700217 (0)***	-5.700217 [0]***	0.632504 [2]**
芬兰	-1.951552 (0)	-2.035218 [7]	0.764356 [5]***	-7.577720 (0)***	-7.872418 [5]***	0.312017 [9]
法国	-1.974033 (0)	-1.980159 [1]	0.654652 [5]***	-7.153526 (0)***	-7.153526 [0]***	0.475641 [2]**
加蓬	-2.342777 (5)	-1.156548 [0]	0.221483 [5]	-3.143327 (2)**	-6.443561 [3]***	0.226172 [3]
德国	-1.637042 (0)	-1.629819 [1]	0.449922 [5]*	-6.813536 (0)***	-6.819216 [2]***	0.302305 [3]
加纳	-1.689033 (0)	-1.860665 [3]	0.334663 [5]	-6.087798 (0)***	-6.086852 [1]***	0.086906 [2]
直布罗陀	0.879960 (0)	0.807526 [1]	0.812234 [5]***	-5.694310 (0)***	-5.673350 [2]***	0.327795 [0]
希腊	-2.606112 (0)*	-2.318909 [3]	0.747671 [5]***	-4.960364 (0)***	-4.997736 [3]***	0.474855 [4]**
危地马拉	1.753234 (0)	1.482232 [2]	0.621671 [5]**	-4.995015 (0)***	-5.120474 [3]***	0.389459 [3]*
海地	-0.855742 (0)	-0.927005 [2]	0.207622 [5]	-6.033736 (0)***	-6.034395 [1]***	0.260622 [1]
洪都拉斯	-1.128763 (0)	-1.128763 [0]	0.519740 [5]**	-6.731447 (1)***	-8.587955 [6]***	0.297006 [7]
中国香港	-1.532058 (0)	-1.516870 [21]	0.777285 [5]***	-6.890810 (0)***	-8.384228 [27]***	0.440048 [37]*
匈牙利	-2.989621 (0)**	-2.910195 [3]*	0.191189 [5]	-4.998041 (0)***	-5.045029 [2]***	0.425611 [3]*
冰岛	0.823075 (0)	0.823075 [0]	0.752616 [5]***	-5.106323 (0)***	-5.106323 [0]***	0.220854 [2]
印度	5.677377 (0)	5.290111 [3]	0.800704 [5]***	-1.842750 (1)	-3.764187 [4]***	0.592516 [5]***
印度尼西亚	-0.089813 (0)	0.033020 [9]	0.826581 [5]***	-7.135789 (0)***	-7.210760 [7]***	0.134965 [9]

续表

国家（地区）	水平			一阶差分		
	ADF	PP	KPSS	ADF	PP	KPSS
伊朗	0.668311 (0)	0.668311 [0]	0.815850 [5]***	-8.079608 (0)***	-7.966028 [3]***	0.241121 [1]
伊拉克	-1.779113 (0)	-1.770403 [3]	0.489055 [5]**	-5.761851 (1)***	-5.476697 [7]***	0.097170 [5]
爱尔兰	-1.341357 (1)	-1.305465 [4]	0.617423 [5]**	-5.570182 (0)***	-5.792292 [4]***	0.283529 [4]
以色列	-1.619250 (0)	-1.384851 [3]	0.751618 [5]***	-11.30037 (0)***	-11.32359 [3]***	0.189150 [13]
意大利	-1.140242 (2)	-1.772253 [4]	0.664879 [5]**	-2.648257 (1)*	-5.334717 [4]***	0.436871 [4]*
牙买加	-2.133808 (1)	-1.822614 [2]	0.135704 [5]	-5.106986 (0)***	-5.106986 [0]***	0.119479 [1]
日本	-1.932251 (0)	-1.914245 [3]	0.660120 [5]**	-6.312199 (0)***	-6.316527 [3]***	0.454707 [3]*
约旦	-2.705414 (0)*	-2.529270 [3]	0.640002 [5]**	-5.542792 (0)***	-5.743011 [4]***	0.385566 [4]*
肯尼亚	0.430331 (0)	0.150021 [3]	0.182376 [4]	-3.321825 (0)**	-3.047989 [5]**	0.361360 [2]*
韩国	-0.909887 (2)	-0.167188 [4]	0.624535 [5]**	-2.122524 (1)	-3.985098 [2]***	0.276109 [4]
朝鲜	0.400449 (0)	0.460189 [2]	0.827893 [5]***	-6.668891 (0)***	-6.675924 [2]***	0.234162 [2]
科威特	-0.670457 (2)	-0.802908 [3]	0.640096 [4]**	-4.621566 (1)***	-4.290139 [4]***	0.062084 [3]
黎巴嫩	-1.480391 (0)	-1.519993 [1]	0.591080 [5]**	-6.111285 (0)***	-6.102884 [4]***	0.074777 [3]
利比亚	-2.618855 (0)*	-3.266543 [10]***	0.698028 [5]**	-6.590622 (1)***	-9.083999 [3]***	0.434413 [5]*
卢森堡	-2.068835 (1)	-1.737746 [5]	0.513275 [5]**	-5.834947 (0)***	-5.807901 [5]***	0.102784 [4]
马来西亚	0.346952 (0)	0.958877 [7]	0.831536 [5]***	-7.129876 (0)***	-7.700263 [6]***	0.219371 [6]

续表

国家（地区）	水平			一阶差分		
	ADF	PP	KPSS	ADF	PP	KPSS
马耳他	-1.559279 (1)	-1.824130 [14]	0.683354 [5]**	-10.07118 (0)***	-10.05557 [4]***	0.500000 [42]**
毛里求斯	1.175874 (0)	1.047643 [3]	0.801171 [5]***	-6.172102 (0)***	-6.245845 [4]***	0.341033 [4]
墨西哥	-3.390444 (0)**	-3.278302 [1]**	0.685524 [5]**	-4.890295 (0)***	-4.859428 [1]***	0.432235 [3]*
摩洛哥	0.165694 (0)	0.165694 [0]	0.815281 [5]***	-6.467318 (0)***	-6.467318 [0]***	0.120286 [0]
莫桑比克	-7.212752 (0)***	-6.464334 [4]***	0.702661 [5]***	-3.752154 (0)***	-3.845219 [4]***	0.780858 [5]***
缅甸	-0.284006 (1)	0.063111 [1]	0.402498 [4]*	-2.604342 (0)	-2.585471 [1]	0.337404 [2]
尼泊尔	2.625946 (1)	5.321183 [13]	0.748574 [5]***	-7.718180 (0)***	-7.728303 [1]***	0.457598 [0]*
荷兰	-2.875162 (0)*	-2.964636 [2]*	0.460201 [5]*	-6.740949 (0)***	-6.740949 [0]***	0.192921 [2]
新西兰	-1.658088 (0)	-1.666108 [1]	0.780021 [5]***	-6.489362 (0)***	-6.489362 [0]***	0.195420 [0]
尼加拉瓜	-1.436654 (0)	-1.750207 [2]	0.372237 [3]*	-5.566849 (0)***	-5.563385 [6]***	0.193289 [5]
尼日利亚	-1.815165 (0)	-1.990907 [9]	0.789823 [5]***	-5.584967 (0)***	-5.622936 [12]***	0.234653 [10]
挪威	-2.726961 (8)*	-1.978106 [5]	0.804052 [5]***	-6.021329 (3)***	-11.41275 [8]***	0.367997 [8]*
阿曼	0.169153 (2)	0.290343 [31]	0.798641 [5]***	-6.551578 (1)***	-7.775614 [41]***	0.500000 [42]**
巴基斯坦	-1.384959 (0)	-1.295857 [3]	0.810262 [5]***	-5.189053 (0)***	-5.196636 [2]***	0.249129 [3]
巴拿马	-1.383022 (0)	-1.384075 [3]	0.204470 [5]	-6.039684 (0)***	-6.033253 [2]***	0.363960 [5]*
巴拉圭	-1.563510 (0)	-1.626255 [1]	0.601377 [5]**	-5.115084 (0)***	-5.078177 [4]***	0.082938 [2]

续表

国家(地区)	水平			一阶差分		
	ADF	PP	KPSS	ADF	PP	KPSS
秘鲁	-0.146765 (0)	-0.669052 [4]	0.285535 [5] ***	-2.475720 (1)	-5.187914 [3] ***	0.691648 [3] **
菲律宾	-2.493231 (0)	-2.540014 [3]	0.157169 [5]	-8.478177 (0) ***	-8.218824 [3] ***	0.088520 [3]
波兰	-0.995442 (0)	-1.242280 [2]	0.500549 [5] **	-4.851004 (0) ***	-4.837417 [1] ***	0.188501 [2]
葡萄牙	-1.635052 (0)	-1.462805 [4]	0.748938 [5] ***	-1.638901 (2)	-5.546410 [5] ***	0.316494 [5]
卡塔尔	-2.182486 (0)	-2.132110 [5]	0.623854 [5] **	-8.507059 (0) ***	-8.411290 [1] ***	0.149139 [6]
罗马尼亚	-1.199575 (1)	-0.857573 [3]	0.562417 [5] **	-3.609609 (0) ***	-3.638387 [2] ***	0.247646 [3]
沙特阿拉伯	-0.758349 (0)	-0.768391 [4]	0.778824 [5] ***	-4.475907 (2) ***	-6.286123 [5] ***	0.062838 [4]
塞内加尔	-1.517280 (0)	-1.632798 [3]	0.209503 [5]	-6.308219 (0) ***	-6.314218 [2] ***	0.225603 [2]
新加坡	-1.610003 (0)	-1.554877 [1]	0.702898 [5] **	-7.625299 (0) ***	-7.637453 [1] ***	0.115527 [3]
斯洛伐克	-0.947177 (0)	-1.370881 [3]	0.397512 [5] *	-5.163343 (0) ***	-5.256237 [3] ***	0.329010 [3]
南非	-1.831433 (0)	-1.835946 [1]	0.581031 [5] **	-6.169524 (0) ***	-6.170715 [1] ***	0.110763 [1]
西班牙	-1.889876 (1)	-1.899774 [4]	0.724615 [5] **	-4.021926 (0) ***	-4.135467 [4] ***	0.377728 [4] *
斯里兰卡	0.179525 (0)	0.853726 [10]	0.767828 [5] ***	-7.536060 (0) ***	-7.700244 [4] ***	0.297772 [8]
苏丹	-2.904566 (2) *	-2.560206 [4]	0.764075 [5] ***	-6.850851 (1) ***	-10.71234 [4] ***	0.292319 [5]
瑞典	-2.589589 (0)	-2.533037 [3]	0.406890 [5] *	-7.917270 (0) ***	-7.963926 [2] ***	0.339084 [2]
瑞士	-2.338805 (0)	-2.322223 [4]	0.505423 [5] **	-7.289906 (0) ***	-7.422321 [4] ***	0.610635 [6] **

续表

国家（地区）	水平			一阶差分		
	ADF	PP	KPSS	ADF	PP	KPSS
叙利亚	-2.134283 (1)	-1.673264 [3]	0.611939 [5]**	-4.935574 (0)***	-4.987113 [3]***	0.399288 [1]*
坦桑尼亚	-1.902648 (1)	-2.307782 [5]	0.250348 [5]	-2.304133 (0)	-2.202460 [1]	0.694889 [5]**
泰国	1.920825 (0)	1.822690 [3]	0.815115 [5]***	-5.451099 (0)***	-5.526250 [3]***	0.444625 [4]*
多哥	-0.543020 (0)	-0.217083 [8]	0.736231 [5]**	-6.895188 (0)***	-7.368716 [10]***	0.230087 [12]
特立尼达和多巴哥	0.961963 (0)	0.459013 [4]	0.740290 [5]***	-4.760704 (0)***	-4.776360 [2]***	0.264897 [4]
突尼斯	-0.583500 (1)	-0.738498 [15]	0.832921 [5]***	-12.81425 (0)***	-12.83310 [1]***	0.267265 [20]
土耳其	-0.016989 (0)	0.352175 [7]	0.833747 [5]***	-6.632068 (0)***	-7.108976 [7]***	0.132816 [7]
阿联酋	-1.834331 (0)	-1.836328 [2]	0.379860 [5]*	-6.790826 (0)***	-6.789003 [3]***	0.543331 [3]**
英国	0.207587 (0)	0.487484 [2]	0.317596 [5]	-7.096245 (0)***	-7.081174 [3]***	0.370656 [2]*
美国	-2.029867 (1)	-1.171194 [0]	0.367908 [4]*	-5.082010 (0)***	-5.017086 [3]***	0.130300 [2]
乌拉圭	0.280397 (0)	0.158132 [1]	0.472467 [5]**	-5.657442 (0)***	-5.657442 [0]***	0.345129 [2]

注：***、**和*分别表示1%、5%和10%水平的显著性。每个括号中的数字表示根据t统计量选择的滞后顺序，如佩龙（Perron, 1989）所建议的。括号中的数字表示Bartlett Kernel的截断，正如newey west测试（1987）所建议的那样。

表 1-3　　107 个国家（地区）的传统单位根检验

方法	水平	一阶差分
Levin，Lin 和 Chu t*	5.82916	-28.2938***
Breitung t-stat	6.73836	-20.4538***
Im，Pesaran 和 Shin W-stat	5.75212	-37.4493***
ADF-Fisher Chi-square	132.489	1579.96***
PP-Fisher Chi-square	138.864	3191.17***

注：** 表示 0.01 水平的显著性。

然而，考虑到 ADF、PP 和 KPSS 检验的低影响力以及对结构变化的忽视，因此单位根的假设不太可能被接受，即使是在平稳选择是正确的情况下。此外，传统的面板单位根检验忽略了截面差异，只从线性角度给出整个检验结果，从而忽略了结构断点的存在。更重要的是，在以往的研究中，没有办法获得收敛的顺序。因此，本书采用一种新的研究方法，具有较强的解释力。我们选择面板 KSS 单位根检验与傅里叶函数来检验 107 个国家（地区）的时间序列。首先，由于没有先验知识，所以本书使用网格搜索来寻找最佳频率的结构断点。我们根据恩德斯（Enders，2012）和李（Lee，2012）的方法来估计方程（1-7），每一个整数 $k=1,\cdots$，从 10000 次重复中得到渐近的 p 值。我们发现最好的频率是 $k=3$，这是所有分类中最好的①。表 1-4 用傅里叶函数报告了面板 KSS 单位根检验的结果②。此外，本书还提供了每一次的最小 KSS 统计量和由该程序确定的平稳序列。

表 1-4　　傅里叶函数的面板 KSS 单位根检验

序号	国家（地区）	OUstat	P-值	Min KSS	k	收入 level
1	挪威	-2.797	0.000***	-5.527	3.000	H
2	韩国	-2.770	0.000***	-5.158	3.000	L
3	新加坡	-2.732	0.000***	-4.326	3.000	H

① 我们尝试了 $k=2$，$k=5$，$k=7$，发现结果是稳健的。当我们单独考虑每个收入组时，参数 k 仍然等于 3。
② 我们通过 Mann-Kendall 检验发现数据具有预期的趋势，并在模型估计中引入了这种趋势。

续表

序号	国家（地区）	OUstat	P-值	Min KSS	k	收入 level
4	罗马尼亚	-2.693	0.000***	-4.023	3.000	UM
5	文莱	-2.677	0.000***	-3.853	3.000	H
6	库拉索	-2.660	0.000***	-3.418	3.000	LM
7	哥伦比亚	-2.679	0.000***	-3.406	3.000	UM
8	奥地利	-2.663	0.000***	-3.403	3.000	H
9	丹麦	-2.640	0.000***	-3.221	3.000	H
10	墨西哥	-2.633	0.000***	-3.216	3.000	UM
11	新西兰	-2.610	0.000***	-3.125	3.000	H
12	科威特	-2.646	0.000***	-3.097	3.000	H
13	巴拉圭	-2.632	0.000***	-3.073	3.000	UM
14	埃及	-2.611	0.000***	-3.061	3.000	LM
15	古巴	-2.600	0.000***	-3.051	3.000	UM
16	美国	-2.582	0.000***	-2.976	3.000	H
17	伊朗	-2.592	0.000***	-2.958	3.000	UM
18	特立尼达和多巴哥	-2.582	0.000***	-2.806	3.000	H
19	毛里求斯	-2.571	0.000***	-2.696	3.000	UM
20	加拿大	-2.567	0.000***	-2.648	3.000	H
21	卢森堡	-2.539	0.001***	-2.639	3.000	H
22	芬兰	-2.528	0.001***	-2.625	3.000	H
23	洪都拉斯	-2.513	0.001***	-2.620	3.000	LM
24	约旦	-2.505	0.001***	-2.538	3.000	UM
25	荷兰	-2.489	0.001***	-2.520	3.000	H
26	土耳其	-2.466	0.001***	-2.509	3.000	UM
27	捷克	-2.441	0.001***	-2.493	3.000	H
28	日本	-2.434	0.001***	-2.487	3.000	H
29	黎巴嫩	-2.419	0.001***	-2.478	3.000	UM
30	智利	-2.405	0.001***	-2.409	3.000	H
31	匈牙利	-2.401	0.001***	-2.385	3.000	H
32	多米尼亚	-2.392	0.002***	-2.263	3.000	UM
33	喀麦隆	-2.383	0.002***	-2.184	3.000	LM
34	泰国	-2.387	0.002***	-2.166	3.000	UM

续表

序号	国家（地区）	OUstat	P-值	Min KSS	k	收入 level
35	南非	-2.410	0.002***	-2.121	3.000	UM
36	波兰	-2.400	0.002***	-2.065	3.000	H
37	德国	-2.413	0.002***	-2.055	3.000	H
38	英国	-2.413	0.001***	-2.015	3.000	H
39	阿联酋	-2.404	0.002***	-1.989	3.000	H
40	马来西亚	-2.378	0.003***	-1.981	3.000	UM
41	瑞典	-2.368	0.004***	-1.909	3.000	H
42	中国香港	-2.350	0.004***	-1.882	3.000	H
43	巴基斯坦	-2.341	0.004***	-1.786	3.000	LM
44	澳大利亚	-2.336	0.004***	-1.742	3.000	H
45	加纳	-2.326	0.005***	-1.739	3.000	LM
46	牙买加	-2.302	0.004***	-1.732	3.000	UM
47	哥斯达黎加	-2.285	0.005***	-1.722	3.000	UM
48	卡塔尔	-2.297	0.006***	-1.707	3.000	H
49	多哥	-2.297	0.006***	-1.695	3.000	L
50	斯里兰卡	-2.273	0.007***	-1.685	3.000	LM
51	斯洛伐克	-2.276	0.007***	-1.682	3.000	H
52	阿曼	-2.278	0.008***	-1.681	3.000	H
53	印度尼西亚	-2.232	0.011**	-1.651	3.000	LM
54	安哥拉	-2.229	0.011**	-1.615	3.000	UM
55	尼日利亚	-2.215	0.010**	-1.585	3.000	LM
56	埃塞俄比亚	-2.181	0.011**	-1.553	3.000	L
57	摩洛哥	-2.150	0.011**	-1.544	3.000	LM
58	塞内加尔	-2.103	0.011**	-1.539	3.000	LM
59	孟加拉国	-2.063	0.012**	-1.526	3.000	LM
60	巴拿马	-2.024	0.012**	-1.515	3.000	UM
61	苏丹	-2.019	0.014**	-1.495	3.000	L
62	刚果（金）	-2.016	0.013**	-1.493	3.000	L
63	阿尔巴尼亚	-1.988	0.013**	-1.481	3.000	UM
64	坦桑尼亚	-1.978	0.018**	-1.455	3.000	L
65	中国	-1.966	0.016**	-1.453	3.000	UM

续表

序号	国家（地区）	OUstat	P-值	Min KSS	k	收入 level
66	尼泊尔	-2.020	0.012**	-1.438	3.000	L
67	印度	-1.979	0.012**	-1.428	3.000	LM
68	伊拉克	-1.953	0.012**	-1.424	3.000	UM
69	以色列	-1.942	0.012**	-1.420	3.000	H
70	韩国	-1.998	0.011**	-1.394	3.000	H
71	突尼斯	-1.977	0.015**	-1.376	3.000	UM
72	直布罗陀	-1.919	0.018**	-1.372	3.000	LM
73	尼加拉瓜	-1.908	0.026**	-1.368	3.000	LM
74	肯尼亚	-1.851	0.041**	-1.362	3.000	LM
75	贝宁	-1.791	0.050**	-1.350	3.000	L
76	瑞士	-1.734	0.066*	-1.334	3.000	H
77	比利时	-1.697	0.083*	-1.318	3.000	H
78	刚果（布）	-1.600	0.118	-1.311	3.000	LM
79	乌拉圭	-1.557	0.131	-1.297	3.000	H
80	利比亚	-1.521	0.154	-1.296	3.000	UM
81	菲律宾	-1.511	0.187	-1.275	3.000	LM
82	保加利亚	-1.443	0.234	-1.250	3.000	UM
83	萨尔瓦多	-1.475	0.213	-1.245	3.000	LM
84	沙特阿拉伯	-1.453	0.220	-1.202	3.000	H
85	阿尔及利亚	-1.321	0.279	-1.195	3.000	UM
86	玻利维亚	-1.208	0.322	-1.173	3.000	LM
87	莫桑比克	-1.252	0.288	-1.159	3.000	L
88	厄瓜多尔	-1.158	0.375	-1.149	3.000	UM
89	巴林	-1.016	0.502	-1.148	3.000	H
90	缅甸	-0.900	0.554	-1.083	3.000	LM
91	危地马拉	-0.822	0.616	-1.032	3.000	LM
92	海地	-0.763	0.674	-0.983	3.000	L
93	法国	-0.652	0.762	-0.981	3.000	H
94	马耳他	-0.365	0.903	-0.955	3.000	H
95	冰岛	-0.206	0.919	-0.951	3.000	H
96	科特迪瓦	0.040	0.966	-0.780	3.000	L

续表

序号	国家（地区）	OUstat	P-值	Min KSS	k	收入 level
97	阿根廷	0.327	0.994	-0.640	3.000	H
98	叙利亚	0.560	0.996	-0.419	3.000	LM
99	巴西	0.098	0.965	-0.161	3.000	UM
100	爱尔兰	0.379	0.993	-0.036	3.000	H
101	加蓬	0.519	0.993	-0.001	3.000	UM
102	西班牙	0.269	0.938	0.200	3.000	H
103	意大利	0.063	0.882	0.405	3.000	H
104	希腊	0.706	0.962	0.501	3.000	H
105	塞浦路斯	0.426	0.911	0.798	3.000	H
106	秘鲁	-0.980	0.509	0.820	3.000	UM
107	葡萄牙	-2.273	0.175	1.021	3.000	H

注：***、** 和 * 分别表示 0.01、0.05 和 0.1 水平的显著性。p 值是通过使用 10000 个重复的自抽样程序模拟计算出来的。就收入水平而言，H 代表高收入水平，UM 代表中等偏上收入水平，LM 代表中等偏下收入水平，L 代表低收入水平。

根据 SPSM 模型可以将国家（地区）划分为两部分：收敛国家（地区）和非收敛国家（地区）。在之前的研究中（Ruhl，2012；Jalil，2014），广义货币、人均 GDP、GDP、工业化水平、消费者价格指数和能源进口比例与各国能源收敛密切相关。如表 1-5 所示，本书发现收敛国家（地区）的广义货币高于非收敛国家（地区）。货币供应加剧了总需求的增长，从而增加了能源的消耗。非收敛国家（地区）的能源出口比例高于收敛国家（地区），说明非收敛国家（地区）的能源消耗更加独立，更容易呈现出非收敛特征。

表 1-5　　收敛国家（地区）与非收敛国家（地区）的对比

国家类型	广义货币（占 GDP 的百分比）	人均国内生产总值（2010 年不变美元）	国内生产总值（2010 年不变十亿美元）	工业增加值（占 GDP 的百分比）	居民消费价格指数（2010=100）	能源进口净额（占能源消耗量的百分比）
收敛国家	51.258	14056.022	5505.190	31.640	50.760	-85.254
非收敛国家	33.907	12360.831	3333.536	35.402	49.877	-131.019

本书的结果为70%的国家（地区）符合收敛理论提供了有力的支持。也就是说，能源消耗不同的国家（地区）在总体上趋于平衡。原因如下：

第一，能源消耗的收敛与世界经济的收敛密切相关。经济需求和发展速度决定了能源的消耗，经济发展路径的收敛决定了能源消耗的收敛。与此同时，自20世纪90年代以来，中国等一系列发展中国家（地区）和新兴经济体实现了快速经济增长，能源消耗、技术研发和能源效率取得了快速进展（Maza & Villaverde，2008）。

第二，产业结构调整的收敛是能源消耗收敛的重要原因。20世纪80年代以来，发达国家（地区）服务业的比重从1980年的4%上升到1998年的10%，其比例一般在60%以上。发展中国家（地区）根据自身发展特点进行发展，提出了产业结构的实际实施路径和向发达国家（地区）转移的调整路径。在一些国家（地区），产业结构逐渐优化和调整，利用廉价而丰富的劳动力优势发展服务业（Wang，2001）。同时，传统工业流程的改造也使得能源消耗结构进一步优化。因此，本书提出了大多数国家（地区）产业结构优化调整所产生的能源消耗具有收敛特征。

第三，能源消耗收敛意味着能源在不同国家（地区）流动的可能性。收敛是由于收敛国家（地区）的能源消耗壁垒较低，因此容易实现收敛特征。并且，这些国家（地区）的能源消耗方式和强度与其能源消耗模式不同的国家（地区）有显著差异，特别是在能源结构方面有明显的差异（Huang，2009）。

研究发现还有30个国家（地区）的能源消耗水平与世界平均水平不一致。一方面，一些发达国家（地区）的能源消耗强度正处于下降阶段。它们根据国家（地区）发展需要，在提高能源效率和合理消耗能源方面有自身特点。另一方面，能源消耗强度高的发展中国家（地区）仍处于能源广泛消耗阶段，因此存在非收敛特征。图1-4显示了能源消耗的收敛性和拟合非线性[1]，指出了非线性特征的三种结构断点形式，并给出了未来各国（地区）能源消耗的趋势。

---

[1] 由于布局的原因，本书选择了典型的国家进行分析，其他所有国家都可以画出相似的图形。

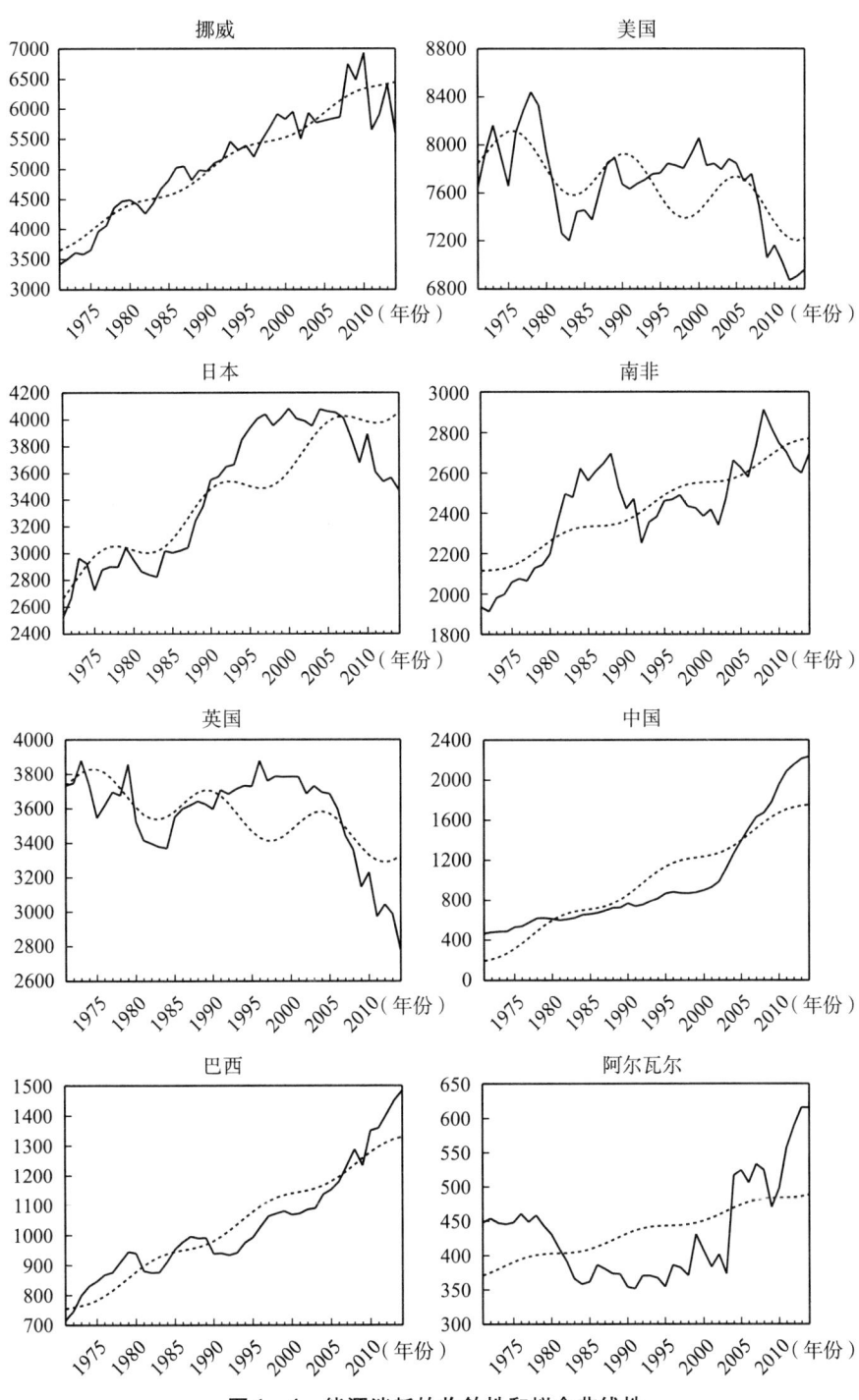

图 1-4 能源消耗的收敛性和拟合非线性

经济的可持续增长需要以能源的快速消耗为前提,如果能源使用效率提高,经济持续增长,那么能源消耗可能会减少(Rajbhandari & Zhang,2018)。因此,本书分析了不同收入水平国家(地区)的收敛特征和收敛顺序。表1-6显示了分类的结果,我们发现,有近一半的高收入国家(地区)存在收敛特征。此外,根据前39个国家(地区)的收敛速度,高收入和中高收入国家(地区)表现出收敛特征的时间要早于中低收入和低收入国家(地区)。

表1-6 不同收入水平下的收敛顺序特征

收入水平	不同收入水平的国家数量(个)(总计=107)	不同收入水平的收敛国家数量(个)(总计=77)	排名前50%的收敛国家数量(个)(总数=39)	不同收入水平的非收敛国家的数量(个)(总计=30)	前50%国家的收敛速度
高收入	44	31	21	13	0.677
中高收入	29	22	13	7	0.591
中低收入	23	16	4	7	0.250
低收入	11	8	1	3	0.125

注:结果根据表1-2计算得出。

原因如下:首先,能源库兹涅茨曲线理论表明,高收入国家(地区)的能源消耗将出现下降,并比低收入国家(地区)更早接近稳定状态。随着能源消耗的增加,经济产出也相应增加。然而,随着技术进步和能源利用效率的提高,发达国家(地区)的能源强度逐渐降低(Rajbhandari & Zhang,2018)。其次,在能源依赖性逐渐下降的情况下,高收入国家(地区)的能源效率优于低收入国家(地区),且高收入国家(地区)具有较好的自我调节机制,使得收敛过程比低收入国家(地区)更早发生。因此,开发替代能源如太阳能,是满足一个国家(地区)未来能源需求的关键(Le,2017),本书的结果与魏巍贤(Wei,2010)和王锋(Wang,2010)的观点一致。最后,与高收入国家(地区)相比,低收入国家(地区)的能源消耗比率收敛,低收入国家(地区)面临着人口压力、能源消耗和经济发展等多重困境,同时节能减排也要保证经济发展速度,因此它们的收敛比高收入国家要困难得多,这表明发展中国家(地区)需要积极推动能源政策以减少能源消耗(Herrerias,2012)。

能源进口国(地区)和出口国(地区)的能源政策及其对宏观经济的影响是非常不同的(Jalil,2014),因此,有必要考虑不同国家(地区)能源进出口的异质性。本书根据国际能源统计数据分析来区分能源进口国（地区）和出口国（地区）的数据①。如果一个国家（地区）存在一种或多种能源（煤、石油、天然气等）进口，那么这个国家（地区）就是能源进口国（地区）；如果一个国家（地区）有一种或多种能源（煤、石油、天然气等）出口，那么这个国家（地区）就是能源出口国（地区）。能源进口国（地区）和出口国（地区）往往具有很强的能源依赖性，它们的经济增长离不开能源资源的开发和利用。然而，能源出口国（地区）往往会影响能源价格的稳定，从而对能源进口国（地区）和世界经济增长产生深远的影响。本书考虑不同的能源市场，包括石油、天然气和煤炭等，并为每种能源选择前10个进口或出口国家②。

本书得出了一个结论：主要能源出口国（地区）比能源进口国（地区）更早地收敛。一方面，能源出口国（地区）对能源市场价格和其他国家（地区）的能源消耗具有重要影响，在能源消耗方面起着主导作用。历史上，能源出口国（地区）往往对世界经济增长产生重要影响，如20世纪70年代石油产量减少导致的世界经济滞胀，因此，世界主要能源出口国（地区）对全球能源消耗水平有直接影响，且更容易实现收敛的稳态均衡（Rafiq，2016）。另一方面，国家能源开放程度和进出口贸易壁垒是决定能否优先达到稳定均衡水平的重要因素。贾利尔（Jalil，2014）认为资本和贸易开放在短期内对能源进口国会产生很大的影响，关于能源消耗与进口的政策可能会对这些国家（地区）的收敛产生重大影响。

在收敛的前35个国家（地区）中，煤炭出口市场收敛量最大，石油进口市场收敛量最小。这意味着，与石油进口市场相比，煤炭出口市场的消费强度更容易、更早地表现出收敛特征。石油市场的垄断特征明显强于煤炭市场，虽然这两个市场在世界市场上的份额基本相同，但不同类型的能源市场的竞争水平却大不相同。一方面，随着产业结构的转变和新技术的广泛应用，煤炭的使用在世界范围内的垄断地位逐渐减少，大多数国家（地区）集中精力于石油等战略资源的积累和开发。煤炭的价格低于石油的价格，因此，煤炭的生产和利用比石油市场更具竞争力。例如，在城市化进程中，城

---

① https://www.eia.gov/beta/。
② 如上所述，根据国际能源统计，每种类型的能源贸易选择了10个主要国家。

市电力能源消耗逐渐取代煤炭（Herrerias，2016），发展中国家（地区）更依赖煤炭，这是最污染的能源之一，而发达国家（地区）更依赖石油（Herrerias，2012）。另一方面，石油作为重要的战略资源，一直是竞争的焦点，石油危机和海湾战争的历史例子就是很好的说明。一些国家（地区）可以凭借其资源优势在国际政治经济舞台上增强议价能力，石油资源的资产专用性、经济地位和垄断性明显高于煤炭资源。

本书的发现证明了世界上70%的国家（地区）存在着能源收敛。此外，还对脱钩假设和能源库兹涅茨曲线理论进行了实证检验。高收入国家（地区）处于稳定收敛的前沿，中低收入国家（地区）收敛的速度低于高收入国家（地区），其重要原因是这些国家（地区）工业发展所处的阶段不同，高收入国家（地区）的工业化进程比中低收入国家（地区）更早，而这些国家（地区）可以有效地调整其产业结构和能源效率。然而，中低收入国家（地区）考虑到自身经济发展的需要，大多承担高收入国家（地区）的产业转移，承接高能耗产业。因此，不同国家（地区）位于能源库兹涅茨曲线的不同位置，距离稳态水平的距离也相应不同，这说明能源市场确实存在能源贸易壁垒，但这种收敛也证明了贸易自由度在不断提高。本书的结果与法拉希（Fallahi，2017）的研究结果一致，表明世界上大多数国家（地区）在能源消耗方面收敛；与切雷克莱伊（Csereklyei，2015）和斯特恩（Stern，2015）的研究结果一致，表明经济增长与能源消耗密切相关，各国（地区）之间不存在强脱钩现象。

本书还关注了替代能源和核能占比高的国家（地区）是否会影响收敛趋势。埃雷里亚斯（Herrerias，2012）和布里奇等学者（Bridge et al.，2013）发现，替代能源比例的增加将促进不同国家（地区）能源消耗的收敛。在本书中，我们选择了国（地区）内能源结构中替代能源和核电能源比例最高的10%和20%的国家（地区），包括冰岛、瑞典、挪威、瑞士、法国、新西兰、加拿大、芬兰、比利时、保加利亚、斯洛伐克、哥斯达黎加、乌拉圭、西班牙、阿尔巴尼亚、巴拉圭、日本、巴西、韩国、奥地利、德国，大多是发达国家和高收入国家（地区）。本书选择各国（地区）能源消耗与世界平均水平的差值作为因变量，并以替代能源与核能比率、人均GDP、工业化水平、1960年以来气温变暖等作为解释变量。稳健性检验的结果如表1-7所示，替代能源与核能比率的提高促进了能源消耗的收敛，而人均GDP和工业化水

表1-7 核电在能源结构中所占比重高的国家(地区)收敛分析

项目	模型(1)(前10%)	模型(2)(前10%)	模型(3)(前10%)	模型(4)(前10%)	模型(5)(前20%)	模型(6)(前20%)	模型(7)(前20%)	模型(8)(前20%)
人均GDP	0.4026292*** (4.89)	0.4101631*** (5.03)	0.2264459** (2.12)	0.2363913** (2.24)	0.2254666*** (3.61)	0.2194401*** (3.56)		
GDP							0.1628066*** (3.65)	0.1609069*** (3.64)
替代能源或核能	-0.0112537*** (-5.78)	-0.0111912*** (-5.77)	-0.0095002*** (-4.67)	-0.0094852*** (-4.69)	-0.0091024*** (-4.86)	-0.0087841*** (-4.71)	-0.0086341*** (-4.76)	-0.008435*** (-4.69)
产业化	0.0029311*** (2.57)	0.0028428** (2.50)	0.0053397*** (3.83)	0.0052117*** (3.77)	0.0025086** (2.22)	0.0024799** (2.20)	0.0023115** (2.02)	0.0022981** (2.02)
能源出口			-0.0008439*** (-3.05)	-0.0008209*** (-3.00)	-0.0006791*** (-2.75)	-0.0007068*** (-2.90)	-0.0006772*** (-2.75)	-0.0006931*** (-2.85)
温度				0.9814106 (1.13)		0.5568034 (1.20)		0.5992625 (0.85)
常量	3.63211*** (4.36)	3.492132*** (4.07)	5.350046*** (5.02)	4.366968*** (3.51)	5.215581*** (8.81)	4.852622*** (7.67)	3.190628*** (2.80)	2.792177** (2.31)
固定/随机	FE	RE	FE	RE	FE	RE	FE	RE
R平方	0.1252	0.1252	0.1460	0.1460	0.0541	0.0548	0.0620	0.0620

注:***和**分别表示0.01和0.05水平的显著性。

平的提高使这些国家（地区）容易出现非收敛现象。一方面，由于能源结构的优化和向低碳经济的转型，能源消耗的收敛特征较为明显（Bridge，2013）。另一方面，这些国家（地区）也经历了一定程度的脱钩现象，这体现在随着经济发展水平的提高和工业化进程的推进，国家能源消耗的拐点可能已经出现，这意味着替代能源和核能比重较高的国家（地区），随着能源利用效率的提高和能源结构的优化，与传统经济发展规模相比将存在脱钩现象。然而，全球变暖对能源消耗的收敛并没有影响，这意味着，尽管全球变暖，但对于替代能源比例较高的发达国家（地区）来说，能源消耗的收敛更受到经济因素的影响，而不是气候变化的影响。

本书不仅关注收敛的存在，而且还关注影响收敛速度和程度的因素。因此，我们使用计量经济学分析来检验关于收敛顺序的假设如下：

假设1：随着经济增长速度的提高，收敛速度也会加快。

能源强度随经济增长而降低，在此过程中，随着边际产量的降低，能源消耗的收敛速度也呈现出快速收敛的特点。此外，经济增长促进技术进步，实现高效节能发展，提高了收敛速度。埃雷里亚斯（Herrerias，2012）发现高收入国家（地区）比低收入国家（地区）更容易实现能源收敛。

假设2：随着工业化的发展，收敛的速度也在加快。

傅冠云等学者（Fu et al.，2012）考虑了大多数国家（地区）产业结构优化调整所产生的能源消耗的收敛特征。一个国家（地区）的工业化进程伴随着能源的大规模消耗。然而，工业化将促进能源的高效利用，从低端产业到高端制造业过渡，这一过程将伴随着能源消耗的下降。因此，随着工业化程度的提高，会出现更早的收敛。

假设3：纬度较低的国家（地区）能源收敛更有可能趋于平衡。

张等学者（Zhang et al.，2013）认为与低纬度地区相比，中高纬度地区的能源消耗对温度的影响更为重要，特别是冬季。受地理位置和自然条件的影响，低纬度的地区不需要人工加热设备，能源消耗可以更多地利用太阳能等非常规能源。此外，低纬度国家比高纬度国家（地区）少，能源消耗的波动率和收敛率较高。

假设4：能源进口国（地区）更有可能达到能源收敛的均衡状态。

能源进口国（地区）更容易受到国际贸易和能源市场政策的影响，能源进口国（地区）对世界能源市场价格波动更敏感。与能源出口国（地区）

相比，能源进口国（地区）对能源市场的依赖性更强，在能源市场上往往是被动的。因此，能源进口国（地区）可能更容易出现收敛特征（Jalil，2014）。

利用 SPSM 模型的结果，本书选择了代表能源消耗收敛顺序的 OU 统计量。我们也使用最小化 KSS 作为因变量，以达到稳健性的结果。此外，本书考虑了收敛顺序对重要变量的影响，包括人均 GDP（2010 年不变美元）、工业化水平（工业、附加值占 GDP 的百分比）、能源进口、净能源消耗量（%）和一个国家（地区）的地理位置（纬度）[1]。根据上述结果，本书使用横截面数据模型来分析收敛国家（地区）的影响程度[2]，该数据来自 WDI 数据库。在回归模型中，由于人均 GDP 与能源消耗之间存在双向因果关系，模型面临内生性问题，为了克服这个问题，我们引入了预期寿命（年）作为工具变量，我们在这部分使用的方法是两阶段最小二乘法，稳健性检验结果如表 1-8 所示，这也证明了我们的研究发现，较高的人均 GDP 和产业水平对收敛顺序有正向影响。纬度较低的国家在能源消耗方面更早趋于平衡，这些结论除了假设 4 外，与本书的上述假设一致，本书还发现工业化对能源收敛的影响最大。随着工业化水平的提高，能源消耗收敛的过程将加快。工业发展和能源消耗之间有一种自然的联系，工业化初期将加快能源的大规模消耗，工业化促进产业结构收敛，世界产业转移是实现能源收敛的重要因素（Fu，2012）。随着全球化的发展和技术进步，一个国家（地区）的经济增长方式多样化，工业对能源的依赖逐渐减少。然而，能源进口比例对能源收敛率没有影响，这说明，国际能源市场的进口量对国内市场的效率没有本质影响，能源消耗的收敛速度取决于国内的产业结构和经济发展水平。

能源消耗与经济增长的关系是一个与国家（地区）经济发展水平和国家工业化进程密切相关的演化过程。脱钩（包括能源库兹涅茨曲线）的存在往往受到数据与时空范围的影响。与表 1-7 相比，我们发现，全球范围内的大多数国家（地区）脱钩的特点没有显著性，而能源消耗和经济增长之间的脱钩关系可能发生在当地，例如在替代能源和核能在能源组合中所占比例较高的国家（地区），本书的结果与埃雷里亚斯（Herrerias，2012）、布里奇（Bridge，2013）和张等学者（Zhang et al.，2013）的观点一致。

---

[1] 纬度数据来自 https://www.latlong.net/。
[2] 对于非收敛国家，我们利用 E-G 模型考虑协整特征，得到了一个协整关系。

表1-8 能源收敛影响程度分析

	模型(1)	模型(2)	模型(3)	模型(4)	模型(5)	模型(6)	模型(7)	模型(8)
人均GDP	-0.00000838*** (-3.32)	-0.0000276*** (-4.20)	-0.00000817*** (-3.30)	-0.0000268*** (-4.03)	-0.00000724*** (-3.24)	-0.0000255*** (-4.19)	-0.0000107*** (-3.36)	-0.0000375*** (-4.31)
工业化	-0.1704054* (-1.83)	-0.5766858** (-2.28)	-0.210029* (-1.97)	-0.7287253*** (-2.96)	-0.1177093* (-1.92)	-0.7577177*** (-3.32)	-0.1695432* (-1.72)	-0.7344765*** (-2.92)
能源出口			-0.0000811 (-1.50)	-0.0003111 (-1.39)	-0.0001027 (-1.52)	-0.0004479 (-1.54)	-0.0000588 (-1.17)	-0.0002938 (-1.28)
位置(纬度)					0.0687487** (1.96)	0.205655* (1.65)	0.1231271*** (2.90)	0.3945841*** (2.89)
常量	-1.618633*** (-5.13)	0.1561394 (0.19)	-1.492443*** (-4.16)	0.6403432 (0.80)	-1.778836*** (-5.10)	0.2390854 (0.29)	-1.971077*** (-5.43)	-0.4128582 (-0.47)
R平方	0.1950	0.2864	0.2056	0.3010	0.1910	0.3408	0.2833	0.4221

注：① *** 和 ** 分别表示0.01和0.05水平的显著性。
② 模型(1)、模型(3)、模型(5)和模型(7)的因变量为OU stat；模型(2)、模型(4)、模型(6)和模型(8)的因变量为Min KSS。模型(7)和模型(8)显示了人均GDP和购买力平价稳健的结果，而不是人均GDP(2010年不变美元)。

1.6 结论与政策建议

在本书的实证研究中,我们通过检验107个国家(地区)的能源消耗数据,使用SPSM方法来评估收敛理论和脱钩假说的非平稳性。本书的贡献在于采用改进的方法对收敛顺序和影响收敛顺序差异的因素进行了计量经济学分析。本书提供的有力证据表明,在研究期间,大约70%样本国家(地区)已经收敛,而且没有迹象表明各国(地区)之间存在强脱钩现象,这意味着大多数国家(地区)的经济增长对能源的依赖程度较高,这与研究期间的同一收敛路径是一致的。此外,高收入和中高收入国家(地区)的收敛特征要早于中低收入和低收入国家(地区)。本书研究发现,能源出口国(地区)在能源进口国(地区)之前收敛,这意味着高收入国家(地区)和中高收入国家(地区)首先通过调整产业结构和采用新技术实现稳态水平,能源出口国(地区)对能源消耗具有支配性控制权。本书的实证研究也证明了较高的人均GDP和产业水平对收敛顺序有正向影响;纬度较低的国家(地区)在能源消耗方面更早趋于稳态水平。这些结果表明,研究的国家(地区)符合世界能源消耗收敛理论。此外,本书的结论与埃雷里亚斯(Herrerias,2012)、布里奇(Bridge,2013)和张等(Zhang et al.,2013)的研究一致。本书的研究结果可为世界各国调整能源消耗政策、实现能源资源的合理配置提供参考,进一步的研究还可以根据这些收敛结论计算和分析不同国家(地区)的节能指标。

本书的研究结果具有以下政策建议:

第一,世界各国(地区),尤其是高收入国家(地区),可以考虑提高能源效率。对传统能源的依赖导致了能源消耗不均和空间差异,新能源在很大程度上可以缓解传统能源的过度消耗,清洁能源可以帮助实现全球能源平衡(Payne,2017)。为了避免能源回弹效应,有效的市场工具除了可以促进技术创新外,还可以促进经济效率的提高。政府应采用价格机制和税收工具,以最大限度地提高能源效率。例如,可以对能源消耗高的行业或地区征收能源税,增加能源消耗成本。这样就可以激励企业充分利用能源进行有效的生产和组织活动。其次,能源价格的制定应逐步消除垄断价格,推动能源价格市场化，兼顾能源需求和能源类型。此外，能源消耗定价应考虑能源消耗的环境成本。换句话说，能源定价除了要考虑能源的开采成本和用户成本外，还要考虑外部环境成本。

第二，不同国家（地区）需要不同的能源发展政策。收入高、收敛速度快的国家或地区应控制能源消耗的增长率，例如实现零增长率。收入低、收敛速度慢的国家（地区）应调整经济发展与能源消耗目标之间的关系，这些国家（地区）的能源依赖度较高，故应该着重深化产业结构转型。因此，在短期内，它们应保持适度规模的能源消耗增长。由于大多数非收敛国家（地区）是低收入和中等收入国家（地区），所以它们应该更加积极地将其能源政策纳入世界能源贸易体系，并与世界能源市场制定平衡的能源发展战略（Markandya，2006）。对于这些国家（地区）来说，能源政策的制定需要考虑国家（地区）的异质性特征，制定统一的能源政策通常收效甚微（Fallahi & Voia，2015），从长远看，中低收入国家（地区）应逐步优化和调整产业结构和能源消耗结构，调控重化工业发展，支持以服务业为主的第三产业发展，逐步发展低碳经济。

第三，在低收入国家（地区）实施节能优惠政策，提高开放程度。建立全球能源合作机制，充分考虑各国实际情况，进一步扩大能源贸易开放，促进能源资源合理配置，各国需要打破阻碍能源效率提高的障碍，缩小收敛地区和非收敛地区的能源效率差距。

1.7 讨 论

本书可以从以下几个方面加以改进：首先，虽然本书研究了世界能源收敛顺序的影响因素和程度，但发达国家（地区）和发展中国家（地区）在经济发展水平、能源利用效率和贸易方面可能存在一定的差异。因此，发达国家（地区）和发展中国家（地区）在能源收敛的影响因素和程度上可能存在差异，需要在未来的研究中进行深入的比较分析。其次，能源收敛的研究可以考虑区分能源类型和能源结构。例如，煤炭、石油、天然气、核能在各国（地区）内部能源结构中的收敛顺序。不同能源类型的收敛特征是未来研究的一个重要领域。

第 2 章

新能源发展趋势与政策评估
——以美国为例[①]

2.1 引　言

在过去的 30 年里，由于温室能源排放、石油短缺、能源价格波动和能源安全问题，可再生能源行业迅速扩张，成为能源行业中最活跃的行业之一（Inchauspe et al., 2015; Reboredo et al., 2017; Ferrer et al., 2018; Troster et al., 2018）。在 20 世纪 80 年代至 21 世纪初，可再生能源对美国初级能源生产的平均贡献约为 9%，这个数字在当前的 10 年里已经增加到 12%。此外，1960~1970 年、1960~1980 年、1960~1990 年、1960~2000 年和 2000~2010 年美国可再生能源生产的增长率约为 39%、75%、106%、108% 和 158%，1960~2017 年整体达到 279%。这种增长可能与美国联邦和州一级促进可再生能源的各种长期和短期政策有关。根据国际能源署（International Energy Agency, IEA）提供的预测，可再生能源将成为发电成本最低的新一代能源，并预期到 2040 年将占全球电厂投资的 2/3（国际能源署，2019）。在这种发展模式下，随之而来的问题是可再生能源生产的增长率会永久持续下去，还是处于过渡时期，最后仍将回到平均值？

[①] 本部分由本书作者李建强（Lee, C. C.）、兰巴（Ranjbar, O.）和李起铨（Lee, C. C.）发表在《应用经济（Applied Economics）》的《美国可再生能源生产的阻滞特性和增长稳定性分析》（*Analyzing the hysteresis properties and growth stability of renewable energy production of the U. S.*）一文整理而成。

理解可再生能源生产的迟滞特性和增长稳定性对经济学家和政策制定者有着重要的意义。一方面，从决策的角度来看，在制定经济政策时它提供了冲击是否对可再生能源生产产生永久性或暂时影响的认识。可再生能源生产中的滞后或路径依赖意味着非平稳序列，代表节能和需求管理政策可以永久影响可再生能源生产。相反，可再生能源生产中的均值回归或趋势回归表明能源管理政策对可再生能源生产产生暂时性的影响（Aslan & Kum，2011；Zhu & Guo，2016）。另一方面，从计量经济学的角度来看，增长稳定性的建模和预测是现代经济学的核心，鉴于可再生能源与经济活动的密切相关（Yao et al.，2019；Adams & Acheampong，2019；Lee & Wang，2021；Lee et al.，2021），对可再生能源生产的永久冲击将蔓延到其他宏观经济变量（Lean & Smyth，2013）。此外，由于其与其他宏观经济变量的相关性，还需要对可再生能源生产的整合性质进行适当的估计。

经济增长理论对长期增长率提供了不同的预测解释，正如索洛（Solow，1956）的新古典主义增长理论所预测的那样，政策和外生冲击可能会增加或降低均衡增长的水平，但会对长期增长率产生短暂的影响，该影响随着时间的推移而消失。根据该理论，只有技术进步/破坏才能永久地影响长期增长率。相比之下，内生增长理论预测，政策通过加速实物/人力资本积累（Romer，1986；Lucas，1988）和扩大研发活动（Aghion & Howitt，1992）等政策对长期增长率产生永久性的影响。

在实证研究中，学者们应用了各种类型的单变量/面板单位根/结构是否平稳的断点检验来探索增长率的稳定性（Ben-David et al.，2003；Chen & Zivot，2010；Hosseinkouchack & Wolters，2013；Sobreira et al.，2014；Ranjbar et al.，2015；Lee et al.，2020）。如果产出序列不拒绝单位根假设，那么该发现支持产出序列中的迟滞特性。这意味着这些冲击对产出的增长速度有长期的影响，并导致产出偏离其平衡增长路径的永久偏差。相比之下，如果研究结果支持结构断点的平稳性，那么结果表明，由于产出的冲击，其稳态的水平/增长率可能会改变（结构断点后），但将恢复到以前的增长路径。关于在结构断点后增长率的改变，本·大卫和帕佩尔（Ben-David & Papell，1998）定义了三个假设，包括增长率的崩溃、增长率的放缓和增长率的增长。当在断点后，产出的增长率从正速率切换到负速率时，增长率就会崩溃。产出增长率的放缓发生在断点之后和之前的增长率为正，但前者低于后时，增长率就会放缓。如果突破后期的增长率大于突破前期的增长率，那么增加增长率的假设就不会被拒绝。

尽管之前在能源经济学方面的大多数研究都检验了能源消费的单位根特性（Chen & Lee，2007；Narayan & Smyth，2007；Hsu et al.，2008；Lee & Chang，2008；Narayan et al.，2010；Aslan & Kum，2011；Yilanci & Tunali，2014；Yuan et al.，2020），关于分析可再生能源生产滞后性的研究相对缺乏（Narayan et al.，2008；Barros et al.，2012；Lean & Smyth，2013；Basher et al.，2015；Barros et al.，2016）。通过我们对相关研究的回顾表明，有几篇论文已经考察了可再生能源生产/消费（以下简写为REP/C）的单整性，发现了混合甚至有争议的结果。而利恩和史密斯（Lean & Smyth，2013）和巴罗斯等学者（Barros，2012）在可再生能源生产/消费序列中，提出了该序列支持滞后的证据，巴罗斯等学者（Barros et al.，2013）以及阿佩尔吉斯和汤玛斯（Apergis & Tsoumas，2011）注意到美国分类可再生能源消费（REC）迟滞特性的混合结果。

美国经济中可再生能源生产有巨大的增长，但是对其随机性的实证结论一直存在争议，使得重大政策无法制定，因此我们决定研究其迟滞特性和增长稳定性。为此，我们的分析采用了1970年1月～2019年8月期间可再生能源生产的总量指标和分解指标。我们采用了两种新发展的分位数单位根检验，即李和帕克（Li & Park，2018）开发的非线性分位数单位根检验（以下简写为NQUR）和傅里叶分位数单位根检验（以下简写为FQUR），采用巴赫曼·奥斯库伊（Bahmani-Oskooee，2018）等学者引入的平滑检验。与线性规范不同，单位根类型的分位数检验比OLS/GLS类型的单位根检验具有一些优点。（1）通过估计不同分位数中的自回归参数，基于分位数的测试允许特定于均值回归速度的分位数，而OLS/GLS类型只允许确定性部分的结构变化。（2）基于分位数的测试允许比较正冲击与负冲击的持续程度和大小冲击对可再生能源生产序列的持续程度，而OLS/GLS类型不能比较正冲击和负冲击的影响。（3）蒙特卡罗模拟表明，当宏观经济序列非正态分布和/或当宏观经济变量的数据生成过程中有一些异常值时，基于分位数的测试具有更好的检定力。

更具体地说，NQUR检验比科恩克和肖（Koenker & Xiao，2004）的线性分位数单位根检验具有良好的统计特征。在线性测试中，均值回归速度随分位数而变化，但在每个分位数内都是固定的。然而，在 NQUR 检验中，均值回归速度在可再生能源生产序列的分位数内都有所变化。此外，FQUR 检验的具体特性是，它允许在趋势函数的确定性部分使用未知的形状和断点的数量。利用这一性质，我们能够通过一个估计的非线性趋势函数来计算可再生能源生产的平均增长率。

2.2 文献综述

关于能源消费或生产的单整性有相当多的研究，几乎所有的研究都应用了不同类型的单位根或平稳性检验来检验它们。然而，在文献中没有任何实证研究来测试可再生能源生产或消费的增长稳定性。因此，在这一节中，我们专注于之前已经测试了可再生能源生产或消费序列的迟滞特性的工作。其中，一些调查研究了美国及其各州的可再生能源生产或消费序列的单整性。

阿佩尔吉斯和汤玛斯（Apergis & Tsoumas, 2011）研究了 1989 年 1 月 ~ 2009 年 12 月之间美国生物质能、太阳能和地热等可再生能源部门消费的迟滞特性，他们采用了由吉尔 - 阿拉纳（Gil - Alana, 2002）的结构突变的分数单位根检验，发现序列的整合阶数取决于经济部门和可再生能源的类型。因此，他们得出结论，可再生能源节能政策有暂时的影响。

巴罗斯等（Barros et al., 2012）检验了美国可再生能源消费总量的长记忆性，显示能源消费总量的整合阶数在 0.5 到 1 之间，这个发现支持长记忆性。他们证明，刺激可再生能源产生的政策可能会产生持久的影响。巴罗斯等（Barros et al., 2013）通过运用单位根检验，研究了 1994 年 2 月 ~ 2011 年 10 月期间包括太阳能、地热、风能、水电、废物、生物燃料和木材等各种形式的可再生能源消费的迟滞假设部分，指出除木材以外的所有类型的可再生能源消费都显示出长记忆性，并且政策冲击会产生持久的影响。利恩和史密斯（Lean & Smyth, 2013）根据李和斯特拉齐奇（Lee & Strazicich, 2003）的建议，采用允许两个结构断点的 LM 单位根试验，分析了美国可再生能源生产总量和生物燃料以及生物质生产等序列，他们使用年度数据（1980 ~ 2011 年的生物燃料、1949 ~ 2011 年的可再生能源生产总量和生物质）和月度数据（1980 ~ 2011 年的生物燃料、1973 ~ 2011 年的可再生能源生产总量和生物质），发现了可再生能源生产总量以及生物燃料和生物生产等序列支持迟滞特性的证据。

其他文献已经研究了联邦/州级不可再生能源消费的单位根特征。吉尔-阿拉纳等（Gil-Alana et al., 2010）在1973年1月~2009年5月期间使用分数单位根检验，测试了美国电力行业能源消费的随机特征，并发现了有利于长记忆的证据。蔡和马加齐诺（Cai & Magazzino, 2019）使用巴赫曼-奥斯库伊等学者（Bahmani-Oskooee等，2014）的面板平稳性检验测试了G7国家天然气消费（以下简写为NGC）的整合阶数，结果显示NGC是非平稳的。厄兹蒂尔克和阿斯兰（Öztürk & Aslan, 2015）使用克鲁泽（Kruse, 2011）的非线性单位根检验，探索了23个经合组织国家的随机特征，并找到了有利于美国经济平稳性的证据。奥兹坎和厄兹蒂尔克（Ozcan & Öztürk, 2016）测试了1971~2013年32个OECD国家能源消费总量的平稳性，并指出美国的能源消费序列是平稳的。阿斯兰（Aslan, 2011）检验了美国50个州的NGC序列的单位根的存在，其中50个序列中有27个是非平稳的。相比之下，使用卡尔里昂-伊西尔维斯特雷等学者（Carrion-i-Silvestre et al., 2005）面板平稳性检验，阿佩尔吉斯等学者（Apergis et al., 2010a）发现NGC在50个状态下是平稳的，而阿佩尔吉斯等学者（Apergis et al., 2010b）的研究显示，美国50个州的煤炭消费量是平稳的。

我们的研究表明，在能源经济学文献中，只有蔡和梅内加基（Cai & Menegaki, 2019）研究了基于分位数单位根检验的能源消费的随机特性。蔡和梅内加基针对1965~2016年期间的8个新兴国家，利用巴赫曼-奥斯库伊等学者（Bahmani-Oskooee et al., 2018）的分位数单位根检验，验证到了清洁（核能和可再生能源）能源消费序列中的单位根。他们发现了支持巴西和菲律宾（使用不考虑平滑结构突变的QUR检验）以及中国、巴基斯坦和泰国（使用考虑平滑结构突变的QUR检验）平稳性的证据。

2.3 方法论

本书将分析美国的可再生能源生产的迟滞特性，利用了两种新型的QUR检验，即带有平滑结构突变的QUR检验（FQUR检验）和QUR检验来分析。前者是由巴赫曼－奥斯库伊等学者（Bahmani－Oskooee et al.，2017，2018）研发的，而后者是由李和帕克（Li & Park, 2018）开发的。这两个测试的共同性质是，它们允许可再生能源生产序列对正冲击和负冲击的不对称响应。此外，FQUR 检验的具体特性是允许趋势函数的拦截/斜率的平滑结构突变，并考虑分位数内的不对称均值回归速度，以及分位数内的线性均值回归速度。NQUR 检验允许在可再生能源生产序列的分位数和范围内实现非对称的均值回归速度。

2.3.1 FQUR 检验

FQUR 检验分为两步骤。首先，对形式与断点个数都未知的随机变量 REP_t 使用 Fourier：

$$REP_t = a_1 + a_2 t + a_3 \sin\left(\frac{2\pi kt}{N}\right) + a_4 \cos\left(\frac{2\pi kt}{N}\right) + \varepsilon_t \quad (2-1)$$

其中的 REP，k，t 和 ε 分别是可再生能源生产序列、频率数、时间趋势和 i.i.d 误差项。正弦值（·）函数和余弦值（·）函数在等式（2-1）中考虑用来捕获平滑结构突变。估计过程涉及选择 k 的最优值。正如贝克尔等学者（Becker et al., 2004）所指出，较高的频率倾向于相关的随机参数的变化性，而不是结构突变。较低的频率更有可能干扰平稳性。在此，我们跟随贝克尔等学者（Becker et al., 2006）来设置 $k \in [0.1, 5]$，使用等级搜索选择其最优值（k^*），其中 OLS 估值的平方残差的和被最小化。k^* 的整数（分数）值与 REP_t 长期稳定状态下的暂时性（永久）结构断点有关。

然后，我们通过估计等式（2-1）中 ADF 型回归的 OLS 残差来探索 REP_t 的平均回归性质：

$$Q_{\hat{\varepsilon}_t}(\tau | \vartheta_{t-1}) = \theta_0(\tau) + \theta_1(\tau)\hat{\varepsilon}_{t-1} + \sum_{p=1}^{p=1} \theta_{1+p}(\tau)\Delta\hat{\varepsilon}_{t-p} + \epsilon_t \quad (2-2)$$

其中 $Q_{\hat{\varepsilon}_t}(\tau | \vartheta_{t-1})$ 是等式（2-1）中残差 e 的 τ^{th} 分位数，是利用 OLS 估计得到。基于先前信息集 ϑ_{t-1}。这里 $\theta_0(\tau)$ 是 $\hat{\varepsilon}_t$ 的 τ^{th} 条件分位数并捕获了每个分位数中的冲击的大小。$\theta_0(\tau)$ 的负值表示可再生能源生产序列的负冲击其正值与可再生能源生产序列的正冲击有关。为控制 ϵ_t 的序列相关性，我们在等式（2-2）中按照塞德和迪基（Said & Dickey, 1984）的方法，增加条件 $\sum_{p=1}^{p=1} \theta_{1+p}(\tau)\Delta\hat{\varepsilon}_{t-p}$。

利用巴赫曼－奥斯库伊等学者（Bahmani－Oskooee et al., 2018）所发展的 t 统计量，测试了每个分位数内的单位根的存在：

$$t_n(\tau_i) = \frac{\hat{f}(F^{-1}(\tau_i))}{\sqrt{\tau_i(1-\tau_i)}} (E'_{-1} O_x E_{-1})^{1/2} (\hat{\theta}_1(\tau_i) - 1) \quad (2-3)$$

其中 E_{-1} 是 $\hat{\varepsilon}_t$ 的第一个滞后的向量，$\hat{f}(F^{-1}(\tau_i))$ 是 $f(F^{-1}(\tau_i))$ 的一致估计量，正如在科恩克尔和肖（Koenker & Xiao, 2004）中讨论，O_x 是正交于 $X = (1, \Delta\hat{\varepsilon}_{t-1}, \cdots, \Delta\hat{\varepsilon}_{t-k})$ 空间上的投影矩阵。为了检验 $\underline{\xi} = 0.1$ 和 $\overline{\xi} = 0.9$ 之间不同分位数的单位根，巴赫曼－奥斯库伊等学者（Bahmani－Oskooee 等，2018）建议使用分位数的科尔莫戈罗夫－斯米尔诺夫测试统计（Kolmogorov－Smirnov test statistics）傅里叶－QKS（Fourier－QKS）：

$$\text{Fourier} - \text{QKS} = \sup_{\tau_i \in [\underline{\xi}, \overline{\xi}]} |t_n(\tau_i)| \quad (2-4)$$

傅里叶－QKS 检验统计出在分位数 $\underline{\xi} = 0.1$ 和 $\overline{\xi} = 0.9$ 之间与最大 $|t_n(\tau_i)|$ 统计有关，它们的临界值是通过重新采样程序计算出来的。

2.3.2 非线性 QUR 检验

李和帕克（Li & Park, 2018）发展了卡佩塔尼奥斯等学者（Kapetanios et al., 2003，以下简写为 KSS）的非线性单位根检验，并使用分位数回归而不是 OLS 来估计以下方程：

$$\hat{\varepsilon}_t = \beta_1 \hat{\varepsilon}_{t-1}^3 + \sum_{p=1}^{p=1} \beta_{1+p} \Delta\hat{\varepsilon}_{t-p} + \mu_t \quad (2-5)$$

$\hat{\varepsilon}_t$ 是以下方程式的 OLS 估计残差：

$$REP_t = a_1 + a_2 t + \varepsilon_t \quad (2-6)$$

a_1 是截距，t 是一个线性时间趋势，ε_t 是误差项。

单位根（H_0）存在的零假设被定义为 $\beta_1 = 0$，而替代假设（H_a）被定义为 $\beta_1 < 0$。为了检测可再生能源生产序列的每个分位数内的单位根，$\hat{\varepsilon}_t$ 的 τ^{th} 条件分位数定义为：

$$Q_{\hat{\varepsilon}_t}(\tau | \vartheta_{t-1}) = \theta_0(\tau) + \theta_1(\tau)\hat{\varepsilon}_{t-1}^3 + \sum_{p=1}^{p=1} \theta_{1+p} \Delta\hat{\varepsilon}_{t-p} + \omega_t \quad (2-7)$$

其中 $Q_{\hat{\varepsilon}_t}(\tau|\vartheta_{t-1})$ 和其他系数和参数的定义与等式（2-2）中相同。利用回归估计相应系数 $\theta_0(\tau)$，$\theta_1(\tau)$，和 θ_{1+p}，且根据 Akaike 的信息准则（AIC）选择最优滞后 p。可再生能源生产序列的每个分位数内的单位根在 t

比例基础上检验，如下：

$$t_n(\tau_i) = \frac{\hat{f}(F^{-1}(\tau_i))}{\sqrt{\tau_i(1-\tau_i)}}(E'_{-1}O_xE_{-1})^{1/2}(\hat{\theta}_1(\tau_i)) \quad (2-8)$$

等式（2-8）和（2-3）中的变量、统计量和参数的定义相同。使用以下 QKS 统计信息测试分位数上的单位根属性：

$$NQKS = \sup_{\tau_i \in [\underline{\xi},\bar{\xi}]} |t_n(\tau)| \quad (2-9)$$

NQKS 检验的统计量在分位数 $\underline{\xi}=0.1$ 和 $\bar{\xi}=0.9$ 之间与 $|t_n(\tau)|$ 的最大统计量有关，并应用重新采样程序计算相应的临界值，就如在李和帕克（Li & Park, 2018）中讨论。

2.4 数据处理

本书收集了 1973 年 1 月~2019 年 8 月期间可再生能源总产量、生物质能总产量、地热能消费、水力发电消费、废能源消费和木材能源生产的月度数据。① 我们从美国能源信息管理局（EIA）获得了所有的数据。正如他们的定义所指出的，可再生能源生产的生产包括除生物燃料和木材以外的所有可再生能源消费。为了检验可再生能源生产的单整性，我们使用了季节性调整后的数据。表 2-1 显示了这些可再生能源序列的动态变化。

在表 2-1 的面板 A 中，我们分析了 20 世纪的 70 年代、80 年代、90 年代、21 世纪的 00 年代和 10 年代可再生能源的平均产量。20 世纪 70 年代，可再生能源的平均总产量约为 391.718 万亿英热（Btu），90 年代增加到 529.923 万亿英热（Btu），21 世纪初略有下降至 526.112 万亿英热（Btu）。然而，在 21 世纪第一个 10 年里，它经历了相当大的增长，达到了 833.369 万亿英热（Btu）。在不同类型可再生能源中，20 世纪 70 年代水电在可再生能源的生产中所占比例最大，约为 62%。然而，随着时间的推移，它的份额有所下降，在 2010 年代达到了 26%。在经历了水力发电之后，木材和生物质能在可再生能源的生产中所占的比例最大，约为 37%。

---

① 样本周期的选择取决于数据的可用性。具体来说，生物燃料、太阳能和风能生产的起始期分别为 1981 年 1 月和 1989 年 1 月。

第 2 章 新能源发展趋势与政策评估

表 2-1 美国可再生能源生产动态

面板 A：平均可再生能源生产（万亿英热）

年代	木材能源生产	总生物质能生产	水力发电消耗	地热能源消耗	浪费能源消耗	太阳能能源消耗	风能消耗	生物燃料生产	总可再生能源生产
1970s	146.378	146.532	242.498	2.688	0.154	—	—	—	391.718
1980s	215.149	238.412	247.368	7.439	16.929	0.774	0.265	7.037	493.863
1990s	190.863	247.008	260.457	14.231	42.143	5.670	2.892	14.002	529.923
2000s	172.541	264.547	220.177	14.932	34.725	5.522	27.428	57.281	526.112
2010s	192.731	411.230	218.392	17.612	40.521	37.535	148.599	177.977	833.369

面板 B：可再生能源平均增率（%）

年代	木材能源生产	总生物质能生产	水力发电消耗	地热能源消耗	浪费能源消耗	太阳能能源消耗	风能消耗	生物燃料生产	总可再生能源生产
1970s	40.838	40.823	-12.702	186.720	28.662	—	—	—	5.230
1980s	14.051	34.643	-12.056	286.381	15087.963	355000.000	33450.000	886.019	11.462
1990s	-11.558	-0.624	0.816	1.942	27.477	10.029	102.157	93.083	0.783
2000s	4.857	62.424	-6.636	21.652	-6.551	51.588	952.843	606.655	37.026
2010s	11.466	17.613	-13.183	2.123	-7.998	2429.243	170.887	31.847	37.862

47

到 21 世纪 10 年代，木材的比例已经下降到 23%，但生物质能的比例增加到 50% 左右。20 世纪 80 年代，太阳能、风能和生物燃料在能源生产中的份额很少，但由于各种授权和激励政策，如"百万太阳能屋顶"计划和可再生能源组合标准政策，其在可再生能源生产中的份额大幅增长，达到 5%（太阳能）、18%（风能）和 21%（生物燃料）。在 1970～2019 年期间，木材和水力发电在可再生能源生产中的份额有所下降，而其他可再生能源的份额则有所增加。

在表 2-1 的面板 B 中，我们分析了可再生能源生产总量和分类可再生能源生产的平均增长率。可以看出，20 世纪 70 年代的平均增长率约为 5%，在 80 年代上升到约 11%。在 20 世纪 90 年代，由于生物质和木材生产的负增长，其增长率下降到 1% 左右，但在未来 20 年，可再生能源的总产量经历了相当大的增长比率，主要与 20 年来太阳能、风能、生物燃料和生物质能生产的巨大增长有关。

2.5 实证结果

2.5.1 可再生能源生产的迟滞特性

首先检验可再生能源生产总量及其分解的能源类别中的迟滞特性，我们选择四种常规的线性单位根检验来探索其不同类型能源类别的单位根假设，包括迪基-福勒（Dicky & Fuller，ADF）、菲利普斯和佩伦（Phillips & Perron，PP）、艾略特（Elliot，DF-GLS）等学者和克维亚特科夫斯基（Kwiatkowski，KPSS）等学者的平稳性检验。测试结果见表 2-2 的面板 A。有证据表明单位根（平稳）假设只被 ADF、PP 和 DF-GLS（KPSS 平稳检验）所拒绝。此外，根据 ADF 和 PP，风能的单位根假设均是被拒绝的。对于其他可再生能源生产序列，单位根假设（平稳）不被上述三个单位根测试（KPSS 平稳检验）拒绝。这些结果证实了巴罗斯等（Barros et al.，2013）和利恩和史密斯（Lean & Smyth，2013）的发现，他们认为每个生产序列都存在单位根。简而言之，我们几乎没有发现证据支持可再生能源生产的平稳性，这可能是因为当随机变量是高度持续性，分布是非正态，并且由于结构断点的存在，具有非线性的特征。

数据生成过程的非线性已经成为理论和经验层面上一个越来越重要的问题。如果未能解决宏观经济变量的非线性问题，可能会导致实证结果无效（Gupta et al.，2019；Lee et al.，2020）。在这方面，我们首先开展了雅尔库－贝拉（Jarque－Bera，1980）非正规性检验和哈维等（Harvey et al.，2008）线性检验以验证数据中的非线性。表2－2的面板B提供了雅尔库－贝拉（Jarque－Bera，1980）非正态性检验的结果来研究可再生能源生产序列的分布。除水力发电序列外，结果表明，所有序列均为非正态分布的。在表2－2的面板C中，我们还开展了哈维等（Harvey et al.，2008）对整合阶数未知的变量进行线性检验。研究结果表明，除了太阳能和风能序列外，所有可再生能源生产序列的线性假设都被拒绝。简而言之，大多数可再生能源生产序列都是非正态分布的，并表现出非线性动态特征，这说明一刀切的线性技术不适合相关可再生能源生产的建模，从而证明我们采用非线性方法是合理的。

为了控制非线性动态，本书采用了两种非线性单位根检验，包括KSS指数平滑转换自回归（ESTAR）和索利斯（Sollis，2009）的非对称平滑转换自回归（ASTAR）方法。前者考虑对称回归，而后者考虑非对称回归到长期平衡。表2－2的面板D报告了使用蒙特卡洛模拟计算出的5%显著水平上的测试结果及其临界值。这两个测试都否定了水力发电、废能、风能和生物燃料序列在5%显著水平上的单位根假设。至于太阳能序列，单位根被索利斯（Sollis，2009）检验拒绝。这些结果对计量分析、经济预测和决策具有重大意义，这表明应实施非线性分析，以避免虚假的结论。

为了分析包括内生突变对我们结果的影响，我们使用两种类型的单位根/平稳检验来检验可再生能源生产序列的随机性质。第一组单位根测试包括傅里叶－ADF（以下简写为FADF）、傅里叶－KSS（以下简写为FKSS）和傅里叶－索利斯（以下简写为FSollis）单位根检验，它们是由克里斯托普洛斯和里昂－莱德斯玛（Christopoulos & Leon－Ledesma，2010）和兰杰巴等（Ranjbar et al.，2018）分别发明的。我们还应用了由贝克尔等（Becker et al.，2006）开发的Fourier－KPSS（以下简写为FKPSS）平稳检验。上述的单位根/平稳检验是基于傅里叶展开式来控制时间序列变量的数据生成过程（DGP）中的平滑结构突变。第二组包括齐沃特和安德鲁斯（Zivot & Andrews，1992，以下简写为ZA），纳拉扬和波普（Narayan & Popp，2010，以

表 2-2　美国可再生能源生产的常规线性/非线性单位根检验结果

可再生能源生产系列	面板 A: 常规线性				面板 B: Jarque-Bera p值	面板 C: Harvey等学者(2008)线性检验	面板 D: 非线性单位根检验			
	ADF	DF-GLS	PP	KPSS			KSS检验统计	CV: 95%	Sollis(2009)检验统计	CV: 95%
可再生能源生产总量	-1.864	-1.949	-2.294	0.381	0.000	6.160	-1.632	-2.655	1.146	5.241
生物质能生产总量	-2.029	-1.419	-2.642	0.308	0.101	33.720	-2.239	-2.471	1.070	5.007
地热能耗	-2.368	-0.731	-2.845	0.665	0.000	24.600	-2.006	-4.123	4.543	5.175
水电工程消耗量	**-6.133**	**-6.115**	**-5.886**	0.115	0.398	8.970	**-2.856**	-2.507	**10.449**	5.067
废能耗	-1.597	-1.083	-1.491	0.580	0.000	9.750	**-3.437**	-2.805	**6.301**	4.876
木材能生产	-2.533	-0.959	-3.910	0.340	0.000	28.880	-1.492	-2.529	1.882	5.218
太阳能能源消耗量	1.432	-1.318	1.252	0.548	0.000	1.350	-1.523	-2.711	7.661	5.131
风能和能源消耗量	**-7.547**	**-2.828**	**-7.441**	0.344	0.002	1.460	**-3.514**	-2.953	**25.122**	5.321
生物燃料生产	-3.436	-0.527	-3.037	0.200	0.001	11.220	**-3.602**	-2.999	**20.203**	4.581

注：粗体字表示，ADF、DF-GLS、PP、KSS 和 Sollis 的原假设的单位根检验（KPSS 平稳检验）在 5%（不）被拒绝。我们使用了 MacKinnon（1996）准备的 ADF、DF-GLS 和 PP 单位根测试选择的临界值以及 Kwiatkowski 等学者（1992）准备的 KPSS 平稳检验的临界值。我们使用速归 t 统计量为 ADF、DF-GLS、KSS 和 Sollis（2009）单位根检验选择最优延迟，来非通过 Bartlett 为 PP 和 KPSS 单位根/平稳检验选择带宽。Harvey 等学者（2008）的临界值在 5% 显著性水平下的线性检验结果为 5.99。利用蒙特卡洛模拟和 5000 次复制，计算了 KSS 和 Sollis（2009）单位根检验的结果。

下简写为 NP)、李和斯特拉齐奇（Lee & Strazicich，2013，以下简写为 LS），其中前者为 ADF 型单位根检验，后者为 LM 型单位根检验。此外，ZA 和 LS 检验被开发用于控制 DGP 中的一次内源突变，而 NP 单位根检验被开发用于控制两次内源突变。

在本书中，我们考虑了包括线性趋势截距和斜率的结构断点的模型。上述单位根/平稳性检验的结果分别见表 2-3 中面板 A 和面板 B 的第一组和第二组。可以看到，通过应用这两种类型的单位根/平稳检验，无法找到更多的证据来支持可再生能源生产序列的平稳性。FADF、FKSS 和 FSollis 单位根检验的结果表明，仅两个序列（水力发电和生物燃料）、四个序列（浪费能源、太阳能、风能和生物燃料）和三个序列（浪费能源、太阳能和生物燃料）的单位根的零假设被拒绝。FKPSS 的结果表明，仅三个序列（总可再生能源、废弃能源和风能）平稳性的零假设未被拒绝。此外，ZA 的结果表明，地热能、水力发电和木材能都拒绝了单位根的零假设。LS 单位根检验结果表明，水力发电、风能和生物燃料都拒绝了单位根的零假设。最后，根据 NP 单位根检验的结果，任何时间序列变量都不拒绝单位根的零假设。

上述单位根或平稳检验已被用于应用计量经济学的许多领域，来捕获非线性动态行为，特别是序列的条件均值。然而，正如科恩克和肖（Koenker & Xiao，2004）提出，如果序列的分布偏离了正态分布，这些测试可能并不能真正反映这一序列的动态特征。从我们之前的检验中，我们发现可再生能源生产序列的另一个重要特性是它们大多数是非正态分布的。根据科恩克和肖（Koenker & Xiao，2004）、巴赫曼-奥斯库伊等学者（Bahmani-Oskooee et al.，2018）和李和帕克（Li & Park，2018）的蒙特卡洛模拟，当随机变量非正态分布和/或当宏观经济变量的数据生成过程中有一些异常值时，线性/非线性分位数单位根检验可以更好地进行检验。因此，我们使用两种全新的分位数单位根检验，即李和帕克（Li & Park，2018）的非线性分位数单位根检验和巴赫曼-奥斯库伊等学者（Bahmani-Oskooee et al.，2018）的傅里叶分位数单位根检验。当随机变量非正态分布时，这两种检验都有很好的能力。NQUR 检验允许对称的非线性回归到长期平衡，而 FQUR 测试则考虑了趋势函数的确定性项中的平滑结构突变，以控制数据生成过程中的一些异常值。

表 2-4 和表 2-5 显示了上述检验的结果。表 2-4 的面板 A 显示了

表2-3 平滑或尖锐断点的单位根或平稳检验结果

变量	面板A：单位根/平稳性检验的傅里叶型试验							面板B：一个或两个内源性尖锐断点的单位根试验						
	傅里叶线性和非线性ADF型单位根检验						Fourier KPSS 平稳性检验		Zivot 和 Andrews (1992) 单位根检验		Lee and Strazicich (2013) 单位根检验		Narayan and Popp (2010) 单位根试验	
	FADF	CV:5%	FKSS	CV:5%	FSollis	CV:5%	FKPSS	CV:95%	Statistics	CV:5%	Statistics	CV:5%	Statistics	CV:5%
可再生能源生产总量	-3.632	-3.999	-2.874	-3.481	2.288	7.333	0.063**	0.093	-4.737	-5.176	-3.641	-4.500	-2.058	-4.541
生物质能生产总量	-2.998	-4.082	-1.423	-3.258	1.312	5.897	0.117	0.088	-3.632	-5.176	-3.268	-4.500	-2.334	-4.541
地热能耗	-3.715	-4.006	-2.237	-3.625	1.341	5.599	0.096	0.090	-5.329**	-5.176	-3.393	-4.510	-3.887	-4.541
水电工程消耗量	-5.450**	-3.615	-3.049	-3.225	4.334	6.892	0.114	0.089	-10.795**	-5.176	-4.844**	-4.500	-4.178	-4.534
废能耗	-3.364	-4.007	-6.413**	-6.285	15.375**	6.145	0.086**	0.087	-4.802	-5.176	-4.127	-4.500	-2.300	-4.712
木材能源生产	-3.115	-4.028	-2.581	-3.117	3.313	5.833	0.134	0.092	-5.301**	-5.176	-4.139	-4.500	-2.002	-4.541
太阳能能源消耗量	-3.825	-3.981	-10.595**	-5.018	10.558**	6.094	0.095	0.091	-4.500	-5.176	-3.128	-4.470	-1.504	-4.549
风能和能源消耗量	-3.812	-4.088	-7.341**	-3.496	2.674	5.343	0.071**	0.089	-4.586	-5.176	-7.929**	-4.500	-4.361	-5.135
生物燃料消耗量	-4.066**	-3.935	-3.772**	-3.564	10.923**	5.384	0.205	0.091	-2.435	-5.176	-5.782**	-4.470	0.025	-5.135

注：采用了 Christopoulos and Leon – Ledesma (2010) 开发的FADF和FKSS单位根检验。FKPSS是由Becker等学者 (2006) 开发的Fourier – KPSS平稳检验。通过蒙特卡洛模拟和5000个复制计算出了FSDF、FKSS和FSollis的临界值。FADF、FKSS、FSollis、Zivot和Andrews (1992)、Lee and Strazicich (2013) 的最佳延迟(s) 是由通归 t 统计选择的。ZA、LS和NP单位根检验的临界值分别来自Zivot和Andrews (1992)、Lee和Strazicich (2013)，和Narayan和Popp (2010)。

第 2 章 新能源发展趋势与政策评估

表 2-4 非线性分位数单位根检验结果

可再生能源生产系列	面板 A：非线性分位数单位根检验					面板 B：$of\ t_n$ 的 p-值测试统计								
	NQKS test statistics	Critical values			Optimum lags	分位数：								
		10%	5%	1%		0.1	0.2	0.3	0.4	0.5	0.6	0.7	0.8	0.9
可再生能源生产总量	3.403	3.005	3.196	3.521	5	0.028	0.696	0.212	0.144	0.016	0.006	0.004	0.022	0.026
生物质能生产总量	10.909	2.823	3.104	3.695	5	0.032	0.000	0.000	0.000	0.000	0.000	0.000	0.016	0.134
地热能耗	8.834	2.8	3.052	3.674	6	0.998	0.734	0.008	0.000	0.000	0.000	0.000	0.000	0.000
水电工程消耗量	6.53	3.09	3.27	3.698	4	0.082	0.112	0.004	0.000	0.000	0.000	0.000	0.000	0.000
废能耗	3.939	2.569	2.831	3.751	1	0.986	1.000	0.998	0.998	0.992	0.626	0.118	0.000	0.000
木材能源生产	16.034	2.796	3.081	3.683	5	0.722	0.002	0.000	0.000	0.000	0.000	0.000	0.000	0.000
太阳能能源消耗量	3.808	2.981	3.249	3.498	2	0.020	0.022	0.202	0.174	0.054	0.004	0.004	0.050	0.326
风能和能源消耗量	14.487	2.909	3.371	4.095	5	0.992	0.940	0.986	0.986	0.000	0.000	0.000	0.000	0.000
生物燃料的生产	16.024	2.705	2.963	3.488	6	0.590	0.016	0.002	0.002	0.002	0.008	0.162	0.000	0.000

续表

可再生能源生产系列	面板C: $\theta_0(\tau)(\hat{\theta}_0(\tau))$ 估计值 分位数:									面板D: $\theta_1(\tau)(\hat{\theta}_1(\tau))$ 估计值 分位数:								
	0.1	0.2	0.3	0.4	0.5	0.6	0.7	0.8	0.9	0.1	0.2	0.3	0.4	0.5	0.6	0.7	0.8	0.9
可再生能源生产总量	-0.039	-0.025	-0.015	-0.008	0.000	0.008	0.016	0.025	0.038	-3.547	-0.753	-1.684	-1.894	-3.028	-3.136	-3.153	-2.993	-3.949
生物质能生产总量	-0.027	-0.012	-0.006	-0.003	0.000	0.002	0.005	0.012	0.032	-5.268	-4.678	-4.177	-4.185	-4.318	-4.275	-4.011	-4.006	-4.850
地热能耗	-0.071	-0.033	-0.015	-0.008	0.000	0.007	0.015	0.033	0.069	1.114	-0.127	-0.539	-0.662	-1.032	-1.174	-1.226	-1.669	-3.140
水电工程消耗量	-0.071	-0.049	-0.028	-0.012	0.002	0.014	0.026	0.042	0.066	-2.227	-1.799	-2.554	-3.046	-2.931	-3.382	-3.267	-4.548	-6.746
废能耗	-0.091	-0.040	-0.024	-0.014	-0.004	0.003	0.013	0.026	0.057	0.008	0.006	0.003	0.002	0.001	0.000	-0.002	-0.007	-0.017
木材能源生产	-0.033	-0.016	-0.009	-0.004	-0.001	0.002	0.007	0.014	0.026	-0.632	-3.234	-3.588	-3.536	-3.699	-5.614	-9.728	-14.606	-19.552
太阳能能源消耗量	-0.032	-0.020	-0.010	-0.006	-0.001	0.003	0.007	0.013	0.030	-4.773	-2.725	-1.394	-1.379	-1.679	-2.531	-2.695	-2.935	-2.199
风能和能源消耗量	-0.350	-0.136	-0.075	-0.036	-0.004	0.032	0.081	0.152	0.279	0.024	0.003	0.004	0.004	-0.050	-0.051	-0.052	-0.088	-0.085
生物燃料的生产	-0.038	-0.019	-0.011	-0.005	0.000	0.006	0.011	0.021	0.046	-0.057	-0.097	-0.098	-0.086	-0.076	-0.073	-0.065	-0.428	-1.173

注：我们使用AIC标准来选择最佳的滞后期。使用引导过程和5000个复制来计算NQKS检验统计数据的关键值。

第 2 章 新能源发展趋势与政策评估

表 2－5 傅里叶分位数单位根检验等式（1）的估计结果

可再生能源生产系列	最佳频率	限制的F统计	受限的F统计临界值			等式（2-1）的OLS估计系数				T型系数统计数据				FQKS检验统计	临界值		
			90%	95%	99%	α_1	α_2	α_3	α_4	α_1	α_2	α_3	α_4		10%	5%	1%
可再生能源生产总量	1.1	2699.359	25.544	28.617	33.857	5.793	0.002	0.180	0.021	716.953	67.855	29.347	4.510	6.371	3.018	3.222	3.511
生物质能生产总量	1.6	5743.296	40.284	43.802	50.907	5.068	0.002	0.013	-0.178	827.432	86.464	2.872	-42.169	5.424	2.585	2.896	3.369
地热能耗	0.8	6060.976	151.886	159.135	172.476	0.718	0.005	0.574	-0.203	24.000	50.162	30.728	-13.348	4.654	2.527	2.794	3.111
水电工程消耗量	3.6	119.110	5.784	7.137	10.122	5.551	0.000	-0.065	0.041	588.673	-10.199	-9.573	6.266	2.252	2.377	2.629	3.170
废能耗	0.8	2330.244	168.777	1202.447	1263.903	-2.704	0.017	2.542	-0.518	-19.334	35.238	29.084	-7.279	5.175	2.958	3.159	3.586
木材能源生产	0.1	755.370	10.169	11.839	15.104	-41.080	0.152	-129.014	45.835	-31.856	33.582	-33.242	35.809	3.422	2.587	2.845	3.304
太阳能能源消耗量	0.9	18142.452	174.128	182.060	199.205	0.387	0.010	0.330	0.895	22.294	112.928	26.386	114.917	5.591	2.585	2.842	3.449
风能和能源消耗量	0.9	2204.635	663.792	687.854	734.086	0.842	0.010	-1.028	-0.009	8.417	19.868	-14.241	-0.194	1.990	2.855	3.094	3.543
生物燃料的生产	1.7	11381.152	482.739	498.688	530.737	0.985	0.010	0.389	-0.203	52.265	141.157	29.125	-15.429	14.808	2.544	2.81	3.219

注：我们使用蒙特卡洛模拟和5000个复制来计算限制F统计量的临界值。使用引导过程和5000个复制来计算傅里叶-QKS测试统计量的临界值。

55

NQKS 检验统计的结果、相关的临界值和选择的滞后期（p^*）。利用 AIC，废能源序列选择滞后 1 期，太阳能序列滞后 2 期，水电消费序列滞后 4 期，可再生能源总产量、生物质能生产总量、木能生产总量、风能序列滞后 5 期，地热能和生物燃料生产序列滞后 6 期。NQKS 检验统计显示，除总可再生能源生产序列外，所有可再生能源生产序列在 1% 显著水平的单位根假设均被拒绝。对于总可再生能源生产序列，在 5% 显著水平的单位根假设均被拒绝。在排序上，使用 NQUR 检验，我们拒绝了所有可再生能源生产的单位根假设，这可能与它在随机变量是非正态分布且呈现非线性行为时的良好能力有关。

表 2-4 中的面板 B、面板 C 和面板 D 分别显示了 t_n 检验统计的 p 值，以及对每一个分位数 $\tau = \{0.1, 0.9\}$ 来说，$\hat{\theta}_0(\tau)$ 和 $\hat{\theta}_1(\tau)$ 的估计值。$\hat{\theta}_0(\tau)$ 的结果表明，$\hat{\varepsilon}_t(\tau = \{0.1, 0.5\})$ 的低分位数与可再生能源生产序列的负冲击有关，而 $\hat{\varepsilon}_t(\tau = \{0.6, 0.9\})$ 的高分位数则与可再生能源序列的正冲击有关。据 t_n 检验统计的 p 值，我们不能拒绝可再生能源生产、地热能、水电、废能源、木材能源生产和风能序列的低分位数的单位根值为零。关于不同分位数中 $\hat{\theta}_0(\tau)$ 的大小，我们发现对上述提到的可再生能源生产序列的负冲击比正冲击有更持久的影响。可再生能源生产序列的正冲击产生短暂影响，且短期内消失。至于总生物质能生产序列，有证据表明，该序列只在最高分位数（$\tau = \{0.9\}$）中作为一个单位根过程，而在其他分位数中表现出一个静止的过程。结果表明，只有对生物质能生产产生非常大的正冲击才具有持久影响，而其他负和中等正冲击则产生短暂效应。关于太阳能和生物燃料生产序列，结果表明，大冲击（正或负）都有持久的影响，而其他冲击则只有暂时效应。

为了捕获一些可能与结构断点有关的非线性类型，并为了探索可再生能源生产序列的增长动力，我们进一步应用了傅里叶分位数单位根检验。我们首先使用表 2-5 中的 OLS 估值来估计等式（2-1）。可再生能源生产的动态发展和估计的傅里叶展开式如图 2-1 所示。如前所述，为了使估计更加切合实际，必须选择表 5 第二列展示的最佳频率（k^*）。为所有的可再生能源序列选择了最佳频率的分数值，结果表明，结构断点已经永久地改变了可再生能源生产的长期增长路径。为了控制可再生能源生产序列中的平滑断裂，我们包括了正弦项和余弦项（傅里叶展开式）。受约束的 F 统计量及其临界值表明，傅里叶序列对于可再生能源生产序列的动态表征是有效的。换句话说，正弦项和余弦项在我们的模型中都必须考虑以捕获可再生能源生产灵活的非线性。此外，估计系数的结果及其相应的 t 统计量表明，几乎所有的系数都具有统计学意义。因此，本书就利用 OLS 的估计系数来分析增长稳定性。

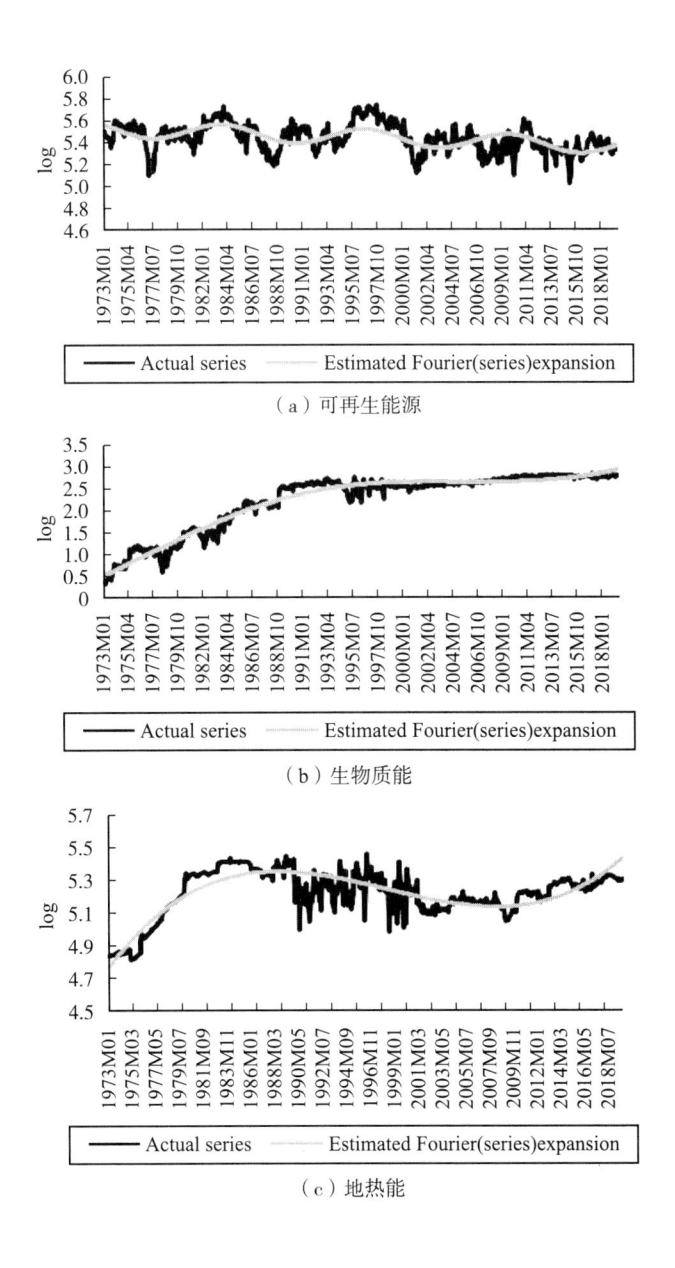

（a）可再生能源

（b）生物质能

（c）地热能

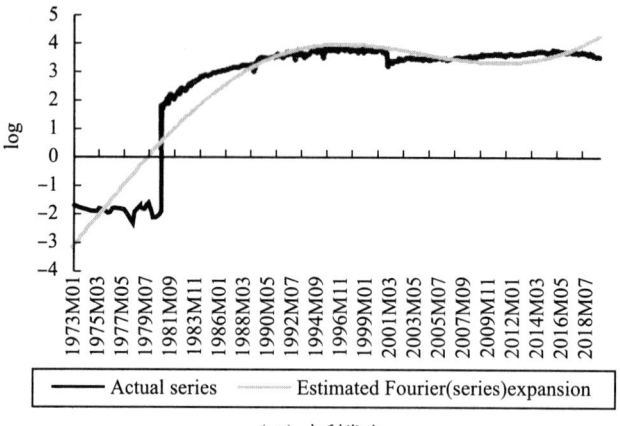

（d）水利发电

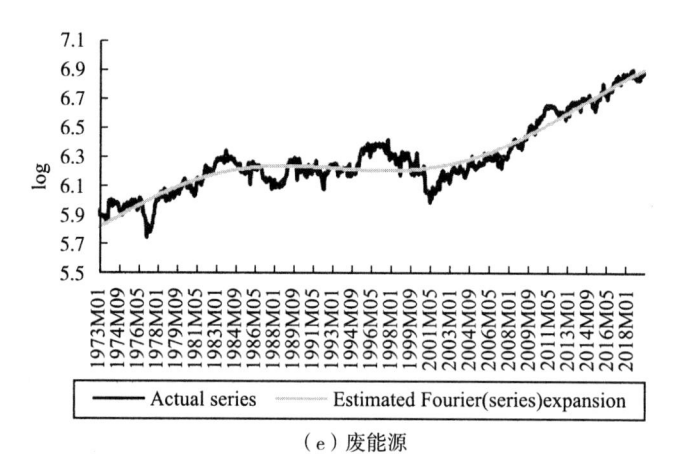

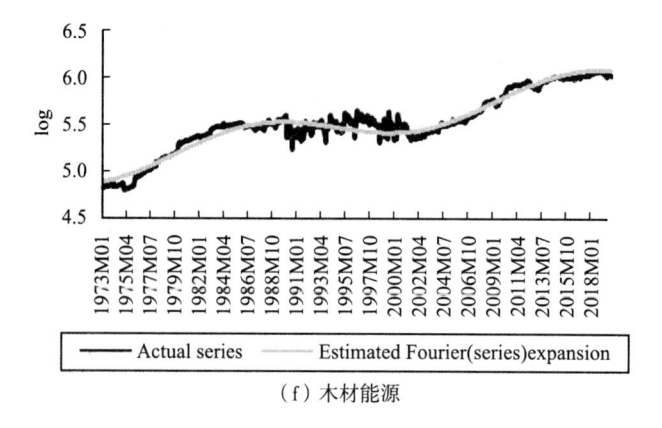

（e）废能源

（f）木材能源

(g)风能序列

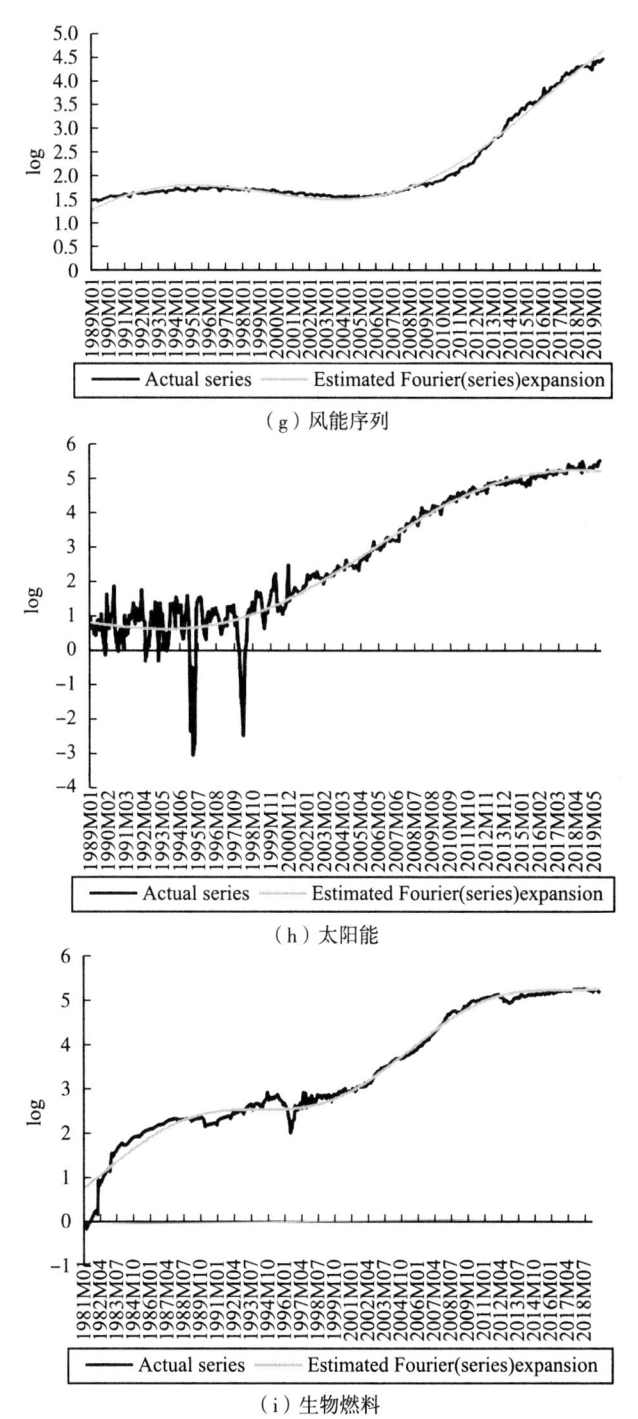

(h)太阳能

(i)生物燃料

图 2-1　可再生能源生产系列动态（以对数形式表示）和估计的傅里叶展开式［等式（2-1）］

注：深色线和浅色线分别是实际可再生能源生产和估计非线性傅里叶（级）展开。

在第二步中，应用等式（2-1）的 OLS 残差，我们通过使用分位数回归框架来检验可再生能源生产序列中的单位根假设。表 2-5 的最后一部分报告了 Fourier-QKS 检验统计数据及其临界值。结果表明，除水电消费和风能外，所有 1% 的单位根都被拒绝。因此，使用分位数单位根检验，特别是非线性 QUR 检验，有更多的证据表明支持美国经济的可再生能源生产序列的平稳性。

2.5.2 可再生能源生产的增长稳定性

为了分析可再生能源生产序列的增长稳定性，我们首先等式（2-1）中可再生能源生产序列的时间偏差，因为其年增长率的计算是基于该方程式的 OLS 估计系数。接下来，我们计算任何 10 年的平均估计年增长率，并对它们在表 2-5 内进行比较，以澄清可再生能源序列的停止、放缓和增长速度。表 2-6 的面板 A 组为可再生能源生产序列在过去任何十年的平均年增长率，表中面板 B 为每隔十年的生产率的比值。如引言所述，如果可再生能源生产的十年平均年增长率大于前一个 10 年，那么增长率就会增加。如果可再生能源生产的平均年增长率在前一个 10 年间为正，后一个十年转为负值，那么增长率就会停止。如果可再生能源生产的平均年增长率在十年间为正，但比前 10 年平均年增长率小，那么增长减缓。结果显示，在除了 20 世纪 90 年代以外的所有十年里，总可再生能源生产序列的平均年增长率都是正的。90 年代总代表的负增长率主要与总生物质能和木材能源产量的负增长有关。在各种类型的可再生能源中，地热、太阳能、风能和生物燃料能源的生产在过去几十年来经历了正态的年增长。其他类型的可再生能源至少在几十年里经历了负增长。

在 20 世纪 80 年代的 10 年里，我们的可再生能源生产的动态增长的结果表明，在总可再生能源生产、总生物质能、地热、水力发电、废物和木材能源生产序列中，只有水力发电能源的生产增长比率上升，而其他类型的可再生能源的增长比率放缓。在 20 世纪 90 年代的 10 年里，总可再生能源生产数的增长停止，这主要在于生物质能和木材能源生产总量的增长的停止，以及地热和浪费能源生产的增长率的放缓。在这十年中，水力发电的增长从 20 世纪 80 年代的 -0.074% 到 90 年代达到了 0.035%。

第 2 章 新能源发展趋势与政策评估

表 2-6 可再生能源生产系列动态的停止、放缓和增长的增长率

可再生能源生产系列	面板 A：可再生能源生产系列的任意 10 年的平均年增长率						面板 B：任意 10 年与前 10 年的增长率的比率			
	1970s	1980s	1990s	2000s	2010s		1980s~1970s	1990s~1980s	2000s~1990s	2010s~2000s
可再生能源生产总量	0.350%	0.113%	-0.019%	0.238%	0.386%		S	M	I	I
生物质能生产总量	0.379%	0.283%	-0.097%	0.370%	0.225%		S	M	I	S
地热能耗	1.056%	0.822%	0.289%	0.002%	0.274%		S	S	S	I
水电工程消耗量	-0.104%	-0.074%	0.035%	0.052%	-0.085%		I	I	I	M
废能耗	3.951%	2.728%	0.458%	-0.452%	0.946%		S	S	M	I
木材能源生产	0.527%	0.121%	-0.110%	-0.043%	0.274%		S	M	I	I
太阳能能源消耗量	—	—	0.149%	0.584%	2.309%		—	—	I	I
风能和能源消耗量	—	—	0.445%	2.401%	0.811%		—	—	I	S
生物燃料的生产	—	1.549%	0.305%	1.708%	0.278%		—	S	I	S

注：我们使用估计的傅里叶函数（等式（1））的一次推导来计算任意 10 年来可再生能源生产系列的平均年增长率。如果 10 年 T 期间的可再生能源生产的平均年增长率大于 10 年 T-1 期间，那么增长率就会增加。如果 10 年 T 期间的可再生能源生产的平均年增长率是正增长率，而 10 年 T-1 期间的增长率改为负增长率，那么增长率就会停止。如果 10 年 T 期间的代表的平均年增长率为正，但小于 10 年 T-1 期间，那么增长率就会放缓。

在21世纪初和21世纪10年代的近20年里，大多数可再生能源都经历了正增长率。在21世纪的10年里，废物能源生产停止，地热能生产的增长率从20世纪70年代开始下降。然而，其他类型的可再生能源，特别是风能和生物燃料日益增长。在目前的10年里，水力发电的产量停止，从过去10年的0.052%下降到目前10年的−0.085%。目前10年来，生物质能、风能和生物燃料能源的生产增长速度放缓，而其他类型的可再生能源，特别是太阳能的增长速度却在快速上升。

2.6 结论和启示

本书利用非线性分位数单位根检验和傅里叶分位数单位根检验，分析了各种可再生能源的单整特性及其增长稳定性。与传统单位根检验存在大多无法拒绝单位根原假设的情况不同，我们的结果表明，所有类型的可再生能源都是平稳的，但正负冲击的持续程度是随着不同的能源类型而异。研究结果还表明，对总可再生能源、地热、水力发电、废物、木材和风能生产的负面冲击比正面冲击有更持久的影响。因此，在美国联邦和州级执行的各种授权和激励政策可以暂时性地刺激这些能源的生产。考虑到可再生能源生产的动态增长时，我们发现风能和生物燃料能源生产的年增长率下降，而水力发电生产的增长率在近10年里也停止。因此，对这些能源生产的负面冲击会有长期影响，使得能源生产的停滞持续数年。

结果还表明，只有非常大的正冲击对生物质能生产具有持久影响，负冲击和中度正冲击只有暂时影响。生物质能生产的动态增长也表明，它在21世纪10年代经历了一次放缓。我们还发现，负面冲击对该序列的影响是短暂的，但生物质能生产的大幅跳跃意味着巨大的投资项目和一些激励措施。其他结果表明，对太阳能的大冲击（正或负）都有持久的影响，而其他中等的负和正冲击都有短暂的影响。太阳能的动态增长表明，近20年来，它经历了高速增长，"百万太阳能屋顶"和可再生能源组合标准的政策可能有助于太阳能的增长

最后，虽然本书仅探讨了美国可再生能源生产总量和分类的迟滞特性和

增长稳定性，但它为未来在可再生能源领域的研究开辟了一些方向。首先，为了进一步发展可再生能源产业，已经实施了国家层面的各种激励政策。因此，在国家层面评估冲击对可再生能源生产的影响是持久的还是短暂的值得深入研究。其次，鉴于可再生能源在很大程度上被认为是经济活动的一个主要影响因素，另一个有趣的主题是识别可再生能源生产与宏观经济总量和环境质量的非线性相关性。

第二篇

能源需求的特征与驱动因素

第3章

能源需求模型[①]

3.1 引　言

　　能源需求评估一直是全球经济的重要问题，特别是在当前能源不安全和全球变暖的背景下。正如世界银行（1996）指出，"世界上没有一个国家能够在没有现代能源提供服务的情况下成功摆脱自给自足的经济"，能源是许多发达国家和发展中国家经济发展和工业化的重要因素。如今，包括煤炭、石油和天然气在内的化石燃料满足了85%的能源需求，化石燃料推动的经济增长导致向大气释放二氧化碳（CO_2）是全球变暖的主要因素（Huang et al.，2008a）。最近，许多国家开始注重温室气体排放增加和全球变暖问题。1997年12月，《联合国气候变化框架公约（UNFCCC）》补充了《京都议定书》。签署的各国同意在2008~2012年期间，将其集体温室气体排放量从1990年的水平减少5.2%。能源依赖型国家在发展经济的同时，也应该注意到温室气体排放对环境的巨大影响。因此，研究能源需求的决定因素并阐明影响能源与经济增长关系的因素是很重要的。

　　近期的许多研究也发现能源消耗和实际收入是协整的，并利用误差修正

[①] 本部分由本书作者李建强（Lee，C. C.）和邱奕宾（Chiu，Y. B.）发表在《回顾国际经济与金融（International Review of Economics and Finance）》的《经合组织能源需求建模：国际面板平稳过渡误差》（*Modeling OECD energy demand：An international panel smooth transition error-correction model*）一文整理而成。

模型分析了能源与经济增长的关系（Hunt & Manning，1989；Athukorala et al.，2009；Belloumi，2009；Belke et al.，2010；Ouédraogo，2010；Athukorala & Wilson，2010）。然而，这些研究有一个共同点：它们假设能源需求模型的协整关系为线性函数形式。换句话说，他们只考虑了线性协整框架。忽略非线性协整的情况可能会导致能源需求和决定因素之间不存在协整的误导性结论。

本书认为，与现有文献相反，采用具有工具变量的面板平滑转换回归模型（González et al.，2005；Colletaz & Hurlin，2006；Fouquau et al.，2008）在协整框架下重新检验能源消耗、实际收入和能源价格之间的关系是一种更有效的方法。[①] 与其他关于能源与经济增长关系的研究相比，我们提出一个不同的问题：哪些经济变量可以解释能源—收入—价格关系从一个模式到另一个模式的过渡？如果我们能够确定能源需求函数存在或不存在重要关系条件，就可以形成更多相关的能源或宏观经济政策。因此，我们的主要目的是从实证上探索一些基于能源相关变量的"候选者"在能源需求函数中诱导非线性动态行为方面的相对贡献。本书深入研究了五个门槛变量。就政策而言，对这些条件影响的研究具有深远意义，因为它可能表明一个国家不应该"盲目"遵循普遍共识。

大量的研究将这种非线性协整方法应用于时间序列（Esso，2010；Hu & Lin，2008），但目前为止还没有在面板数据中这样做的。[②] 基于具有误差修正项的面板平滑转换回归模型（以下简称PSECM），我们可以考虑各国不同时期的能源需求弹性变化，[③] 且它允许根据门槛变量从一种模式连续平滑转换到另一种模式。事实上，如果门槛变量的候选变量在影响能源需求弹性

[①] 从能源消费到宏观经济变量或从宏观经济变量到能源消费的单向因果关系很常见（Yang，1999，2000；Jin et al.，2009；Wolde - Rufael，2009；Ozturk，2010），意味能源消费和宏观经济变量之间存在潜在的内生性。因此，我们需要使用工具变量的方法来克服可能存在的内生性问题。

[②] 面板数据方法比分析单个时间序列或横截面数据有许多优点。它提供了更多的信息和更少的共线性、更多的自由度和更高的效率，且可以控制横截面数据导致的个体异质性（Baltagi，2008）。关注一组国家而不是一个国家，使我们可以通过观察他人的行为来调查个人的表现。瓦哈布（Wahab，2011）指出，时间序列估计有一些限制，因为它需要足够数量的观测来保持足够的自由度，横截面估计时耗尽有限数量横截面单元的自由度，它使用随时间的平均数据来抽象商业周期效应。然而，面板数据估计可以改进这些时间序列和横截面估计的问题。

[③] 卡拉吉安等（Karagianni et al.，2012）指出，研究人员应该意识到，国家的宏观经济特征决定了被测试变量数据的内容，使其在不同国家随着时间的推移而变化。

方面发挥重要作用,那可以预期,具有相同经济条件水平的国家在能源需求方面会有非常不同的结果。

本书的研究过程:第一,检验变量是否遵循 I(0) 或 I(1) 过程;第二,检验能源消耗、实际收入和实际能源价格是否具有协整关系;① 第三,分析能源消耗、实际收入和实际能源价格的长期情况,将估计的残差作为误差修正项(ECM)值,用 ECM 建立面板平滑转换回归模型;② 第四,证明哪些因素是能源需求 PSECM 的潜在门槛变量;第五,利用这些潜在的门槛变量来探讨非对称调整下能源需求的短期弹性。

本书的主要目的是在能源相关变量的基础上,考虑人均实际 GDP、实际能源价格、能源强度、资本形成总额与 GDP 的比例以及误差修正项五个潜在门槛变量来探讨能源需求变化的原因,即估计 1978~2004 年经济合作与发展组织(OECD)24 个国家的能源消耗、实际收入和实际能源价格之间的非线性关系。

3.2 为什么非线性很重要

近期关于能源与收入关系的研究发现存在非线性效应和结构变化,并指出非线性能源需求模型提供了符合这种关系的理论模型。索伊塔斯和萨里(Soytas & Sari,2006)指出,能源增长关系可能受到遗漏变量的影响。因此,如果我们忽略了能源需求函数是非线性的可能性,那么使用线性规范得到的结果通常会由于错误估计方法而产生偏差。加布雷约汉内斯(Gabreyohannes,2010)表明,包含非线性效应时,能源消耗模型的解释能力可以得到提高。这意味着准确评估和分析能源需求可以为政府制定适当的能源和环境政策提供重要信息,且政策制定者应掌握经济和能源发展不同阶段的经济结构。因此,从政策的角度来看,更重要的是理解为什么能源需求函数表现出非线性形式,以及是什么导致了能源需求的变化。

---

① 变量遵循 I(0) 过程,意味着变量在水平上是平稳的。变量遵循 I(1) 过程,意味着变量是一阶差分平稳的。
② 随着全球问题的针对性和全球数据集的建立,我们应该应用面板数据来分析能源需求问题,以改善使用时间序列和横截面数据集所造成的缺陷(Lee & Lee,2010)。

正如和阿尔蒂奈和卡拉戈尔（Altinay & Karagol，2004）、李和张（Lee & Chang，2007）以及李（Lee，2013）所指出，结构性变化是宏观经济序列的一个常见问题，且通常受到环境或经济事件的外生冲击或模式变化的影响，例如，经济发展、能源危机、气候变化、能源效率提高、技术进步等。现有文献研究了引起能源需求变化的原因。例如，为了反映能源需求的非线性特征，奥拉图比和张（Olatubi & Zhang，2003）在其能源需求模型中考虑了能源价格的平方、收入的平方或温度的平方。胡、林（Hu & Lin，2008）注意到宏观经济变量的非对称调整，且能源消费与经济增长关系向长期均衡的运动可能不是恒定的。他们使用误差修正项作为门槛变量，并在门槛值左侧显示出接近零的修正效应，而在修正系数超过这个门槛值后，能源消耗的响应会急剧增加。

威尔（Wirl，1991）、沃克和威尔（Walker & Wirl，1993）研究了能源需求价格上涨和下跌的不同弹性，即价格上涨的弹性更高，价格下跌的弹性更低。达尔盖伊（Dargay，1992）、盖特利（Gately，1992，1993）、达尔盖伊和盖特利（Dargay & Gately，1995，2010）、哈斯和施皮柏（Haas & Schipper，1998）、盖特利和亨廷顿（Gately & Huntington，2002）、亨廷顿（Huntington，2006，2010，2011）以及阿德耶米和亨特（Adeyemi & Hunt，2007）将能源或石油价格分为最高历史价格的累积上涨、累积价格下降和累积价格回升序列，以检验需求对价格上涨和下跌的非对称响应的可能性，并发现价格对能源或石油需求的非对称效应。盖特利和亨廷顿（Gately & Huntington，2002）、达尔盖伊和盖特利（Dargay & Gately，2010）也认为收入演变为历史最高人均GDP的累积增长、人均GDP的累积下降和人均GDP的累积次最高增长，并发现能源需求对收入增加和减少的响应是不对称的。汉密尔顿（Hamilton，1996）和莫克等学者（Mork et al.，1994）证明，油价的上涨对产量的影响比油价的下降更大。拉赫曼和塞勒蒂斯（Rahman & Serletis，2010）采用油价波动作为门槛变量，发现收入对油价冲击的不对称响应。

此外，能源强度也可能是能源需求变化的作用。穆恩和索恩（Moon & Sonn，1996）建立了一个内生增长模型，通过这个模型，假设政策制定者可以设定最佳能源强度，并描述了韩国经济增长和能源强度之间存在的倒"U"型关系。乌萨纳拉萨梅和巴特查里亚（Ussanarassamee & Bhattacharyya，2005）注意到工业能源强度的"U"型模式的存在。通过使用能源强度、二氧化碳排放、工业能源消耗占总能源消耗的比例和能源消耗四个门槛变量，黄等学者（Huang et al.，2008b）证明了能源消耗与实际GDP之间的非线性关系，并指出如果能源强度高于某一水平，两者之间的关系将不显著。科斯坦蒂尼和马蒂尼（Costantini & Martini，2010）指出，能源服务是差异化的，即能源质量（或效率）的高低，且能源监管政策可以刺激经济发展，因为它们支持从低质量的能源服务向高质量的能源服务转换。

基于上述对现有文献的讨论，本书选取人均实际GDP、实际能源价格、能源强度、资本形成总额与GDP的比率以及误差修正项等五个潜在变量作为门槛变量来研究能源—收入—价格的关系。

3.3 研究设计

3.3.1 面板单位根检验

为避免伪回归，本书使用布赖通（Breitung，2000）检验、莱文等（Levin et al.，2002，LLC）检验、伊姆等（Im et al.，2003，IPS）检验、Fisher - ADF和Fisher - PP检验对每个变量进行面板单位根检验（Maddala & Wu，1999；Choi，2001）。LLC检验基于ADF检验，其模型在面板框架中表示为：

$$\Delta y_{i,t} = \alpha_i + \beta y_{i,t-1} + \sum_{j=1}^{q_i} \rho_{ij} \Delta y_{i,t-j} + e_{i,t} \quad (3-1)$$

其中β被限制在不同国家相同；$y_{i,t}$是变量序列；q_i是ADF回归的滞后项；$e_{i,t}$是误差项，假定其独立且满足正态分布的随机变量，具有零均值和有限单位特定方差σ_i^2；假定是独立和正态分布的随机变量，具有零均值和有限单位的特定变量；i = 1，2，…，N表示国家；t = 1，2，…，T表示时期。

与LLC（2002）检验相反，IPS（2003）检验允许β在备择假设下因国家而异，并且允许所有面板成员的自回归系数的异质性允许在备择假设下因国家而异，并且允许所有面板变数的自回归系数存在异质性。备择假设只是意味着部分或全部的单个序列是平稳的。而布赖通（Breitung，2000）认为，具有个体特定趋势的 IPS 检验将由于偏差修正而失去效力。因此，他提出了一种不需要偏差调整的替代检验，它比 IPS 检验更有效。原假设是面板序列不平稳，备择假设是面板序列是平稳的。

继费雪（Fisher，1932）之后，马达拉和吴（Maddala & Wu，1999）在 Fisher 检验的基础上提出了一种非参数检验统计量：$P = -2\sum_{i=1}^{N}\ln P_i$，注意，$P_i$ 是国家 i 的单位根检验的渐近 p 值，$-2\ln P_i$ 是一个自由度为 2 的 χ^2 分布，因此统计量 P 服从一个自由度为 2N 的 χ^2 分布。原假设是，面板中的每个序列都有一个单位根，即对于所有 i，$H_0: \beta_i = 0$。备择假设是，并不是所有单独的序列都有一个单位根，即对于 $i = 1, \cdots, N_1$，$H_1: \beta_i < 0$；对于 $i = N_1 + 1, N_1 + 2, \cdots, N$，$\beta_i = 0$。

崔（Choi，2001）则论证了统计量 $Z = \frac{1}{\sqrt{N}}\sum_{i=1}^{N}\Phi^{-1}(\pi_i) \sim N(0,1)$，其中 Φ^{-1} 是正态累积分布函数的倒数。本书利用上述五个面板单位根检验来确定我们的模型中的面板数据是否平稳。

3.3.2 面板协整检验

当每个变量都是非平稳的，下一步使用佩德罗尼（Pedroni，1999）的面板协整技术来检验这些变量之间是否存在协整关系。它容许相当大的异质性，如下所示：

$$y_{it} = \alpha_i + \sum_{m=1}^{M}\beta_{mi}x_{mit} + \varepsilon_{it}, \quad i = 1, 2, \cdots, N; \quad t = 1, 2, \cdots, T$$

(3-2)

其中 t 是时期，n 是国家数量，参数 α_i 包含了单位特定固定效应的可能性，ε_{it} 是一个误差项。具有斜率系数的向量也会因国家而异，这意味着协整向量可能在样本的各个国家间是异质的。这些检验也考虑面板各成员之间的异质性，包括长期协整向量和动态的异质性，因为没有理由相信各国的所有参数估计都相同。

佩德罗尼（Pedroni，1999）提出了七个检验统计量，分为两类。其中四种是基于组内维度的面板协整检验，三种是基于组间维度的组均值面板协整检验。七个检验统计量均呈渐近标准正态分布。这就需要基于基本布朗运动函数的矩进行标准化。面板 v 统计量与单边检验有关,其中大的正值拒绝不协整的零值。剩余统计量无限向负发散,大的负值拒绝零值,意味着变量之间存在长期关系。

3.3.3 具有误差修正项的面板平滑转换回归模型

当变量可以协整时,我们应该在我们的能源需求模型中考虑这些变量的估计长期关系所产生的误差修正项。因此,具有误差修正项的两模式面板平滑转换回归模型的定义如下:①

$$\Delta LEU_{i,t} = a_i + b_1 \Delta LRY_{i,t} + c_1 \Delta LEP_{i,t} + d_1 ECM_{i,t-1}$$
$$+ (b_2 \Delta LRY_{i,t} + c_2 \Delta LEP_{i,t} + d_2 ECM_{i,t-1}) g(q_{i,t-j};\ \gamma,\ \theta) + \varepsilon_{it}$$
(3-3)

$$ECM_{i,t-1} = LEU_{i,t-1} - \hat{\alpha}_i - \hat{\beta}_i LRY_{i,t-1} - \hat{\phi}_i LEP_{i,t-1} \quad (3-4)$$

$$q_{i,t-j} = [\Delta LRY_{i,t-1},\ \Delta LEP_{i,t-1},\ LEI_{i,t-1},\ LK_{i,t-1},\ ECM_{i,t-2}] \quad (3-5)$$

其中 LEU 表示人均能源使用量的对数转换;LRY 是人均实际 GDP 的对数转换;LEP 是实际能源价格的对数变换;ECM 是估计误差修正项;ε 为误差项;$\hat{\alpha}_i$、$\hat{\beta}_i$ 和 $\hat{\phi}_i$ 表示估计的长期固定效应和系数;LEI 是能源强度的对数转换;LK 是资本形成总额与 GDP 的对数转换比;t = 1,2,…,T 表示时间段;i = 1,2,…,N 表示各个国家。变量 $q_{i,t-j}$ 是门槛变量,可以是外生变量或滞后内生变量的组合(van Dijk 等学者,2002)。一方面,它们可以根据理论模型进行外生选择。另一方面,门槛变量可以通过线性检验来确定(LM 或 LM 统计量;Colletaz & Hurlin,2006)。在本书中,我们采用了五个潜在的门槛变量,② 即 $\Delta LRY_{i,t-1}$(模型 1)、$\Delta LEP_{i,t-1}$(模型 2)、$LEI_{i,t-1}$(模型 3)、$LK_{i,t-1}$(模型 4)和 $ECM_{i,t-2}$(模型 5),以探讨非线性能源需求模型中合适的门槛变量。

函数 $g(q_{i,t-j};\ \gamma,\ \theta)$ 是观测变量 $q_{i,t-j}$ 的转换函数,在 0 到 1 之间连续且有界。为了探讨高于或低于门槛变量的能源消耗、实际收入和能源价格之间的关系差异,本书考虑如下逻辑转换函数:

---

① 与文献中提出的其他模型相比,这个公式的主要优势(Fouquau et al.,2009;Geng,2011;Lee & Chiu,2012)是,它不仅允许实际收入对能源消耗的影响不同,而且允许能源价格的影响不同。

② 门槛变量的所有五个候选变量都被输入到回归中的 I(0)/平稳公式中。

$$g(q_{i,t-j}; \gamma, \theta) = [1 + \exp(-\gamma(q_{i,t-j} - \theta))]^{-1} \quad (3-6)$$

其中参数 γ 决定了转换的斜率。此外，还对识别施加了限制 $\gamma > 0$，它决定了转换的平滑性，即从一种模式过渡到另一种模式的速度。当 $\gamma \to \infty$，转换函数 $g(q_{i,t-j}; \gamma, \theta)$ 往往是一个指示函数，即当 $q_{i,t-j} < \theta$ 时，$g(q_{i,t-j}; \gamma, \theta) = 0$；当 $q_{i,t-j} \geq \theta$ 时，$g(q_{i,t-j}; \gamma, \theta) = 1$。然后，PSTR 模型变为两种模式的面板门槛回归（PTR）模型（Hansen，1999）。当 $\gamma \to 0$ 时，转换函数 $g(q_{i,t-j}; \gamma, \theta)$ 变为常数，模型退化为具有固定效应的齐次或线性面板回归模型（所谓的"内部"模型）。

PSECM 模型在估计能源需求模型方面主要有两个优点。首先，由于 $\Delta LRY_{i,t}$ 和 $\Delta LEP_{i,t}$ 的参数是基于转换函数 $g(q_{i,t-j}; \gamma, \theta)$ 平滑变化的，因此提供了一种跨国异质性和时间不稳定性的参数方法。更准确地说，将第 i 个国家在 t 时期的 $\Delta LRY_{i,t}$ 和 $\Delta LEP_{i,t}$ 组合系数分别定义为参数（b_1，b_2）和（c_1，c_2）的加权平均值。

$$h_{i,t}^{LRY} = \frac{\partial \Delta LEU_{i,t}}{\partial \Delta LRY_{i,t}} = b_1 + b_2 g(q_{i,t-j}; \gamma, \theta) \quad (3-7)$$

$$h_{i,t}^{LEP} = \frac{\partial \Delta LEU_{i,t}}{\partial \Delta LEP_{i,t}} = c_1 + c_2 g(q_{i,t-j}; \gamma, \theta) \quad (3-8)$$

$h_{i,t}^{LRY}$ 和 $h_{i,t}^{LEP}$ 分别给出了关于实际收入和自身价格的估计能源弹性，它们随时间和国家的变化而变化。参数 b_1 和 c_1 是传统线性模型的弹性值。

其次，PSECM 模型允许在两个极端之间存在连续的中间模式。这对能源消耗、实际 GDP 和能源价格之间的关系更为现实，因为市场参与者不太可能同时转向一个新模式，尤其是在他们有不同理念的情况下。此外，由于理念的多样性，各国可能不会同时采取相同行动。

根据冈萨雷斯等（González et al.，2005）、科利塔兹和赫林（Colletaz & Hurlin，2006），估计程序是先通过消除个体特定均值，再对转换数据应用非线性最小二乘法（NLS）来消除个体效应 α_i，因为误差项 ε_{it} 遵循正态分布，所以它相当于最大似然估计。具体而言，方程（3-3）中的个体均值表示如下：

$$\overline{\Delta LEU_i} = b_1 \overline{\Delta LRY_i} + c_1 \overline{\Delta LEP_i} + d_1 \overline{ECM_i} + b_2 \overline{w_i}(\gamma, \theta)$$
$$+ c_2 \overline{x_i}(\gamma, \theta) + d_2 \overline{y_i}(\gamma, \theta) + \overline{\varepsilon_i} \quad (3-9)$$

其中 $\overline{\Delta LEU_i}$、$\overline{\Delta LRY_i}$、$\overline{\Delta LEP_i}$、$\overline{ECM_i}$、$\overline{w_i}(\gamma, \theta)$、$\overline{x_i}(\gamma, \theta)$、$\overline{y_i}(\gamma, \theta)$ 和 $\overline{\varepsilon_i}$

为个体均值。从方程（3-3）中提取方程（3-9）得：

$$\Delta L\tilde{E}U_{i,t} = b'\Delta L\tilde{R}Y_{i,t}(\gamma, \theta) + c'\Delta L\tilde{E}P_{i,t}(\gamma, \theta) + d'EC\tilde{M}_{i,t-1}(\gamma, \theta) + \tilde{\varepsilon}_{i,t}$$
(3-10)

其中，$\Delta L\tilde{E}U_{i,t} = LEU_{i,t} - \overline{LEU_i}$

$\Delta L\tilde{R}Y_{i,t}(\gamma, \theta) = (\Delta LRY_{i,t} - \overline{\Delta LRY_i}, \Delta LRY_{i,t}g(q_{i,t-j}; \gamma, \theta) - \overline{w_i}(\gamma, \theta))$,

$\Delta L\tilde{E}P_{i,t}(\gamma, \theta) = (\Delta LEP_{i,t} - \overline{\Delta LEP_i}, \Delta LEP_{i,t}g(q_{i,t-j}; \gamma, \theta) - \overline{x_i}(\gamma, \theta))$,

$EC\tilde{M}_{i,t-1}(\gamma, \theta) = (ECM_{i,t-1} - \overline{ECM_i}, ECM_{i,t-1}g(q_{i,t-j}; \gamma, \theta) - \overline{y_i}(\gamma, \theta))$,

$b = (b_1, b_2)'$、$c = (c_1, c_2)'$、$d = (d_1, d_2)'$和$\tilde{\varepsilon}_{it} = \varepsilon_{it} - \overline{\varepsilon_i}$

令$\beta = (b', c', d')'$和$\tilde{Q}(\Delta L\tilde{R}Y_{i,t}(\gamma, \theta), \Delta L\tilde{E}P_{i,t}(\gamma, \theta), EC\tilde{M}_{i,t-1}(\gamma, \theta))$，则得方程（3-10）为：

$$\Delta L\tilde{E}U_{i,t} = \beta' \tilde{Q}_{i,t}(\gamma, \theta) + \tilde{\varepsilon}_{i,t}$$
(3-11)

为了改善潜在的内生性偏差，本书采用工具变量估计。我们运用解释变量的滞后值作为工具变量。工具变量的矩阵如下：

$$Z_{i,t} = (\Delta LRY_{i,t-1}, \cdots, \Delta LRY_{i,t-l}, \Delta LEP_{i,t-1}, \cdots,$$
$$\Delta LEP_{i,t-l}, ECM_{i,t-2}, \cdots, ECM_{i,t-l})$$
(3-12)

令$\tilde{Z}_{i,t}(\gamma, \theta) = (Z_{i,t} - \overline{Z_i}, Z_{i,t}g(q_{i,t-j}; \gamma, \theta) - \overline{\zeta_i}(\gamma, \theta))$,

$\overline{Z_i} = T^{-1}\sum_{t=1}^{T} Z_{i,t}$,

$\overline{\zeta_i}(\gamma, \theta) = T^{-1}\sum_{t=1}^{T} Z_{i,t}g(q_{i,t-j}; \gamma, \theta)$.

注意，转换后的解释变量$\tilde{Q}_{i,t}(\gamma, \theta)$的矩阵和工具变量$\tilde{Z}_{i,t}(\gamma, \theta)$的矩阵通过层级和个体均值依赖于$\gamma$和$\theta$。因此，$\tilde{Q}_{i,t}(\gamma, \theta)$和$\tilde{Z}_{i,t}(\gamma, \theta)$必须在每次更迭时重新计算。更准确地说，给定一对$(\gamma, \theta)$，估计系数可以通过使用以下工具变量得到：

$$\hat{\beta}_{IV}(\gamma, \theta) = [\sum_{i=1}^{N}\sum_{t=1}^{T} \tilde{Q}'_{i,t}(\gamma, \theta)\tilde{Z}_{i,t}(\gamma, \theta)(\tilde{Z}'_{i,t}(\gamma, \theta)$$
$$\tilde{Z}_{i,t}(\gamma, \theta))^{-1}\tilde{Z}'_{i,t}(\gamma, \theta)\tilde{Q}_{i,t}(\gamma, \theta)]^{-1}$$
$$\times [\sum_{i=1}^{N}\sum_{t=1}^{T} \tilde{Q}'_{i,t}(\gamma, \theta)\tilde{Z}_{i,t}(\gamma, \theta)(\tilde{Z}'_{i,t}(\gamma, \theta)$$
$$\tilde{Z}_{i,t}(\gamma, \theta))^{-1}\tilde{Z}'_{i,t}(\gamma, \theta)\Delta L\tilde{E}U_{i,t}]$$
(3-13)

3.4 数据和实证结果

数据涵盖了1978～2004年24个经合组织国家，包括澳大利亚、奥地利、比利时、加拿大、丹麦、芬兰、法国、德国、希腊、匈牙利、爱尔兰、意大利、日本、韩国、卢森堡、新西兰、挪威、葡萄牙、西班牙、瑞典、瑞士、土耳其、英国和美国。① 人均能源使用量（EU）、人均实际GDP（RY）和资本形成总额（K）作为投资的代理变量，分别以公斤油当量、2000年为基期（美元）和GDP百分比衡量。数据均来自世界发展指标（WDI）。能源价格（EP）基于2000年 = 100的实际能源最终使用价格指数，并以各国货币计算。能源强度（EI）以每千美元GDP的一次能源供应总量表示。能源价格和能源强度来源于经合组织的统计数据。所有的变量都用自然对数表示。表3－1给出了各变量的相关性和统计量。

表3－1　　　　　　　　　描述性统计

变量	LEU	LRY	LEP	LEI	LK
平均值	8.201	9.651	4.586	-1.702	3.110
最大值	9.334	10.830	5.134	-0.755	3.794
最小值	6.548	7.548	3.946	-2.303	2.056
标准差	0.541	0.666	0.170	0.318	0.198

皮尔逊相关性

	LEU	LRY	LEP	LEI	LK
LEU	1.000				
LRY	0.790*** (0.000)	1.000			
LEP	-0.150*** (0.000)	0.087** (0.027)	1.000		

---

① 经合组织国家在几个方面是截然不同的相邻政治体和经济体；然而，在了解和准确评估能源需求的重要证据方面存在明显差异。

续表

	LEU	LRY	LEP	LEI	LK
LEI	0.637 *** (0.000)	0.109 *** (0.006)	-0.217 *** (0.000)	1.000	
LK	-0.192 *** (0.000)	-0.159 *** (0.000)	0.020 (0.615)	-0.055 (0.164)	1.000

注：p 值在括号中给出。*** 和 ** 表示这些参数在 1% 和 5% 的水平上显著。

根据表 3-1，24 个经合组织国家的人均能源使用量和人均实际 GDP 分别约为 4151 千克和 18474 美元。在样本中，卢森堡的能源使用量最高，约为 11314 千克，土耳其的能源使用量最低（约 698 千克）。此外，能源强度平均值为 0.18，即一次能源供应每千美元 GDP 为 0.18 吨油当量（toe），资本形成总额与 GDP 的比平均为 22.42%。表 3-1 显示，LEU 和 LRY 之间存在显著且高度的正相关（0.79），这意味着这 24 个收入水平较高的经合组织国家的能源使用也更高。研究结果还表明，能源强度的增加对能源使用有显著影响。此外，24 个经合组织国家的能源价格与能源使用之间、资本形成总额与 GDP 的比和能源使用之间存在显著的负相关关系。

为了避免伪回归，需要检验变量的性质。为了提供灵敏度和稳健性的分析，本书采用了五个单位根检验，包括布赖通（Breitung，2000）检验、LLC（2002）检验、IPS（2003）检验、Fisher-ADF 和 Fisher-PP 检验，结果见表 3-2。结果表明，在 1% 的显著性水平上，各变量的单位根的原假设不能被拒绝，而对于一阶差分变量，单位根的原假设可以被拒绝。这表明，所有变量都表现出非平稳的行为，为一阶协整，即 I(1)。

由于所有变量均为 I(1)，所以我们采用佩德罗尼（Pedroni，1999）面板协整检验来考察非协整关系的原假设和协整关系存在的备择假设。如表 3-3 所示，除 rho 统计量外，原假设在 5% 的显著水平上被拒绝，这表明能源消耗、实际收入和实际能源价格之间可能存在长期的均衡关系。①

---

① 佩德罗尼（Pedroni，1999）指出，panel-ADF 和 group-ADF 检验比其他检验具有更好的小样本特性，因此它们更可靠。

表 3-2 面板单元根检验结果

方法	变量	LEU		LRY		LEP	
		无趋势	趋势	无趋势	趋势	无趋势	趋势
LLC	水平	-0.255 [3] (0.399)	0.503 [4] (0.693)	-0.718 [1] (0.236)	2.632 [2] (0.996)	3.378 [1] (1.000)	1.269 [4] (0.898)
	一阶差分	-11.814*** [4] (0.000)	-6.892*** [3] (0.000)	-8.784*** [3] (0.000)	-9.274*** [4] (0.000)	-5.174*** [2] (0.000)	-11.613*** [3] (0.000)
Breitung	水平	1.362 [3] (0.913)	0.155 [4] (0.562)	-2.013** [1] (0.022)	4.037 [2] (1.000)	-1.104 [1] (0.135)	-0.866 [4] (0.193)
	一阶差分	-7.305*** [4] (0.000)	-5.252*** [3] (0.000)	-4.327*** [3] (0.000)	-4.389*** [4] (0.000)	-5.419*** [2] (0.000)	-7.312*** [3] (0.000)
IPS	水平	2.626 [3] (0.996)	6.671 [4] (1.000)	-1.127 [1] (0.130)	0.849 [2] (0.802)	3.321 [1] (1.000)	-0.549 [4] (0.292)
	一阶差分	-12.377*** [4] (0.000)	-8.058*** [3] (0.000)	-8.867*** [3] (0.000)	-7.400*** [4] (0.000)	-6.053*** [2] (0.000)	-12.324*** [3] (0.000)
ADF-Fisher	水平	26.566 [3] (0.995)	6.440 [4] (1.000)	54.641 [1] (0.237)	42.439 [2] (0.699)	24.627 [1] (0.998)	58.884 [4] (0.135)
	一阶差分	251.413*** [4] (0.000)	157.282*** [3] (0.000)	168.372*** [3] (0.000)	135.766*** [4] (0.000)	116.197*** [2] (0.000)	230.203*** [3] (0.000)
PP-Fisher	水平	30.277 [3] (0.979)	13.996 [4] (1.000)	58.840 [1] (0.136)	51.437 [2] (0.341)	24.627 [1] (0.962)	50.222 [4] (0.386)
	一阶差分	364.365*** [4] (0.000)	196.638*** [3] (0.000)	225.864*** [3] (0.000)	166.651*** [4] (0.000)	140.419*** [2] (0.000)	297.098*** [3] (0.000)

注：原假设是这个序列是一个单位根过程。p值在括号中给出。利用渐近卡方分布型计算了费雪型检验的概率。所有其他的检验假设都假设为渐近正态性。使用修改的施瓦茨信息标准选择滞后长度，最优滞后长度在括号内。*** 和 ** 分别表示在 1% 和 5% 的水平上显著。所有的变量都是自然对数表示。

表 3-3　　　Pedroni（1999）的残差协整检验结果（LEU 作为因变量）

变量	统计量（无趋势）	概率
Panel v - stat	2.929**	0.009
Panel rho - stat	-1.811**	0.032
Panel PP - stat	-3.583**	0.000
Panel ADF - stat	-3.382**	0.001
Group rho - stat	-1.103	0.217
Group PP - stat	-4.475**	0.000
Group ADF - stat	-4.238**	0.000

注：原假设是变量不协整。在零检验下，所有的统计量均呈正态分布（0，1）。** 表示在 5% 的水平上显著。

接下来，我们估计了能源消耗、实际收入和实际能源价格之间的长期关系，结果见表 3-4。LRY 的长期估计系数显著为正（0.625），与普罗瑟（Prosser, 1985）的 0.7~0.8、萨米密（Samimi, 1995）的 0.52、马达拉等学者（Maddala et al., 1997）的 0.89 和加林多（Galindo, 2005）的 0.45~0.64 相似。这表明从长远来看，实际收入每增加 1%，能源消耗将增加 0.625%。此外，能源消耗与实际能源价格之间存在长期的负关系（-0.226），表明从长远来看，能源价格每增长 1%，能源消耗将下降 0.226%。它与萨米密（Samimi, 1995）的 -0.12，马达拉等学者（Maddala et al., 1997）的 -0.263，哈斯和席柏（Haas & Schiper, 1998）的 -0.33~-0.11，奥拉图比和张（Olatubi & Zhang, 2003）的 -0.32，霍尔特达尔和乔伊茨（Holtedahl & Joutz, 2004）的 -0.15 以及波莱米斯（Polemis, 2006）的 -0.38 和 -0.44 一致。

表 3-4　　　　　　　　　　长期估计

因变量	常数	LRY	LEP
LEU	3.211*** (11.719)	0.625*** (29.759)	-0.226*** (-7.329)

注：所有变量都用自然对数表示。t 值在括号中给出。*** 表示在 1% 的水平上显著。

由于能源消耗、实际收入和实际能源价格具有协整关系，本研究采用了具有误差修正项的 PSTR 模型。① 此外，本书还考虑了 $\Delta LRY_{i,t-1}$（模型 1）、$\Delta LEP_{i,t-1}$（模型 2）、$LEI_{i,t-1}$（模型 3）、$LK_{i,t-1}$（模型 4）和 $ECM_{i,t-2}$（模型 5）五个潜在门槛变量，来探讨哪个门槛变量适合非线性能源需求模型，并估计能源消耗、实际收入和实际能源价格之间的非线性关系。②

根据表 3-5，当 $\Delta LRY_{i,t-1}$、$\Delta LEP_{i,t-1}$ 和 $ECM_{i,t-2}$ 作为门槛变量时，变量之间的线性关系不能被拒绝。获得此线性关系的原因可能是这些变量对能源需求的影响是通过当前的直接效应，而不是间接的门槛效应。这表明，这三个变量并不是影响能源需求弹性变化的因素。另外，当使用能源强度和资本形成总额与 GDP 的比率作为门槛变量时，能源消费、实际收入和能源价格之间的非线性关系可以得到支持。这表明，实际收入和能源价格对能源消耗的影响将不是持续不变的，而是取决于能源强度的大小和资本形成总额与 GDP 的比率，即不同规模的能源强度和不同的资本形成总额与 GDP 比率将影响其能源—收入—价格关系。我们认为，随着时间的推移，能源强度和资本形成总额的变化支持非线性估计方法。因此，我们研究得出的启示是，在决策者采取任何能源战略之前，能源市场在非线性关系中的作用不应被忽视。更重要的是，对能源消耗、实际收入和实际能源价格之间非线性关系的确认和更准确的估计，可以为我们提供一个更准确的模型来理解三者之间的关系，从而更好地预测能源市场的动态表现。

表 3-5　　　　　　　　　　　　非线性检验

变量	模型（1）$\Delta LRY_{i,t-1}$	模型（2）$\Delta LEP_{i,t-1}$	模型（3）$LEI_{i,t-1}$	模型（4）$LK_{i,t-1}$	模型（5）$ECM_{i,t-2}$
$H_0: r=0$ vs $H_1: r=1$					
LM	9.701 (0.375)	12.686 (0.177)	20.556** (0.015)	15.732* (0.073)	10.431 (0.317)
LM_F	1.032 (0.413)	1.357 (0.205)	2.231** (0.019)	1.692* (0.088)	1.111 (0.353)

注：在 H_0 下，LM 统计量具有渐近 $\chi^2(K)$ 分布，而 LMF 具有渐近 $F(K、TN-N-(K+1))$ 分布。p 值在括号中给出，r 是过渡函数的数。** 和 * 分别表示在 5% 和 10% 的水平上显著性。

---

① 我们更喜欢一个平稳的过渡情况，因为基于异质的信念，所有的市场参与者都不太可能转移到一个新的模式，而且各国可能不会同时立即采取同样的行动。

② 我们已经使用了面板单位根测试来确认这些门槛变量的 I(0) 过程。

然后，我们的主要目的是通过实证探究几个候选因素在能源消耗需求中诱导非线性行为的相对贡献。各种候选因素都是通过经济理论提出的。因此，我们并不完全依赖于一个转换变量的特殊规范来模拟能源消耗行为中潜在的非线性（Haug & Siklos，2006）。正如冈萨雷斯等学者（González et al.，2005）指出，最优门槛变量导致了对线性原假设的最强拒绝。因此，以能源强度作为门槛变量的模型3具有最高的LM和LM_F统计量，是本研究的最优能源需求模型。这表明能源强度是影响能源消耗、实际收入和实际能源价格之间非线性关系的重要因素。

最后，对于模型3和模型4，我们基于PSECM框架估计了当前能源消耗、实际收入和能源价格之间的短期和非线性关系。此外，考虑到潜在的内生性偏差问题，本书应用了具有工具变量（即所有解释变量的滞后值）的PSECM模型。表3-6显示了能源需求的短期估计结果。斜率参数估计值较

表3-6　　　　　　　　修正内生性PSECM模型的估计结果

模式	模型（3）	模型（4）
	$LEI_{i,t-1}$	$LK_{i,t-1}$
模式1：		
ΔLRY_t	0.652*** (4.050)	0.600*** (4.125)
ΔLEP_t	-0.045 (-0.280)	-0.045 (-0.308)
ECM_{t-1}	-0.074*** (-4.077)	-0.081*** (-2.862)
模式2：		
ΔLRY_t	1.100*** [0.000]	0.758*** [0.000]
ΔLEP_t	0.133 [0.718]	-0.038** [0.035]
ECM_{t-1}	-0.174*** [0.000]	-0.074*** [0.005]
位置参数	-1.344	3.189
斜率参数	701.851	75.851

注：所有变量都用自然对数表示。括号中的t值被修正为异方差。括号中的p值是从原假设的Wald检验 H_0：$b_1 + b_2 = 0$，H_0：$c_1 + c_2 = 0$ 和方程（3）中的 H_0：$d_1 + d_2 = 0$ 得到。*** 和 ** 分别表示在1%和5%的水平上显著。

大，表明这两种模型的转换函数将简化为一个为指示函数，其从一种模式到另一种模式的切换速度很快（见图 3-1）。当能源强度作为门槛变量时，切换速度会变得更快。结果表明，随着能源强度的变化，能源消耗、实际收入和实际能源价格之间的关系变化将会更快。

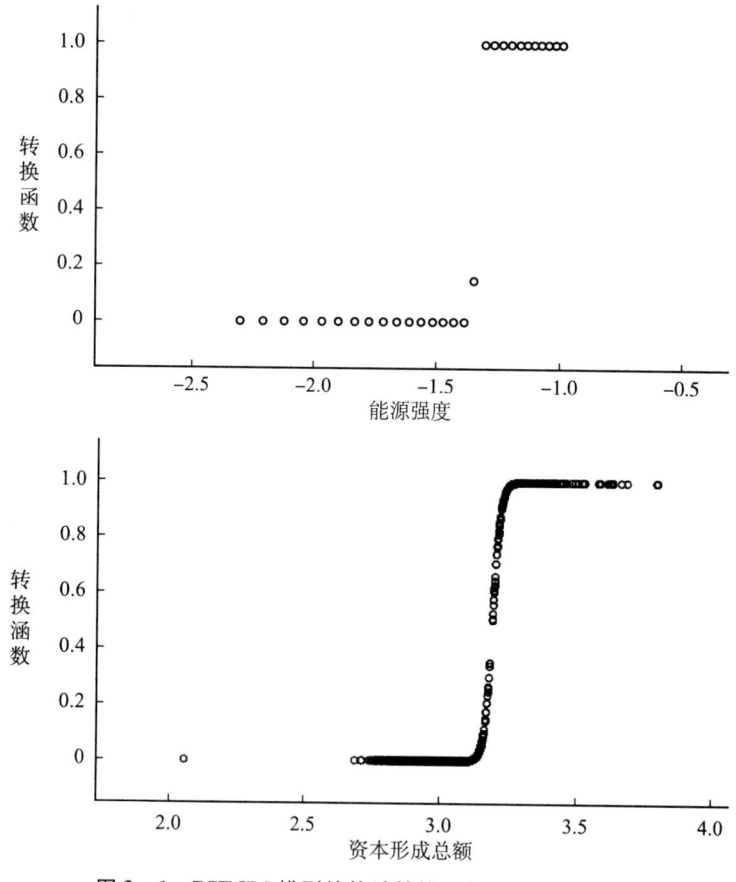

图 3-1　PSECM 模型的估计转换函数（以对数表示）

关于 ΔLRY_t 的估计短期系数，模型 3 中第一和第二阶段能源消耗与经济增长之间存在显著正相关关系（0.652 和 1.100），能源强度门槛值为 0.26（能源强度对数为 -1.344）。这意味着经济增长对低能源强度（或高能源效率）地区能源消费的短期影响小于高能源强度（或低能源效率）地区。同时，随着各国经济增长的增加，能源效率较高的国家将消耗较少的能源，而能源效率较低的国家将有较高的能源需求。因此，各国提高了能源使用效率，以降低能源需求。

当 LK_{t-1} 作为门槛变量时，两种模式下经济增长对能源消耗的短期影响显著为正（0.600 和 0.758）。这表明资本形成总额与 GDP 的比率越高，经济增长对能源使用的影响越大。也就是说，随着经济发展，资本更高的国家将需要更多能源来生产和消费。因此，这些国家减少能源使用的有效政策是致力于提高能源效率的投资（Belke et al.，2010；Costantini & Martini，2010）。

不同于现有文献使用的线性能源需求模型，我们估计能源需求对收入的弹性可以在两个极值之间变化。这两个极值分别为（0.652，1.120）和（0.600，0.758）（见公式（3-7）~公式（3-8））。这种变化是基于估计转换函数 $g(q_{i,t-j}; \gamma, \theta)$，表明使用不同的门槛变量，如本研究使用的能源强度和资本形成总额与 GDP 的比率，估计结果将有所不同，并随着时间和国家的不同而变化。

在我们的结果中，使用 LK_{t-1} 作为门槛变量时，ΔLEP_t 的短期系数显著为负（-0.038），但在第二种模式下较小。而除了资本形成总额与 GDP 比率较高的国家外，ΔLEP_t 的其他短期系数微不足道。[①] 我们的研究结果与本特森和恩格斯特德（Bentzen & Engsted，1993，2001）、萨米密（Samimi，1995）、克里切内（Krichene，2002）、加林多（Galindo，2005）、波莱米斯（Polemis，2006）、阿图科纳拉和威尔逊（Athukorala & Wilson，2010）以及科斯坦蒂尼和马蒂尼（Costantini & Martini，2010）的研究结果相似。我们的研究结果表明，能源价格的上涨不会或有限地影响能源消耗，因此，24 个经合组织国家为减少能源需求而实施的能源定价政策在短期内可能不起作用。对于测量长期均衡调整速度的 ECM_{t-1} 结果表明，在模型 1 和模型 2 中它们显著为负。结果表明，能源消耗、实际收入和实际能源价格可以是非线性协整的。这意味着从长远来看，根据能源强度和资本形成总额与 GDP 的比率，能源消耗、实际收入和实际能源价格之间存在非线性关系，且调整速度缓慢，一年约为 7%~17%。[②]

---

① 当各国投资更多资本时，实际能源价格会对能源消耗产生负面影响。
② 在 PSECM 中，我们不能估计不同规模能源强度和资本形成总额与 GDP 的不同比率的能源需求不同长期收入和价格弹性。在未来的研究中，我们将推导一种计量经济学方法来估计它们。

3.5 结　　论

准确评估能源需求的影响因素能够为决策者制定有效政策提供信息，特别是在当前能源危机和温室气体排放造成能源不安全和全球变暖的情况下。为此，本书探讨了总能源需求函数的因果变化。本书的目的是通过估计一个放松同质性和时间稳定性两个限制假设，并允许参数平滑变化作为门槛变量函数的 PSECM 模型来研究面板框架下能源需求向均衡值调整中的非线性特征。

我们采用了五个潜在的门槛变量，即不同的实际收入、不同的实际能源价格、能源强度、资本形成总额与 GDP 的比率以及误差修正项，来探讨能源需求变化的最适因素。基于合适的门槛变量，我们估计了 1978～2004 年间 24 个经合组织国家的能源消耗、实际收入和实际能源价格之间的非线性关系。

PSECM 模型具有很大的优势，它允许参数在给定门槛变量的情况下随时间和国家而变化。本书结论如下：首先，在线性模型中佩德罗尼（Pedroni，1999）的面板协整检验结果表明，能源消耗、实际收入和实际能源价格之间具有协整关系。我们发现从长远来看，能源消耗与实际收入之间存在线性正向关系，而实际能源价格对能源消耗有线性负向影响。其次，非线性检验表明，当能源强度和资本形成总额与 GDP 的比率作为门槛变量时，能源消耗、实际收入和实际能源价格之间非线性关系得到了证实。这表明，实际收入和能源价格对能源消费的影响不是连续不变的，而是取决于能源强度的大小和资本形成总额与 GDP 的比率；也就是说，不同规模的能源强度和资本形成总额与 GDP 的不同比率将影响能源—收入—价格关系。最后，与现有文献使用的传统线性能源需求模型不同，PSECM 模型的估计结果表明，不同规模的能源强度和不同资本形成总额与 GDP 比率的国家具有不同的能源 - 增长关系，且不同时期和国家变化的两个极值分别为（0.652、1.120）和（0.600、0.758）。对于能源强度较高、资本形成总额与 GDP 比率较高的国家，经济增长对能源消耗的短期影响大于能源强度较低、资本形成总额与 GDP 比率较低的国家。

我们的结果还表明,能源强度的大小不会影响能源—价格关系。随着各国资本形成总额与 GDP 比率的增加,能源消耗与实际能源价格之间的关系将从不显著变为显著负相关。此外,误差修正项的结果表明,能源消耗、实际收入和实际能源价格可以非线性协整。这意味着能源消费和实际收入之间存在长期的非线性关系。且能源强度和资本形成总额与 GDP 比率更高或更低的国家的能源价格向长期均衡调整的速度较小(每年 7% ~ 17%)。

我们的实证结果有重要政策意义。我们发现,当国家的能源强度和资本形成总额占 GDP 的比率较高时,经济增长的增加会导致更大的能源需求。这意味着减少能源使用的有效政策是降低国家或行业的能源强度,并将其投资转向提高能源效率(Belke et al., 2010;Costantini & Martini, 2010)。我们的结果也认可这一说法,但不同的是,我们采用了非线性函数形式作为拓展。对非线性能源需求的确认和更准确的估计可以为我们提供一个更准确的模型来理解能源收入与价格的关系,从而更好地预测能源市场的动态表现。

第 4 章

金融发展与能源需求[①]

4.1 引　言

众所周知，能源是过去几十年来推动国家经济发展、提高人民生活水平和生活质量、提供大量不同用途的重要推动力之一。根据美国能源信息署（EIA，2019）的数据，2018～2050 年，世界能源消耗预计将增长近 50%，非经合组织国家预计将占世界能源消耗增长的 70%，而经合组织国家预计占世界能源消耗增长的 15%，这种不断增加的能源消耗将很可能导致未来能源供应不稳定和严重的环境问题。

尽管近年来各国对可再生能源的需求不断增加，但化石燃料仍然满足着世界能源的大部分需求（EIA，2019）。2040 年，化石燃料预计将占全球初级能源的 2/3 以上（世界能源委员会，WEC，2019）。国际能源机构（IEA，2019）指出，2018 年全球二氧化碳平均浓度为 407.4ppm，与煤炭燃烧相关的二氧化碳排放量比工业化前全球年平均地表温度高 30% 以上，为了应对由于能源消耗增加而带来的环境问题，许多科研人员不断研究能源需求的决定因素，寻找如何提高能源效率和节约能源的方法。

[①] 本部分由本书作者李建强（Lee，C. C.）和邱奕宾（Chiu，Y. B.）发表在《能源经济》（*Energy Economics*）的《金融发展对能源消耗的效果：国家风险的角色》（*Effects of financial development on energy consumption: The role of country risks*）一文整理而成。

关于能源对经济增长的重要性，许多现有的研究探讨了能源消耗和实际收入（或经济增长）之间的关系（Narayan & Singh，2007；Narayan，2007；Narayan & Smyth，2008；Apergis & Payne，2010a，2010b，2011；Ozturk，2010；Shahbaz & Lean，2012a；Yildirim & Aslan，2012；Shahbaz，2013a；Lean & Smyth，2014；Inglesi-Lotz，2016；Gozgor，2018）。根据这些研究发现，能源与经济增长的联系存在四个假设：增长假设、平衡假设、反馈假设和中立假设。这意味着不同的国家在不同的估计时期会对能源有不同需求，并表现出与能源增长之间不同的联系，这可能是由于国家特点不同所引起的，如不同程度的金融发展和不同的制度等。

米尼尔（Minier，2009）在理论上指出，股市发展对一个国家的投资和经济增长有两种效应：水平效应和效率效应。水平效应表明，在股市不断发展过程中，投资者可以从投资项目中获得更多的资金，然后吸引更多的外国投资者。效率效应是指股市的发展可以增加投资多样化和资产流动性，从而增加对高回报和高风险项目的投资。基于这两种效应可知，金融发展可以刺激工业发展，提高人们对基础设施的需求，并刺激经济增长。因此，金融发展一定程度上对能源消耗有积极影响（Sadorsky，2010，2011）。

正如萨多尔斯基（Sadorsky，2010，2011）所指出的，有三条途径可以使金融发展增加能源消耗。首先，直接效应表明，金融发展可以使消费者很容易借钱购买更多的高价商品，如空调、汽车等，从而增加能源消耗。第二个影响是商业效应，即在一个运作良好的金融体系中，企业可以很容易获得融资，以便投资于企业的资本和流动资产，这就增加了对生产能源的需求。第三，财富效应表明，股市活动的增加可以提高消费者和商业发展的信心，鼓励经济活动，并提高能源消耗。然而金融发展对能源消耗的影响并不一定是正向的，有技术效应表明，金融发展可以吸引外国直接投资（FDI），使企业比较容易找到融资以投资先进技术，从而减少能源消耗（Tamazian，2009；Shahbaz，2013b，2017）。从上述理论影响来看，金融发展对能源消耗有重要影响，这种影响可能是积极的也可能是消极的。

在过去的几十年里，许多文献研究了能源消耗和金融发展之间的关系。一些研究发现，金融发展会增加能源消耗（Fung，2009；Sadorsky，2010，2011；Shahbaz & Lean，2012b；Kahouli，2017；Liu，2018；Charfeddine & Kahia，2019），而其他一些研究则显示出金融发展对能源消耗的负面影响

（Kahouli，2017；Ouyang & Li，2018）。然而，他们几乎都忽视了国家风险对能源消耗和金融发展的影响，更具体地说，在不同水平的国家风险下，能源与金融之间的关系可能存在非线性影响，而现有的研究很少注意到这一点，吉尔玛和肖特尔（Girma & Shortl，2008）认为制度的有效性（例如，民主和政治稳定）显著地影响了金融发展的速度。拉波塔等学者（La Porta et al.，1997）和莱文（Levine，1998）表明，与宪法国家相比，地方法国家对投资者的保护较弱，这导致资本市场发展不完善，而强大的民主制度可以促进金融的发展（Law，2015；Clague，1996），并帮助拥有更高效性投资的公司获得更多的信贷（Chinn & Ito，2006；Williams，2019），然而更多专制的制度将阻碍金融发展（Huang，2010），削弱金融市场的功能。钦和伊图（Chinn & Ito，2006）还发现，较低的腐败水平和较高的法律秩序水平可以加强金融开放对股权市场发展的积极影响。此外，经济、金融和政治环境的不确定性可能会影响企业的生产力和消费者的购买力，也会对个人的能源需求和消费决策产生影响。这意味着机构制度在经济和金融发展中更为重要（Acemoglu，2003；Mishkin，2009；Alonso & Garcimartin，2013；Law，2015），而且能源价格波动（Jarrett，2019）会导致能耗变化（Shahbaz，2018）。在运作良好的制度下，企业将通过提高资本投资效率和减少信贷限制，提高各国的经济增长（Boutabba，2014），然后增加能源消耗。然而在运作良好制度下，金融的发展也可能对能源消耗产生负面影响。拥有稳定（经济、金融和政治）环境的国家可以鼓励国内企业通过融资进行生产技术创新（Tebaldi & Elmslie，2013），并吸引外国直接投资引进先进技术，然后带来能源效率的提高和能源消耗的降低（Tamazian，2009）。因此，在不同的国家风险条件下，金融发展可能对能源消耗产生非线性影响。

迄今为止，没有太多文献关注国家风险对能源消耗与金融发展关系的影响。为了填补这一空白，本书主要对文献有如下贡献：首先，探讨了在不同程度的国家风险条件下的能源消耗、金融发展和国家风险之间的非线性关系。而大多数文献只研究政治制度（风险）对金融发展和能源消耗的影响。为了填补这一差距，我们采用了来自国家风险指南（ICRG）数据的综合、经济、金融和政治风险等多个国家风险指标，从而提供了更广泛的评估。其次，根据文献资料，金融发展、能源消耗、国家风险等宏观经济变量相互影响，这表明变量之间可能存在潜在的内生性问题。为了解决这一问题，本书采用了福夸等学者（Fouquau et al.，2008）发展的考虑工具变量的面板平滑转换回归模型（PSTR），在面板平稳过渡回归模型中，变量之间的关系平稳地从较高风险条件转换到较低风险条件。我们还探讨了能源消耗、金融发展和国家风险与不同国家之间关系的变化。第三，由于我们样本存在不同国家的异质性特征，所以我们将79个国家（地区）分为34个经合组织国家和45个非经合组织国家（地区），这两个独立的群体具有不同的经济和金融发展水平、不同的能源消耗和不同程度的国家风险。正如美国能源信息署（2019）所发布的，经合组织国家和非经合组织国家（地区）将分别占未来世界能源消耗增长的15%和70%。在我们的样本中，经合组织国家比非经合组织国家（地区）有更多的能源消耗、更多的金融和经济发展、综合风险（综合、经济、金融和政治）风险更低。因此，我们有必要根据条件相似的国家群体，探讨金融发展和国家风险对能源消耗的非线性影响。

4.2 文献回顾

4.2.1 金融发展与能源消耗之间的关系

金融部门的蓬勃发展能够使企业从股市和银行业获得信贷资金，这可以鼓励企业更多地投资于生产或使用先进能源技术进行生产以达到节约能源的目的，因此金融发展对能源消耗的影响可能为负面的（Tamazian，2009；Shahbaz，2013b）。在新兴经济体中，萨多尔斯基（Sadorsky，2010）发现股市的发展增加了能源消耗，而萨多尔斯基（Sadorsky，2011）表示，银行业发展对中欧和东欧边境经济体的能源消耗有积极影响，他解释了造成这种差异的原因可能是，一个运作良好的股市需要得到一个运作良好的银行系统支持，而经济发展较高的新兴经济体比边境经济拥有更多运行良好的股市。通过采用自回归分布滞后法（ARDL），沙赫巴兹和利恩（Shahbaz & Lean，2012b）和刘等（Liu et al.，2018）发现，金融发展对突尼斯、马来西亚和中国的短期和长期能源需求有积极影响。卡胡利（Kahouli，2017）采用了自回归分布滞后的方法研究了地中海南部国家经济增长、能源消耗和金融发展之间的长期原因，他发现，从长远来看，埃及的金融发展和能源消耗，存在着消极的因果关系，但在以色列、摩洛哥和突尼斯，它们存在着积极的因果关系，而在阿尔及利亚和黎巴嫩没有发现因果关系。

科班和托普库（Çoban & Topcu，2013）表明，27个欧盟国家中有15个老成员国的能源消耗和金融发展之间存在积极关系，另外12名新成员国，结果显示能源消耗与银行业发展之间呈倒"U"型关系，然而能源消耗与股市发展之间不存在显著关系。通过使用自回归分布滞后法，沙赫巴兹等（Shahbaz et al.，2013b）发现中国的能源消耗将随着金融发展的发展而增长。福鲁奥卡（Furuoka，2015）发现，在亚洲，能源消耗、金融发展和经济增长之间存在长期关系，而金融发展对能源消费有显著的积极影响。哈勒（Le，2016）发现了拥有中等收入的撒哈拉以南非洲国家从金融发展到能源消费的短期因果关系。欧阳和李（Ouyang & Li，2018）发现了中国金融发展对能源消费的负面影响并指出，中国西部地区的负面影响最大，其次是东部地区，中部地区最小。因此，他们认为，金融发展并不是实现中国绿色经济发展的一个好的选择。丹尼西等学者（Danish et al.，2018）将小组进行协调整合并考虑全球化的作用，发现了金融发展对能源消费的积极影响。沙菲丁和卡西亚（Charfeddine & Kahia，2019）发现没有证据表明二氧化碳排放、能源消耗和金融发展之间的协整关系，然而从面板向量自回归（PVAR）分析中，金融发展会增加中东和北非地区的可再生能源消耗。此外，丹尼索瓦（Denisova，2020）发现金融发展和能源消耗之间的关系并不明确。

由于金融发展对能源消费的影响具有不确定性，所以张（Chang，2015）采用了以实际人均国内生产总值为门槛的面板门槛回归模型，结果表明股市和银行业的发展对低收入国家的能源消费影响不大，而在高收入国家，能源消耗与股市发展以及能源消耗与银行业发展分别有消极和积极的影响。越等学者（Yue，2019）采用以金融发展为门槛的PSTR模型，他们表示不同的金融发展指标对由21个国家组成的小组的能源消耗有不同的影响。银行业的发展将增加能源消耗，股票市场发展与能源消耗之间存在着倒"U"型的关系，并且发现了"U"型的外国资本净流入与能源之间的关系，由于金融发展的正负变化会对能源消耗产生不同的影响，所以研究这些不同的影响是非常重要的（Shahbaz，2017）。使用非线性自回归分布滞后模型，沙赫巴兹等学者（Shahbaz et al.，2017）表示印度的金融发展和能源消耗之间并不存在显著的因果关系,塞赫拉瓦特等学者(Sehrawat et al.,2015)也这样认为。

从以上文献中可以看出,金融部门的发展与能源消耗(需求)有密切的联系。此外,金融发展是能源消耗(需求)的一个非常重要的决定性因素。表4-1总结了一些关于金融发展与能源消耗关系的实证研究。

表4-1　　　　金融发展与能源消耗之间的关系实证研究表

作者	时期	国家(地区)	金融发展	主要结果
Chang (2015)	1999~2008年	53个国家(地区)	DCPS、DCB、SMTV、SMTR和FDI	发达国家(地区): DCPS和DCB $\xrightarrow{+}$ 非高收入国家的EU SMTV和SMT $\xrightarrow{-}$ 高收入国家的EU 新兴经济体和发展中国家(地区): PC、SMTV和SMTR $\xrightarrow{+}$ 高收入国家的EU
Çoban & Topcu (2013)	1990~2011年	27个欧盟国家	10个银行业变量: DMBS、LL、DCPS、BOC、NIM、CR、ROA、ROE、CIR和Z-score 4个股市变量: SMTR、SMC、SMTV和LCP	原成员国: 银行业和股市的发展 $\xrightarrow{+}$ EU 新成员国: 股票市场上银行业与能源之间存在一种倒"U"型关系 $\xrightarrow{×}$ EU
Danish (2018)	1990~2014年	11个国家(地区)	DCPS、DCPSB和DCFS	DCPS、DCPSB和DCFS $\xrightarrow{+}$ EU
Islam (2013)	1971~2009年	马来西亚	DCPS	DCPS $\xrightarrow{+}$ EU
Kahouli (2017)	1995~2015年	6个地中海南部地区的国家(地区)	DCPS	DCPS $\xrightarrow{+}$ 以色列、摩洛哥和突尼斯的EU DCPS $\xrightarrow{-}$ 埃及的EU DCPS $\xrightarrow{×}$ 阿尔及利亚和黎巴嫩的EU
Le (2016)	1983~2010年	15个撒哈拉以南地区的非洲国家(地区)	DCFS	DCFS $\xrightarrow{+}$ EU
Liu (2018)	1980~2014年	中国	TL	TL $\xrightarrow{+}$ EU

续表

作者	时期	国家（地区）	金融发展	主要结果
Ouyang & Li (2018)	1996Q1~2015Q4	30个中国省份	M2, Credit, RI, SMTV, SMTR 和 FDI	FD $\overline{\rightarrow}$ EU
Sadorsky (2010)	1990~2006年	22个发展中国家（地区）	FDI, DMBS, SMC, SMTV 和 SMTR	SMC，SMTV 和 SMTR $\overset{+}{\rightarrow}$ EU
Sadorsky (2011)	1996~2006年	9个中欧和东欧经济体	DMBS, FSD, LL, PCB, SMC, SMTV 和 SMTR	DMBS, FSD, LL 和 SMTR $\overset{+}{\rightarrow}$ EU
Shahbaz 和 Lean (2012b)	1971~2008年	突尼斯	DCPS	DCPS $\overset{+}{\rightarrow}$ EU
Shahbaz (2013)	1971~2011年	中国	DCPS	DCPS $\overset{+}{\rightarrow}$ EU
Yue (2019)	2006~2015年	21个过渡性国家（地区）	FSD, PCB, SMC, SMTR 和 FDI	FSD 和 PCB $\overset{+}{\rightarrow}$ EU SMC、SMTR 和 EU 的倒"U"型关系 FDI 和 EU 之间的"U"型关系

注：FD：金融发展，EU：能源消耗，DCPS：私营部门的国内信贷，DCB：银行向私营部门提供的国内信贷，SMTV：股票市场价值交易，SMTR：股市营业额，FDI：外国直接投资，DMBS：银行存款资产，LL：流动负债，BOC：间接银行费用，NIM：净利息率，CR：集中度比率，ROA：资产收益率，ROE：资本权益报酬率，CIR：成本—收入比率，SMC：股票市值，LCP：每一万人中上市公司人数，TL：贷款总额，RI：保险业收入，FSD：金融系统存款，PCB：存款银行的私人信贷，DCFS：金融部门的国内信贷，$\overset{+}{\rightarrow}$：正向影响，$\overset{-}{\rightarrow}$：反向影响，$\overset{\times}{\rightarrow}$：无显著性影响。

4.2.2 国家风险对金融发展和能源消耗的影响

在本节中，我们讨论国家风险为什么以及如何影响金融发展和能源消耗。国家风险对能源消耗有直接和间接的影响，在经济和金融机构的直接影响以及稳定的经济和金融环境下，企业往往会扩大其产出，因此需要使用更多的能源。沙赫巴兹（Shahbaz, 2013）还指出，一个比较稳定的金融部门可能会刺激能源部门继续进行技术创新。至于政治风险的直接影响，能源部门比其他部门更重要（Liu, 2019a）。能源结构的升级将需要得到政府能源立法和政策的支持（Liu, 2019b）。不明确的立法以及法律和政策之间的不一致会使得能源法律和政策难以执行，这会导致在投资能源时出现困难，此外不稳定的政治环境可能会导致政策的频繁变化（Tang & Abosedra, 2014），也将降低外国投资者对本国投资的诱因（Shimbar & Ebrahimi, 2020），这可能减少能源消耗和经济增长的动力支撑。因此，经济、金融和政治机构（风险）对能源消耗有直接影响。

国家风险也可能通过金融发展的方式间接影响能源消耗。一个国家的制度体系非常重要，它有助于更好地支持经济和金融发展（Cropper & Griffiths, 1994; Levine, 1997; Narayan & Smyth, 2006; Campos, 2012; Cherif & Dreger, 2016）。在经济风险方面，通货膨胀较稳定的国家可能带来经济繁荣，并且在银行监管不力和监管薄弱的环境中开放了国内金融部门（Kaminsky & Reinhart, 1999）。至于金融风险，与金融部门发展相关的金融不稳定会影响生产部门（Batuo, 2018），从而影响能源消耗。金融自由化可以通过提高金融市场效率来激励经济发展和投资（Fama, 1970; Orgiazzi, 2008），从而易于获得融资（Kaminsky & Reinhart, 1999）。塔马齐安等学者（Tamazian et al., 2009）以及沙赫巴兹和利恩（Shahbaz & Lean, 2012b）指出，稳定的金融环境可以提高金融机构的功能和效率，促进金融创新，使企业可以获得金融技术创新，从而减少能源消耗。稳定的经济和金融环境也可以帮助制造业和能源部门很容易地从股市和银行业获得资金，因此其对能源消耗有重要影响。

关于政治方面，易卜拉欣和阿拉吉德（Ibrahim & Alagidede, 2018）指出金融部门发展缓慢可能是因为经济和政治不稳定、治理薄弱（Beck & Honohan, 2007; Narayan, 2015），保护投资者的能力薄弱（Wurgler, 2000; Himmelberg, 2002; Cherif & Dreger, 2016）以及国家机构的薄弱（Capasso, 2004; Singh, 2009; Roe & Siegel, 2011; Narayan, 2014），金融的发展也可能受到法律体系（La Porta, 1997, 1998）和法律机构的影响（Beck & Levine, 2008），金融中介机构的能力和职能会因机构质量的下降而下降（Law, 2014）。拥有宪法制度的国家比有民法制度的国家拥有更好的财产权保护（La Porta, 1997, 1998），个人也可以减少金融投资的损失。由于产权保护和法律制度的功能与政治环境是否稳定高度相关，所以一个国家的政治风险会影响其财政发展。罗伊和西格尔（Roe & Siegel, 2011）也表明，稳定的政治环境是传统投资者保护的重要渠道，例如法律起源、殖民条件等，因此政治不稳定阻碍了金融发展。切里夫和德雷格（Cherif & Dreger, 2016）发现，腐败、法律和秩序对股市发展有更重要的影响，低程度的腐败可以鼓励中东和北非国家的银行业发展。因此政治风险会影响金融发展,进而导致能源消耗的变化。

从上述文献中,我们知道国家制度即经济、金融和政治风险可能在能源消耗和金融发展方面有重要的影响。然而,很少有文献研究检验经济和金融机构(风险)对金融发展和能源消耗的影响。文献中的大多数研究都集中在讨论政治制度与金融发展之间的关系上,但并没有进一步分析政治制度对能源消费与金融发展关系的影响。为了填补这一空白,我们的研究采用了多个国家风险指标以探讨国家风险对能源消耗与金融发展关系的非线性影响。

4.3 研究方法

我们的研究采用冈萨雷斯等学者(González et al.,2005)和福夸等学者(Fouquau et al.,2008)的方法建立了如下具有固定效应的面板平稳过渡回归模型(PSTR):

$$LEU_{i,t} = a_i + b_1 LFD_{i,t} + c_1 LRISK_{i,t} + d_1 LCPI_{i,t} + e_1 LGDP_{i,t} + f_1 LUP_{i,t}$$
$$+ (b_2 LFD_{i,t} + c_2 LRISK_{i,t} + d_2 LCPI_{i,t} + e_2 LGDP_{i,t} + f_2 LUP_{i,t})$$
$$* g(LRISK_{i,t};\gamma,\theta) + \varepsilon_{i,t} \qquad (4-1)$$

其中 LEU 是人均能源消耗的自然对数,LFD 代表金融发展指标的对数形式,此外,股票市值(LSMC)、股票市场总市值(LSMTV)、股市周转率(LSMTR)、银行存款资产(LDMBS)、流动性负债(LLL)、银行私人存款信贷(LPCB)和对私营部门的国内信贷(LDCPS)进行对数转换。此处的风险使用了国家风险指标的对数转换,包括综合风险(LCOM)、经济风险(LECO)、金融风险(LFIN)和政治风险(LPOL)。LCPI、LGDP 和 LUP 分别是消费者价格指数、人均实际 GDP 和城市化指数的自然对数,ε 是误差项,t = 1,2,…,T 表示时期,以及 i = 1,2,…,N 表示国家。

函数 $g(LRISK_{i,t};\gamma,\theta)$ 是门槛变量 $LRISK_{i,t}$ 的转换函数,它是连续的且在 0 和 1 之间。为了关注高风险和低风险环境是否对能源消耗和金融发展之间的联系有不同的影响,我们采取如下转换函数:

$$g(LRISK_{i,t};\gamma,\theta) = [1 + \exp(-\gamma(LIRSK_{i,t} - \theta))]^{-1} \qquad (4-2)$$

其中,参数 γ 决定了转换函数的斜率,而参数 θ 是估计阈值。

面板平滑转换回归模型(PSTR)主要有两个优点:第一,它考虑了跨国间的异质性和时间不稳定性,并允许解释变量的系数根据转换函数平稳切换。第二,它还允许在两个极端值之间有连续的中间状态,反映出这一事实,各国由于其异质性无法在相同时间立即做出一致的反应。

对于变量之间非线性关系的检验,原假设 H_0:$\gamma = 0$,这意味着在我们的面板平滑转换回归模型(PSTR)中没有区域转换效应,然而,当该模型不满足原假设时,传统的统计检验就不是标准分布,也就是所谓的戴维斯问题(Davies,1977)。为了解决这个问题,我们用原假设 $\gamma = 0$ 的一阶泰勒展开式替代转换函数,则我们可以得到以下辅助回归:

$$\begin{aligned}
LEU_{i,t} = & a_i + (b_1 + \lambda_0 b_2) LFD_{i,t} + b_2^* LFD_{i,t} * q_{i,t} + (c_1 + \lambda_0 c_2) LRISK_{i,t} \\
& + c_2^* LRISK_{i,t} * q_{i,t} + (d_1 + \lambda_0 d_2) LCPI_{i,t} + d_2^* LCPI_{i,t} * q_{i,t} \\
& + (e_1 + \lambda_0 e_2) LGDP_{i,t} + e_2^* LGDP_{i,t} * q_{i,t} \\
& + (f_1 + \lambda_0 f_2) LUP_{i,t} + f_2^* LUP_{i,t} * q_{i,t} + u_{i,t}
\end{aligned} \quad (4-3)$$

其中参数 b_2^*、c_2^*、d_2^*、e_2^*、f_2^* 是 γ 的乘数,$\lambda_0 = g(q_{i,t}; \gamma = 0, \theta) = 1/2$,$u_{i,t} = \varepsilon_{i,t} + R(q_{i,t}; \gamma, \theta)$,其中,$R(q_{i,t}; \gamma, \theta)$ 是泰勒展开式的其余部分。

在科利塔兹和赫林(Colletaz & Hurlin,2006)之后,我们使用拉格朗日乘子(LM)、F 版本的 LM(LM_F)和 LR 检验来检验线性原假设。LM、LM_F 和 LR 检验的统计量定义如下:

$$LM = \frac{TN(SSR_0 - SSR_1)}{SSR_0} \quad (4-4)$$

$$LM_F = \frac{\left[\dfrac{(SSR_0 - SSR_1)}{mK}\right]}{\left[\dfrac{SSR_0}{(TN - N - m(K+1))}\right]} \quad (4-5)$$

$$LR = -2[\log SSR_1 - \log SSR_0] \quad (4-6)$$

其中,SSR_0 和 SSR_1 分别是原假设和替代假设下的残差平方和,而 K 表示解释变量的数量。为了消除个体效应 a_i,本书从等式(4-1)中去除了个体特定均值,个体特定均值表达方式如下:

$$\begin{aligned}
\overline{LEU_i} = & b_1 \overline{LFD_i} + c_1 \overline{LRISK_i} + d_1 \overline{LCPI_i} + e_1 \overline{LGDP_i} + f_1 \overline{LUP_i} \\
& + b_2 \overline{q_i}(\gamma, \theta) + c_2 \overline{s_i}(\gamma, \theta) + d_2 \overline{w_i}(\gamma, \theta) \\
& + e_2 \overline{x_i}(\gamma, \theta) + f_2 \overline{y_i}(\gamma, \theta) + \overline{\varepsilon_i}
\end{aligned} \quad (4-7)$$

其中,$\overline{LEU_i}$、$\overline{LFD_i}$、$\overline{LRISK_i}$、$\overline{LCPI_i}$、$\overline{LGDP_i}$、$\overline{LUP_i}$、$\overline{q_i}(\gamma, \theta)$、$\overline{s_i}(\gamma, \theta)$、

$\overline{w}_i(\gamma, \theta)$, $\overline{x}_i(\gamma, \theta)$, $\overline{y}_i(\gamma, \theta)$, 以及 $\overline{\varepsilon}_i$ 是个体均值，从等式（4-1）中去除等式（4-7）可以得到：

$$L\tilde{E}U_{i,t} = b'L\tilde{F}D_{i,t}(\gamma, \theta) + c'L\tilde{RISK}_{i,t}(\gamma, \theta) + d'L\tilde{F}D_{i,t}(\gamma, \theta) \\ + e'L\tilde{RISK}_{i,t}(\gamma, \theta) + f'L\tilde{F}D_{i,t}(\gamma, \theta) + \tilde{\varepsilon}_{i,t} \quad (4-8)$$

此时，$L\tilde{E}U_{i,t} = LEU_{i,t} - \overline{LEU}_i$，

$L\tilde{F}D_{i,t}(\gamma, \theta) = (LFD_{i,t} - \overline{LFD}_i, LFD_{i,t}g(LRISK_{i,t}; \gamma, \theta) - \overline{q}_i(\gamma, \theta))$,

$L\tilde{RISK}_{i,t}(\gamma, \theta) = (LRISK_{i,t} - \overline{LRISK}_i, LRISK_{i,t}g(LRISK_{i,t}; \gamma, \theta) - \overline{s}_i(\gamma, \theta))$,

$L\tilde{CPI}_{i,t}(\gamma, \theta) = (LCPI_{i,t} - \overline{LCPI}_i, LCPI_{i,t}g(LCPI_{i,t}; \gamma, \theta) - \overline{w}_i(\gamma, \theta))$,

$L\tilde{GDP}_{i,t}(\gamma, \theta) = (LGDP_{i,t} - \overline{LGDP}_i, GDP_{i,t}g(LGDP_{i,t}; \gamma, \theta) - \overline{x}_i(\gamma, \theta))$,

$L\tilde{UP}_{i,t}(\gamma, \theta) = (LUP_{i,t} - \overline{LUP}_i, LUP_{i,t}g(LUP_{i,t}; \gamma, \theta) - \overline{y}_i(\gamma, \theta))$,

$b = (b_1, b_2)'$, $c = (c_1, c_2)'$, $d = (d_1, d_2)'$, $e = (e_1, e_2)'$, $f = (f_1, f_2)'$, $\tilde{\varepsilon}_{i,t} = \varepsilon_{i,t} - \overline{\varepsilon}_i$。

假设 $\tilde{Q}(L\tilde{F}D_{i,t}(\gamma, \theta), L\tilde{RISK}_{i,t}(\gamma, \theta), L\tilde{CPI}_{i,t}(\gamma, \theta), L\tilde{GDP}_{i,t}(\gamma, \theta), L\tilde{UP}_{i,t}(\gamma, \theta))$ 和 $\beta = (b', c', d', e', f')'$。此时等式（4-7）可以被写作如下形式：$L\tilde{E}U_{i,t} = \beta'\tilde{Q}_{i,t}(\gamma, \theta) + \tilde{\varepsilon}_{i,t}$。我们考虑了潜在内生性偏差问题，并采用了工具变量 Z_{it} 进行估计，即每个解释变量的滞后期，$\tilde{Z}_{i,t}(\gamma, \theta) = (Z_{i,t} - \overline{Z}_i, Z_{i,t}g(q_{i,t}; \gamma, \theta) - \overline{\zeta}_i(\gamma, \theta))$，其中 $\overline{Z}_i = T^{-1}\sum_{t=1}^{T} Z_{i,t}$，$\overline{\zeta}_i(\gamma, \theta) = T^{-1}\sum_{t=1}^{T} Z_{i,t} * g(q_{i,t}; \gamma, \theta)$。给定一组（$\gamma, \theta$），然后可以得到系数的估计值为：

$$\hat{\beta}_{IV}(\gamma, \theta) = [\sum_{i=1}^{N}\sum_{t=1}^{T} \tilde{Q}'_{i,t}(\gamma, \theta)\tilde{Z}_{i,t}(\gamma, \theta)(\tilde{Z}'_{i,t}(\gamma, \theta)\tilde{Z}_{i,t}(\gamma, \theta))^{-1}\tilde{Z}'_{i,t}(\gamma, \theta)\tilde{Q}_{i,t}(\gamma, \theta)]^{-1} \\ \times [\sum_{i=1}^{N}\sum_{t=1}^{T} \tilde{Q}'_{i,t}(\gamma, \theta)\tilde{Z}_{i,t}(\gamma, \theta)(\tilde{Z}'_{i,t}(\gamma, \theta)\tilde{Z}_{i,t}(\gamma, \theta))^{-1}\tilde{Z}'_{i,t}(\gamma, \theta)L\tilde{E}U_{it}]$$

4.4 数据处理和主成分分析

4.4.1 数据处理

我们采用了 1984~2015 年期间 79 个国家（地区）的非平衡面板数据，

并且进一步把该数据分为34个经合组织国家和45个非经合组织国家或地区（见附录：表4-A1）。本书使用了来自世界银行的世界发展指标数据库（WDI）的人均能源消耗指标，以千克石油计算，并且采用了两种金融发展指标。一个指标是股票市场指标，包括股票市值与国内生产总值的比率（%、SMC）、股票市场总值与国内生产总值的比率（%、SMTV）和股票市场周转率（%、SMTR），另一个指标是银行业指标，例如银行存款与GDP的比率（%、DMBS）、流动性负债与GDP的比率（%、LL），银行私人信贷占GDP的比率（%、PCB）以及国内信贷与私营部门占GDP的比率（%、DCPS）。这7个金融指标数据均来自世界银行的全球金融发展数据库（GFD）。对于国家风险指标，本文使用了国家风险指南的风险数据（ICRG），ICRG风险指标包括5个经济风险指标（ECO）、5个金融风险指标（FIN）和12个政治风险指标（POL），而综合风险指数（COM）由这22个风险指标组成。综合风险和政治风险的范围在0和100之间，而经济风险和金融风险范围在0到50之间，较高的风险指数表示一个国家的风险环境较低。本书主要有三个控制变量：消费者价格指数（2010年=100，CPI）、人均实际GDP（以2000年的美元为基准计算GDP）和城市人口与总人口的比例（%，UP），它们均来自世界发展指标数据库（WDI），本书所研究变量的定义和来源汇总见表4-2。

表4-2 变量的定义和来源

变量	定义	来源
被解释变量		
LEU	人均能源消耗量（千克石油）	世界发展指标（WDI）
解释变量		
LSMC	股票市值与GDP的比率（%），股票市值是指股票市场上所有上市股票的总值	全球金融发展部（GFD）
LSMTV	股票市场交易总值与GDP的比率（%），股票市场总价值是指证券交易所所有交易股票的总价值	全球金融发展部（GFD）
LSMTR	股票市场周转率（%）是指股票交易总价值与平均市值的比率	全球金融发展部（GFD）

续表

变量	定义	来源
解释变量		
LDMBS	货币银行资产与 GDP 的比率（%），资产包括对国内非金融部门的实际债权，其中包括中央、州和地方政府、非金融公共企业和私营部门	全球金融发展部（GFD）
LLL	流动负债与 GDP 的比率（%），流动性负债称为广义货币（M3），包括 M0（货币和央行存款）、M1（可转让存款和电子货币）、M2（储蓄存款、可转让存款、存单和证券回购协议）、旅行支票、外币定期存款、商业票据以及居民持有的共同基金或市场基金的股份	全球金融发展部（GFD）
LPCB	银行私人信贷与 GDP 的比率（%）	全球金融发展部（GFD）
LDCPS	私营部门的国内信贷与 GDP 的比率（%）	全球金融发展部（GFD）
LCOM	综合风险评级是经济、金融和政治风险评级总和的一半，其范围在 0 到 100 之间	国家风险国际指南（ICRG）
LECO	经济风险评级的因素包括人均 GDP、实际 GDP、年通货膨胀率、预算余额占 GDP 的百分比，以及经常账户占 GDP 的百分比，评级范围在 0~50	国家风险国际指南（ICRG）
LFIN	金融风险评级的因素包括外债占 GDP 的百分比、外债占商品和服务出口的百分比、经常账户占商品和服务出口的百分比、国际进口净流动及汇率稳定性，评级范围在 0~50	国家风险国际指南（ICRG）
LPOL	政治风险评级的因素包括政府稳定、社会经济条件、投资概况、内部冲突、外部冲突、腐败、政治军事、宗教、法律和秩序、种族紧张、民主问责和官僚机构质量，评级范围从 0~100	国家风险国际指南（ICRG）
控制变量		
LCPI	消费者价格指数（2010 年 =100）	世界发展指标（WDI）
LGDP	以美元为单位的 2000 年不变美元定价	世界发展指标（WDI）
LUP	城市人口与总人口的比例（%）	世界发展指标（WDI）

注：所有变量都取自然对数。

变量的描述性统计信息详见表 4-3，表 4-3 显示人均能源消耗自然对数的平均值为 7.4707（约 1755.83 千克石油），冰岛人均能源消耗最多（约平均 11362.9 千克石油）。关于金融发展指标，在我们样本中香港股市发展最快，并且与其国际金融状况相匹配。在银行业发展方面，冰岛是所有样本中做得最好的。在表 4-3 中，我们发现经合组织国家使用更多的能源，并且金融和经济发展更强，处于较低的风险环境，比非经合组织国家有更高的城市化程度，这表明经合组织和非经合组织国家之间有不同的金融和经济发展水平。

第4章 金融发展与能源需求

表 4-3 变量描述性统计

	LEU	LSMC	LSMTV	LSMTR	LDMBS	LLL	LPCB	LDCPS	LCOM	LECO	LFIN	LPOL	LCPI	LGDP	LUP
平均值	7.4707	3.3339	1.7220	3.0530	3.9440	3.9231	3.7254	3.8572	4.2551	3.5667	3.5939	4.2244	3.7685	9.0893	4.1069
标准差	0.9708	1.2440	2.2073	1.4897	0.7528	0.6616	0.8254	0.8010	0.1767	0.1661	0.2256	0.2158	1.8311	1.3189	0.3699
最小值	4.6416	−4.6553	−7.8675	−3.1569	0.8853	1.6874	0.0531	−1.6827	3.3716	2.6969	1.8718	3.3528	−18.4286	5.9301	2.7713
最大值	9.8080	6.1414	6.7121	6.9858	5.5757	5.9892	5.5732	5.7431	4.5583	3.8824	3.9120	4.5747	5.6422	11.6260	4.6052
样本数	2443	2017	2070	2006	2397	2377	2393	2411	2427	2427	2427	2427	2440	2445	2528
34个经合组织国家															
平均值	8.1914	3.6628	2.6769	3.6886	4.3355	4.1557	4.1239	4.2314	4.3581	3.6296	3.6640	4.3694	4.0775	10.2370	4.3056
标准差	0.51819	0.9763	1.6103	1.2056	0.5449	0.5392	0.6361	0.6601	0.1196	0.1335	0.1608	0.1350	1.2224	0.6733	0.1607
最小值	6.6481	−1.7206	−4.1795	−2.2051	2.5701	2.4351	2.0426	−1.6827	3.7974	2.9110	2.8904	3.5812	−6.3802	8.4379	3.8017
最大值	9.8080	6.1414	5.7481	5.8906	5.5757	5.9892	5.5732	5.7431	4.5583	3.8798	3.9120	4.5747	4.9841	11.6260	4.5837
样本数	1075	962	977	954	1030	1013	1030	1034	1035	1035	1035	1035	1066	1027	1088
45个非经合组织国家（地区）															
平均值	6.9043	3.0341	0.8685	2.4765	3.6491	3.7505	3.4243	3.5762	4.1785	3.5200	3.5417	4.1165	3.5288	8.2626	3.9568
标准差	0.8621	1.3793	2.3170	1.4887	0.7535	0.6908	0.8246	0.7825	0.1733	0.1725	0.2514	0.2010	2.1600	1.0217	0.4104
最小值	4.6416	−4.6553	−7.8675	−3.1569	0.8853	1.6874	0.0531	0.7927	3.3716	2.6969	1.8718	3.3528	−18.4286	5.9301	2.7713
最大值	9.6231	6.1414	6.7121	6.9858	5.5499	5.8539	5.5634	5.5344	4.5120	3.8824	3.8798	4.4900	5.6422	10.8740	4.6052
样本数	1368	1055	1093	1052	1367	1364	1363	1377	1392	1392	1392	1392	1374	1418	1440

注：所有变量都取自然对数。

4.4.2 主成分分析

根据贝克和莱文（Beck & Levine，2002）、贾利尔（Jalil，2010）、科班和托普库（Çoban & Topcu，2013）、金和帕克（Kim & Park，2016）、欧阳和李（Ouyang & Li，2018）等人的研究，本文运用主成分分析法（PCA）构建股市和银行业发展的两个综合指标。对于多元数据的分析，主成分分析法是一种很好的现代计量经济学方法，通过使用主成分分析法，我们可以从许多变量中提取主要信息，并减少变量的维数。主成分分析法的分析结果详见表4-4，结果表明，对于股市发展指标（STOCK），第一、第二主要成分的总和占总变化的90.82%，第一主要成分在银行业发展指标（BANK）中占总变化的86.54%。因此，本研究采用第一和第二主要成分构建STOCK指标，采用第一主要成分构建BANK指标。

表4-4 主成分分析

主成分	特征值	方差比例	累计方差比例
股票市场指标			
1	1.8461	0.6154	0.6154
2	0.8786	0.2929	0.9082
3	0.2753	0.0918	1.0000
银行业指标			
1	3.4615	0.8654	0.8654
2	0.3828	0.0907	0.9561
3	0.1252	0.0313	0.9874
4	0.0504	0.0126	1.0000

	PC1	PC2	PC3	PC4
股票市场指标				
SMC	0.5842	-0.5592	0.5883	
SMTVT	0.6781	-0.0620	-0.7323	
SMTR	0.4459	0.82675	0.3430	

续表

	PC1	PC2	PC3	PC4
银行业指标				
DMBS	0.5125	-0.1997	-0.7420	0.3833
LL	0.4541	0.8870	0.0823	0.0144
PCDMB	0.5220	-0.2548	0.0086	-0.8140
DCPS	0.5087	-0.3292	0.6653	0.4362

4.5 实证结果

4.5.1 单位根检验结果

为了检验每个变量的单位根，我们首先采用了三种第一代面板单位根检验方法，即由马达拉和武（Maddala & Wu, 1999）提出的 Fisher - ADF 检验、莱文（Levin, 2002）等学者2002年的检验方法，以及 Im 等学者2003年的检验方法，单位根的检验结果详见附录：表4 - A2～表4 - A4，结果表明，所有变量在水平上都是平稳的。此外，考虑到每个变量的截面相关性和非线性的潜在特征，我们采用了佩萨兰（Pesaran, 2007）横截面相关性检验和面板平滑转换回归模型（PSTR）的非线性检验，表4 - A5和表4 - A6的结果证实了每个变量存在横截面相关性和非线性的证据。然后我们使用第三代面板单位根测试，包括由佩萨兰（Pesaran, 2007）提出的横截面（CIPS）检验和 Dickey - Fuller（CADF）检验，以及卡佩塔尼奥斯（Kapetanios, 2003）等学者2003年提出的面板检验（KSS），这些检验与之前的 Fisher - ADF、LLC 和 IPS 检验的结果类似，表4 - A2到表4 - A4中的 CIPS、CADF 和面板 KSS 检验结果也显示了每个变量在水平上具有平稳性。

4.5.2 综合金融发展指标的 PSTR 模型全样本估计结果

本书首先将面板平滑转换回归模型应用于工具变量来研究79个国家或地区（34个经合组织和45个非经合组织国家或地区）的国家风险对能源消耗、金融发展、国家风险和其他宏观经济变量之间关系的非线性影响。表4 - 5显示了79个国家的非线性检验结果，根据表4-5的LM、LMF和LR检验结果表明，所有模型的线性原假设可以在1%的显著水平上被拒绝，这意味着变量之间存在非线性关系，而且这也表明了国家风险（综合、经济、金融和政治风险）对能源与金融关系的影响并不是持续不变的，能源消耗和金融发展之间的关系随着国家风险的变化而变化，从政策含义方面来看，政策制定者应该考虑当前国家风险环境，以建立适当的能源、经济和金融政策。

表4-5　　　　　　　股市和银行业指标模型的非线性检验

金融发展变量	股票市场指标				银行业指标			
门槛变量	LCOM	LECO	LFIN	LPOL	LCOM	LECO	LFIN	LPOL
模型	(1)	(2)	(3)	(4)	(5)	(6)	(7)	(8)
79个国家（地区）								
LM	275.408*** (0.000)	141.914*** (0.000)	249.658*** (0.000)	304.807*** (0.000)	199.792*** (0.000)	149.572*** (0.000)	185.346*** (0.000)	175.863*** (0.000)
LM_F	20.759*** (0.000)	9.728*** (0.000)	18.273*** (0.000)	23.682*** (0.000)	14.046*** (0.000)	10.250*** (0.000)	13.047*** (0.000)	12.213*** (0.000)
LR	301.074*** (0.000)	147.685*** (0.000)	268.302*** (0.000)	338.661*** (0.000)	209.748*** (0.000)	155.059*** (0.000)	195.478*** (0.000)	183.515*** (0.000)
34个经合组织国家								
LM	90.704*** (0.000)	88.630*** (0.000)	196.745*** (0.000)	194.680*** (0.000)	96.189*** (0.000)	87.276*** (0.000)	149.636*** (0.000)	142.794*** (0.000)
LMF	6.420*** (0.000)	6.237*** (0.000)	15.852*** (0.000)	15.778*** (0.000)	6.840*** (0.000)	6.084*** (0.000)	11.339*** (0.000)	10.658*** (0.000)
LR	96.532*** (0.000)	93.928*** (0.000)	221.843*** (0.000)	220.376*** (0.000)	102.439*** (0.000)	91.662*** (0.000)	163.903*** (0.000)	155.070*** (0.000)
45个非经合组织国家（地区）								
LM	131.283*** (0.000)	123.652*** (0.000)	174.073*** (0.000)	70.758*** (0.000)	151.282*** (0.000)	141.373*** (0.000)	189.907*** (0.000)	60.046*** (0.000)
LMF	9.528*** (0.000)	8.936*** (0.000)	13.940*** (0.000)	4.776*** (0.000)	10.953*** (0.000)	10.141*** (0.000)	14.611*** (0.000)	4.003*** (0.000)
LR	141.465*** (0.000)	133.238*** (0.000)	198.418*** (0.000)	73.578*** (0.000)	161.591*** (0.000)	150.321*** (0.000)	209.849*** (0.000)	61.890*** (0.000)

注：原假设和备择假设分别是$H_0: r=0$，$H_1: r=1$，r是转换函数的数量，在H_0假设下，LM与LR渐进服从$\chi^2(mK)$分布，而LM_F渐进服从$F(mK, TN-N-m(K+1))$括号里边是p值，***表示1%的显著性水平。

表 4-6 显示了 79 个国家（地区）面板平滑转换回归模型的估计结果。如表 4-6 所示，估计阈值 θ 的范围从 3.1180 到 4.3791，当 LRISK 的实际值小于 θ 时，过渡函数 g(·) 接近 0，此时第一阶段的 LFD、LRISK、LCPI、LGDP 和 LUP 的系数分别为 b_1，c_1，d_1，e_1，f_1。在第二种情况下，当 LRISK 的实际值大于 g(·)→1 时的 θ 值时，LFD、LIRSK、LCPI、LGDP、LUP 的系数分别为 b_1+b_2，c_1+c_2，d_1+d_2，e_1+e_2，f_1+f_2，除模型（7）外，斜率 γ 均相对较小（10.4598 - 35.1477），结果也表明 g(·) 函数是连续的，而且是相对平滑的，更具体地说，变量之间的关系平稳地从第一阶段过渡到第二阶段。

表 4-6 面板平稳过渡回归模型下 79 个国家（地区）的股市和银行业指标的估计结果

金融发展变量	股票市场指标				银行业指标			
门槛变量	LCOM	LECO	LFIN	LPOL	LCOM	LECO	LFIN	LPOL
模型	(1)	(2)	(3)	(4)	(5)	(6)	(7)	(8)
b_1	0.048*** (0.008)	0.025*** (0.006)	0.051*** (0.007)	0.043*** (0.008)	-0.041*** (0.013)	-0.068*** (0.011)	0.049 (0.096)	-0.072*** (0.014)
c_1	-0.221*** (0.084)	0.136*** (0.048)	0.018 (0.048)	-0.192*** (0.057)	0.214*** (0.039)	0.231*** (0.043)	0.993*** (0.129)	0.045 (0.033)
d_1	-0.016*** (0.006)	-0.019*** (0.005)	-0.018*** (0.005)	-0.021*** (0.008)	-0.011*** (0.003)	-0.013*** (0.003)	-0.051* (0.027)	-0.002 (0.003)
e_1	0.540*** (0.021)	0.467*** (0.052)	0.482*** (0.018)	0.592*** (0.023)	0.519*** (0.019)	0.549*** (0.018)	0.639*** (0.077)	0.589*** (0.020)
f_1	0.415*** (0.058)	0.428*** (0.196)	0.392*** (0.052)	0.273*** (0.063)	0.317*** (0.043)	0.398*** (0.043)	-0.196 (0.140)	0.329*** (0.044)
b_2	-0.078*** (0.017)	-0.129*** (0.039)	-0.110*** (0.036)	-0.067*** (0.014)	-0.066*** (0.022)	-0.051 (0.044)	-0.188** (0.087)	0.033 (0.020)
c_2	0.566*** (0.083)	1.204*** (0.236)	-0.824*** (0.139)	0.640*** (0.084)	0.190*** (0.061)	0.748*** (0.162)	-0.229** (0.100)	0.207*** (0.056)
d_2	-0.171*** (0.0420)	0.205 (0.132)	0.080 (0.073)	-0.184*** (0.037)	0.006 (0.035)	0.120 (0.084)	0.025 (0.942)	-0.136*** (0.025)

续表

金融发展变量	股票市场指标				银行业指标			
门槛变量	LCOM	LECO	LFIN	LPOL	LCOM	LECO	LFIN	LPOL
模型	(1)	(2)	(3)	(4)	(5)	(6)	(7)	(8)
e_2	-0.059** (0.028)	-0.343*** (0.038)	0.329*** (0.041)	-0.133*** (0.032)	0.009 (0.023)	-0.269*** (0.038)	0.083 (0.059)	-0.039* (0.021)
f_2	-0.145* (0.087)	-0.300 (0.196)	0.087 (0.556)	-0.072 (0.085)	-0.125* (0.067)	-0.081 (0.143)	0.058 (0.104)	-0.102* (0.058)
θ	4.3791	3.8096	3.9043	4.3492	4.3500	3.7872	3.1180	4.2905
γ	24.0745	35.1477	10.4598	23.8981	31.5009	30.9576	2174.0	34.9486

注：被解释变量为 LEU，括号中的异方差修正了标准误差。*** 、** 和 * 分别表示 1%、5% 和 10% 的显著性水平。

第二种情况下的 LCOM 系数显著为正，这表明在稳定的综合环境下，人均能源消耗会增加，也就是说当环境更加稳定且各制度运行良好时，消费者就会购买更多高价商品，而为了适应消费者的消费能力变化，公司也将生产更多的产品，从而导致能源消耗的增加。关于金融发展对能源消耗的影响，股市发展系数在第一阶段显著为正，在第二阶段明显为负，而银行业发展指标的系数在第一和第二阶段大致为负。因此，金融发展系数表明，更稳定的国家环境可以促进金融发展，吸引更多外国直接投资（FDI），增加采用绿色和先进生产技术的机会，提高能源的生产效率，降低能源消耗（Tamazia，2009；Sadorsky，2010）。

在控制变量方面，LCPI 的系数为负表明商品价格的增加会降低能源消耗，结果也表明了经济发展和城市化将增加生产的能源消耗。然而随着综合国家风险的降低，这种积极的影响将变得很小，这可能是由于在一个运作良好的金融体系下采用了更多的绿色和先进的技术进行生产所导致的。

本书还采用了国家风险的三个子指标—经济（ECO）、金融（FIN）和政治（POL）风险—通过使用 LECO、LFIN 和 LPOL 作为门槛变量，重新估计能源消耗、金融发展、国家风险和其他宏观经济变量之间的关系。在表 4-6 中，LECO 的系数表明，经济风险对能源消耗的影响是正向的，这表明随着经济风险降低，它对能源消耗的影响将变大，其结果与综合风险的结果相似，在稳定的经济环境下，将会消耗更多的能源。金融发展的估计系数与使用 LCOM 作为门槛变量的模型的结果大致一致。随着经济风险的降低，金融发展可以减少采用技术节约能源企业的能源消耗。

表 4-6 结果表明，能源消耗与金融风险之间存在倒"U"型关系，即随着金融风险的增加，首先会增加能源消耗，而在达到一定的金融风险水平后，它就会下降。原因可能是技术效应的存在（Tamazian，2009；Shahbaz，2017）。这表明在稳定的金融环境或运作良好的金融制度下，公司可以很容易地获得融资，投资于先进技术，以提高能源和生产效率，从而减少能源消耗，研究结果可以通过金融发展系数来得到证实，这也表明，金融环境更稳定的国家可以通过鼓励金融发展来减少能源消耗。

在政治风险方面，表 4-6 分别显示了能源消耗和股票市场发展以及能源消耗和银行业发展之间的倒"U"型和递减关系。研究结果表明，随着政治风险的降低，能源消耗最终会增加，也就是说，较低的政治风险环境可能会减少企业发展的政治障碍（例如，投资、生产等），从而使能源消耗量增加。此外，银行业发展系数在第一阶段显著为负，这表明政治环境更强的国家可以通过鼓励其金融发展来减少能源消耗，然而在第二阶段（一个稳定的政治环境）中，金融发展的负面影响将会消失。

总之，在一个稳定的综合、经济和政治环境下，能源消耗将随着国家风险的下降而增加，这可能是由于人们会购买更多的奢侈品，而公司可能会在稳定的环境下生产更多产品，所以他们会消耗更多能源。但金融环境稳定的国家可以通过不断改善其金融环境来减少能源消耗。金融发展对能源消耗影响的结果也证实了这一点，在稳定的金融环境下，企业很容易获得投资研发的融资，并采用更先进的生产技术，提高能源使用效率，从而降低能源消耗。消费者物价指数的上涨也意味着能源价格的上涨，这也将降低能源需求。除了以金融风险作为阈值外，结果表明在较高的国家风险环境下，经济增长和城市化对能源消耗的积极影响较大，在较稳定的国家风险环境下，积极影响将会减弱。

4.5.3 经合组织和非经合组织国家（地区）的综合金融发展指标 PSTR 模型结果

由于经济发展水平不同的国家有不同的金融发展状况和国家风险特征，

所以本文进一步将样本划分为34个经合组织和45个非经合组织国家（地区），以重新估计国家风险对能源、金融以及风险之间关系的影响。表4-5结果表明，对于经合组织和非经合组织国家来说，线性的原假设在1%的显著水平上被拒绝，这表明国家风险对经合组织和非经合组织国家的能源金融关系存在非线性影响。

表4-7报告了经合组织国家的估计结果，利用综合风险、经济风险和政治风险作为阈值，这些结果表明能源消耗和国家风险之间的关系日益增加，这意味着国家风险的降低将鼓励消费者和公司消耗更多的能源，特别是在较低的国家风险环境下。对于用金融风险作为阈值的模型，LFIN系数在第一和第二阶段分别显著为正和负，这意味着能源消耗和金融风险之间存在一种倒"U"型关系，即随着金融风险的降低，能源消耗首先会增加，然后再减少。在金融发展方面，在较低的综合风险和经济风险环境下，能源消耗与股市发展之间的关系是正向的，而银行业的发展对能源消耗有负面影响，结果表明，不同来源的资本对能源消耗有不同的影响，并且随着金融和政治风险的降低，银行业发展对能源消耗的影响首先是负面的，然后才是正向的，它表明企业能够较容易地从银行借款，然后生产更多产品，从而在稳定的金融和政治环境下会增加能源消耗。

表4-7 面板平稳过渡回归模型下34个经合组织国家的股市和银行业指标的估计结果

金融发展变量	股票市场指标				银行业指标			
门槛变量	LCOM	LECO	LFIN	LPOL	LCOM	LECO	LFIN	LPOL
模型	(1)	(2)	(3)	(4)	(5)	(6)	(7)	(8)
b_1	-0.023 (0.018)	-0.064** (0.028)	0.047*** (0.008)	-0.013 (0.016)	0.051* (0.028)	-0.064*** (0.020)	-0.089*** (0.018)	-0.152*** (0.032)
c_1	0.226* (0.119)	-0.533*** (0.147)	0.199*** (0.055)	-0.056 (0.076)	0.160 (0.114)	0.285*** (0.089)	0.197*** (0.052)	0.125 (0.089)
d_1	0.012 (0.011)	0.039*** (0.014)	0.010 (0.007)	0.024*** (0.007)	0.013* (0.007)	0.011 (0.007)	0.019*** (0.007)	0.024*** (0.006)

续表

金融发展变量	股票市场指标				银行业指标			
门槛变量	LCOM	LECO	LFIN	LPOL	LCOM	LECO	LFIN	LPOL
模型	(1)	(2)	(3)	(4)	(5)	(6)	(7)	(8)
e_1	0.440*** (0.045)	0.400*** (0.050)	0.398*** (0.025)	0.518*** (0.033)	0.385*** (0.040)	0.445*** (0.032)	0.496*** (0.029)	0.500*** (0.041)
f_1	0.241* (0.139)	0.114 (0.170)	0.047 (0.102)	-0.084 (0.117)	0.195 (0.124)	0.421*** (0.111)	0.106** (0.236)	0.379*** (0.108)
b_2	0.045** (0.019)	0.091*** (0.030)	-0.055* (0.033)	0.021 (0.017)	-0.127*** (0.035)	0.021 (0.033)	0.191*** (0.059)	0.166*** (0.035)
c_2	0.669*** (0.080)	0.673*** (0.126)	-0.855*** (0.233)	0.425*** (0.079)	0.527*** (0.100)	0.835*** (0.133)	-1.220*** (0.233)	0.484*** (0.086)
d_2	-0.031 (0.036)	-0.088*** (0.032)	-0.257*** (0.088)	-0.170*** (0.030)	0.046 (0.046)	-0.050 (0.069)	-0.284*** (0.103)	-0.082*** (0.030)
e_2	-0.079*** (0.029)	-0.028 (0.040)	0.432*** (0.050)	-0.106*** (0.026)	-0.064* (0.034)	-0.228*** (0.030)	0.334*** (0.051)	-0.214*** (0.035)
f_2	-0.497*** (0.074)	-0.457*** (0.117)	0.046 (0.186)	0.005 (0.071)	-0.277*** (0.080)	-0.150* (0.087)	0.385** (0.197)	-0.046 (0.067)
θ	4.2813	3.4308	3.8530	4.3019	4.3522	3.7139	3.8444	4.2815
γ	65.2935	26.5278	18.7033	84.4297	35.7847	41.7183	24.3579	43.8259

注：被解释变量为LEU，括号中的异方差修正了标准误差。***、**和*分别表示1%、5%和10%的显著性水平。

表4-8报告了非经合组织国家（地区）的面板平稳过渡回归模型的估计结果。结果表明，在风险较高的环境下，股市发展指标对能源消耗的影响是正向的，然后在风险较低的环境下，这种正向的影响就会消失或变为负向。能源消耗和银行业发展之间的关系随着国家（地区）风险的降低而减少，因此在稳定的经济和政治环境下，金融发展可能有助于减少非经合组织国家（地区）的能源消耗。

表 4-8　面板平稳过渡回归模型下 45 个非经合组织国家（地区）的股市和银行业指标的估计结果

金融发展变量	股票市场指标				银行业指标			
门槛变量	LCOM	LECO	LFIN	LPOL	LCOM	LECO	LFIN	LPOL
模型	(1)	(2)	(3)	(4)	(5)	(6)	(7)	(8)
b_1	0.047*** (0.011)	0.053*** (0.010)	0.046*** (0.016)	0.034*** (0.010)	-0.082*** (0.017)	-0.046*** (0.015)	-0.149* (0.082)	-0.051*** (0.020)
c_1	-0.293** (0.119)	-0.015 (0.071)	-0.044 (0.102)	-0.261*** (0.055)	0.493*** (0.070)	0.228*** (0.065)	0.832*** (0.163)	-0.108** (0.047)
d_1	-0.018*** (0.006)	-0.031*** (0.007)	-0.072*** (0.020)	-0.020*** (0.006)	-0.016*** (0.003)	-0.017*** (0.004)	-0.044*** (0.011)	-0.018*** (0.007)
e_1	0.490*** (0.030)	0.525*** (0.026)	0.544*** (0.035)	0.568*** (0.027)	0.444*** (0.028)	0.576*** (0.024)	0.659*** (0.074)	0.559*** (0.028)
f_1	0.421*** (0.070)	0.424*** (0.069)	0.679*** (0.189)	0.313*** (0.071)	0.409*** (0.054)	0.353*** (0.054)	-0.072 (0.123)	0.423*** (0.065)
b_2	-0.062** (0.027)	-0.302*** (0.051)	-0.153*** (0.042)	0.011 (0.012)	0.070*** (0.019)	-0.111*** (0.038)	0.078* (0.047)	0.001 (0.022)
c_2	-0.288** (0.121)	-0.401* (0.238)	-0.252 (0.173)	-0.007 (0.048)	-0.247*** (0.033)	-0.117 (0.093)	-0.092 (0.259)	-0.063 (0.047)
d_2	-0.030 (0.064)	0.143 (0.153)	-0.244** (0.106)	-0.036* (0.018)	-0.010 (0.011)	-0.026 (0.046)	-0.166 (0.159)	-0.028 (0.019)
e_2	0.181*** (0.050)	0.075 (0.715)	0.526*** (0.063)	0.050** (0.021)	0.185*** (0.020)	0.138*** (0.047)	0.268*** (0.067)	0.085*** (0.020)
f_2	0.075 (0.138)	0.379 (1.289)	-0.477*** (0.189)	-0.041 (0.056)	-0.180*** (0.043)	-0.043 (0.118)	-0.395 (0.248)	-0.055 (0.052)
θ	4.3513	3.7982	3.8385	4.2343	4.1633	3.7198	3.8231	4.2068
γ	14.9853	22.2600	29.6137	87.8641	44.6186	24.6322	2590.2	63.5555

注：被解释变量为 LEU，括号中的异方差修正了标准误差。***、** 和 * 分别表示 1%、5% 和 10% 的显著性水平。

总之，在综合风险方面，能源消耗和银行业（股票市场）发展之间的关系在第一阶段是正向的，在经合组织（非经合组织）国家（地区）的第二阶段是负向的,而且随着非经合组织各国(地区)综合风险的下降,能源消耗与银行业发展之间的关系也在下降,这表明在稳定的综合风险环境下,经合组织和非经合组织国家(地区)可以通过金融发展减少其能源消耗。至于国家风险的三个子指标,结果表明除了模型(3)和模型(6),经合组织国家鼓励低风险环境下的金融发展可能会增加能源消耗,对于非经合组织国家(地区)来说,股市和银行业的发展对稳定的国家风险环境下的能源消耗有负面影响,结果表明,不同类型的金融发展(例如,股市和银行业)在能源消耗方面有不同的变化,它们之间的关系在经合组织和非经合组织国家(地区)的不同风险环境下也会发生变化。因此,当局在制定金融、环境和能源政策时,应注意国家风险的当前状况。

4.5.4 个体金融发展指标的 PSTR 模型估计结果

在本节中,我们考虑了个体金融发展指标的影响,即关于能源消耗的 LSMC、LSMTV、LSMTR、LDMBS、LLL、LPCB 和 LDCPS。对于 79 个国家(地区),附表 4 – A7 显示了能源消耗和每个金融发展指标之间存在非线性关系,因为所有模型的线性假设可以在 1% 显著水平上拒绝线性原假设。表 4 – 9 ~ 表 4 – 12 显示了具有个体金融发展指标的 PSTR 模型的估计结果。如表 4 – 9 ~ 表 4 – 12 所示,不同类型的金融发展会对能源消耗产生不同的影响,这是由 PCA 的综合金融发展指标模型发现的,而且表 4 – 9 ~ 表 4 – 12 的主要结果表明,LSMC、LSMTV 和 LSMTR 在较高国家(地区)风险环境下明显为正,在较低国家(地区)风险环境下明显为负或较小。而且 LDMBS、LLL、LPCB 和 LDCPS 的系数在这两个国家(地区)风险体系中都大致为负值。

表 4 – 9　　以综合风险作为 79 个国家(地区)门槛的面板平稳过渡回归模型估计结果

金融发展变量	LSMC	LSMTV	LSMTR	LDMBS	LLL	LPCB	LDCPS
模型	(1)	(2)	(3)	(4)	(5)	(6)	(7)
b_1	0.010 (0.007)	0.010** (0.004)	0.010* (0.006)	-0.030*** (0.011)	-0.023 (0.015)	-0.029*** (0.010)	-0.087*** (0.025)
c_1	-0.206*** (0.088)	-0.120* (0.069)	-0.090 (0.082)	0.146*** (0.045)	0.176*** (0.039)	0.220*** (0.038)	1.391*** (0.100)

续表

金融发展变量	LSMC	LSMTV	LSMTR	LDMBS	LLL	LPCB	LDCPS
模型	(1)	(2)	(3)	(4)	(5)	(6)	(7)
d_1	-0.020*** (0.006)	-0.006** (0.003)	-0.017*** (0.006)	-0.005* (0.003)	-0.008*** (0.002)	-0.008*** (0.002)	-0.020*** (0.005)
e_1	0.541*** (0.022)	0.523*** (0.020)	0.531*** (0.021)	0.497*** (0.020)	0.508*** (0.020)	0.501*** (0.019)	0.321*** (0.033)
f_1	0.474*** (0.057)	0.458*** (0.055)	0.490*** (0.058)	0.381*** (0.047)	0.312*** (0.043)	0.325*** (0.043)	0.534*** (0.062)
b_2	-0.051*** (0.015)	-0.010 (0.008)	-0.002 (0.010)	-0.050** (0.023)	-0.081*** (0.025)	-0.032* (0.019)	0.059** (0.027)
c_2	0.189** (0.082)	0.539*** (0.080)	0.573*** (0.068)	0.248*** (0.072)	0.210*** (0.061)	0.230*** (0.062)	-0.336*** (0.039)
d_2	-0.105*** (0.042)	-0.172*** (0.038)	-0.146*** (0.036)	-0.071* (0.039)	-0.025 (0.033)	-0.027 (0.036)	0.014* (0.008)
e_2	-0.049* (0.028)	-0.065** (0.028)	-0.052** (0.024)	0.005 (0.026)	0.018 (0.023)	-0.006 (0.024)	0.147*** (0.029)
f_2	-0.170** (0.086)	-0.165** (0.083)	-0.274*** (0.073)	-0.103 (0.079)	-0.119* (0.068)	-0.133* (0.068)	-0.141*** (0.053)
θ	4.3755	4.3698	4.3650	4.3585	4.3452	4.3537	3.9852
γ	22.7865	21.9307	30.0888	22.8502	27.5774	32.0879	12.5844

注：被解释变量为 LEU，括号中的异方差修正了标准误差。***、** 和 * 分别表示 1%、5% 和 10% 的显著性水平。

表4-10　以经济风险作为 79 个国家（地区）门槛的具有个体金融发展指标的面板平稳过渡回归模型的估计结果

金融发展变量	LSMC	LSMTV	LSMTR	LDMBS	LLL	LPCB	LDCPS
模型	(1)	(2)	(3)	(4)	(5)	(6)	(7)
b_1	0.012* (0.007)	0.007** (0.004)	0.002 (0.005)	-0.036*** (0.010)	-0.069*** (0.013)	-0.044*** (0.009)	-0.043*** (0.010)
c_1	0.091* (0.049)	0.116** (0.046)	0.100** (0.046)	0.230*** (0.043)	0.227*** (0.042)	0.229*** (0.043)	0.248*** (0.042)

续表

金融发展变量	LSMC	LSMTV	LSMTR	LDMBS	LLL	LPCB	LDCPS
模型	(1)	(2)	(3)	(4)	(5)	(6)	(7)
d_1	−0.023*** (0.006)	−0.010*** (0.003)	−0.028*** (0.008)	−0.011*** (0.003)	−0.009*** (0.003)	−0.010*** (0.003)	−0.015*** (0.003)
e_1	0.485*** (0.020)	0.470*** (0.018)	0.482*** (0.020)	0.505*** (0.017)	0.539*** (0.018)	0.518*** (0.017)	0.518*** (0.018)
f_1	0.432*** (0.054)	0.422*** (0.054)	0.428*** (0.060)	0.439*** (0.043)	0.385*** (0.042)	0.415*** (0.043)	0.444*** (0.042)
b_2	−0.108*** (0.031)	−0.021 (0.014)	−0.003 (0.014)	−0.016 (0.041)	−0.041 (0.035)	−0.022 (0.038)	−0.013 (0.039)
c_2	0.773*** (0.173)	1.066*** (0.199)	0.891*** (0.166)	0.790*** (0.149)	0.853*** (0.161)	0.727*** (0.0141)	0.743*** (0.136)
d_2	0.149 (0.096)	0.179 (0.114)	0.146 (0.101)	0.069 (0.079)	0.064 (0.064)	0.087 (0.076)	0.080 (0.076)
e_2	−0.250*** (0.031)	−0.283*** (0.034)	−0.199*** (0.029)	−0.266*** (0.035)	−0.295*** (0.037)	−0.256*** (0.034)	−0.256*** (0.034)
f_2	−0.107 (0.150)	−0.411** (0.192)	−0.442*** (0.129)	−0.106 (0.132)	−0.064 (0.152)	−0.088 (0.124)	−0.104 (0.121)
θ	3.7913	3.7971	3.7922	3.7807	3.7920	3.7772	3.7767
γ	34.9704	36.2644	57.2559	30.6441	29.4644	31.6240	32.4139

注：被解释变量为LEU，括号中的异方差修正了标准误差。***、**和*分别表示1%、5%和10%的显著性水平。

表4−11　以金融风险作为79个国家（地区）门槛的具有个体金融发展指标的面板平稳过渡回归模型的估计结果

金融发展变量	LSMC	LSMTV	LSMTR	LDMBS	LLL	LPCB	LDCPS
模型	(1)	(2)	(3)	(4)	(5)	(6)	(7)
b_1	0.052 (0.033)	0.017*** (0.004)	0.027** (0.011)	0.066 (0.097)	−0.081*** (0.021)	−0.067** (0.029)	−0.075*** (0.021)
c_1	0.729*** (0.276)	0.045 (0.046)	0.380*** (0.090)	1.015*** (0.121)	0.365*** (0.042)	0.654*** (0.061)	0.515*** (0.048)

续表

金融发展变量	LSMC	LSMTV	LSMTR	LDMBS	LLL	LPCB	LDCPS
模型	(1)	(2)	(3)	(4)	(5)	(6)	(7)
d_1	-0.176* (0.097)	-0.010*** (0.003)	-0.030*** (0.008)	-0.052* (0.028)	-0.016*** (0.004)	-0.029*** (0.007)	-0.031*** (0.005)
e_1	0.545*** (0.093)	0.496*** (0.018)	0.527*** (0.023)	0.561*** (0.080)	0.567*** (0.024)	0.630*** (0.037)	0.608*** (0.029)
f_1	0.578* (0.306)	0.412*** (0.053)	0.305*** (0.067)	-0.091 (0.141)	0.141*** (0.052)	-0.079 (0.076)	0.085 (0.063)
b_2	0.013 (0.040)	-0.028* (0.015)	-0.070*** (0.021)	-0.180** (0.088)	0.030 (0.071)	0.178 (0.126)	-0.026 (0.037)
c_2	0.027 (0.218)	-0.594*** (0.119)	-0.828*** (0.203)	-0.224** (0.094)	-1.546*** (0.244)	-0.870** (0.434)	-0.844*** (0.172)
d_2	0.126 (0.108)	-0.001 (0.060)	0.206** (0.100)	0.035 (0.028)	0.465*** (0.122)	-0.443** (0.213)	0.233*** (0.085)
e_2	-0.065 (0.087)	0.276*** (0.035)	0.257*** (0.040)	0.098 (0.063)	0.278*** (0.058)	0.111* (0.063)	0.109*** (0.032)
f_2	-0.234 (0.306)	-0.012 (0.134)	0.009 (0.189)	0.009 (0.107)	0.265 (1.136)	0.767** (0.330)	0.295** (0.112)
θ	3.2208	3.8773	3.8815	3.1336	3.9049	3.8747	3.8457
γ	9.3504	10.7323	17.6072	1207.8	15.8192	23003	39.3563

注：被解释变量为LEU，括号中的异方差修正了标准误差。***、**和*分别表示1%、5%和10%的显著性水平。

表4-12　以政治风险作为79个国家（地区）门槛的具有个体金融发展指标的面板平稳过渡回归模型的估计结果

金融发展变量	LSMC	LSMTV	LSMTR	LDMBS	LLL	LPCB	LDCPS
模型	(1)	(2)	(3)	(4)	(5)	(6)	(7)
b_1	0.016** (0.007)	0.003 (0.004)	-0.012* (0.006)	-0.054*** (0.012)	-0.038*** (0.016)	-0.062*** (0.011)	-0.060*** (0.012)
c_1	-0.150*** (0.046)	-0.131*** (0.050)	-0.159*** (0.048)	0.073** (0.031)	0.031 (0.032)	-0.0002 (0.033)	0.106*** (0.031)

续表

金融发展变量	LSMC	LSMTV	LSMTR	LDMBS	LLL	LPCB	LDCPS
模型	(1)	(2)	(3)	(4)	(5)	(6)	(7)
d_1	-0.010** (0.005)	-0.000 (0.003)	-0.009* (0.005)	-0.001 (0.002)	-0.001 (0.002)	0.003 (0.003)	-0.005** (0.003)
e_1	0.569*** (0.021)	0.565*** (0.021)	0.581*** (0.021)	0.567*** (0.019)	0.556*** (0.020)	0.588*** (0.020)	0.570*** (0.019)
f_1	0.349*** (0.056)	0.350*** (0.060)	0.337*** (0.059)	0.355*** (0.044)	0.312*** (0.044)	0.322*** (0.047)	0.369*** (0.044)
b_2	-0.034*** (0.065)	0.002 (0.006)	0.038*** (0.009)	0.068*** (0.019)	-0.043** (0.020)	0.044** (0.018)	0.057*** (0.019)
c_2	0.358*** (0.065)	0.505*** (0.063)	0.463*** (0.059)	0.350*** (0.058)	0.228*** (0.049)	0.458*** (0.063)	0.339*** (0.058)
d_2	-0.164*** (0.026)	-0.185*** (0.027)	-0.174*** (0.025)	-0.181*** (0.026)	-0.094*** (0.019)	-0.184*** (0.029)	-0.175*** (0.028)
e_2	-0.033 (0.023)	-0.093*** (0.024)	-0.090*** (0.023)	-0.057*** (0.022)	0.001 (0.018)	-0.078*** (0.023)	-0.046** (0.022)
f_2	-0.057 (0.68)	-0.085 (0.064)	-0.091 (0.063)	-0.098* (0.060)	-0.077 (0.053)	-0.129** (0.064)	-0.107* (0.060)
θ	4.3070	4.3096	4.3028	4.2998	4.2707	4.3098	4.3011
γ	26.2903	31.4038	32.9197	38.5718	41.7231	32.9224	38.9473

注：被解释变量为LEU，括号中的异方差修正了标准误差。***、**和*分别表示1%、5%和10%的显著性水平。

对于经合组织和非经合组织国家（地区），研究结果还显示了国家（地区）对能源消耗、金融发展和其他变量之间关系的非线性影响（见附录：表4-A8和表4-A9）。根据附录中表4-A10和表4-A14，以综合风险作为门槛变量，第一阶段中能源消耗与银行业发展之间的关系为正（为负），经合组织（非经合组织）国家（地区）第二阶段为负（为正）。此外，除了以经济风险为门槛变量的银行业发展对能源消耗有影响外，经合组织国家在稳定的国家风险环境下鼓励股票市场和银行业发展，也可能增加能源消耗（见附录：表4-A11~表4-A13）。对于非经合组织国家（地区），结果主要表明，银行业的发展，尤其是 LDMBS 和 LLL，对能源消耗有负面影响（见附录：表 4 - A15 ~ 表 4 - A17）。

4.6 结论与启示

对金融发展和经济增长有重要影响的国家风险会对能源消耗产生影响（Tamazian，2009；Shahbaz & Lean，2012b）。然而，很少有文献关注国家风险对能源消耗以及能源与金融关系的影响，为了填补这一研究空白，本书采用面板平稳过渡回归模型（PSTR），并且我们考虑了潜在的内生性问题，研究了 1984~2015 年期间的 79 个国家（地区）和两个分组（即 34 经合组织国家和 45 个非经合组织国家或地区）国家风险环境变化时能源消耗、金融发展和国家风险之间关系的变化。本书利用 PCA 构建了两个综合股市和银行业发展指标，并采用了多方面的国家风险（即综合、经济、金融和政治风险指标），以便提供更广泛的评估。

本书主要研究结果总结如下，首先，研究结果证实了能源消耗、金融发展和国家风险之间存在非线性关系，而且在不同水平的国家风险环境下，它们之间的关系不同。我们注意到，银行业的系数大于股市发展的系数，从银行业借款是全球企业最重要的融资来源之一（Ji & Zhang，2019），正如萨多尔斯基（Sadorsky，2011）所指出的，股市发展得到了运作良好且发达的银行业支持。因此，与股市发展相比，银行业发展对能源消耗的影响更大。

其次，对于整个样本而言，在一个更稳定的国家风险环境下，综合、经济和政治风险的减少会对能源消耗产生积极影响，这意味着消费者可以购买更多的商品（特别是奢侈品）来追求更高水平的生活，然后工业也将提供更多的产品来满足消费者的需求，从而会导致在稳定的综合、经济和政治环境下能源消耗增加。关于金融风险，结果表明在稳定的金融环境下，随着金融发展和金融风险的降低，能源消耗有所下降，这意味着金融环境稳定的国家应采取一些加强金融制度功能的金融政策，从而有助于工业企业能够更容易地从股市和银行业获得融资，然后公司将有更多的资金投资于先进和节能的设备及技术，进而降低能源消耗。

最后，关于经合组织国家的综合风险，在高风险和低风险环境中，能源消耗与银行业发展分别存在正负关系。对于非经合组织国家（地区），能源消耗和股市发展之间存在着倒"U"型关系，而银行业发展对能源消耗的影响正在下降，研究结果表明在稳定的综合风险环境下，金融的发展特别是银行业发展，可以帮助企业比较容易获得在经合组织和非经合组织国家（地区）采用节能技术和发展其经济的资金。此外，在更稳定的经济、金融和政治风险环境下，研究结果表明经合组织（非经合组织）国家（地区）的财政发展将提高（减少）其能源消耗。

我们研究结果的含义如下。首先，由于股市和银行业发展对能源消耗的影响不同，而且股市发展滞后于银行业发展，所以各国应首先完善其银行业的职能，然后鼓励股市发展（Sadorsky，2011）。张等学者（Zhang et al.，2016）注意到，来自股市的融资可能更适合于较小的能源项目（例如，先进和节能的技术），而更大的能源项目更需要来自银行部门的资金（例如，可再生能源的发展），因此当各国制定其能源政策时，也应该为金融发展提供适当的政策。其次，研究结果表明能源消耗与金融发展之间的关系可能受到国家风险的影响，不同类型和程度的国家风险对其关系有不同的影响，这意味着，财政发展是提高还是减少能源消耗将取决于一个国家（地区）的风险状况。因此，今后在我们研究能源消耗与金融发展之间的关系时，在当局制定能源和金融发展政策时，应考虑国家风险的当前状况。

附录：

表4-A1　　　　经合组织国家和非经合组织国家（地区）的名单

34个经合组织国家

澳大利亚	冰岛	波兰
奥地利	爱尔兰	葡萄牙
比利时	以色列	斯洛伐克
加拿大	意大利	斯洛文尼亚

续表

34 个经合组织国家		
智利	日本	西班牙
捷克	韩国	瑞典
丹麦	立陶宛	瑞士
芬兰	卢森堡	土耳其
法国	墨西哥	英国
德国	荷兰	美国
希腊	新西兰	
匈牙利	挪威	
45 个非经合组织国家（地区）		
孟加拉国	中国香港	巴基斯坦
玻利维亚	印度	巴拿马
博茨瓦纳	印度尼西亚	巴拉圭
巴西	伊朗	秘鲁宾
保加利亚	牙买加	菲律宾
中国	约旦	俄罗斯联邦
哥伦比亚	哈萨克斯坦	沙特阿拉伯
哥斯达黎加	肯尼亚	新加坡
科特迪瓦	马来西亚	南非
克罗地亚	马耳他	斯里兰卡
塞浦路斯	蒙古国	泰国
厄瓜多尔	摩洛哥	特立尼达和多巴哥
埃及	纳米比亚	突尼斯
萨尔瓦多	尼日利亚	乌拉圭
加纳	阿曼	赞比亚

表 4 – A2　　　79 个国家（地区）单位根检验结果

	Fisher – ADF	LLC	IPS	CIPS	CADF	KSS
LEU	493.45 ***	-99.32 ***	-16.37 ***	-1.28	1.68	-17.22 ***
LSTOCK	638.13 ***	-6.52 ***	-4.17 ***	-2.51 ***	-2.03 **	-11.77 ***

续表

	Fisher-ADF	LLC	IPS	CIPS	CADF	KSS
LBANK	455.34***	-3.18***	-2.14**	-2.40***	-4.26***	-11.38***
LSMC	779.90***	-8.00***	-4.58***	-2.19***	-7.66***	-11.60***
LSMTV	717.05***	-8.79***	-7.17***	-2.25***	-3.33***	-10.91***
LSMTR	624.13***	-8.29***	-7.29***	-2.73***	-5.78***	-12.50***
LDMBS	477.32***	-3.83***	-3.07***	-2.38***	-6.54***	-11.28***
LLL	463.63***	-5.92***	-2.51***	-2.03*	-4.58***	-12.60***
LPCB	519.18***	-4.11***	-3.36***	-2.47***	-5.78***	-10.58***
LDCPS	458.80***	-3.32***	-8.44***	-2.32***	-2.68***	-10.14***
LCOM	652.00***	-47.79***	-29.42***	-2.31***	-7.15***	-14.78***
LECO	692.65***	-22.76***	-5.98***	-2.73***	-6.91***	-17.04***
LFIN	541.14***	-24.86***	-15.54***	-2.33***	-5.45***	-14.56***
LPOL	715.37***	-34.59***	-20.98***	-2.24***	-9.59***	-14.65***
LCPI	676.59***	-13.87***	-8.72***	-2.18***	-1.53*	-15.51***
LGDP	348.40***	-1.92**	-7.93***	-1.12	-1.92**	-20.57***
LUP	516.24***	-20.53***	-3.27***	-2.41***	-2.56***	-7.27***

注：***、** 和 * 分别表示1%、5%和10%的显著性水平。

表4-A3　　　　　　　　34个经合组织国家单位根检验结果

	Fisher-ADF	LLC	IPS	CIPS	CADF	KSS
LEU	250.91***	-5.49***	-1.32*	-1.43	-1.33*	-21.53***
LSTOCK	273.39***	-2.94***	-2.33**	-2.38***	-2.47***	-7.08***
LBANK	195.04***	-2.63***	-0.79	-2.26***	-1.51*	-5.45***
LSMC	342.76***	-5.20***	-3.69***	-2.26***	-5.71***	-5.94***
LSMTV	314.86***	-5.06***	-3.84***	-2.33***	-3.68***	-6.35***
LSMTR	270.73***	-2.65***	-2.52***	-2.31***	-2.05**	-8.43***
LDMBS	211.27***	-3.33***	-1.95**	-2.14**	-3.82***	-5.70***
LLL	182.96***	-2.32**	-0.53	-1.26	-3.50***	-6.85***
LPCB	231.54***	-3.70***	-2.25**	-2.29***	-2.23**	-4.83***
LDCPS	215.13***	-2.28**	-1.67**	-2.30***	-0.16	-3.96***

续表

	Fisher-ADF	LLC	IPS	CIPS	CADF	KSS
LCOM	272.56***	-220.00***	-2.72***	-2.28***	-3.13***	-12.89***
LECO	270.59***	-2.10**	-3.52***	-2.54***	-1.65**	-9.28***
LFIN	191.23***	-46.79***	-13.90***	-2.16**	0.48	-9.09***
LPOL	299.81***	-130.00***	-4.67***	-2.29***	-5.28***	-12.80***
LCPI	350.40***	-9.90***	-5.71***	-1.33	-1.65*	-13.88***
LGDP	205.10***	-7.27***	-1.76**	-2.46***	-2.78***	-14.19***
LUP	201.12***	-2.78***	1.44	-2.28***	-2.11**	-5.32***

注：***、**和*分别表示1%、5%和10%的显著性水平。

表4-A4　　45个非经合组织国家（地区）单位根检验结果

	Fisher-ADF	LLC	IPS	CIPS	CADF	KSS
LEU	242.54***	39.43	2.31	-1.31	-0.78	-12.17***
LSTOCK	364.74***	-6.05***	-3.50***	-2.60***	-2.23**	-9.85***
LBANK	260.30***	-1.84**	-2.15**	-2.50***	-2.27**	-12.94***
LSMC	437.14***	-6.09***	-2.86***	-2.26***	-6.24***	-10.02***
LSMTV	402.19***	-7.45***	-6.16***	-1.77	-3.06***	-8.78***
LSMTR	353.40***	-8.83***	-7.47***	-3.12***	-0.69	-9.74***
LDMBS	266.05***	-3.34***	-2.37***	-2.54***	-6.09***	-11.22***
LLL	280.66***	-5.68***	-2.87***	-2.39***	-2.49***	-13.35***
LPCB	287.64***	-4.45***	-2.50***	-2.40***	-3.61***	-12.00***
LDCPS	243.67***	-2.44***	-1.99**	-2.32***	-1.61*	-12.68***
LCOM	379.43***	-45.53***	-36.62***	-2.43***	-7.45***	-10.91***
LECO	422.06***	-25.33***	-17.64***	-2.82***	-7.04***	-11.63***
LFIN	349.91***	-25.06***	-21.16***	-3.00***	-6.49***	-11.06***
LPOL	415.56***	-34.52***	-23.74***	-2.44***	-7.83***	-10.78***
LCPI	326.19***	-9.82***	-6.59***	-2.28***	0.14	-11.36***
LGDP	143.31***	2.62	7.73	0.85	-1.81*	-12.75***
LUP	315.12***	-20.62***	-5.61***	-2.59***	-2.52***	-5.38***

注：***、**和*分别表示1%、5%和10%的显著性水平。

第4章 金融发展与能源需求

表4-A5 横截面相关性检验结果

面板A：79个国家（地区）

变量	LEU	LSTOCK	LBANK	LSMC	LSMTV	LSMTR	LDMBS	LLL	LPCB
	74.876***	80.872***	137.621***	107.52***	97.834***	26.122***	117.173***	131.264***	120.246***
	(0.000)	(0.000)	(0.000)	(0.000)	(0.000)	(0.000)	(0.000)	(0.000)	(0.000)
	LDCPS	LCOM	LECO	LFIN	LPOL	LCPI	LGDP	LUP	
	99.517***	90.582***	100.662***	50.126***	91.757***	281.137***	245.577***	175.323***	
	(0.000)	(0.000)	(0.000)	(0.000)	(0.000)	(0.000)	(0.000)	(0.000)	

面板B：34个经合组织国家

变量	LEU	LSTOCK	LBANK	LSMC	LSMTV	LSMTR	LDMBS	LLL	LPCB
	31.177***	46.441***	67.846***	63.598***	60.746***	23.967***	49.981***	71.760***	54.678***
	(0.000)	(0.000)	(0.000)	(0.000)	(0.000)	(0.000)	(0.000)	(0.000)	(0.000)
	LDCPS	LCOM	LECO	LFIN	LPOL	LCPI	LGDP	LUP	
	50.381***	32.049***	52.306***	43.952***	38.280***	123.181***	117.817***	60.107***	
	(0.000)	(0.000)	(0.000)	(0.000)	(0.000)	(0.000)	(0.000)	(0.000)	

面板C：45个非经合组织国家（地区）

变量	LEU	LSTOCK	LBANK	LSMC	LSMTV	LSMTR	LDMBS	LLL	LPCB
	65.203***	39.358***	71.837***	51.783***	41.981***	6.672***	69.702***	60.735***	67.386***
	(0.000)	(0.000)	(0.000)	(0.000)	(0.000)	(0.000)	(0.000)	(0.000)	(0.000)
	LDCPS	LCOM	LECO	LFIN	LPOL	LCPI	LGDP	LUP	
	50.075***	105.690***	56.605***	91.216***	79.899***	156.668***	133.274***	114.105***	
	(0.000)	(0.000)	(0.000)	(0.000)	(0.000)	(0.000)	(0.000)	(0.000)	

注：所有的变量都是用其自然对数表示的，圆括号里的是 p 的值，*** 表示1%的显著性水平。

表 4 - A6 使用 LR 检验单个变量的非线性结果

面板 A：79 个国家（地区）

变量	LEU	LSTOCK	LBANK	LSMC	LSMTV	LSMTR	LDMBS	LLL	LPCB
	7.370***	23.523***	14.120***	339.150***	133.116***	12.541***	30.213***	19.592***	19.054***
	(0.000)	(0.000)	(0.000)	(0.000)	(0.000)	(0.000)	(0.000)	(0.000)	(0.000)
变量	LDCPS	LCOM	LECO	LFIN	LPOL	LCPI		LGDP	LUP
	641.459***	40.429***	33.339***	11.962***	36.125***	317.277***		46.638***	60.061***
	(0.000)	(0.000)	(0.000)	(0.000)	(0.000)	(0.000)		(0.000)	(0.000)

面板 B：34 个经合组织国家

变量	LEU	LSTOCK	LBANK	LSMC	LSMTV	LSMTR	LDMBS	LLL	LPCB
	5.587***	3.783**	5.754***	6.393***	44.487***	3.152**	9.168***	3.381**	2.550*
	(0.001)	(0.010)	(0.001)	(0.000)	(0.000)	(0.024)	(0.000)	(0.018)	(0.055)
变量	LDCPS	LCOM	LECO	LFIN	LPOL	LCPI		LGDP	LUP
	363.686***	10.701***	21.723***	43.923***	88.940***	299.668***		19.802***	5.385***
	(0.000)	(0.000)	(0.000)	(0.000)	(0.000)	(0.000)		(0.000)	(0.001)

面板 C：45 个非经合组织国家（地区）

变量	LEU	LSTOCK	LBANK	LSMC	LSMTV	LSMTR	LDMBS	LLL	LPCB
	6.275***	24.693***	7.694**	197.632***	57.290***	9.949***	19.839***	7.370***	7.715***
	(0.000)	(0.000)	(0.000)	(0.000)	(0.000)	(0.000)	(0.000)	(0.000)	(0.000)
变量	LDCPS	LCOM	LECO	LFIN	LPOL	LCPI		LGDP	LUP
	5.401***	26.462***	18.061***	12.861***	23.397***	183.015***		18.193***	46.279***
	(0.001)	(0.000)	(0.000)	(0.000)	(0.000)	(0.000)		(0.000)	(0.000)

注：原假设为该变量是线性的，LR 统计量有一个渐近的卡方分布，所有的变量都是用其自然对数表示的，圆括号里的是 p 的值，***、** 和 * 分别表示 1%和 5%的显著性水平。

表4–A7 面板平稳过渡模型下79个国家（地区）具有个体金融发展指标的非线性检验

金融发展变量	LSMC	LSMTV	LSMTR	LDMBS	LLL	LPCB	LDCPS
模型	（1）	（2）	（3）	（4）	（5）	（6）	（7）
面板A：以综合风险作为门槛的面板平稳过渡模型							
LM	280.202*** (0.000)	274.433*** (0.000)	259.453*** (0.000)	190.652*** (0.000)	207.705*** (0.000)	219.533*** (0.000)	222.331*** (0.000)
LM_F	21.1221*** (0.000)	20.407*** (0.000)	19.306*** (0.000)	13.393*** (0.000)	14.657*** (0.000)	15.580*** (0.000)	15.793*** (0.000)
LR	306.108*** (0.000)	297.220*** (0.000)	281.764*** (0.000)	200.409*** (0.000)	218.424*** (0.000)	231.479*** (0.000)	234.492*** (0.000)
面板B：以经济风险作为门槛的面板平稳过渡模型							
LM	124.008*** (0.000)	143.301*** (0.000)	62.369*** (0.000)	159.351*** (0.000)	159.030*** (0.000)	171.039*** (0.000)	163.754*** (0.000)
LM_F	8.416*** (0.000)	9.831*** (0.000)	4.072*** (0.000)	10.969*** (0.000)	10.948*** (0.000)	11.843*** (0.000)	11.294*** (0.000)
LR	128.519*** (0.000)	149.195*** (0.000)	63.618*** (0.000)	165.505*** (0.000)	165.213*** (0.000)	178.174*** (0.000)	170.224*** (0.000)
面板C：以金融风险作为门槛的面板平稳过渡模型							
LM	235.887*** (0.000)	242.821*** (0.000)	255.874*** (0.000)	198.174*** (0.000)	198.337*** (0.000)	192.047*** (0.000)	198.974*** (0.000)
LM_F	17.323*** (0.000)	17.622*** (0.000)	18.974*** (0.000)	14.043*** (0.000)	13.993*** (0.000)	13.561*** (0.000)	14.062*** (0.000)
LR	254.765*** (0.000)	259.578*** (0.000)	277.353*** (0.000)	209.593*** (0.000)	208.937*** (0.000)	202.776*** (0.000)	209.904*** (0.000)
面板D：以政治风险作为门槛的面板平稳过渡模型							
LM	240.822*** (0.000)	283.555*** (0.000)	252.464*** (0.000)	186.888*** (0.000)	184.513*** (0.000)	179.057*** (0.000)	206.811*** (0.000)
LM_F	17.500*** (0.000)	21.341*** (0.000)	18.587*** (0.000)	13.043*** (0.000)	12.867*** (0.000)	12.499*** (0.000)	14.575*** (0.000)
LR	257.783*** (0.000)	309.289*** (0.000)	272.375*** (0.000)	195.430*** (0.000)	192.907*** (0.000)	187.654*** (0.000)	217.279*** (0.000)

注：原假设和备择假设分别是线性模型和两阶段模型，在H_0下，LM和LR统计量渐近服从$\chi^2(mK)$分布，而LM_F渐近服从$F(mK, TN-N-m(K+1))$分布，圆括号里的是p的值，***表示1%的显著性水平。

表4-A8　　面板平稳过渡模型下34个经合组织国家具有个体金融发展指标的非线性检验

金融发展变量	LSMC	LSMTV	LSMTR	LDMBS	LLL	LPCB	LDCPS
模型	(1)	(2)	(3)	(4)	(5)	(6)	(7)
面板A：以综合风险作为门槛的面板平稳过渡模型							
LM	145.095*** (0.000)	124.983*** (0.000)	153.279*** (0.000)	111.749*** (0.000)	90.086*** (0.000)	110.722*** (0.000)	98.969*** (0.000)
LM_F	11.003*** (0.000)	9.121*** (0.000)	11.632*** (0.000)	8.012*** (0.000)	6.348*** (0.000)	7.957*** (0.000)	7.049*** (0.000)
LR	159.210*** (0.000)	134.240*** (0.000)	167.904*** (0.000)	118.937*** (0.000)	95.501*** (0.000)	118.122*** (0.000)	105.385*** (0.000)
面板B：以经济风险作为门槛的面板平稳过渡模型							
LM	104.365*** (0.000)	163.694*** (0.000)	86.332*** (0.000)	51.328*** (0.000)	93.330*** (0.000)	52.246*** (0.000)	51.037*** (0.000)
LM_F	7.478*** (0.000)	12.551*** (0.000)	6.054*** (0.000)	3.432*** (0.000)	6.552*** (0.000)	3.498*** (0.000)	3.411*** (0.000)
LR	111.405*** (0.000)	180.091*** (0.000)	91.321*** (0.000)	53.003*** (0.000)	98.357*** (0.000)	53.983*** (0.000)	52.674*** (0.000)
面板C：以金融风险作为门槛的面板平稳过渡模型							
LM	176.672*** (0.000)	164.514*** (0.000)	171.236*** (0.000)	127.837*** (0.000)	137.971*** (0.000)	124.699*** (0.000)	116.420*** (0.000)
LM_F	13.818*** (0.000)	12.627*** (0.000)	13.312*** (0.000)	9.346*** (0.000)	10.288*** (0.000)	9.081*** (0.000)	8.389*** (0.000)
LR	196.325*** (0.000)	181.087*** (0.000)	189.774*** (0.000)	137.364*** (0.000)	149.932*** (0.000)	133.741*** (0.000)	124.15*** (0.000)
面板D：以政治风险作为门槛的面板平稳过渡模型							
LM	189.089*** (0.000)	192.563*** (0.000)	187.356*** (0.000)	158.237*** (0.000)	155.370*** (0.000)	160.902*** (0.000)	148.027*** (0.000)
LM_F	15.302*** (0.000)	15.599*** (0.000)	15.142*** (0.000)	12.096*** (0.000)	11.946*** (0.000)	12.344*** (0.000)	11.087*** (0.000)
LR	214.083*** (0.000)	217.999*** (0.000)	212.026*** (0.000)	173.969*** (0.000)	171.601*** (0.000)	177.206*** (0.000)	160.918*** (0.000)

注：原假设和备择假设分别是线性模型和两阶段模型，在H_0下，LM和LR统计量渐近服从$\chi^2(mK)$分布，而LM_F渐近服从$F(mK, TN-N-m(K+1))$分布，圆括号里的是p值，***表示1%的显著性水平。

表 4–A9　面板平稳过渡模型下 45 个非经合组织国家（地区）具有个体金融发展指标的非线性检验

金融发展变量	LSMC	LSMTV	LSMTR	LDMBS	LLL	LPCB	LDCPS
模型	(1)	(2)	(3)	(4)	(5)	(6)	(7)
面板 A：以综合风险作为门槛的面板平稳过渡模型							
LM	143.292*** (0.000)	143.733*** (0.000)	114.224*** (0.000)	151.387*** (0.000)	163.785*** (0.000)	157.208*** (0.000)	144.060*** (0.000)
LM$_F$	10.592*** (0.000)	10.525*** (0.000)	8.108*** (0.000)	10.951*** (0.000)	11.989*** (0.000)	11.438*** (0.000)	10.419*** (0.000)
LR	155.934*** (0.000)	155.237*** (0.000)	121.679*** (0.000)	161.582*** (0.000)	175.841*** (0.000)	168.291*** (0.000)	154.067*** (0.000)
面板 B：以经济风险作为门槛的面板平稳过渡模型							
LM	88.684*** (0.000)	171.141*** (0.000)	102.584*** (0.000)	141.280*** (0.000)	155.594*** (0.000)	153.197*** (0.000)	123.332*** (0.000)
LM$_F$	6.146*** (0.000)	12.949*** (0.000)	7.182*** (0.000)	10.156*** (0.000)	11.302*** (0.000)	11.105*** (0.000)	8.737*** (0.000)
LR	93.897*** (0.000)	187.799*** (0.000)	108.543*** (0.000)	150.480*** (0.000)	166.421*** (0.000)	163.696*** (0.000)	130.568*** (0.000)
面板 C：以金融风险作为门槛的面板平稳过渡模型							
LM	179.343*** (0.000)	166.145*** (0.000)	195.868*** (0.000)	214.132*** (0.000)	188.581*** (0.000)	203.739*** (0.000)	186.187*** (0.000)
LM$_F$	14.344*** (0.000)	12.773*** (0.000)	15.928*** (0.000)	16.911*** (0.000)	14.295*** (0.000)	15.906*** (0.000)	14.217*** (0.000)
LR	203.903*** (0.000)	184.641*** (0.000)	224.061*** (0.000)	239.507*** (0.000)	206.374*** (0.000)	226.655*** (0.000)	204.868*** (0.000)
面板 D：以政治风险作为门槛的面板平稳过渡模型							
LM	77.159*** (0.000)	101.483*** (0.000)	76.566*** (0.000)	59.777*** (0.000)	62.795*** (0.000)	58.834*** (0.000)	78.144*** (0.000)
LM$_F$	5.244*** (0.000)	7.099*** (0.000)	5.201*** (0.000)	3.984*** (0.000)	4.197*** (0.000)	3.918*** (0.000)	5.303*** (0.000)
LR	80.444*** (0.000)	107.363*** (0.000)	79.821*** (0.000)	61.492*** (0.000)	64.612*** (0.000)	60.504*** (0.000)	81.095*** (0.000)

注：原假设和备择假设分别是线性模型和两阶段模型，在 H_0 下，LM 和 LR 统计量渐近服从 $\chi^2(mK)$ 分布，而 LM$_F$ 渐近服从 $F(mK, TN-N-m(K+1))$ 分布，圆括号里的是 p 的值，*** 表示 1% 的显著性水平。

表 4 – A10　34 个经合组织国家在使用综合风险作为门槛的具有个体
金融发展指标的面板平稳过渡回归模型下的估计结果

金融发展变量	LSMC	LSMTV	LSMTR	LDMBS	LLL	LPCB	LDCPS
模型	(1)	(2)	(3)	(4)	(5)	(6)	(7)
b_1	-0.062*** (0.013)	-0.014* (0.007)	0.002 (0.012)	0.038 (0.026)	-0.181*** (0.045)	0.023 (0.018)	0.060** (0.023)
c_1	0.200 (0.123)	0.492*** (0.120)	0.283* (0.147)	0.579*** (0.102)	0.145 (0.145)	0.405*** (0.100)	0.143 (0.130)
d_1	0.008 (0.008)	-0.012 (0.008)	-0.012 (0.009)	-0.011 (0.007)	0.016** (0.008)	-0.0001 (0.007)	0.013* (0.008)
e_1	0.551*** (0.036)	0.519*** (0.031)	0.580*** (0.034)	0.338** (0.033)	0.593*** (0.048)	0.368*** (0.032)	0.348*** (0.040)
f_1	0.635*** (0.635)	0.701*** (0.135)	0.622*** (0.135)	-0.774*** (0.116)	0.565*** (0.130)	0.571*** (0.119)	0.284** (0.131)
b_2	0.052*** (0.015)	0.034*** (0.009)	0.027** (0.014)	-0.060** (0.031)	0.131** (0.054)	-0.050** (0.023)	-0.079*** (0.030)
c_2	0.871*** (0.083)	0.912*** (0.092)	0.958*** (0.089)	0.585*** (0.079)	0.994*** (0.110)	0.606*** (0.085)	0.643*** (0.119)
d_2	-0.096** (0.039)	-0.060* (0.036)	-0.095** (0.036)	0.093** (0.038)	-0.005 (0.041)	0.061 (0.039)	0.031 (0.048)
e_2	-0.111*** (0.028)	-0.170*** (0.026)	-0.160*** (0.029)	-0.101*** (0.028)	-0.268*** (0.047)	-0.108*** (0.028)	-0.109*** (0.038)
f_2	-0.553*** (0.074)	-0.489*** (0.084)	-0.524*** (0.084)	-0.376*** (0.070)	-0.495*** (0.088)	-0.358*** (0.074)	-0.316*** (0.096)
θ	4.3377	4.3177	4.3071	4.3496	4.3166	4.3483	4.3532
γ	42.8411	38.6421	32.2814	62.4046	24.7708	49.5332	26.3204

注：被解释变量为 LEU，括号中的异方差修正了标准误差。***、**和*分别表示 1%、5%和 10%的显著性水平。

表 4 – A11　34 个经合组织国家在使用经济风险作为门槛的具有个体
金融发展指标的面板平稳过渡回归模型下的估计结果

金融发展变量	LSMC	LSMTV	LSMTR	LDMBS	LLL	LPCB	LDCPS
模型	(1)	(2)	(3)	(4)	(5)	(6)	(7)
b_1	-0.015 (0.011)	-0.003 (0.015)	-0.026 (0.022)	-0.026 (0.019)	-0.122*** (0.025)	-0.004 (0.015)	-0.011 (0.019)
c_1	0.096 (0.068)	-0.702 (0.678)	-0.611*** (0.120)	0.123* (0.069)	0.243*** (0.088)	0.144** (0.067)	0.172*** (0.066)

续表

金融发展变量	LSMC	LSMTV	LSMTR	LDMBS	LLL	LPCB	LDCPS
模型	(1)	(2)	(3)	(4)	(5)	(6)	(7)
d_1	0.022** (0.009)	0.044*** (0.013)	0.008 (0.013)	0.034*** (0.007)	0.013* (0.007)	0.032*** (0.007)	0.031*** (0.007)
e_1	0.370*** (0.030)	0.681*** (0.061)	0.409*** (0.048)	0.316*** (0.031)	0.488*** (0.033)	0.298*** (0.030)	0.302*** (0.302)
f_1	0.093 (0.101)	-0.041 (0.158)	0.175 (0.174)	-0.013 (0.111)	0.414*** (0.110)	-0.032 (0.110)	0.010 (0.112)
b_2	-0.029* (0.017)	0.029 (0.020)	0.052** (0.022)	-0.020 (0.026)	0.051* (0.026)	-0.045* (0.024)	-0.028 (0.024)
c_2	0.796*** (0.124)	0.926*** (0.282)	0.807*** (0.119)	0.679*** (0.121)	0.91*** (0.140)	0.678*** (0.121)	0.698*** (0.121)
d_2	-0.072 (0.059)	-0.205*** (0.058)	-0.040* (0.024)	-0.051 (0.073)	-0.082 (0.067)	-0.024 (0.073)	-0.051 (0.072)
e_2	-0.164*** (0.022)	-0.270*** (0.037)	-0.035 (0.040)	-0.157*** (0.024)	-0.255*** (0.033)	-0.152*** (0.024)	-0.159*** (0.024)
f_2	-0.182** (0.075)	0.080 (0.129)	-0.561*** (0.128)	-0.128* (0.075)	-0.148 (0.092)	-0.143* (0.076)	-0.132* (0.076)
θ	3.7317	3.4657	3.4000	3.7316	3.7181	3.7317	3.7317
γ	17343	11.1035	962.4643	2189.5	36.6622	3453.7	2165.9

注：被解释变量为 LEU，括号中的异方差修正了标准误差。***、**和*分别表示1%、5%和10%的显著性水平。

表4-A12　34个经合组织国家在使用金融风险作为门槛的具有个体金融发展指标的面板平稳过渡回归模型下的估计结果

金融发展变量	LSMC	LSMTV	LSMTR	LDMBS	LLL	LPCB	LDCPS
模型	(1)	(2)	(3)	(4)	(5)	(6)	(7)
b_1	0.022*** (0.009)	0.021*** (0.004)	0.033*** (0.006)	-0.055*** (0.016)	-0.120*** (0.022)	-0.038*** (0.013)	-0.031* (0.017)
c_1	0.204*** (0.057)	0.289*** (0.049)	0.231*** (0.057)	0.259*** (0.047)	0.215*** (0.054)	0.285*** (0.045)	0.276*** (0.047)

续表

金融发展变量	LSMC	LSMTV	LSMTR	LDMBS	LLL	LPCB	LDCPS
模型	(1)	(2)	(3)	(4)	(5)	(6)	(7)
d_1	0.001 (0.008)	0.0003 (0.008)	0.008 (0.008)	0.007 (0.007)	0.019*** (0.007)	0.005 (0.006)	0.005 (0.006)
e_1	0.390*** (0.030)	0.427*** (0.025)	0.436*** (0.026)	0.456*** (0.025)	0.501*** (0.029)	0.455*** (0.026)	0.441*** (0.028)
f_1	0.413*** (0.101)	0.090 (0.104)	0.071 (0.105)	0.478*** (0.105)	0.237** (0.106)	0.459*** (0.105)	0.460*** (0.106)
b_2	0.036 (0.028)	0.003 (0.189)	-0.023 (0.015)	0.152*** (0.044)	0.128*** (0.044)	0.144*** (0.0400)	0.110*** (0.037)
c_2	-0.630*** (0.211)	-0.715*** (0.192)	-0.574*** (0.206)	-0.864*** (0.181)	-0.819*** (0.198)	-0.831*** (0.169)	-0.775*** (0.161)
d_2	-0.211*** (0.083)	-0.199*** (0.079)	-0.150** (0.074)	-0.346*** (0.094)	-0.215*** (0.082)	-0.307*** (0.084)	-0.249*** (0.078)
e_2	0.376*** (0.047)	0.328*** (0.045)	0.299*** (0.046)	0.241*** (0.036)	0.297*** (0.052)	0.218*** (0.033)	0.213*** (0.033)
f_2	-0.151 (0.175)	0.052 (0.154)	-0.027 (0.153)	0.380** (0.159)	0.110 (0.163)	0.379*** (0.148)	0.314** (0.0138)
θ	3.8383	3.8341	3.8291	3.8310	3.8323	3.82787	3.8275
γ	21.2372	24.1700	20.4215	55.1636	23.4020	66.8700	75.6460

注：被解释变量为LEU，括号中的异方差修正了标准误差。***、**和*分别表示1%、5%和10%的显著性水平。

表4-A13 34个经合组织国家在使用政治风险作为门槛的具有个体金融发展指标的面板平稳过渡回归模型下的估计结果

金融发展变量	LSMC	LSMTV	LSMTR	LDMBS	LLL	LPCB	LDCPS
模型	(1)	(2)	(3)	(4)	(5)	(6)	(7)
b_1	-0.033** (0.014)	-0.002 (0.009)	-0.011 (0.013)	0.088** (0.037)	-0.091* (0.047)	-0.059*** (0.022)	-0.096*** (0.025)
c_1	0.059 (0.071)	-0.063 (0.074)	-0.103 (0.076)	-0.034 (0.090)	-0.035 (0.081)	0.012 (0.082)	0.161* (0.089)

续表

金融发展变量	LSMC	LSMTV	LSMTR	LDMBS	LLL	LPCB	LDCPS
模型	(1)	(2)	(3)	(4)	(5)	(6)	(7)
d_1	0.027*** (0.008)	0.029*** (0.008)	0.025*** (0.008)	0.026*** (0.006)	0.029*** (0.006)	0.024*** (0.006)	0.021*** (0.021)
e_1	0.560*** (0.033)	0.515*** (0.033)	0.515*** (0.033)	0.496*** (0.043)	0.492*** (0.04)	0.462*** (0.037)	0.439*** (0.038)
f_1	0.018 (0.189)	-0.216* (0.117)	-0.204* (0.118)	0.228** (0.108)	0.077 (0.106)	0.224** (0.108)	0.402*** (0.111)
b_2	-0.002 (0.014)	0.008 (0.010)	0.028** (0.013)	0.100*** (0.040)	0.075 (0.051)	0.075*** (0.025)	0.131*** (0.028)
c_2	0.447*** (0.620)	0.448*** (0.083)	0.444*** (0.081)	0.555*** (0.091)	0.600*** (0.086)	0.532*** (0.085)	0.450*** (0.085)
d_2	-0.227*** (0.028)	-0.151*** (0.032)	-0.147*** (0.033)	-0.089*** (0.031)	-0.044 (0.030)	-0.089*** (0.031)	-0.093*** (0.030)
e_2	-0.025 (0.022)	-0.147*** (0.072)	-0.127*** (0.030)	-0.214*** (0.039)	-0.240*** (0.044)	-0.195*** (0.032)	-0.179*** (0.032)
f_2	-0.138** (0.058)	0.072 (0.070)	0.005 (0.069)	-0.038 (0.068)	-0.042 (0.067)	-0.032 (0.048)	-0.045 (0.069)
θ	4.3200	4.2997	4.3047	4.2867	4.2802	4.2839	4.2773
γ	75964	47.8782	69.0073	39.1782	33.0665	39.0046	42.9661

注：被解释变量为 LEU，括号中的异方差修正了标准误差。***、** 和 * 分别表示 1%、5% 和 10% 的显著性水平。

表 4 – A14　45 个非经合组织国家（地区）在使用综合风险作为门槛的具有个体金融发展指标的面板平稳过渡回归模型下的估计结果

金融发展变量	LSMC	LSMTV	LSMTR	LDMBS	LLL	LPCB	LDCPS
模型	(1)	(2)	(3)	(4)	(5)	(6)	(7)
b_1	0.082*** (0.026)	-0.002 (0.006)	-0.006 (0.009)	-0.058*** (0.015)	-0.043** (0.019)	-0.076*** (0.014)	-0.085*** (0.018)
c_1	3.233*** (1.049)	0.555*** (0.124)	0.509*** (0.098)	0.505*** (0.068)	0.446*** (0.070)	0.504*** (0.068)	0.566*** (0.082)
d_1	-0.082** (0.035)	-0.004 (0.003)	-0.018*** (0.007)	-0.013*** (0.003)	-0.012*** (0.003)	-0.011*** (0.003)	-0.022*** (0.006)

续表

金融发展变量	LSMC	LSMTV	LSMTR	LDMBS	LLL	LPCB	LDCPS
模型	(1)	(2)	(3)	(4)	(5)	(6)	(7)
e_1	0.257*** (0.068)	0.448*** (0.037)	0.443*** (0.031)	0.423*** (0.027)	0.417*** (0.029)	0.434*** (0.028)	0.418*** (0.031)
f_1	0.779*** (0.112)	0.689*** (0.075)	0.600*** (0.071)	0.418*** (0.054)	0.412*** (0.054)	0.400*** (0.054)	0.465*** (0.060)
b_2	-0.100*** (0.037)	0.012* (0.007)	0.023** (0.010)	0.073*** (0.017)	0.067*** (0.021)	0.081*** (0.016)	0.068*** (0.020)
c_2	-0.803*** (0.143)	-0.049 (0.041)	-0.112*** (0.032)	-0.252*** (0.033)	-0.251*** (0.034)	-0.244*** (0.032)	-0.329*** (0.038)
d_2	0.082 (0.054)	-0.041*** (0.010)	0.001 (0.011)	-0.016 (0.011)	-0.016 (0.011)	-0.017 (0.011)	-0.0001 (0.014)
e_2	0.347*** (0.090)	0.141*** (0.030)	0.128*** (0.022)	0.189*** (0.019)	0.193*** (0.020)	0.184*** (0.020)	0.198*** (0.023)
f_2	-0.336** (0.141)	-0.243*** (0.049)	-0.190*** (0.041)	-0.183*** (0.043)	-0.185*** (0.044)	-0.183*** (0.043)	-0.134*** (0.050)
θ	4.0685	4.1316	4.1501	4.1612	4.1602	4.1597	4.1625
γ	7.5647	59.6445	75320	42.6310	40.9524	42.2599	27.8661

注：被解释变量为 LEU，括号中的异方差修正了标准误差。***、** 和 * 分别表示 1%、5% 和 10% 的显著性水平。

表 4 - A15　45 个非经合组织国家（地区）在使用经济风险作为门槛的具有个体金融发展指标的面板平稳过渡回归模型下的估计结果

金融发展变量	LSMC	LSMTV	LSMTR	LDMBS	LLL	LPCB	LDCPS
模型	(1)	(2)	(3)	(4)	(5)	(6)	(7)
b_1	0.0419*** (0.010)	0.015 (0.012)	0.001 (0.008)	-0.031** (0.016)	-0.025 (0.017)	-0.105*** (0.016)	-0.122*** (0.019)
c_1	-0.128 (0.105)	0.373*** (0.132)	0.180*** (0.065)	0.516*** (0.097)	0.206*** (0.066)	0.652*** (0.084)	0.605*** (0.081)
d_1	-0.074*** (0.012)	-0.011** (0.005)	-0.029*** (0.006)	-0.027*** (0.005)	-0.013*** (0.003)	-0.017*** (0.003)	-0.024*** (0.005)

续表

金融发展变量	LSMC	LSMTV	LSMTR	LDMBS	LLL	LPCB	LDCPS
模型	(1)	(2)	(3)	(4)	(5)	(6)	(7)
e_1	0.509*** (0.032)	0.499*** (0.059)	0.564*** (0.024)	0.592*** (0.025)	0.560*** (0.024)	0.501*** (0.034)	0.519*** (0.033)
f_1	0.483*** (0.077)	0.634*** (0.100)	0.423*** (0.066)	0.303*** (0.061)	0.334*** (0.054)	0.417*** (0.060)	0.437*** (0.063)
b_2	-0.141*** (0.039)	-0.0002 (0.013)	-0.117*** (0.038)	-0.096** (0.044)	-0.111*** (0.037)	0.128*** (0.018)	0.122*** (0.019)
c_2	-0.838*** (0.190)	-0.145* (0.086)	1.023*** (0.303)	-0.062 (0.128)	-0.102 (0.092)	-0.221*** (0.038)	-0.238*** (0.035)
d_2	0.264*** (0.107)	-0.082*** (0.011)	0.206 (0.187)	0.040 (0.059)	-0.056 (0.043)	-0.008 (0.009)	0.004 (0.009)
e_2	0.134* (0.076)	0.107** (0.054)	-0.371*** (0.136)	0.015 (0.059)	0.144*** (0.047)	0.063*** (0.025)	0.042* (0.024)
f_2	0.375* (0.207)	-0.041 (0.081)	-0.116 (0.378)	0.081 (0.146)	-0.031 (0.117)	-0.051 (0.040)	0.001 (0.040)
θ	3.7816	3.3033	3.8072	3.7400	3.7171	3.4146	3.4177
γ	11.9059	54.1904	72.4360	91.3040	23.1996	260.8280	311.4228

注：被解释变量为 LEU，括号中的异方差修正了标准误差。***、** 和 * 分别表示 1%、5% 和 10% 的显著性水平。

表 4-A16　45 个非经合组织国家（地区）在使用金融风险作为门槛的具有个体金融发展指标的面板平稳过渡回归模型下的估计结果

金融发展变量	LSMC	LSMTV	LSMTR	LDMBS	LLL	LPCB	LDCPS
模型	(1)	(2)	(3)	(4)	(5)	(6)	(7)
b_1	0.024 (0.356)	0.013 (0.086)	0.003 (0.095)	-0.119** (0.060)	-0.034* (0.019)	-0.071 (0.057)	-0.064 (0.056)
c_1	0.657 (3.524)	0.100 (0.553)	0.274 (0.665)	0.761*** (0.137)	0.175*** (0.033)	0.671*** (0.123)	0.718*** (0.116)
d_1	-0.200 (0.705)	-0.013 (0.017)	-0.338** (0.133)	-0.029*** (0.009)	-0.011*** (0.003)	-0.031*** (0.008)	-0.050*** (0.009)

续表

金融发展变量	LSMC	LSMTV	LSMTR	LDMBS	LLL	LPCB	LDCPS
模型	(1)	(2)	(3)	(4)	(5)	(6)	(7)
e_1	0.683 (0.524)	0.531*** (0.041)	0.598*** (0.168)	0.605*** (0.054)	0.504*** (0.026)	0.593*** (0.062)	0.605*** (0.060)
f_1	0.427 (0.735)	0.442*** (0.109)	0.692 (0.578)	0.001 (0.109)	0.274*** (0.056)	-0.022 (0.110)	-0.027 (0.107)
b_2	-0.535 (1.400)	-0.008 (0.055)	-0.002 (0.058)	0.074* (0.045)	0.028 (0.062)	0.085** (0.039)	0.086* (0.045)
c_2	-0.930 (1.066)	-0.227 (0.347)	0.019 (0.280)	-0.031 (0.251)	-1.404*** (0.161)	-0.003 (0.253)	-0.019 (0.255)
d_2	0.017 (0.170)	-0.202 (0.139)	0.279* (0.144)	-0.140 (0.161)	0.198** (0.099)	-0.147 (0.157)	-0.161 (0.162)
e_2	0.489 (0.867)	0.335*** (0.055)	-0.016 (0.190)	0.303*** (0.057)	0.522*** (0.067)	0.312*** (0.059)	0.303*** (0.062)
f_2	0.269 (0.607)	-0.268 (0.333)	-0.296 (0.564)	-0.552*** (0.205)	-0.002 (0.198)	-0.593*** (0.226)	-0.548** (0.243)
θ	3.8079	3.8102	3.2741	3.8227	3.8712	3.8236	3.8226
γ	100.4538	33.3875	56.5001	25773	13.7688	19645	21138

注：被解释变量为 LEU，括号中的异方差修正了标准误差。***、** 和 * 分别表示1%、5%和10%的显著性水平。

表 4 – A17　45 个非经合组织国家（地区）在使用政治风险作为门槛的具有个体金融发展指标的面板平稳过渡回归模型下的估计结果

金融发展变量	LSMC	LSMTV	LSMTR	LDMBS	LLL	LPCB	LDCPS
模型	(1)	(2)	(3)	(4)	(5)	(6)	(7)
b_1	0.025*** (0.008)	0.018*** (0.006)	-0.003 (0.008)	-0.054*** (0.016)	-0.042** (0.021)	-0.053*** (0.015)	-0.041** (0.016)
c_1	-0.255*** (0.058)	-0.156** (0.059)	-0.243*** (0.059)	-0.096** (0.043)	-0.084** (0.043)	-0.090** (0.043)	-0.033 (0.044)
d_1	-0.035*** (0.007)	-0.090*** (0.011)	-0.025*** (0.007)	-0.0004 (0.005)	-0.004 (0.004)	-0.004 (0.005)	-0.012** (0.005)

续表

金融发展变量	LSMC	LSMTV	LSMTR	LDMBS	LLL	LPCB	LDCPS
模型	(1)	(2)	(3)	(4)	(5)	(6)	(7)
e_1	0.557*** (0.028)	0.544*** (0.030)	0.565*** (0.028)	0.551*** (0.026)	0.543*** (0.027)	0.546*** (0.027)	0.535*** (0.027)
f_1	0.375*** (0.071)	0.648*** (0.077)	0.413*** (0.073)	0.376*** (0.061)	0.354*** (0.059)	0.376*** (0.061)	0.450*** (0.062)
b_2	-0.026** (0.011)	-0.007 (0.006)	0.021** (0.010)	0.037** (0.018)	-0.016 (0.022)	0.0001 (0.017)	-0.009 (0.018)
c_2	-0.045 (0.049)	0.013 (0.035)	-0.024 (0.049)	-0.051 (0.043)	-0.019 (0.043)	-0.057 (0.042)	-0.43 (0.044)
d_2	0.023 (0.019)	0.086*** (0.011)	0.014 (0.017)	-0.016 (0.013)	0.002 (0.232)	0.001 (0.011)	-0.030* (0.016)
e_2	0.085*** (0.023)	0.074*** (0.022)	0.053** (0.022)	0.056*** (0.019)	0.080*** (0.019)	0.080*** (0.020)	0.093*** (0.020)
f_2	-0.101* (0.075)	-0.237*** (0.048)	-0.082 (0.058)	-0.055 (0.050)	-0.108** (0.050)	-0.084* (0.050)	-0.087* (0.052)
θ	4.2188	4.1745	4.2142	4.2115	4.2026	4.2020	4.2013
γ	53.4808	38345	54.2694	75.1272	65.4381	68.4756	60.3420

注：被解释变量为 LEU，括号中的异方差修正了标准误差。***、** 和 * 分别表示1%、5% 和10%的显著性水平。

第 5 章

政府治理与能源需求[①]

5.1 引　言

能源是生产过程中至关重要的组成部分（Beaudreau，2005），并有助于长期经济增长（Lee & Chang，2005；2008；Lee & Lee，2010）。已有研究证明，更多的能源消耗会导致更多的环境污染排放（Liu，2005；Jalil & Mahmud，2009）。此外，"单位 GDP 的能源消耗减少"的能源效率提高（Metcalf，2008）能够缓解环境退化（Levine et al.，1995）。魏和罗斯（Wei & Rose，2009）指出，提高能源效率有助于节能减排，改善能源安全供给。

本书研究了政府意识形态对能源效率的影响。更具体地说，我们探讨政党意识形态的差异是否会在能源政策改革方面产生相反的立场，而这反过来是否又会影响能源效率的提高？在解释能源效率的影响因素时，政党意识形态起着至关重要的作用。这是因为左翼和右翼政党在能源问题上存在着明显的意识形态分歧（Varone & Aebischer，2001）。以美国为例，民主党为执行《国家能源政策和保护法案》做出了贡献，该法案使联邦能源部能够在 1978

[①] 本部分由本书作者张存炳（Chang，C. P.）、李建强（Lee，C. C.，）和柏岱夫（Berdiev，A. N.）发表在《能源效率（Energy Efficiency）》的《政府意识形态对能源效率的影响：来自面板数据的证据（The impact of government ideology on energy efficiency：Evidence from panel data）》一文整理而成。

年对电力部门采用能源效率标准（Varone & Aebischer，2001）。[①]

此外，格罗梅等（Gromet et al.，2013）对来自美国的657名参与者进行实验研究后发现，与政治自由人士相比，政治保守人士更不支持"对节能技术的投资"。因为政治保守人士不太倾向于采取环保政策来减少污染（Gromet et al.，2013）。此外，格罗梅等（Gromet et al.，2013）指出："虽然欧洲人比美国人更关心气候变化，但欧盟在环境问题上仍存在政党意识形态分歧。"瓦隆和埃比舍尔（Varone & Aebischer，2001）指出，在加拿大、丹麦、瑞典和瑞士，左翼政党有效地推动了能源效率改革，而右翼政党则抵制这些标准。

鉴于右翼政府更倾向于商业利益，他们更愿意采取"尽量减少环境监管来保护企业的自由市场机会"的政策（Gromet et al.，2013）。波特拉夫克（Potrafke，2010）对经合组织国家的研究表明，市场导向的右翼政党支持放松对能源、运输和通信部门的管制。另外，左翼政党更有可能实施能源效率标准，因为这些改革通常意味着政府正在增加对经济的控制。[②] 事实上，张和贝尔迪耶夫（Chang & Berdiev，2011）在一组经合组织国家中发现，左翼政党与能源（电力和天然气）部门的更多监管密切相关。因此，左翼政党倾向于政府干预和调控（Bjørnskov，2005；Potrafke，2010），他们更愿意采取促使提升能源效率的政策措施，这进一步有助于提高能源效率。

本书的目的是检验政府意识形态在能源政策中是否重要。为此，我们采用1980~2013年期间经济合作与发展组织（经合组织，OECD）23个成员国小组的数据评估政府意识形态对能源效率的影响。[③] 能源政策的执行是由政府行动决定的，而所选择的政策通常是由政治家的意识形态主导的。因此，诸如经合组织国家等发达经济体需要深入研究政府意识形态与能源效率之间的关系。我们的研究结果不仅丰富了能源效率问题的研究形式，也为OECD

---

① 此外，纳尔逊（Nelson，2002）发现，参议员的政治意识形态是环境政策投票概况的主导因素。

② 现有文献已经确定，右翼政府倾向于保护财产权和法律素质，而左翼政府更喜欢政府干预经济（Bjørnskov，2005a）。此外，布特尔和弗林（Buttel & Flinn，1976）认为，环境重组表明政府正在扩大经济监管。

③ 根据国际能源机构（IEA）的统计数据，经合组织国家的能源使用（千吨石油当量）占世界能源消费的比例为39.17%，根据二氧化碳信息分析中心（CDIAC）的数据，经合组织国家2012年二氧化碳排放量的初步估计占全球排放量的近35%。

国家相似的生活水平却呈现出不同的能源效率提供了另一个潜在的原因。

为了确保研究结果的稳健性，我们使用了以下两种代表能源效率的指标。首先，我们使用昂（Ang，2006）研究中的一般方法，采取能源使用与国内生产总值（GDP）的比重衡量能源效率。其次，我们采用加斯塔尔迪和纳德基亚（Gastaldi & Nardecchia，2003）提出的方法，使用卡尔曼滤波技术来估计时变的能源效率系数。对于政府意识形态变量，我们参考张和贝尔迪耶夫（Chang & Berdiev，2011）的研究，使用波特拉夫克（Potrafke，2009）的数据和比约恩斯科夫（Bjørnskov，2005b；2008）的方法。最后，我们使用由阿雷亚诺和博韦尔（Arellano & Bover，1995）以及布伦德尔和邦德（Blundell & Bond，1998）构建的动态面板（两阶）系统广义矩（GMM）估计。为进一步确定研究结果的稳健性，我们还估计了所有变量的年平均值和 3 年平均值。此外，我们估计了由基维（Kiviet，1995，1999）、贾德森和欧文（Judson & Owen，1999）、布恩和基维（Bun & Kiviet，2003）构建，且在布鲁诺（Bruno，2005）的研究中扩展的纠偏最小二乘虚拟变量（LSDVC）模型。纠偏最小二乘虚拟变量法估计是一种能够近似 LSDV 估计的小样本偏差的方法，与面板 LSDV、一阶差分和系统 GMM 等几种工具变量估计相比，它更加有效和稳健（Huang，2010）。研究结果表明，左翼政党与能源效率的提高密切相关。在更替能源效率和政府意识形态的测度指标，使用年度数据与三年平均数据以及加入政治和经济变量后，以上结论仍然成立。

5.2 文献综述

已有研究表明，左翼政党更倾向于采取有利于环境的政策措施，而右翼政党则不太支持环保问题（Buttel & Flinn，1976；King & Borchardt，1994；Neumayer，2004；McKitrick，2006）。与右翼政党相比，左翼政党更支持环境政策的原因有以下三个。首先，环境改革一般意味着扩大对经济的控制和监管（Buttel & Flinn，1976；King & Borchardt，1994）。其次，环境污染对穷人和下层群体的影响很大，而富人则可以逃避污染排放带来的有害后果（Benton，1997；Neumayer，2003；Lamla，2009）。最后，环境政策改革也会给企业带来成本（Neumayer，2004；Grommet et al.，2013）。考虑到左翼政党倾向于政策干预（Bjørnskov，2005；Potrafke，2010），支持工人阶级的福利（Neumayer，2003，2004），且较少支持商业利益（Neumayer，2004；Grommet et al.，2013），它们更有可能制定和实施有利于环境保护的政策（有效的能源效率政策）。

最近，格罗梅等学者（Gromet et al.，2013）研究了美国个人政治意识形态与能源效率决策之间的关系。他们进行了两项实验研究。在对657名参与者的研究中，格罗梅等学者（Gromet et al.，2013）发现，与政治自由的参与者相比，政治保守的参与者不太可能投资于"能源效率技术"。在第二项210名参与者参与的研究中，格罗梅等学者（Gromet et al.，2013）发现，政治保守的参与者不太支持购买昂贵的贴有节能标签的产品（灯泡）。总的来说，格罗梅等人（Gromet et al.，2013）的研究指出，与政治自由的个人相比，政治保守的个人在减少环境污染方面的"心理价值"更低。

总体而言，政府通过制定和实施有效的能源效率标准，在国内经济中发挥着重要作用（世界银行，2010）。例如，赫尔等学者（Hull et al.，2009）指出，欧盟大力支持各种提高能源效率的能源政策措施。这些措施包括：（1）减少欧洲对进口石油和天然气的依赖；（2）减少与化石燃料有关的温室气体（GHG）排放；（3）促进新技术的开发；（4）降低诸如供暖和运输等能源服务的成本（Hull et al.，2009）。因此，有效的能源市场政策可能有助于提高能源效率标准，从而提高国内经济的能源效率。利恩和史密斯（Lean & Smyth，2013）强调，当政府在推广能源政策时，一个长期的方案将比那些规定的时间范围的方案更有效，特别是在可再生能源发电方面。

首先，拥有强大政治权力和权威的政府比其他政府更有可能采取有效的政策措施（Vowles，2008）。因为他们在政治环境下引入和设计这些标准时面临的限制有限（Mierau et al.，2007）。法特（Lijphart，1999）指出，单一政党的政府比联合政府"更持久和更具优势"。因此，如果一个议会结构不能创建一个持久的政府，那么它就不能产生有效和可行的政策措施（Warwick，1994）。这是因为异质性的政府在推行政策改革方面可能遇到困难（Alesina & Drazen，1991；Mierau et al.，2007）。例如，塞廷和奥古斯（Cetin & Oguz，2007）指出，土耳其政府、司法机构和监管机构之间的对抗导致土耳其电力市场竞争的成本高昂。因此，同质政府（拥有更大的政治实力）在实行政策改革方面的限制较少，能够更好地促进、实施和改进有效的能源绩效改革。

其次，更好的技术改进能通过"成本效益"提高能源效率，特别是在欧盟（Hull et al.，2009）。格罗斯曼和克鲁格（Grossman & Krueger，1991）指出，指出全球化可以通过将操作方法转向对环境有利的生产技术（技术效应）来降低污染水平。全球一体化也可能导致更大的市场竞争，这反过来又导致最低效的能源公司离开该行业（Cole，2004；Ang，2009）。所以贸易开放能使各国通过技术创新和有益发展的生产技术提高能源效率。然而，国际贸易的增加反映了各国进出口流量的增加，这可能导致总生产的增加，从而扩大对能源的需求，从而造成更高的污染水平（Grossman & Krueger，1991）。[①] 因此，更高的国际贸易意味着更多的能源消耗和环境排放，导致较低的能源效率。

最后，确保以可长期负担的价格获得可靠的能源供应的能源安全（Dorian et al.，2006），可能影响当地经济的能源效率。亚太能源研究中心（2007）将能源供应安全解释为"一个经济体使能源价格处于不会对经济表现产生不利影响的水平，并以可持续和及时的方式保证能源资源供应的能力"。能源供应对国内经济中许多行业的有效运作至关重要（Kruyt et al.，2009）。例如，张等学者（Chang et al.，2013）的研究表明，能源出口对五个南高加索国家的经济增长有显著影响。因为能源出口中断会很大程度损害当地经济的活动。莱斯比雷尔（Lesbirel，2004）还解释道，能源供应安全是一种"防止能源进口市场中断的保险机制"。因此，主流的能源安全有助于提高当地经济的有效能源效率。

此外，1997年签订的《京都议定书》包括关于工业化国家二氧化碳和其他温室气体（GHG）排放的具体目标和时间表（Barrett，1998；Bohringer & Rutherford，2010）。[②] 被称为附件B国家的39个国家承诺在2008年至2012年将排放量相对于1990年代水平减少约5%。因此，许多国家已开始提高能源效率，以达到《京都议定书》规定的目标水平（Ang，2006）。鉴于《京都议定书》已被认为是一项至关重要阻止全球变暖政策（Böhringer，

---

① 此外，Mukherjee（2008）发现，能源密集型部门制造业产出的增加有助于降低印度的能源效率。

② 《京都议定书》包括下列温室气体排放：二氧化碳（CO_2）、甲烷（CH_4）、一氧化二氮（N_2O）、氢氟碳化合物（HFCs）、全氟碳化物（PFCs）和六氟化硫（SF_6）。二氧化碳是温室气体中最重要的，占温室气体总量的3/4以上（Vinuya et al.，2010）。

2000; Bhatti et al., 2010; Böhringer & Rutherford, 2010),《京都议定书》之后的时期可能有效地实现了更高的能源效率。

5.3 数据描述和变量

实证分析是根据 1980~2013 年期间 23 个经合组织国家的面板数据进行的，包括澳大利亚、奥地利、比利时、加拿大、丹麦、芬兰、法国、德国、希腊、冰岛、爱尔兰、意大利、日本、卢森堡、荷兰、新西兰、挪威、葡萄牙、西班牙、瑞典、瑞士、英国和美国。① 数据来源如下：阿明根等（Armingeon et al., 2010）、波特拉夫克（Potrafke, 2009）、贝克等学者（Beck et al., 2001）构建的政治机构数据库、《BP 世界能源统计年鉴（2013）》和"世界银行世界发展指标（2013）数据库"。我们还根据文献构建了我们自己的数据，如下所述：

首先，能源效率的概念在文献中没有普遍确立的描述，很难定义（Ang, 2006）。我们参考了几个能源效率的定义。有资料将能源效率定义为"从给定水平的物理输出中获得的能源多少"（世界银行，2010）。梅特卡夫（Metcalf, 2008）将能源效率描述为"每单位经济活动减少的能源使用"。昂（Ang, 2006）认为，能源效率的提高代表利用减少的能源产生等量的产出。因此，这些文献提供了一系列指标来衡量国内经济中能源效率提高的不同维度（Ang, 2006）。②

为了确保结果的稳健性，我们在实证分析中使用了两种衡量能源效率的变量（见附录表 5 - A1）。现有文献普遍采用了能源使用与国内生产总值（GDP）的比率，即能源 - GDP 比率（Ang, 2006；亚太能源研究中心，2002）。我们采用昂（Ang, 2006）研究的方法，用它的逆来代表"在最总水平上对能源效率的度量"。从宏观经济综合的角度来看，艾瑞克和托马斯（Irrek & Thomas, 2008）将能源效率表示为能源强度或能源生产率的倒数。因此，能源强度可以通过单位 GDP 的能源使用（能源—GDP 比率）来定义，能源

---

① 利恩和史密斯（Lean & Smyth, 2014）指出，基于面板数据方法对大量国家进行的调查为我们的实证结果提供了最可靠的证据，特别是对于那些通常受到历史冲击影响的能源问题。

② 关于能源效率指标的详细分析和讨论，见昂（Ang, 2006）。

生产力通常被定义为单位能源投入带来的 GDP（GDP - 能源比率，见 Rahman & Rahman，2013）。胡（Hu，2014）指出，能源效率通常被定义为单位能源使用的产出，而该比率的分子和分母通常分别是产出和能源投入的总和。也就是说，比率的增加意味着能源效率的提高。

因此，我们衡量能源效率的第一个指标是 GDP 与能源使用的比率（EE1）。关于能源效率的第二个度量，我们按照加斯塔尔迪和纳德基亚（Gastaldi & Nardecchia，2003）使用的度量方法，并使用卡尔曼滤波方法估计时变能源系数（EE2）。[①] 昂（Ang，2006）认为，能源系数"具有作为一种指数的优势，可以进行长期和跨国的比较"。我们在表 A2（见附录 A）中展示了 1980~2013 年 23 个经合组织国家的能源效率参数。

较高的 EE1 和 EE2 值代表了国内经济能源效率的提高。图 5 - 1 为 1980~2013 年间 23 个经合组织国家的 EE1 和 EE2。可以看出，我们样本中的大多数国家 2013 年的能源效率高于 20 世纪 80 年代的水平。正如昂（Ang，2006）提出的观点，当一个国家面临不同的经济发展阶段时，能源效率的比率将随时间变化而变化。许多研究表明，随着工业化进程的推进，特别是在 20 世纪 80 年代早期，农业被制造业取代，能源消耗（分母）的增长往往比国内生产总值（分子）更快，导致 EE1 的 GDP—能源比率从 80 年代开始下降。当我们核对我们的原始数据时发现，上述现象在希腊、冰岛、葡萄牙和西班牙等国尤为显著。因此，在给定时期的能源系数 EE2 中，它被定义为 GDP 平均年增长率与一次能源消耗的比率。虽然分子（GDP）和分母（能源消耗）都同步增长，但在我们的数据跨度中计算的能源系数趋于稳定。此外，图 5 - 2a 和图 5 - 2b 分别显示 1980~2013 年 EE1 和 EE2 的平均值。我们注意到能源效率变量的上升趋势，这意味着经合组织国家在过去几十年中的能源效率得到了提升。

---

① 根据昂（Ang，2006），时变能效系数计算如下公式：$\text{Coefficient}_{0,n} = \frac{(EC_n/EC_0)^{1/n} - 1}{(GDP_n/GDP_0)^{1/n} - 1}$ n0，其中 EC 和 GDP 对应于特定年份 n 和年份 0 的能源消耗以及实际 GDP。因此，在给定随机高斯变量最优估计的情况下，采用递推算法卡尔曼滤波器计算能源效率系数。因此，我们以 1980 年作为状态向量中每个国家的滤波器生产者的初始值来预测协方差矩阵，然后我们可以按照以下步骤进行估计：预测协方差矩阵、滤波器增益、滤波器协方差、各时刻 t 能效系数（EE2）的状态向量最优预测和最优估计。关于卡尔曼滤波技术的综合计量经济学方法，见加斯塔尔迪和纳德基亚（Gastaldi & Nardecchia，2003）。

第 5 章　政府治理与能源需求

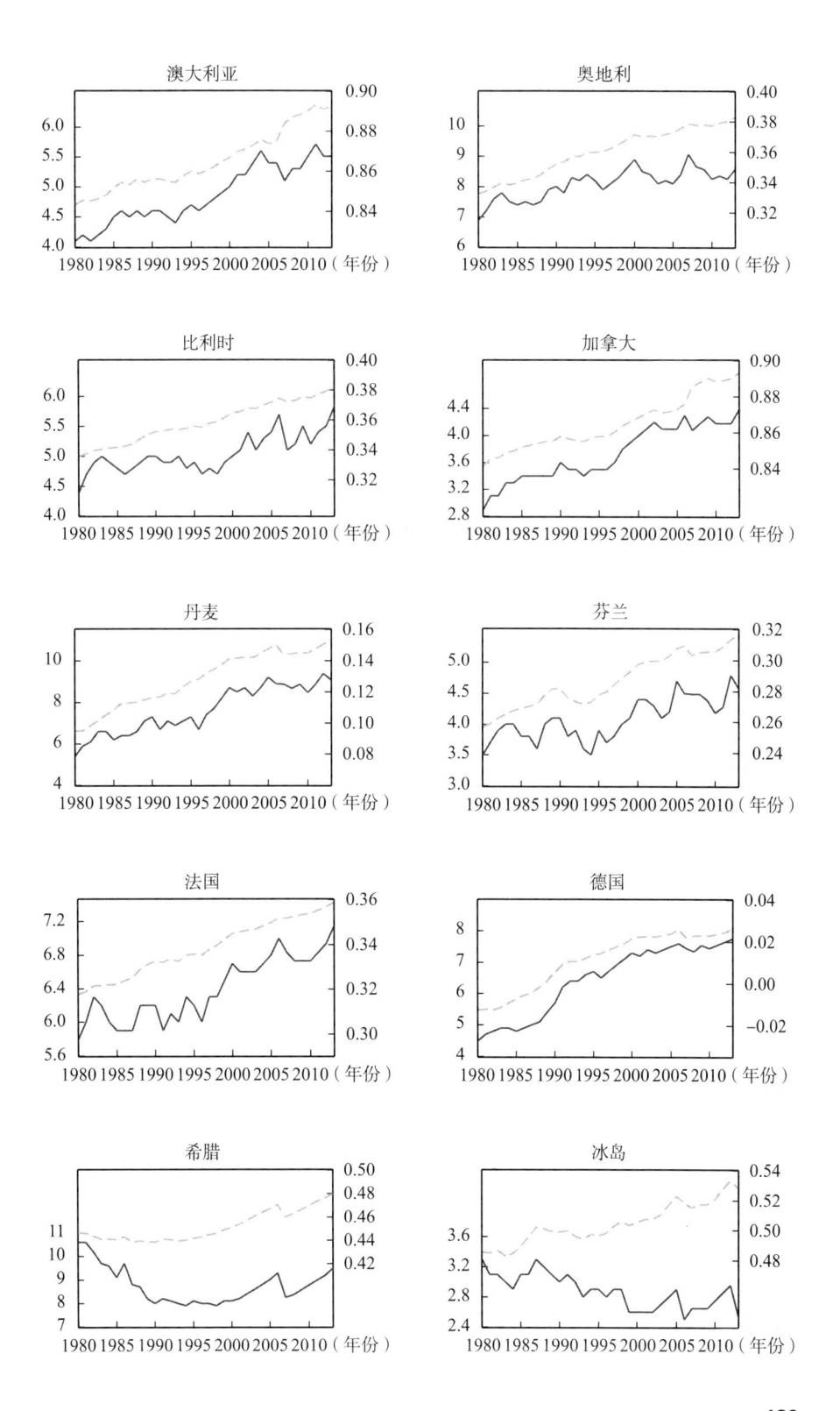

澳大利亚　奥地利　比利时　加拿大　丹麦　芬兰　法国　德国　希腊　冰岛

全球能源经济发展的特征研究：评估、影响与比较分析

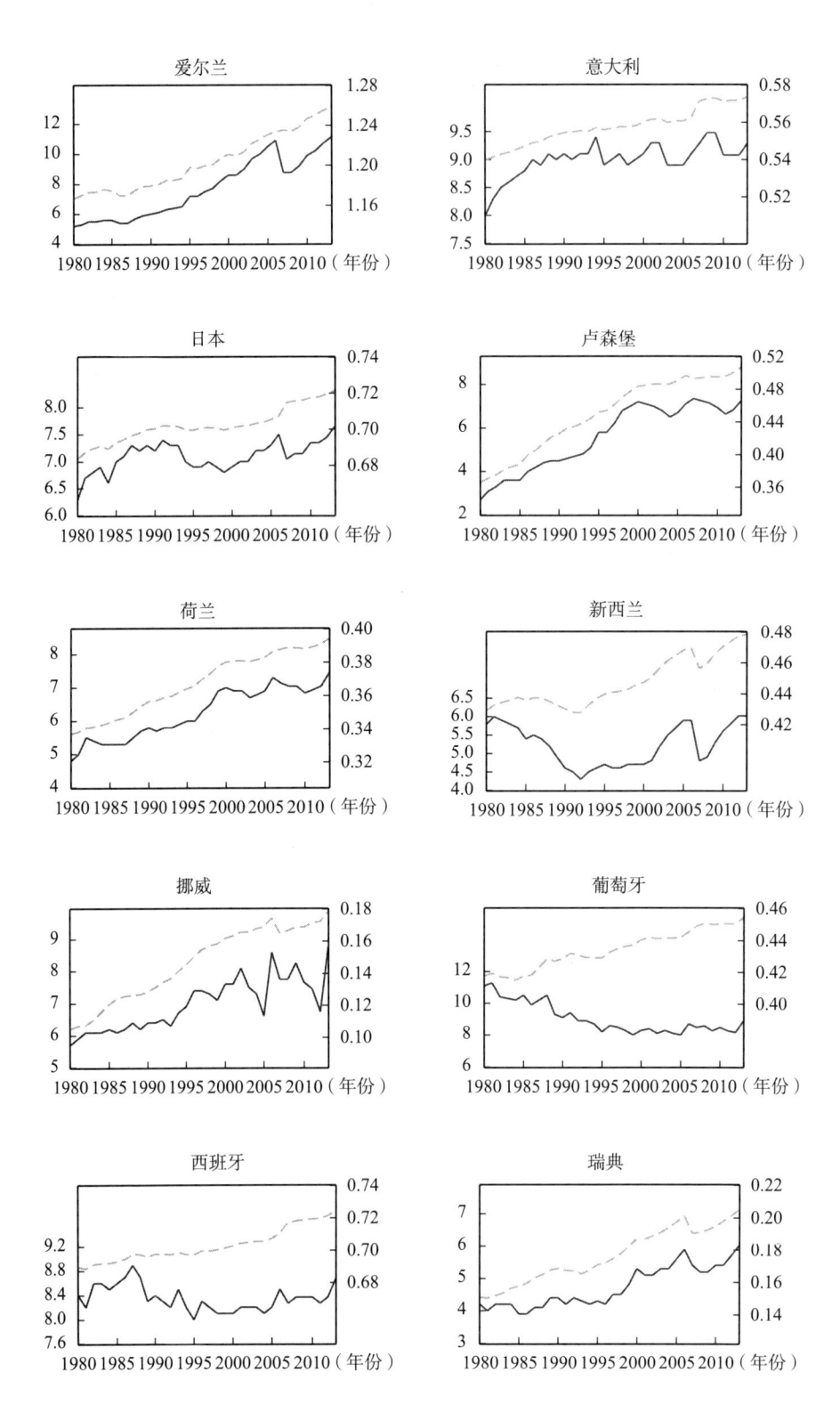

爱尔兰

意大利

日本

卢森堡

荷兰

新西兰

挪威

葡萄牙

西班牙

瑞典

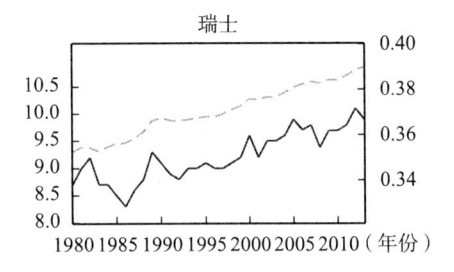

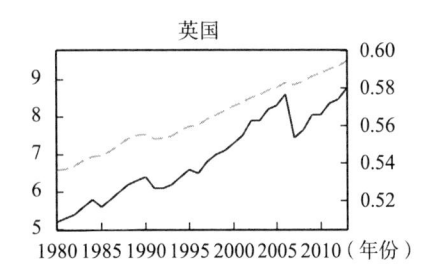

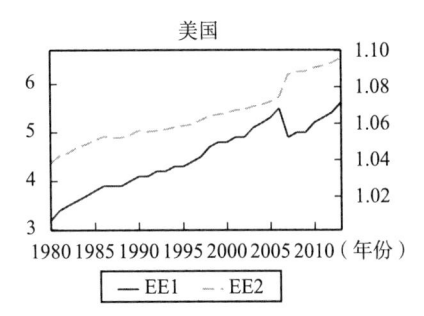

图 5-1　1980~2013 年 23 个经合组织国家的 EE1（左轴）和 EE2（右轴）

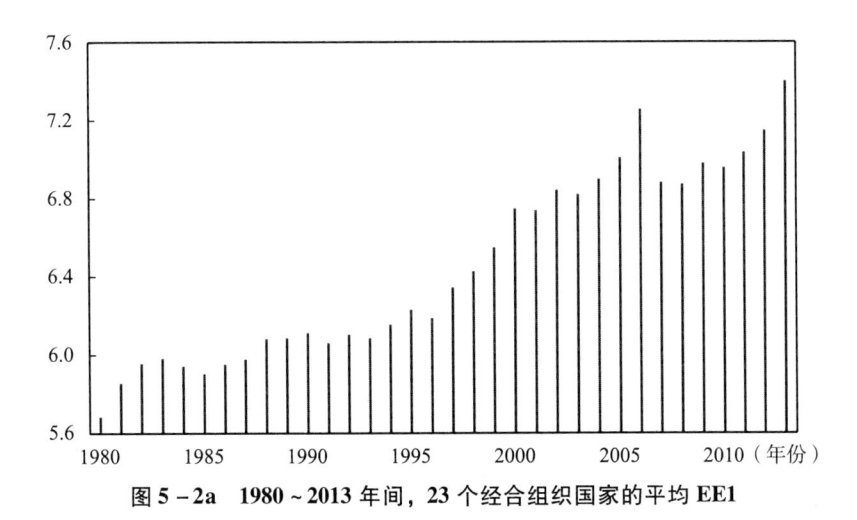

图 5-2a　1980~2013 年间，23 个经合组织国家的平均 EE1

接下来，我们按照张和贝尔迪耶夫（Chang & Berdiev, 2011）的方法，采用两种方法度量政府意识形态。第一个度量政府意识形态的指标（政府意识形态 1）来自波特拉夫克（Potrafke, 2009），他根据巴奇等学者（Budge et al., 1998）提出的方法构建了政府意识形态指数，且沃尔登多普等学者（Woldendorp et al., 1998；2000）进一步更新了该指数。变量政府意识形态1的范围在1到5之间，其中1代表"政府中的右翼政党在内阁和议会中的席位大于2/3"；2代表"政府中的右翼政党在内阁和议会中的席位在1/3到2/3之间"；3表示"政府不受右翼或左翼政党的主导，中间党派在内阁和议会中的比例为50%"；4表示"政府中的左翼政党在内阁和议会中的席位在1/3到2/3之间"；5表示"政府中的左翼政党在内阁和议会中的席位大于2/3（Potrafke，2009）"。

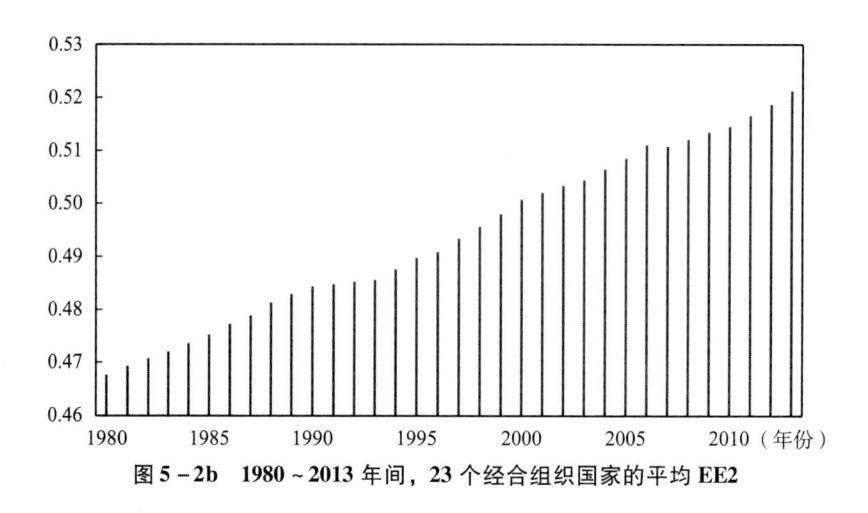

图5–2b 1980~2013年间，23个经合组织国家的平均EE2

政府意识形态的第二个度量指标（政府意识形态2）来自贝克等学者（Beck et al.，2001）根据是否有左翼、中间派或右翼意识形态取向对三个最大的政府政党进行分类的政治机构数据库。我们按照比约恩斯科夫（Bjørnskov，2005b；2008）的方法，将右翼政府赋值为-1、中间派为0，左翼为1，并将单一政党的意识形态与其在议会中的席位比例加权（如Chang & Berdiev，2011）。① 变量政府意识形态2代表了"政府自称的相对意识形态（Bjørnskov，2008）"。例如，在完全左翼政党执政的整个时期，通常认为主要人群支持左翼和具有左翼意识形态；当右翼政党执政时则相反。（Bjørnskov，2008）。

根据已有研究，我们控制了一些自变量来进行稳健有效的回归估计。首先，政府类型的数据来自阿明根等学者（Armingeon et al.，2010）的比较政

---

① 贝尔迪耶夫等（Berdiev et al.，2012）还按照Bjørnskov（2005b；2008）的方法来构建政府意识形态的度量。贝尔迪耶夫等（Berdiev et al.，2012）利用1974~2004年间180个国家的数据，研究了政府意识形态对选择汇率制度的影响。

治数据集Ⅰ，它包括1960~2008年23个经合组织国家的政治和体制数据。变量政府类型范围为1到6，其中1代表"单一政党多数政府"，2代表"最小获胜联盟"，3代表"剩余联盟"，4代表"单一政党少数政府"，5代表"多党少数政府"，6代表"看守政府"。因此，政府类型的数值越高代表了一个更异质的政府。①

我们采用出口加进口占GDP的百分比衡量国际贸易开放度。能源安全的供应以能源净进口（低能耗生产）占国内生产总值的百分比表示，其中负值意味着该经济体是净出口国（Chang et al.，2013）。② 这些数据来源于世界银行（2011）。我们还参考李和李（Lee & Lee，2010）以及张和贝尔迪耶夫（Chang & Berdiev，2011），解释了能源需求。具体而言，能源需求是利用世界银行（2013）和《BP世界能源统计年鉴（2013）》分别得到的用电量（单位：千瓦时/人）的对数和用气量（单位：10亿立方米/人）的对数计算的。我们还增加了一个虚拟变量——京都，在1997年通过《京都议定书》那么定义为1，否则为0。

此外，我们按照先前的文献，采用来自世界银行（2013）的实际人均GDP（2000年价格不变）的对数来评估各个经合组织国家的经济发展水平（Lee，2013）。与莱比锡（Lipscy，2013）一样，我们为实际人均GDP变量构建了一个平方函数形式来考虑环境库兹涅茨曲线（Grossman & Krueger，1995）。③ 最后，我们认为考虑人口数量的对数是必要的。更多的人口导致"不可持续的环境资源开发（Lamla，2009：138）"，并进一步降低能源效率。我们在表5-A1（附录）提供了中所有变量的定义、数据来源和描述性统计。

5.4 模型与实证方法

我们使用动态面板数据模型研究政府意识形态对能源效率的影响，如下：

---

① 关于政府类型变量的全面讨论，及其构造和方法，见阿明根等（Armingeon et al.，2010）。

② 克鲁伊特等（Kruyt et al.，2009）解释说，使用净进口似乎是最可行的，因为"减去出口能源（或石油/天然气/电力）提供了对实际依赖关系的更现实的看法（第2169页）"。Löschel等学者（2010）注意到，现有文献将依赖燃料进口作为能源安全的替代。

③ 莱比锡（Lipscy，2013）分析了14个经合组织国家的"选举激励措施"是否影响能源效率。莱比锡（Lipscy，2013）还调查了1994年日本选举改革对能源效率的影响。

$$y_{it} = \alpha y_{it-1} + \beta ideology_{it} + \lambda x_{it} + \mu_i + \eta_t + \varepsilon_{it} \quad i=1, \cdots, N \quad t=1, \cdots, T$$

(5-1)

其中 y_{it} 为被解释变量,用能源效率增长率(EE1 或 EE2)表示;变量 ideology 为应对政府意识形态的两种度量(政府意识形态 1 或政府意识形态 2);x_{it} 代表解释变量向量,包括政府类型、国际贸易、能源安全、《京都议定书》、电力消费、天然气消费、人口、实际人均 GDP 和实际人均 GDP 的平方;μ_i 是未观察到的国家特定效应,η_t 是时间特定效应,ε_{it} 是误差项,i 和 t 分别表示国家和时期。

需要注意的是,在采用普通最小二乘法(OLS)进行估计时,滞后的因变量 y_{it-1} 与误差项 ε_{it} 是相关的。因此,我们采用了由阿雷亚诺和邦德(Arellano & Bond,1991)、阿雷亚诺和博韦尔(Arellano & Bover,1995)以及布伦德尔和邦德(Blundell & Bond,1998)开发的动态面板 GMM 模型。他们提出了一种在动态面板数据模型中生成一致和有效估计的方法(Lee & Hsieh,2014)。通过采用一阶差分方程(1)来消除国家特定效应,将生成一阶差分 GMM 模型。

为了避免在数据中丢失来自跨国维度的纯信息,并减少信噪比可能引起的测量偏差(Beck et al.,2000),阿雷亚诺和博韦尔(Arellano & Bover,1995)以及布伦德尔和邦德(Blundell & Bond,1998)提出了将水平方程和差分方程叠加的系统 GMM 估计量,使用 y_{it} 的滞后水平作为一阶差分方程的工具变量,并将 y_{it} 的滞后变量作为水平方程的工具变量。

我们构建动态两步系统 GMM 估计,其中第一步"假设误差项在各国及各时期都是独立同方差的",那么在第二步,"从第一步估计中获得残差,以构造一致的方差-协方差矩阵,从而放宽了独立性和同方差的假设"(Beck et al.,2000)。动态面板 GMM 模型的作用如下:(1)利用数据中的时间序列变化;(2)解释未观察到的国家特定效应;(3)允许将滞后的因变量作为回归变量;(4)控制所有解释变量的内生性(Beck et al.,2000)。

自变量滞后项的使用是为了估计模型能够最有效(Beck et al.,2000)。鲁德曼(Roodman,2009)提出,可以减少工具变量个数,进而达到压缩工具变量矩阵。本文还进行了一些设定检验。过度识别的 Hansen 检验能够检验工具变量的有效性(相当于检验协变量的外生性)。接下来,Arellano-Bond 检验对残差进行二阶自相关检验,没有发现二阶序列相关。虽然一阶自相关在定义上占优势，但为了保持估计量的一致性，残差不能存在二阶自相关。

因此，黄（Huang，2010）指出，通过 LSDV 方法进行组内操作，从未观察到的国家特定效应中消除遗漏的变量偏差。因此，考虑以下面板数据模型：

$$y = M\varphi + N\gamma + \varepsilon \tag{5-2}$$

其中 y 是因变量，M 是个体虚变量矩阵，N 是包括滞后因变量的自变量矩阵，γ、φ 和 ε 分别表示系数、个体特定效应和误差干扰项。LSDV 的估计系数如下：

$$\gamma_{LSDV} = (N'IN)^{-1}N'Iy \tag{5-3}$$

此处，I 反映消除国家特定效应。LSDV 估计对于较小的 T 是有偏的，即使当 N 变大时也是如此，这是因为因变量滞后值与误差项相关（Nickell，1981）。为了避免这一问题，基维（Kiviet，1999）提出了 LSDV 方法偏差的近似公式：

$$E(\gamma_{LSDV} - \gamma) = d_1(T^{-1}) + d_2(N^{-1}T^{-1}) + d_3(N^{-1}T^{-2}) + O(N^{-2}T^{-2}) \tag{5-4}$$

布恩和基维（Bun & Kiviet，2003）通过蒙特卡罗模拟，将 LSDV 偏误与真实偏误进行比较：

$$\Psi_1 = d_1(T^{-1}), \Psi_2 = \Psi_1 + d_2(N^{-1}T^{-1}) \Psi_3 = \Psi_2 + d_3(N^{-1}T^{-2}) \tag{5-5}$$

模拟结果表明，Ψ_3 的近似值最接近真实偏误（Bun & Kiviet，2003）。这意味着纠偏的 LSDV（LSDVC）估计量为：

$$LSDVC = LSDV - B_3 \tag{5-6}$$

5.5 结论与启示

因变量 EE1（第 1 列和第 2 列）和 EE2（第 3 列和第 4 列）的 GMM 回归结果见表 5-1。在表 5-1 底部，我们列出了 Sargan 和 Arellano - Bond 测试的结果。可以看出，Sargan 检验不能拒绝所有方程中的零假设（p 值 > 0.10），表明工具变量在估计中是有效的。此外，Arellano - Bond 检验不能拒绝所有方程中的零假设（p 值 > 0.10），表明估计的残差不产生二阶序列相关,在所有规范中估计都是一致的。

本书首先考虑政府意识形态对能源效率的影响。在表5-1中的所有方程中,政府意识形态1和政府意识形态2两个变量在常规水平上均为正且在统计上显著,表明左翼政党与能源效率的提高有关。我们的研究结果支持瓦隆和埃比舍尔(Varone & Aebischer,2001)提出的观点,即左翼政党促进了国内经济中有效的节能改革。我们的结果也与格罗梅等(Gromet et al.,2013)

表5-1　　　　　　　　GMM回归估计(年度数据)

	EE1		EE2	
	(1)	(2)	(3)	(4)
滞后因变量	0.24** (3.78)	0.25** (4.09)	0.87** (22.11)	1.04** (5.09)
政府意识形态1	0.04** (2.55)		0.14* (1.67)	
政府意识形态2		0.21** (2.56)		0.04* (1.76)
政府类型	-0.17** (-3.55)	-0.03** (-4.87)	-0.02* (-1.85)	-0.34** (-3.67)
国际贸易	-0.23** (-3.45)	-0.22** (-2.87)	-0.12 (-1.55)	-0.02 (-1.34)
能源安全	5.09** (4.22)	2.67** (4.90)	0.23** (2.44)	0.41 (1.23)
《京都议定书》之后的时期	-0.02 (-0.56)	-0.34 (-0.43)	-0.02* (-1.77)	-0.34** (-3.09)
电力消耗	-2.01** (-5.33)	-1.02** (-4.56)	-1.11** (-3.45)	-0.44** (-2.98)
天然气消耗	-0.22* (-1.68)	-0.23 (-1.23)	-0.44** (-3.98)	-0.42** (-2.65)
人口数量	-1.33** (-2.55)	-1.34** (-2.66)	-0.06** (-4.09)	-0.37* (-1.87)
实际人均GDP	2.09** (2.23)	1.31** (2.55)	0.54** (4.09)	0.55** (3.33)

续表

	EE1		EE2	
	(1)	(2)	(3)	(4)
实际人均GDP的平方	-0.34 (-1.44)	-0.45 (-1.35)	-0.03 (-1.21)	-0.34* (-1.68)
观测值	729	704	729	704
Sargan检验（p值）	13.44 (0.84)	13.88 (0.83)	25.43 (0.54)	22.43 (0.66)
Arellano-Bond检验（p值）	1.75 (0.28)	1.67 (0.23)	1.46 (0.18)	2.56 (0.33)

注：t统计量在括号中，** 和 * 分别表示在5%和10%水平上显著。

的实验研究一致，即与美国的政治自由人士相比，政治保守人士不太支持"节能技术投资"。总的来说，我们的结果支持左翼政党与环境保护有关，而右翼政党更反对环境保护的观点（Buttel & Flinn, 1976; O'Connor et al., 2002; Neumayer, 2004; McKitrick, 2006）。

其次，在表5-1中可变政府类型均为负且至少在10%的水平上具有统计学显著性，意味着异质政府与较低的能源效率有关。正如阿莱西纳和德雷森（Alesina & Drazen, 1991）及米劳等（Mierau et al., 2007）所指出的那样，鉴于异质性政府在实施有效的政策变革方面面临相当大的挑战，这些结果是可以预见的。我们的研究结果也符合这样的观点，即联合政府中的政党预计会阻碍政策改革（Bodea, 2010），因为在一个政治更分化的政府中执行政策变革时，通常会承担高昂的政治成本（Pitlik & Wirth, 2003）。

此外，国际贸易开放似乎导致能源效率下降，并在5%的水平显著（当因变量为EE1时）。因为更大的国际贸易意味着更高的生产总量和能源消耗（Grossman & Krueger, 1991），导致能源效率较低。当因变量为EE2（第3列和第4列）时，这种影响在统计上是不显著的。我们的结果表明（1~3列），在大多数方程中更高的能源安全与更高的能源效率显著相关。

没有任何证据表明在《京都议定书》之后的时期能够有效提高能源效率（第1和第2列）。相反，我们的结果表明，《京都议定书》之后的时期发生了能源效率的下降，并在10%的水平显著（第3和第4列）。这是意料之外的，因为许多国家已经开始提高能源效率来实现《京都议定书》的减排（Ang，2006）。变量人口数量在所有方程中均为负，且在5%的水平上显著，表明较高的人口会导致较低的能源效率。

我们还注意到，在5%的显著性水平上，电力消耗显著降低了能源效率。同样，在大多数方程中（第1、第3、第4列），较高的天然气消耗与能源效率的降低有关，并至少在10%的水平上显著。有趣的是，我们的结果表明，经济发展水平与能源效率的提高有关，并在5%的水平上显著。原因可能是技术的提高有助于提高能源效率。此外，我们很少发现实际GDP与能源效率之间存在非线性关系的证据（仅在10%的水平上显著，第4栏）。

最后，考虑表1中自回归参数的影响。滞后因变量在所有回归中均为正，且在5%水平上显著。表明，过去的能源效率水平与当前的能源效率水平显著相关。过去能源效率高的国家今后将继续拥有高能源效率。因此，我们的结果支持过去和目前的能源效率水平之间的动态关系：过去的能源效率水平对于解释经合组织国家目前的能源效率水平很重要。

为了进一步确保结果的稳健性，我们估计了数据的3年平均值。拉姆（Ram，2009）认为，数据的平均值"对具有不同时间聚合级别的数据的估计提供有用的灵敏度检验"并"平衡了年度观测中可能出现的周期性变化（第214页）"。① 如前所述，估计是通过两步系统GMM法进行的。表5-2显示了因变量EE1（第1列和第2列）和EE2（第3列和第4列）数据的三年平均值的GMM回归估计。

表5-2　　　　　　　　　　GMM回归估计（3年平均值）

变量	EE1		EE2	
模型	（1）	（2）	（3）	（4）
滞后因变量	0.97** (15.23)	1.03** (14.09)	0.85** (11.09)	1.03** (13.66)
政府意识形态1	0.54** (4.03)		0.23** (3.55)	

---

① 拉姆（Ram，2009）利用1960~2000年间154个国家的5年和10年平均数据，研究了开放程度、国家规模和政府规模之间的关系。

续表

变量	EE1		EE2	
模型	(1)	(2)	(3)	(4)
政府意识形态2		0.03* (1.76)		0.15** (2.45)
政府类型	-0.03** (-2.45)	-0.05** (-2.47)	-0.44** (-4.56)	-0.07** (-6.55)
国际贸易	-0.13** (-6.45)	0.15 (0.34)	-0.35** (-2.66)	-0.34* (-1.78)
能源安全	2.56** (9.67)	1.37* (1.88)	0.45** (3.64)	0.34* (1.75)
《京都议定书》之后的时期	0.22 (0.54)	0.34 (0.55)	0.02* (1.67)	0.16* (1.91)
电力消耗	-2.43** (-8.23)	-1.05** (-8.77)	-0.56** (-2.67)	-1.45** (-2.66)
天然气消耗	-0.55* (-4.34)	-0.33** (-8.44)	-0.12* (-1.76)	-0.33** (-7.65)
人口数量	-0.56 (-0.67)	-0.22* (-1.78)	-0.44 (-0.78)	-0.47* (-1.88)
实际人均GDP	-0.09 (-0.34)	-0.54 (-0.05)	0.15 (1.34)	0.24** (3.88)
实际人均GDP的平方	0.04** (9.45)	0.65** (5.23)	0.45** (2.44)	0.23** (4.76)
观测值	243	243	243	243
Sargan检验（p值）	12.55 (0.12)	14.44 (0.11)	15.68 (0.65)	12.65 (0.25)
Arellano – Bond检验（p值）	-0.56 (0.13)	1.25 (0.43)	-1.68 (0.38)	-1.29 (0.64)

注：t统计量在括号中，**和*分别表示在5%和10%水平上显著。

结果表明，在所有方程中，左翼政党可以显著提升能源效率。除去变量京都和人均实际GDP外，其余的结果与我们之前的发现非常相似。具体而言，在第 3 列和第 4 列中，变量京都已经变为正的，并在常规水平上显著，表明《京都议定书》之后的时期有助于提高能源效率。而实际 GDP 似乎对能源效率的影响有限，这从大多数方程中不显著的系数可以明显看出（第 1~3 列）。

此外，我们还测试了估计方法的稳健性。我们尤其估计了最近在布鲁诺（Bruno，2005）的研究中扩展的纠偏最小二乘虚拟变量（LSDVC）模型。我们展示的 LSDVC（BB）结果分别代表阿雷亚诺和邦德（Arellano & Bond，1991）、布伦德尔和邦德（Blundell & Bond，1998）最开始的纠偏估计。① 因变量 EE1 和 EE2 年度数据的 LSDVC（BB）回归估计如表 5 - 3 所示。我们还计算了所有变量的长期影响，以研究这些影响是否长期持续。② 表 5 - 3 底部展示了所有变量的长期系数及其相应的 t 统计量。因此，我们能够考虑所有解释变量对能源效率的短期影响和长期影响，提供更完整的统计分析。

表 5 - 3　　　　　　　　LSDVC 回归估计（年度数据）

变量	EE1		EE2	
	LSDVC（BB）		LSDVC（BB）	
模型	(1)	(2)	(3)	(4)
滞后因变量	0.78** (4.54)	1.32** (4.44)	0.87** (5.34)	1.04** (12.54)
政府意识形态 1	0.23* (1.79)		0.36** (3.57)	
政府意识形态 2		0.34** (4.56)		0.25* (1.68)
政府类型	-0.13** (-4.45)	-0.35** (-5.06)	-0.33** (-3.46)	-0.52* (-1.66)
国际贸易	-0.36** (-3.67)	-0.56** (-4.22)	-0.45** (-3.67)	-0.34** (-3.78)

---

① 使用蒙特卡罗模拟生成自举标准误差。
② 我们按照黄（Huang，2010）计算经验模型的长期影响，公式如下：LSDVC 模型中观测（自）变量的估计系数/(1 - 滞后因变量的系数)。

续表

变量	EE1		EE2	
	LSDVC（BB）		LSDVC（BB）	
模型	（1）	（2）	（3）	（4）
能源安全	8.34** (5.67)	3.78** (5.09)	2.34** (3.45)	0.56** (4.55)
《京都议定书》之后的时期	-1.67** (-2.99)	-0.34 (-1.32)	-1.35** (-3.66)	-0.34** (-2.89)
电力消耗	-0.31** (-2.79)	-0.29** (-2.22)	-0.34** (-4.66)	-0.31** (-1.98)
天然气消耗	-1.23** (-9.37)	-0.83** (-2.89)	-0.36** (-6.54)	-0.44** (-2.48)
人口数量	-0.94** (-2.68)	-0.48** (-5.34)	-1.76** (-5.43)	-0.33** (-4.69)
实际人均GDP	1.35** (6.67)	2.94** (6.43)	0.03 (1.52)	0.94** (5.06)
实际人均GDP的平方	-0.26* (-1.68)	-0.26 (-1.44)	-0.45 (-1.53)	-0.34* (-1.76)
长期影响				
政府意识形态1	0.37* (1.67)		0.48** (6.78)	
政府意识形态2		0.26** (3.74)		0.57* (1.80)
政府类型	-0.42** (-6.08)	-0.75** (-3.88)	-0.44** (-2.06)	-0.14* (-1.76)
国际贸易	-0.36** (-6.04)	-0.21** (-5.04)	-0.62** (-4.34)	-1.34** (-5.43)
能源安全	4.07** (5.56)	4.48** (3.36)	0.94** (8.48)	0.37** (11.77)
《京都议定书》之后的时期	-2.67** (-3.07)	-0.55* (-1.67)	-0.89** (-2.63)	-0.52** (-2.78)
电力消耗	-0.18** (-4.06)	-0.26** (-2.36)	-0.15** (-3.55)	-0.05** (-2.37)

续表

变量	EE1		EE2	
	LSDVC（BB）		LSDVC（BB）	
模型	(1)	(2)	(3)	(4)
天然气消耗	-1.47** (-5.29)	-0.64** (-3.63)	-0.47** (-10.76)	-0.27** (-12.55)
人口数量	-0.45** (-4.74)	-0.96** (-6.55)	-1.52** (-2.38)	-0.33** (-3.66)
实际人均GDP	4.34** (8.54)	3.33** (4.54)	0.44 (0.36)	0.45** (4.44)
实际人均GDP的平方	-0.37* (-1.94)	-0.02 (-1.52)	-0.35 (-1.46)	-0.17* (-1.83)
观测值	711	696	711	696

注：t统计量在括号中，**和*分别表示在5%和10%水平上显著。LSDVC（AB）和LSDVC（BB）分别代表由Arellano和Bond（1991）、Blundell和Bond（1998）初始化的偏差校正估计。

可以看出，大多数解释变量在LSDVC（BB）模型中是一致的。我们发现，在表5-3中的所有方程中，这两个政府意识形态变量仍然为正，且至少在10%的水平上显著。这些发现与我们先前的结果是一致的。两个政府意识形态变量的长期估计值也为正，并在所有规范的常规水平上显著，表明这种影响在长期内是持续的。因此，我们研究结果表明，左翼政党在短期和长期均与能源效率的提高有关。

作为一个额外的检验，我们使用LSDVC方法估计了数据的三年平均值。因变量EE1和EE2的3年平均数据的LSDVC（BB）回归估计见表5-4。我们还计算了所有变量的长期影响，并展示在表5-4的底部。我们的结果仍表明，左翼政府与能源效率的提高有关。和前面一样，这种关系是长期维持的。总体而言，LSDVC回归估计（表5-3和表5-4）似乎与GMM回归估计（表5-1和表5-2）一致。

根据上述研究结果，我们明确政党的政治意识形态对能源效率具有重要影响，参见斯克鲁格斯（Scruggs，1999）提出的类似论点。值得注意的是，纳尔逊（Nelson，2002）指出，参议员的政治意识形态在美国环境政策投票概况中起着关键作用。此外，我们的结果与诺伊迈尔（Neumayer，2004）一

表 5-4　　　　　　　　LSDVC 回归估计（3 年平均值）

变量	EE1		EE2	
	LSDVC（BB）		LSDVC（BB）	
模型	(1)	(2)	(3)	(4)
滞后因变量	0.83** (8.43)	0.82** (2.94)	0.93** (2.35)	1.42** (8.49)
政府意识形态1	0.02** (2.39)		0.34* (4.36)	
政府意识形态2		0.02** (3.64)		0.12* (1.86)
政府类型	-0.03** (-5.40)	-0.26** (-4.71)	-0.42** (-3.38)	-0.52** (-2.22)
国际贸易	-0.23** (-3.85)	-0.74** (-2.47)	-0.55** (-3.53)	-0.44** (-3.36)
能源安全	3.04** (5.12)	3.43* (1.74)	0.34** (5.33)	0.58** (2.64)
《京都议定书》之后的时期	-0.32** (-6.26)	-0.43** (-5.46)	-1.43** (-5.32)	-0.57** (-2.42)
电力消耗	-0.53 (-1.06)	-0.31** (-4.56)	-0.04** (-4;53)	-0.32** (-2.65)
天然气消耗	-0.24** (-2.56)	-0.34** (-5.47)	-0.64** (-3.32)	-0.63** (-2.45)
人口数量	-0.15** (-7.53)	-0.74** (-3.89)	-1.64** (-2.73)	-0.24** (-2.79)
实际人均GDP	0.05 (1.59)	2.35** (12.56)	0.75 (1.34)	0.34** (5.14)
实际人均GDP的平方	-0.14 (-1.36)	-0.04 (-1.34)	-0.33 (-1.55)	-0.03* (-1.64)
长期影响				
政府意识形态1	0.04** (2.64)		0.35* (3.36)	
政府意识形态2		0.57** (3.66)		0.43* (1.78)

续表

变量	EE1		EE2	
	LSDVC（BB）		LSDVC（BB）	
模型	(1)	(2)	(3)	(4)
政府类型	-0.44* (-2.40)	-0.34** (-5.85)	-0.44** (-3.35)	-0.42** (-2.43)
国际贸易	-0.05** (-3.25)	-0.64** (-2.47)	-0.44** (-3.64)	-0.24** (-5.33)
能源安全	4.75** (2.43)	0.35* (1.74)	0.71** (2.64)	0.24** (5.35)
《京都议定书》之后的时期	-0.45** (-6.77)	-0.44** (-2.61)	-1.36** (-3.44)	-0.46** (-2.24)
电力消耗	-0.24 (-1.32)	-0.63** (-4.42)	-0.03** (-3;42)	-0.43** (-4.32)
天然气消耗	-0.63** (-3.53)	-0.26** (-5.67)	-0.34** (-3.25)	-0.75** (-2.47)
人口数量	-0.54** (-5.65)	-0.44** (-3.42)	-1.23** (-6.22)	-0.24** (-2.59)
实际人均GDP	0.16 (1.23)	1.25** (15.15)	0.34 (1.23)	0.47** (3.44)
实际人均GDP的平方	-0.54* (-1.68)	-0.14 (-1.53)	-0.33 (-1.34)	-0.24* (-1.76)
观测值	237	232	237	232

注：t统计量在括号中，**和*分别表示在5%和10%水平上显著。LSDVC（AB）和LSDVC（BB）分别代表由Arellano & Bond（1991）、Blundell & Bond（1998）初始化的偏差校正估计。

致。他认为，左翼政党更倾向于接受有利于环境的政策措施，右翼政府通常不太支持环境保护（McKitrick，2006）。鉴于左翼政党更关注环境问题，他们更愿意要求制造商在生产过程中提高设备的效率，从而促进节能减排。①因此，当左翼政党执政时，往往会表现出更好的能源效率。我们认为，这一论断的有效性应该是未来研究的重点。

---

① 这是诺伊·迈尔（Neumayer，2004）认为环境政策改革往往会增加商业成本的主要原因。

5.6 结 论

根据前文的结果，本书有以下贡献：首先，我们采用动态面板 GMM 方法，采用前瞻性视角，根据基于两种政府意识形态替代措施的所有变量的年平均值和三年平均值，实证研究了1980~2013 年 23 个经合组织国家政府意识形态对能源效率的影响。其次，我们排除了传统的能源效率指标（即 GDP—能源比率），并使用了加斯塔尔迪和纳德基亚（Gastaldi & Nardecchia, 2003）提出的时变卡尔曼滤波技术。再者，为了保证稳健的结果，我们采用了更有效的估计，即 LSDVC 方法，进行了深入的研究。最后，我们的结果与左翼政党更倾向于支持环保政策的观点相一致。根据这些发现，我们给出了政策启示：除了实体生产技术外，无形的政治家意识形态在影响经合组织国家能源效率方面发挥着关键作用，这是不容忽视的。我们为那些对这一领域感兴趣的研究人员提供了上述结果。

附录：

表 5–A1　　　　　　　　数据定义、来源和描述性统计

变量	定义	来源	均值	标准差
EE1	GDP 与能源使用量的比率	世界银行世界发展指标（2011）	6.384	1.909
EE2	能源效率系数	作者的计算方法	0.594	0.277
政府意识形态 1	Potrafke 政府意识形态指数	Potrafke（2009）	2.809	0.854
政府意识形态 2	政府意识形态（-1：右；0：中；1：左）以议会席位份额为权重	（更新）Beck 等学者（2001）政治机构的数据库	-0.021	0.403
政府类型	政府类型指数	Armingeon 等学者（2010）	2.339	1.212
国际贸易	出口加上进口占 GDP 的百分比	世界银行世界发展指标（2011）	4.109	0.522
能源安全	能源进口占 GDP 的百分比	世界银行世界发展指标（2011）	-0.002	0.016

续表

变量	定义	来源	均值	标准差
《京都议定书》之后的时期	自1997年后，虚拟变量赋值为1	作者的计算方法	0.035	0.184
实际人均GDP	实际人均GDP（对数）（以2005年为基期）	世界银行世界发展指标（2013）	10.287	0.356
电力消耗	用电量（对数）（按人均千瓦时计算）	世界银行世界发展指标（2013）	8.934	0.582
天然气消耗	天然气使用量（对数）（按人均十亿立方米计算）	BP世界能源统计（2013）	6.334	0.387
人口数量	人口数量（对数）	世界银行世界发展指标（2013）	16.332	1.618

表5－A2　　　　　　　　　　能源效率系数

年份	澳大利亚	奥地利	比利时	加拿大	丹麦	芬兰	法国	德国	希腊	冰岛	爱尔兰	意大利
1980	0.8432	0.3324	0.3356	0.8411	0.0948	0.2569	0.3177	0.0126	0.4465	0.4856	1.1669	0.5397
1981	0.8455	0.3340	0.3375	0.8454	0.0950	0.2591	0.3191	0.0123	0.4458	0.4849	1.1701	0.5413
1982	0.8452	0.3367	0.3395	0.8458	0.0984	0.2625	0.3216	0.0125	0.4434	0.4866	1.1731	0.5428
1983	0.8462	0.3393	0.3403	0.8484	0.1017	0.2651	0.3219	0.0113	0.4408	0.4827	1.1736	0.5439
1984	0.8481	0.3383	0.3412	0.8497	0.1054	0.2674	0.3222	0.0092	0.4410	0.4846	1.1764	0.5455
1985	0.8518	0.3396	0.3417	0.8519	0.1083	0.2687	0.3224	0.0073	0.4405	0.4891	1.1746	0.5472
1986	0.8544	0.3415	0.3422	0.8527	0.1127	0.2701	0.3239	0.0056	0.4428	0.4951	1.1699	0.5490
1987	0.8534	0.3420	0.3438	0.8538	0.1131	0.2715	0.3253	0.0044	0.4382	0.5019	1.1699	0.5499
1988	0.8561	0.3449	0.3474	0.8548	0.1136	0.2775	0.3289	0.0016	0.4393	0.5012	1.1754	0.5521
1989	0.8547	0.3487	0.3502	0.8551	0.1148	0.2816	0.3311	0.0014	0.4389	0.4992	1.1790	0.5530
1990	0.8559	0.3519	0.3522	0.8578	0.1164	0.2817	0.3326	0.0053	0.4382	0.4989	1.1798	0.5544
1991	0.8562	0.3534	0.3526	0.8564	0.1167	0.2756	0.3321	0.0092	0.4407	0.4995	1.1812	0.5546
1992	0.8549	0.3567	0.3535	0.8554	0.1189	0.2733	0.3335	0.0109	0.4405	0.4960	1.1851	0.5554
1993	0.8544	0.3570	0.3535	0.8550	0.1190	0.2714	0.3325	0.0105	0.4395	0.4939	1.1855	0.5551
1994	0.8576	0.3594	0.3543	0.8565	0.1236	0.2730	0.3351	0.0124	0.4400	0.4972	1.1871	0.5572
1995	0.8600	0.3597	0.3556	0.8578	0.1267	0.2777	0.3357	0.0139	0.4417	0.4962	1.1981	0.5559
1996	0.8588	0.3602	0.3552	0.8576	0.1282	0.2796	0.3353	0.0146	0.4428	0.4982	1.1972	0.5568

续表

年份	澳大利亚	奥地利	比利时	加拿大	丹麦	芬兰	法国	德国	希腊	冰岛	爱尔兰	意大利
1997	0.8602	0.3621	0.3577	0.8602	0.1321	0.2841	0.3378	0.0160	0.4446	0.5026	1.1997	0.5577
1998	0.8620	0.3649	0.3587	0.8637	0.1345	0.2887	0.3397	0.0176	0.4458	0.5058	1.2009	0.5576
1999	0.8647	0.3681	0.3615	0.8660	0.1376	0.2925	0.3423	0.0192	0.4486	0.5032	1.2068	0.5582
2000	0.8669	0.3712	0.3644	0.8683	0.1412	0.2973	0.3450	0.0216	0.4509	0.5051	1.2110	0.5602
2001	0.8698	0.3703	0.3656	0.8705	0.1417	0.2992	0.3457	0.0225	0.4538	0.5073	1.2096	0.5616
2002	0.8710	0.3704	0.3679	0.8726	0.1424	0.2994	0.3464	0.0226	0.4571	0.5073	1.2138	0.5619
2003	0.8729	0.3700	0.3674	0.8709	0.1422	0.2996	0.3468	0.0225	0.4605	0.5105	1.2223	0.5601
2004	0.8758	0.3718	0.3699	0.8714	0.1447	0.3028	0.3483	0.0232	0.4640	0.5170	1.2259	0.5607
2005	0.8736	0.3727	0.3718	0.8727	0.1475	0.3075	0.3498	0.0239	0.4669	0.5227	1.2306	0.5607
2006	0.8749	0.3754	0.3745	0.8757	0.1503	0.3096	0.3518	0.0260	0.4705	0.5180	1.2338	0.5624
2007	0.8842	0.3786	0.3717	0.8856	0.1441	0.3032	0.3519	0.0220	0.4599	0.5152	1.2352	0.5714
2008	0.8872	0.3777	0.3729	0.8880	0.1446	0.3052	0.3526	0.0230	0.4629	0.5174	1.2338	0.5728
2009	0.8884	0.3778	0.3752	0.8900	0.1452	0.3054	0.3533	0.0231	0.4662	0.5175	1.2381	0.5731
2010	0.8903	0.3774	0.3747	0.8883	0.1450	0.3056	0.3538	0.0229	0.4698	0.5207	1.2467	0.5713
2011	0.8933	0.3792	0.3773	0.8889	0.1476	0.3089	0.3553	0.0237	0.4733	0.5274	1.2504	0.5719
2012	0.8911	0.3802	0.3792	0.8901	0.1505	0.3137	0.3568	0.0244	0.4763	0.5331	1.2552	0.5719
2013	0.8924	0.3829	0.3820	0.8932	0.1533	0.3158	0.3588	0.0265	0.4799	0.5284	1.2585	0.5737

表 5 – A2　　　　　　　　能源效率系数（续）

年份	日本	卢森堡	荷兰	新西兰	挪威	葡萄牙	西班牙	瑞典	瑞士	英国	美国
1980	0.6839	0.3662	0.3370	0.4293	0.1054	0.4179	0.6897	0.1509	0.3523	0.5364	1.0386
1981	0.6874	0.3710	0.3383	0.4328	0.1069	0.4195	0.6888	0.1502	0.3545	0.5366	1.0422
1982	0.6894	0.3753	0.3405	0.4345	0.1076	0.4174	0.6913	0.1519	0.3542	0.5384	1.0439
1983	0.6906	0.3814	0.3411	0.4359	0.1109	0.4169	0.6920	0.1535	0.3527	0.5414	1.0469
1984	0.6893	0.3854	0.3425	0.4377	0.1160	0.4153	0.6922	0.1565	0.3547	0.5435	1.0487
1985	0.6928	0.3883	0.3440	0.4360	0.1207	0.4178	0.6931	0.1575	0.3560	0.5440	1.0507
1986	0.6945	0.3995	0.3457	0.4374	0.1241	0.4182	0.6947	0.1594	0.3564	0.5464	1.0529
1987	0.6967	0.4057	0.3470	0.4372	0.1257	0.4233	0.6978	0.1626	0.3584	0.5496	1.0522
1988	0.6981	0.4137	0.3502	0.4350	0.1262	0.4284	0.6975	0.1648	0.3613	0.5530	1.0523

续表

年份	日本	卢森堡	荷兰	新西兰	挪威	葡萄牙	西班牙	瑞典	瑞士	英国	美国
1989	0.7000	0.4213	0.3538	0.4326	0.1267	0.4272	0.6960	0.1677	0.3660	0.5549	1.0536
1990	0.7004	0.4258	0.3567	0.4303	0.1287	0.4286	0.6977	0.1687	0.3673	0.5552	1.0560
1991	0.7022	0.4320	0.3572	0.4280	0.1313	0.4320	0.6976	0.1674	0.3662	0.5529	1.0554
1992	0.7018	0.4344	0.3590	0.4277	0.1344	0.4307	0.6973	0.1669	0.3659	0.5531	1.0562
1993	0.7016	0.4387	0.3598	0.4328	0.1366	0.4293	0.6986	0.1653	0.3665	0.5544	1.0566
1994	0.6997	0.4445	0.3621	0.4367	0.1415	0.4291	0.6974	0.1676	0.3671	0.5574	1.0578
1995	0.6997	0.4520	0.3642	0.4398	0.1455	0.4293	0.6971	0.1709	0.3678	0.5595	1.0587
1996	0.7006	0.4537	0.3659	0.4411	0.1507	0.4329	0.6998	0.1721	0.3679	0.5600	1.0594
1997	0.7011	0.4612	0.3701	0.4415	0.1549	0.4349	0.6995	0.1746	0.3691	0.5635	1.0617
1998	0.7005	0.4700	0.3735	0.4429	0.1570	0.4363	0.7003	0.1778	0.3710	0.5656	1.0638
1999	0.6997	0.4772	0.3778	0.4457	0.1584	0.4371	0.7014	0.1822	0.3725	0.5678	1.0649
2000	0.7007	0.4835	0.3803	0.4474	0.1619	0.4403	0.7027	0.1868	0.3759	0.5703	1.0654
2001	0.7017	0.4847	0.3811	0.4509	0.1636	0.4419	0.7042	0.1871	0.3753	0.5722	1.0673
2002	0.7019	0.4863	0.3809	0.4568	0.1657	0.4412	0.7048	0.1888	0.3767	0.5749	1.0676
2003	0.7033	0.4859	0.3804	0.4616	0.1657	0.4414	0.7054	0.1910	0.3766	0.5764	1.0694
2004	0.7038	0.4864	0.3817	0.4649	0.1680	0.4416	0.7056	0.1940	0.3786	0.5788	1.0704
2005	0.7054	0.4909	0.3832	0.4682	0.1689	0.4417	0.7074	0.1973	0.3809	0.5801	1.0720
2006	0.7072	0.4972	0.3865	0.4692	0.1747	0.4454	0.7105	0.2011	0.3823	0.5829	1.0745
2007	0.7147	0.4932	0.3879	0.4563	0.1652	0.4491	0.7168	0.1905	0.3834	0.5818	1.0867
2008	0.7157	0.4944	0.3887	0.4599	0.1668	0.4508	0.7183	0.1908	0.3828	0.5836	1.0887
2009	0.7159	0.4960	0.3885	0.4660	0.1690	0.4500	0.7189	0.1926	0.3843	0.5864	1.0889
2010	0.7174	0.4956	0.3880	0.4708	0.1690	0.4502	0.7195	0.1948	0.3842	0.5879	1.0907
2011	0.7179	0.4962	0.3893	0.4742	0.1714	0.4504	0.7197	0.1979	0.3862	0.5904	1.0918
2012	0.7195	0.5007	0.3909	0.4776	0.1723	0.4506	0.7215	0.2013	0.3885	0.5917	1.0934
2013	0.7214	0.5071	0.3943	0.4786	0.1782	0.4543	0.7247	0.2051	0.3899	0.5946	1.0960

第6章

国家风险与能源需求[①]

6.1 引　言

本书通过考察国家风险的不同维度（包括经济风险、金融风险和政治风险）和金融不确定性如何影响三大能源商品期货（包括原油、燃油和天然气），扩展了现有文献关于能源期货市场的讨论。我们利用国家风险国际指南（International Country Risk Guide，ICRG）数据和工具变量分位数回归（instrumental variable quantile regression，IVQR）来评估1994年1月~2017年7月期间，不同商品条件报酬分布下国家风险对能源商品期货的影响。在当前的政治经济环境之下，这个问题值得深入的分析，因为政治的稳定性、经济的波动与金融动荡等环境风险会影响商品交易商的投资行为，从而改变商品价格与收益。

由于经济是由不断增长的能源需求所驱动，许多经济活动将能源视为生产过程中最关键的要素投入（Doran & Ronn，2008；Gatfaoui，2016；Lee，Lee & Ning，2017）。随着能源商品价格持续飙升和剧烈波动，能源商品期货的投资者对于对冲价格风险的需求日益增加（Karali & Ramirez，2014；

[①] 本部分由本书作者李起铨（Lee，C. C.），李建强（Lee，C. C.，）和连大祥（Lien，D.）发表在《期货市场期刊（The Journal of Futures Markets）》的《国家风险与金融不确定性对能源商品期货有影响吗？（Do country risk and financial uncertainty matter for energy commodity futures?）》一文整理而成。

Koch，2014；Lubnau & Todorova，2015）。在这种转型趋势下，机构、投资者、风险管理者，以及学者们在选择合适的工具和制定风险管理策略方面，都面临着越来越多的挑战。此外，经验证据表明，能源市场通过价格、波动性、流动性和经济事件等不同的冲击渠道对金融市场产生影响（Aspergis & Miller，2009；Lee & Lee，2018；Narayan & Gupta，2015）。这些机制被广泛讨论，甚至成为当前文献研究的重点之一。

在过去几十年里，大量投资流入能源商品市场，加强了商品市场和金融市场之间的联系，并引发了关于宏观经济波动和金融因素对商品价格影响的激烈辩论（D'Ecclesia，2016；Narayan，Narayan & Sharma，2013；Reboredo & Uddin，2016）。许多分析人士认为，金融化在很大程度上影响了能源商品价格，因为投机行为的增加会影响价格的波动性和信息共享（Adams & Glück，2015；Büyükşahin & Robe，2014）。按照该思路，亨德森、皮尔逊和王（Henderson，Pearson & Wang，2015）研究了金融投资者的流动对商品期货价格的影响，并发现了非信息的金融投资对商品价格有重要影响。马内拉、尼科利尼和维格纳蒂（Manera，Nicolini & Vignati，2016）分析了金融投机在商品期货价格波动建模中的作用，并证明投机显著影响收益波动。

相比于金融化的相关知识，近期的市场经验告诉我们，加深对股票和商品价格变化中环境不确定性的理解更为重要。金融和政治的不确定性在很大程度上被认为是宏观经济表现的主要驱动因素，并通过供给和需求两侧渠道与股票收益密切相关（Pástor & Veronesi，2012）。先前的研究强调，金融不确定性增加了投资者在做出风险和投资组合决策时所感知的风险。鉴于商品期货在极端市场条件下通常充当作对冲资产或避风港，金融不确定性可能通过投资组合再平衡在商品价格上得到体现。康诺利、斯蒂弗斯和孙（Connolly，Stivers & Sun，2007）以芝加哥期权交易所（CBOE）波动性指数（VIX）为衡量指标，研究股票和债券收益之间的波动如何随着股票的不确定性而变化，发现该不确定性对这些收益有负面影响的证据。从金融压力的角度来看，奈法尔和哈穆德（Naifar & Hammoudeh，2016）指出较高的金融压力指标与股票收益呈负相关。此外，尹和韩（Yin & Han，2014）区分了两种宏观经济的不确定性，即与政策相关的不确定性和与股票市场相关的不确定性，并表明两种不确定性的波动性增加会导致正收益和更高水平的商品市场波动。相比之下，商品市场波动的增加只会导致更高的政策不确定性，而不会对股票不确定性产生影响。不同的是，雷博雷多和乌丁（Reboredo & Uddin, 2016）研究了金融压力和政策不确定性对商品期货价格动态的影响，指出股票市场的不确定性对商品期货价格的决定并不是至关重要，且金融压力对商品价格有负面影响。

虽然商品价格的表现在实证文献中得到了广泛的分析，但一个重要的外部因素——国家风险尚未得到适当的重视。从资产定价的角度来看，理论和实证研究都明确地将国家风险与股票预期收益联系起来（Bekaert, Harvey, Lundblad & Siegel, 2016; Diamonte, Liew & Stevens, 1996; Erb, Harvey & Viskanta, 1996; Mariscal & Lee, 1993）。也就是说，国家风险被股票收益所定价。正如布鲁克斯、张和比尼克（Brooks, Zhang & Bheenick, 2007）所指出的，资本资产定价模型（capital asset pricing model, CAPM）是一种来描述国家风险的简单方法。马里斯卡尔和李（Mariscal & Lee, 1993）的早期研究将主权债券利差衡量的国家风险变量引入到修正的国际资本资产定价模型中。作为主权利差调整的替代方法，厄布等学者（Erb et al., 1996）采用以问卷调查为基础的国家信用评级来推断预期收益，结果表明国家风险会包含未来股票收益的信息。此外，个别投资者、投资组合经理、管理决策层一直密切关注国家风险，并在最近的全球金融危机之后加大关注力度。因此，我们推测，国家风险是影响商品期货收益的一个重要因素。

国家风险反映了一个国家经济的实力、政治的稳定性，以及它履行其财政义务的能力和意愿。因此必须详细了解国家风险在金融市场上的作用，才能正确理解其传导机制。国家风险与经济活动之间的关系受到了广泛的关注（Bahadir & Valev, 2015; Brückner & Gradstein, 2015; Lee & Lee, 2018a; C. Liu, Sun, Chen & Li, 2016）。虽然有一些研究涉及商品价格与经济政策不确定性指数（EPU）之间的关系（Reboredo & Uddin, 2016），但国家风险的性质相当不同，不能只反映在一个单一的维度上。到目前为止，人们对国家风险中脆弱性的来源没有很好的了解，对国家风险的决定因素也缺乏足够的认识，甚至不清楚不同类型的国家风险是否对商品未来价格报酬有类似的影响。为了填补文献中的空白，本书利用多面向的指标研究了能源商品期货（包括原油、燃油、天然气）与国家风险之间的动态关系。

本书的贡献有五个方面。第一，我们考察了国家风险和金融不确定性对能源市场商品期货价格动态的影响，这在以往的研究中没有得到适当的探讨。第二，由于特别强调其对能源商品期货的影响，国家风险一般只从政治层面考虑，如经济政策的不确定性或政治风险，而我们研究了多方面的国家风险因素（包括经济、金融和政治风险）。多维风险指标比外部环境风险因素的单一指标提供了更全面的评价。第三，运用工具变量分位数回归，我们寻求对能源商品期货市场价格动态的深入理解，并定量地展示国家风险和金融不确定性如何塑造能源商品的条件报酬分布。因此，我们的研究结果补充了现有的研究，并揭示了不同维度的国家风险对能源商品价格的影响。第四，随着期货合约期限的延长，交易量减少，波动性增加（Alizadeh & Tamvakis，2016）。由于期货合约传递的信息在不同的到期日有所不同，我们观察了期货合约的期限长度是否以及如何影响国家风险对三大能源市场的作用。

此外，本书所考虑的数据还会呈现某些显著的特征，如内生性和异质性，这些特征直接关系到估计回归模型的有效性。前者与国家风险的潜在内生性有关，这是估计回归模型中的一个典型问题。帕斯托尔和韦罗内西（Pástor & Veronesi，2012）认为，政策变化不是外生的，而是由各种经济和政治力量决定的。康和拉蒂（Kang & Ratti，2013）也表明，经济政策的不确定性不是外生的，并受油价冲击的影响。乔茨、米格农和拉扎芬德拉贝（Joëts，Mignon & Razafindrabe，2016）认为宏观经济的不确定性对商品价格冲击有内生反应。目前尚不清楚因果关系是从国家风险转向商品价格，还是从商品价格转向国家风险。为了解释这种内生性，我们使用了工具变量估计。后者是异质性。我们不依赖于条件集中趋势的单一度量，而是通过应用切尔诺朱科夫和汉森（Chernozhukov & Hansen，2006，2008）开发的工具变量分位数回归模型，对国家风险与能源商品之间的非线性关系进行了研究。该方法已广泛应用于应用计量经济学的众多领域（Apergis & Christou，2015；Balestra & Backes–Gellner，2017）。由于市场所存在的异质投资者、噪音交易者、交易成本以及市场摩擦，金融市场可能具有非线性关系的特征（De Long，Sheiler，Summers & Waldman，1990；Maslyuk & Smyth，2009；McMillan，2003）。分位数回归（QR）方法允许我们探索一系列条件分位数函数，从而观察各种形式的条件异质性。分位数变化估计值使我们能够检验在因变量（即能源商品收益）的整个分布中，风险和收益之间的关系是否存在变化。这是我们不同于以往研究的一个主要贡献。

6.2 机理分析和假说提出

风险收益权衡是资产定价的基础，在最优投资组合选择和风险管理策略等金融活动领域得到了广泛的探索。从微观的视角来看，特质风险与未来预期收益之间存在正相关关系，但关于风险和收益关系的实证证据却存在着争议，并在研究领域引发了一系列的争论。例如，早期的一些研究支持正向的风险收益关系（Barberis & Huang，2001；Merton，1987），而其他研究则不支持（Ang，Hodrick，Xing & Zhang，2006，2009）。这些相互矛盾的研究结果通常被称为"特质波动之谜"。另外，从宏观的视度来看，系统风险和收益之间的关系的证据也是相互矛盾的。夏普（Sharpe，1964）、林特纳（Lintner，1965）和布莱克（Black，1972）的传统资本资产定价模型预测，超额收益与系统风险之间应存在正相关关系。虽然理论预测与经济直觉一致，即预期收益应随市场风险呈正相关变化，但经验证据却无法支持前述结论。例如，巴厘和卡基奇（Bali & Cakici，2010）发现了国家特定特质波动率与未来指数收益率之间的正相关关系，而勃兰特和王（Brandt & Wang，2010）的结论则相反。总的来说，风险收益关系的不同结果取决于不同的计量经济技术、时间周期和金融资产。

虽然上述研究对我们理解风险收益关系很重要，并为战略和政策目标可能实现的方向提出了建议，但人们越来越意识到国家风险与金融市场表现之间的联系。国家风险的变化可能是将经济、金融和政治条件波动传递给金融市场的渠道。从经济方面看，经济风险大多与一个国家的经济状况有关。人们普遍认为，经济活动确实对资产价格有直接影响，因为企业的现金流和风险调整贴现率随经济条件的变化而变化。现有的文献已经确定，经济状况应该被定价为影响股票收益的风险因素（Chen，Roll & Ross，1986；Ferson & Harvey，1991，1999）。帕斯托尔和韦罗内西（Pástor & Veronesi，2013）构建了一个理论模型，将股票风险溢价分解为两个组成部分，分别对应基本经济冲击和政治冲击。莱（Lai，2017）实证研究了经济因素是否在期权收益中被定价，结果表明宏观经济因素的风险溢价显著。

从金融的角度来看，金融风险与履行其金融义务的能力有关。在这方面，分析主权收益率利差是获取主权违约风险的最常见方法。早期的研究使用资本资产定价模型，并引入主权收益率利差作为衡量国家风险的关键指标来评估预期的股票收益（Godfrey & Espinosa，1996；Mariscal & Lee，1993）。后来为了扩大分析范围，一些研究进一步使用不同的国家风险定义来衡量股票收益（Damodaran，2003）。厄布、哈维和维斯坎塔（Erb, Harvey & Viskanta，1995）利用以问卷调查为基础的国家信用评级研究发现，较高的国家风险与较高的股票平均收益有关。

从政治的影响来看，潘扎利斯、斯坦格兰德和特特尔（Pantzalis, Stangeland & Turtle，2000）以及李和博恩（Li & Born，2006）在全国选举期间发现异常高的股票市场收益。高和齐（Gao & Qi，2013）则指出，债券收益率在重大选举前后上升。这些结果表明，风险溢价与政治不确定性之间存在正相关关系。此外，帕斯托尔和韦罗内西（Pástor & Veronesi，2012，2013）在理论基础上建立了一个评估政治不确定性如何影响股票价格的框架，表明投资者厌恶不确定性，并需要更多的补偿来承担它。凯丽、帕斯托尔和韦罗内西（Kelly, Pástor & Veronesi，2016）在帕斯托尔和韦罗内西（Pástor & Veronesi，2013）的理论模型的指导下提出，跨政治选举的期权价格往往更昂贵，这意味着此类期权的价格存在风险溢价。根据这些论点，我们的第一个假设：

假设1：国家风险对商品期货收益有显著的正向影响。

许多金融和经济指标通常受到外部冲击的影响，并表现出非线性过程（Lee, Lee & Chiou，2017；G. C. Liu & Lee，2016；Uritskaya & Uritsky，2015；Wang, Wu & Yang，2014）。能源商品期货也可能表现出非线性行为，这是由于随着时间推移出现的制度变化（例如能源和金融危机），从而导致价格急剧变化和商品价格发生变化（Gatfaoui，2016；Vo，2009）。在关注风险收益关系的具体领域时，最近的一些研究已经意识到该系统的非线性性质。使用一个简单的动态资产定价模型，韦罗内西（Vcronesi，2000）发现风险收益关系是非单调的。在均衡框架的基础上，怀特洛（Whitelaw，2000）从理论上提出了风险与预期收益之间的非线性关系。斯科特·梅菲尔德（Scott Mayfield，2004）还提供了一种估计市场风险溢价的方法，该方法解释了不同市场状态下投资机会的变化。因此，非线性规范对反映收益与风险之间关系而言是有必要的（Salvador，Floros & Arago，2014）。

国家风险与能源商品价格报酬之间存在非线性关系可能来自非线性交易成本、投机交易者的作用以及能源商品期货市场存在跳跃和极端波动（Silvapulle & Moosa，1999；Wilson，Aggarwal & Inclan，1996）。此外，能源市场制度变化的存在也会造成这种非线性。例如，可被视为国家风险特例的金融危机通常会导致商品价格变化，而这种价格调整过程可能是不对称的。在金融市场中，投资者对负面冲击的反应往往多于对正面冲击的反应（Hatemi – J，Ajmi，EI Montasser，Inglesi – Lotz & Gupta，2016）。因此，国家风险可能对能源商品期货收益产生非线性影响。

此外，预期国家风险与资产收益之间的关系有几个理论上的理由。布卢姆（Bloom，2014）指出了不确定性影响增长的两个消极和两个积极的渠道。实物期权假设主张不确定性的负面影响。鉴于等待的价值的存在，经济主体在不确定条件下的投资、雇用、生产和消费行为往往更加谨慎（Bernanke，1983；Brennan & Schwartz，1985）。风险规避和风险溢价效应则提出，投资者对于更大的不确定性需要更多的风险补偿，从而导致风险溢价增加，进而对增长产生负面影响（Christiano，Motto & Rostagno，2010；Gilchrist，Sim & Zakrajsek，2014）。而增长期权理论认为，如果增加潜在收益的规模，不确定性的增加将鼓励投资。以互联网泡沫为例，企业不确定互联网的影响，但仍然增加了相关投资。卡夫、施瓦茨和维斯（Kraft，Schwartz & Weiss，2017）按照这一思路提出，更高的不确定性提高了一家公司的股价。最后，Oi – Hartman – Abel 效应强调，如果企业能够扩张以获得良好的收益，并签订合同以防范低下的收益，那么它们可能是热爱风险的。在这方面，更高的不确定性将促进经济增长（Abel，1983；Hartman，1972；Oi，1961）。上述不确定性是国家风险影响投资行为从而改变商品价格的主要表现。鉴于没有明确国家风险如何影响收益，区分不同市场状态下国家风险对商品价格的影响是有意义的。此外，一些实证研究更准确地表明，国家风险、宏观经济因素和股票市场收益之间存在非线性关系（T. Liu，Hammoudeh & Thompson，2013；Mensi，Hammoudeh，Yoon & Balcilar，2017；Mensi，Hammoudeh，Yoon & Nguyen，2016；Reboredo & Uddin，2016）。门西等（Mensi et al.，2017）进一步指出，这些变量对商业周期的繁荣和萧条很敏感。基于以上的阐述，我们构建第二个待检验假设如下：

假设2：国家风险对商品期货收益有非线性影响。

6.3 方　　法

由于国家风险和金融不确定性的影响在商品期货收益分布的各个方面可能有所不同，我们采用科恩克和巴塞特（Koenker & Bassett, 1978）引入的分位数回归技术来解决这种异质性问题。利用分位数回归，我们得以探讨期货市场的表现如何影响期货收益与国家风险之间的联系。而这与市场战略的实际调整密切相关。对于我们的目标来说，这种方法的优点已经在文献中得到了很好的证明（Koenker, 2005）。为了进一步解释可能的内生性问题，我们采用了切尔诺朱科夫和汉森（Chernozhukov & Hansen, 2006, 2008）提出的工具变量分位数回归方法。能源商品收益的四分位数系统可以表示为

$$y_t = D_t'\alpha(U_t) + X_t'\beta(U_t), \quad U_t \mid X_t, Z_t \sim \text{Uniform}(0, 1) \quad (6-1)$$

$$D_t = f(X_t, Z_t, V_t), \quad V \text{ 在统计上依赖于 } U \quad (6-2)$$

$$\tau \mapsto D_t'\alpha(\tau) + X_t'\beta(\tau), \quad \text{在 } \tau \text{ 中是严格递增的} \quad (6-3)$$

此处，$t = 1, \cdots, T$ 表示时间段。在这些方程中，因变量 y_t 表示时间 t 时的商品期货收益。U_t 是一个随机变量，它聚集了所有未观察到的对于 y_t 的影响因素。与任何分位数回归模型一样，它在区间（0, 1）上遵循均匀分布。D_t 是由式（6-2）确定的国家风险的内生变量。X_t 是商品期货报酬和金融不确定性的滞后项的外生向量。Z_t 是独立于 U_t 的外生工具向量，但通过式（6-2）与 D_t 相关。在我们的实证模型中，我们使用国家风险的滞后项作为可能的工具变量。这种策略类似于阿雷亚诺和博韦尔（Arellano & Bover, 1995）以及布伦德尔和邦德（Blundell & Bond, 2000）提出的动态面板广义矩估计的思想。该策略的合理性在于，这些变量的滞后值是既定的，它们不会受到当前风险收益关系的影响而改变。最后，向量 V_t 由确定的未观察到的随机变量组成，这些随机变量决定 D_t 并与 U_t 相关。

为了使估计既实用又贴近现实，我们将加权分位数回归目标函数定义为：

$$Q(\tau, \alpha, \beta, \gamma) = \frac{1}{T} \sum_{t=1}^{T} \rho_\tau (y_t - D_t'\alpha - X_t'\beta - Z_t'\gamma) \quad (6-4)$$

切尔诺朱科夫和汉森（Chernozhukov & Hansen，2006）指出，对于给定的分位 τ，式（6-3）中的参数通过最小化加权绝对偏差来估计：

$$\mathop{\arg\inf}\limits_{\hat{\beta}(\alpha,\tau),\hat{\gamma}(\alpha,\tau)} = \sum_{t=1}^{T} \rho_\tau (y_t - D_t'\alpha - X_t'\beta - Z_t'\gamma) \qquad (6-5)$$

此处，ρ_τ 是 τ 分位数处的检验函数，定义为 $\rho_\tau(u) = (\tau - I(u \leq 0))u$，$I(\cdot)$ 表示单位矩阵（indication function）。然后，我们选择使 $\gamma(\alpha,\tau)$ 最接近于零的 $\alpha(\tau)$ 值。

$$\hat{\alpha}(\tau) = \mathop{\arg\inf}\limits_{\alpha \in \Lambda}[W(\alpha)], \ W(\alpha) = n[\hat{\gamma}(\alpha,\tau)'] \hat{A}(\alpha)[\hat{\gamma}(\alpha,\tau)]$$

$$(6-6)$$

此处 Λ 是 α 的参数空间，$\hat{A}(\alpha)$ 是在 $W(\alpha)$ 是检验 $\gamma(\alpha,\tau)=0$ 的 Wald 统计量的情况下，$\sqrt{n}[\hat{\gamma}(\alpha,\tau) - \gamma(\alpha,\tau)]$ 的渐近方差协方差逆矩阵的估计。因此，我们对 α 和 β 的最终估计量是由 $\hat{\alpha}(\tau)$ 和 $\hat{\beta}(\hat{\alpha},\tau)$ 给出的。

6.4 数据描述

本书采用1994年1月～2017年7月纽约商品交易所（NYMEX）三种不同能源商品（原油、燃油和天然气）的期货价格月度数据，每个时间序列数据有283个观测值。这些数据来自美国能源信息署（EIA）的网站。我们还使用合约1、合约2、合约3和合约4分别表示在1、2、3和4个月到期的西德克萨斯中质原油（WTI）四份合约的期货价格。期货价格是指在未来的特定时间和地点交付特定数量的商品的报价。例如，合约1表示具有最早交货日期的期货合约。合约2~4表示合约1之后的连续交付月。对于原油，每个合约在交货月的第25个公历日之前的第三个工作日到期。如果是该月的第25个公历日是非工作日，则交易在第25个公历日之前的工作日再之前的第三个工作日停止交易。原油期货合约的标准交易单位是1000桶，价格以每桶美元报价（Chen，Lee & Zeng，2014；Lee & Zeng，2011）。此外，燃油期货合约在交割月份前一个月的最后一个工作日到期。而天然气合约在交割月份的第一个公历日的前三个工作日到期。燃油和天然气的合约分别以美元/桶和美元/百万英热单位（Btu）报价。

我们使用政治风险服务集团（PRS集团）构建的国家风险国际指南（ICRG）中的风险数据。这些指数对一个国家的政治稳定、金融能力、商业能力、贸易偿债能力、经济优劣势，在同一个基准上分别进行评估。该风险评级每月更新140个发达和新兴市场的历史数据，可追溯至1984年。除政治风险评级从0到100外，金融和经济风险评级都在0到50之间。风险评级分配到更高的ICRG评分意味着该评级所表示的风险较低。因此，评级分数越高，风险越低。此外，将这三个部分的风险评级结合起来，得出一个综合风险评级，作为国家风险的总体衡量标准。

我们还考虑了金融不确定性对商品市场的影响，用芝加哥期权交易所（CBOE）波动性指数和圣路易斯美联储金融压力指数（financial stress index，FSI）衡量美国金融市场状况。这些变量来自芝加哥期权交易所（CBOE）和圣路易斯联邦储备银行。① 所有变量都转化为对数报酬值，除了FSI需要一阶差分转换，因为这个指数有负值。附表6-A1提供了实证分析中变量的所有详细定义和来源，附表6-A2给出了这些变量的描述性统计。根据附表6-A2，原油表现出最高的平均收益率（0.47%），其次是燃油（0.44%）和天然气（0.08%）。然而，我们发现天然气的价格报酬具有很强的波动性（12.96%）。图6-1显示了所有变量的演变，并提供了样本期间的初步观测。简单来说，商品价格回报根据左轴显示的直方图在不同的时间域是不同的。

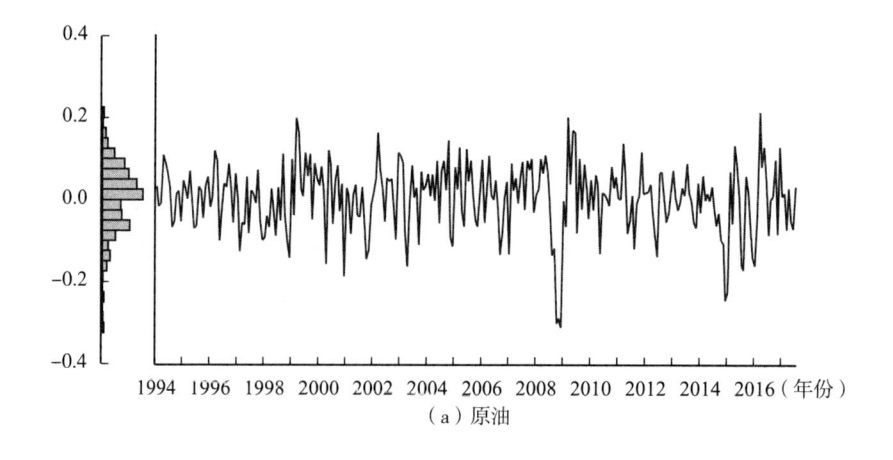

(a) 原油

---

① FSI 数据：https：//research.stlouisfed.org/fred2/series/STLFSI.

(b) 燃油

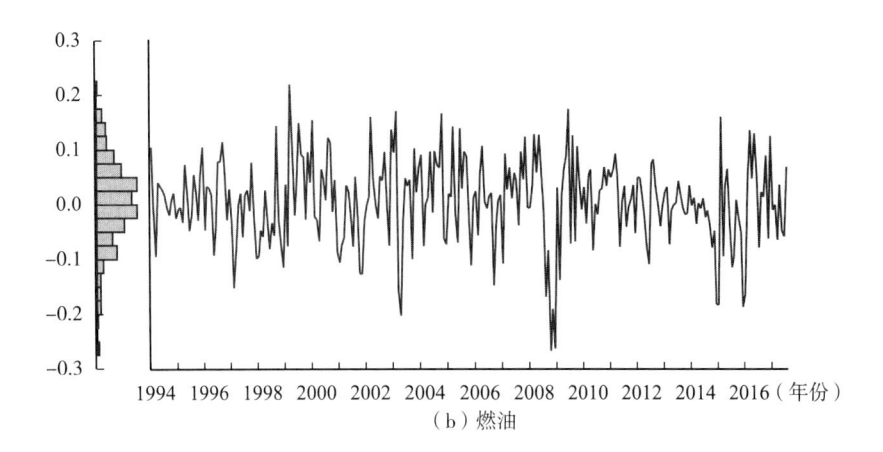

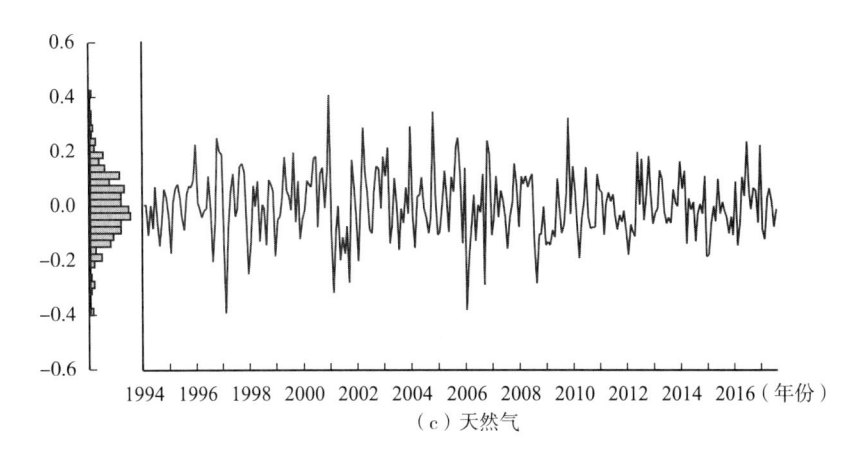

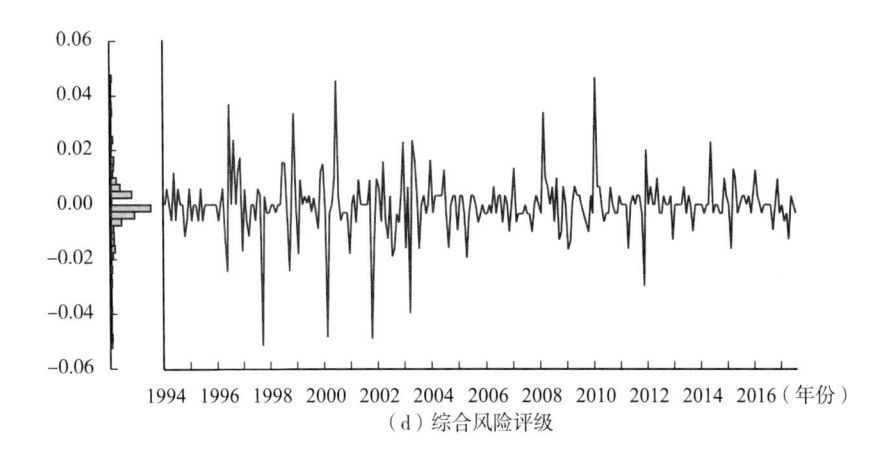

(c) 天然气

(d) 综合风险评级

(e)经济风险评级

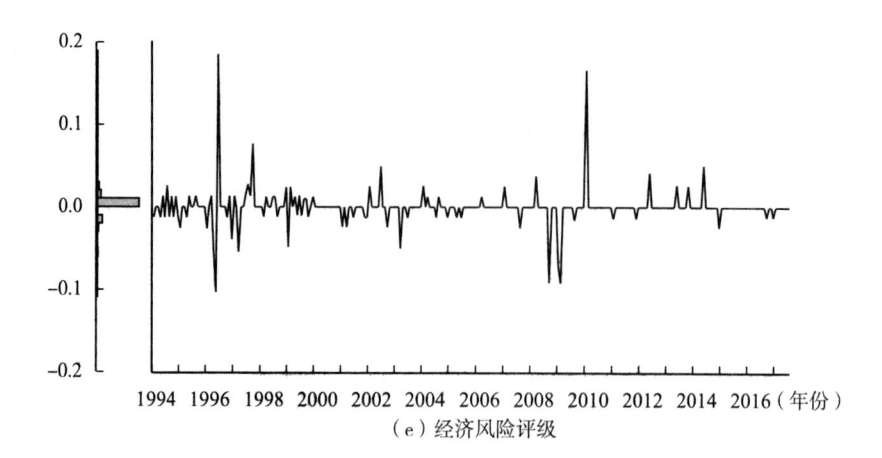

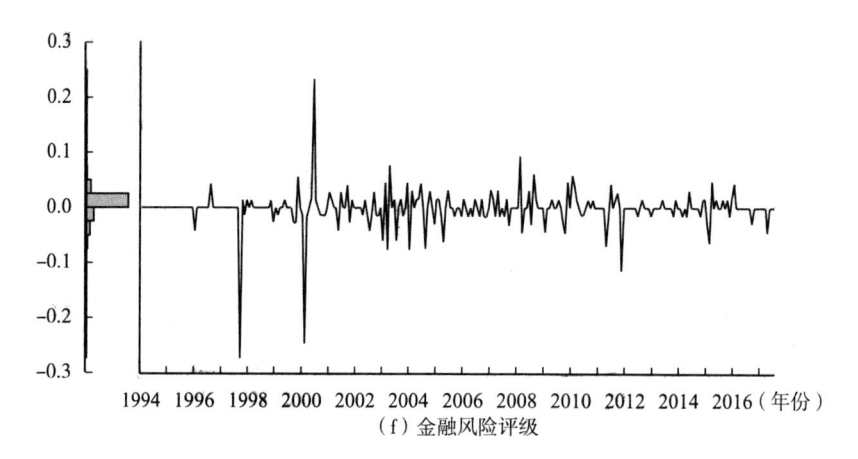

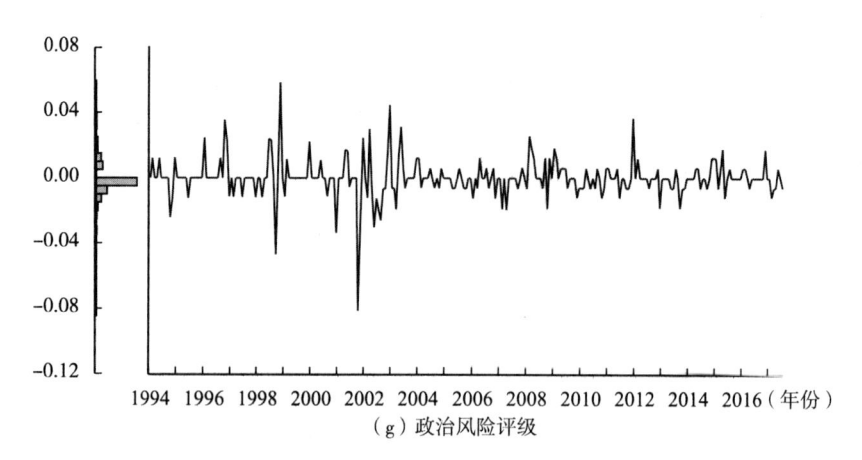

(f)金融风险评级

(g)政治风险评级

第6章　国家风险与能源需求

(h) 股票市场波动性指数

(i) 圣路易斯联邦储备银行金融压力指数

图6-1　基础系列的图

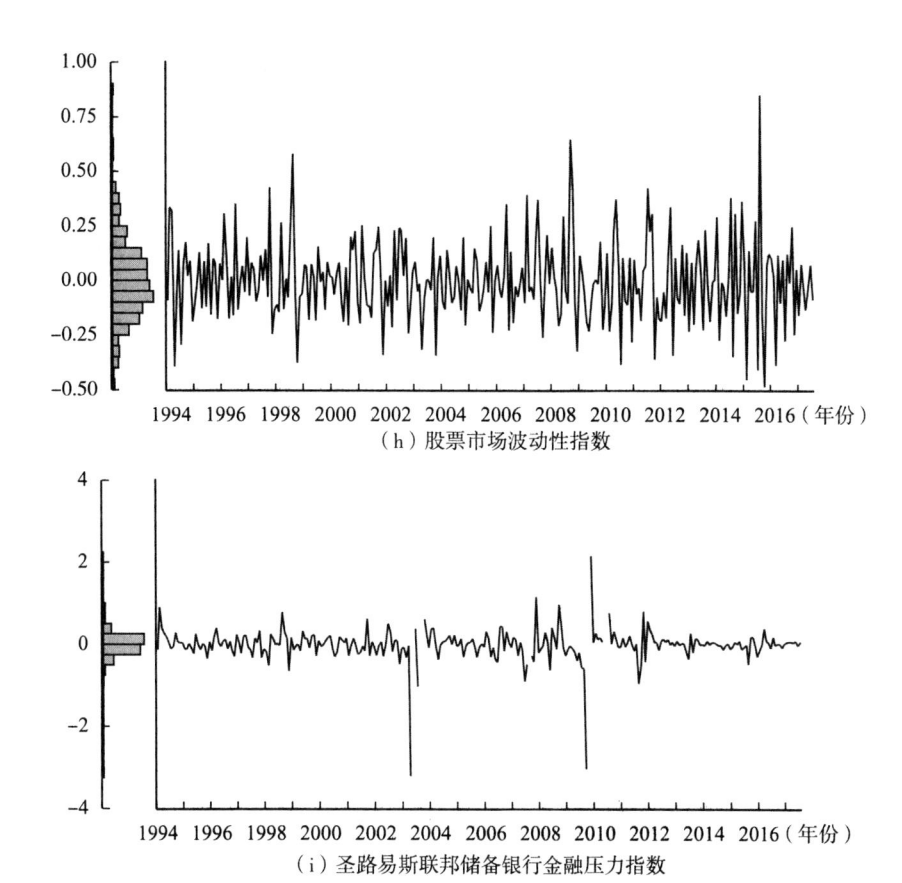

图 6-1 中显示了 1994 年 1 月~2017 年 7 月原油、取热油和天然气商品收益、综合风险评级及其子成分，芝加哥期权交易所波动性指数（VIX）和金融压力指数（FSI）的时间序列图。

6.5　实证结果

6.5.1　基本发现

在进行进一步的分析之前，我们使用两个不同的单位根检验来评估所使用的变量的稳健性。在附表 6-A2 中，我们给出了菲利普斯和佩伦（Phillips & Perron, 1998；PP）以及克维亚特科夫斯基、菲利普斯、施密特和茜恩（Kwiatkowski, Phillips, Schmidt & Shin, 1992；KPSS）序列单位根检验。

实验证据表明，所有变量都是平稳的。在确认这些变量的平稳性后，我们利用工具变量分位数回归模型进行估计。对于短期1个月合约，表6-1展示了滞后收益值、国家风险综合评级、芝加哥期权交易所波动性指数（VIX）和圣路易斯联储金融稳定指数（FSI）对15、25、50、75和85不同分位数上不同商品价格报酬影响的参数估计值。在原油和燃油的商品收益分布的中低分位数，滞后收益值的系数均显著为正，说明商品收益的持续性特征。然而，这种正效应随着分位数的上升呈现单调下降的趋势。对于天然气而言，这种持续性效应也存在于中间分位数。

至于国家风险指数对商品的影响，实证结果表明原油和燃油期货从低分位数到高分位数，综合国家风险评级与商品市场收益呈显著的负相关。由于较高的风险等级表明较低的国家风险，结果表明风险和收益关系为正相关。图6-2~图6-4显示了IVQR参数估计和95%置信区间的风险收益关系的图形结果。其中系数估计值在纵轴上，分位数指数在横轴上。这些图的左上角描述了国家风险在不同商品收益分布的不同分位数下的影响。可以看出，影响的强度在分位数的所有范围中是不同的。估计和检验结果表明，国家风险对能源期货市场的影响具有较大的异质性。同时，国家风险的影响随着分位数的增加而增加，表明在多头市场，国家风险的影响增强。

然而，天然气的情况却不同。风险收益关系的差异可以用这些能源商品的异质性来解释。正如康西丁和拉森（Considerine & Larson, 2001）所指出的，这些商品具有相似的提取技术，但其储存成本和消费模式不同。与原油不同，天然气在当地市场交易频繁（Krichene, 2002; Shrestha, 2014），季节性波动更为明显（Atil, Lahiani & Nguyen, 2014; Doran & Ronn, 2008）。此外，天然气的价格也非常不稳定（Reboredo & Uddin, 2016）。基于上述论述，风险收益关系变得更加复杂，从而导致不同的结果。具体而言，与原油和燃油市场的风险收益的正相关关系相比，天然气方面的证据表明，国家风险对期货价格条件分布的低分位数却有较大的负面影响。这一矛盾的一个可能解释是关于这些能源市场中的套利机会。什雷斯塔（Shrestha, 2014）指出，原油市场是全球交易最频繁的能源商品市场，参与者众多，包括知情的石油公司和炼油厂，这有效地消除了导致风险收益正相关关系的套利机会。另一种可能性与能源商品的可替代性和竞争性管理的需求有关。众所周知，原油和天然气是能源的替代品，因此原油价格的变化可能会引发天然气

表6—1　一个月合约下国家风险的综合风险评级估计结果；工具变量分位数回归分析

变量	Q (0.15)		Q (0.25)		Q (0.50)		Q (0.75)		Q (0.85)	
	系数	误差的标准差	系数	误差的标准差	系数	误差的标准差	系数	误差的标准差	系数	误差的标准差
原油 (CO)										
Constant	-0.119***	0.014	-0.105**	0.019	0.000	0.009	0.058***	0.011	0.117***	0.013
CO (-1)	0.431**	0.172	0.421*	0.222	0.240**	0.112	0.136	0.128	0.216	0.160
COM	-12.384***	1.314	-19.573***	1.695	-8.860***	0.854	-9.528***	0.974	-11.085***	1.219
VIX	0.073	0.086	0.091	0.111	0.011	0.056	-0.015	0.064	-0.126	0.080
FSI	-0.143***	0.066	-0.190*	0.085	-0.123***	0.043	-0.112**	0.049	-0.076	0.061
燃油 (HO)										
Constant	-0.102***	0.012	-0.049***	0.008	0.005	0.008	0.079***	0.014	0.130***	0.017
HO (-1)	0.285*	0.155	0.233**	0.102	0.129	0.099	0.228	0.186	0.135	0.219
COM	-9.658***	1.102	-5.233***	0.724	-6.006***	0.702	-14.202***	1.313	-15.258***	1.558
VIX	0.021	0.072	0.048	0.047	-0.024	0.045	-0.038	0.085	-0.133	0.102
FSI	-0.120**	0.055	-0.098***	0.036	-0.077***	0.035	-0.052	0.065	-0.021	0.078
天然气 (NG)										
Constant	-0.150***	0.016	-0.088***	0.011	-0.004	0.009	0.070***	0.010	0.212***	0.030
NG (-1)	0.129	0.132	0.091	0.095	0.264***	0.074	0.310***	0.085	0.227	0.246
COM	11.403***	1.453	6.656***	1.047	-0.097	0.817	-3.820***	0.938	-27.921***	2.709
VIX	0.015	0.095	-0.006	0.069	-0.023	0.054	0.044	0.061	-0.056	0.178
FSI	0.082	0.073	0.056	0.053	0.004	0.041	-0.048	0.047	-0.078	0.136

注：因变量是三种能源商品期货价格报酬。COM：综合风险评级；VIX：波动性指数；FSI：金融压力指数。***，**和*分别在1%，5%和10%的水平显著。

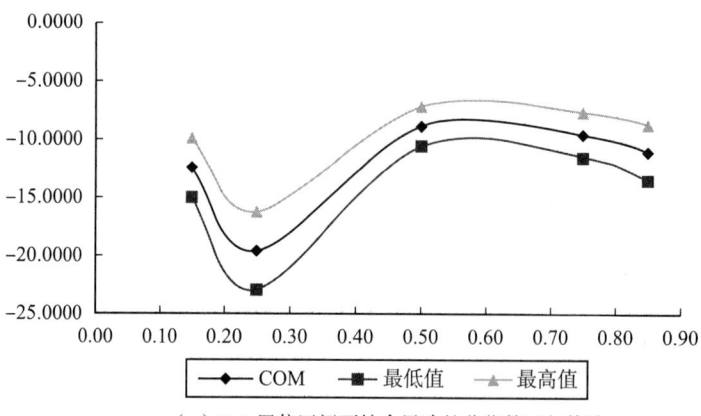

(a) 95%置信区间下综合风险的分位数回归估计

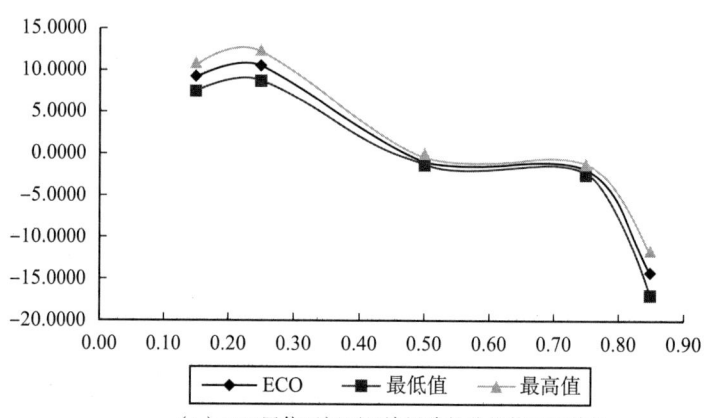

(b) 95%置信区间下经济风险的分位数回归估计

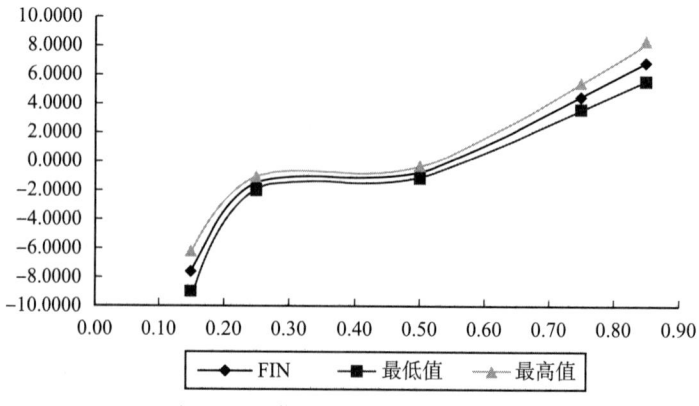

(c) 95%置信区间下金融风险的分位数回归估计

(d) 95%置信区间下政治风险的分位数回归估计

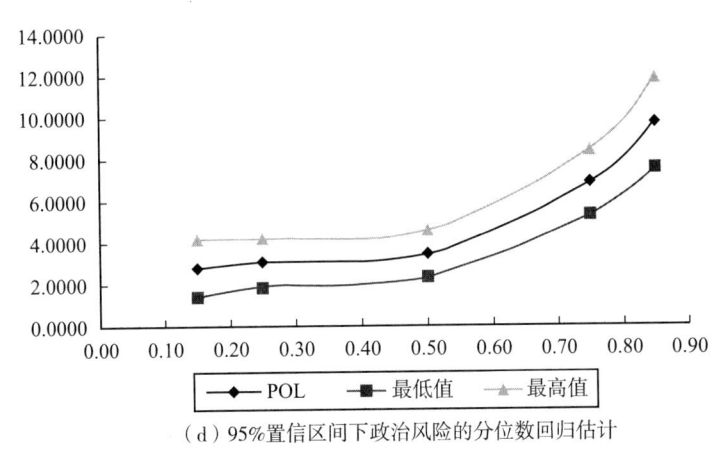

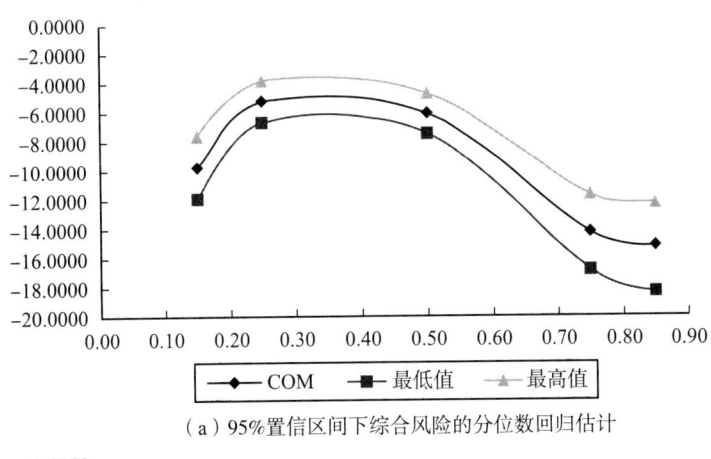

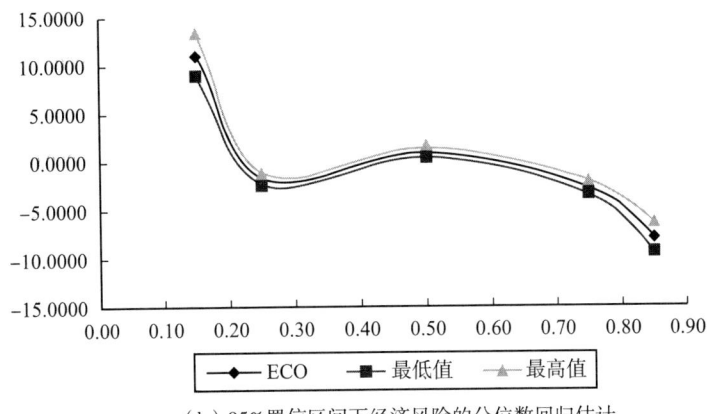

图6-2 95%置信区间的分位数估计（综合风险（COM）评级及其子成分［包括经济风险（ECO）、金融风险（FIN）和原油政治风险（POL）］对原油的影响）

(a) 95%置信区间下综合风险的分位数回归估计

(b) 95%置信区间下经济风险的分位数回归估计

(c) 95%置信区间下金融风险的分位数回归估计

(d) 95%置信区间下政治风险的分位数回归估计

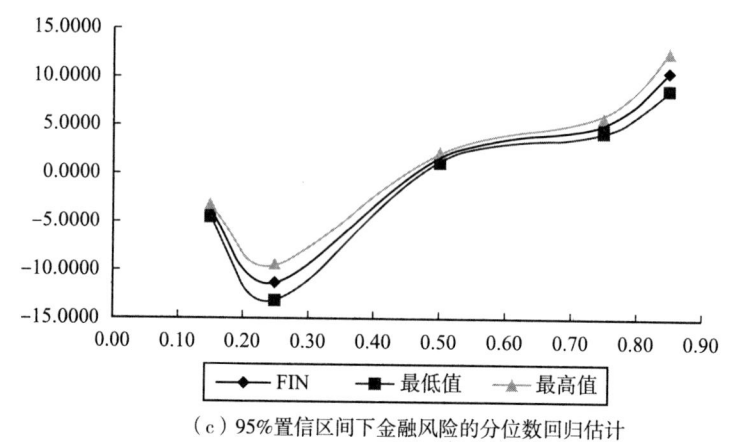

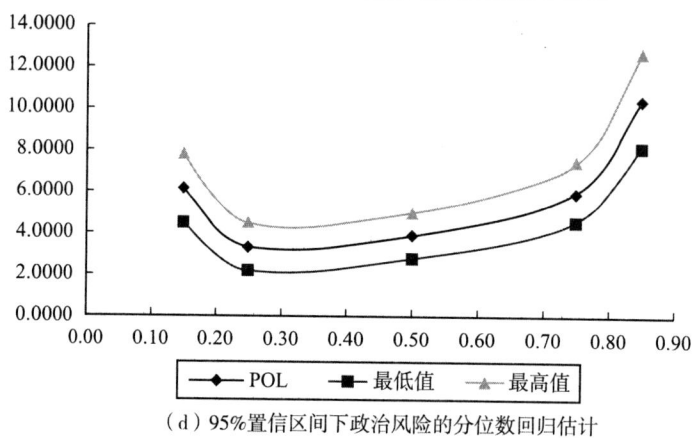

图 6-3 95%置信区间的分位数估计（综合风险（COM）评级及其子成分［包括经济风险（ECO）、金融风险（FIN）和原油政治风险（POL）］对燃油的影响）

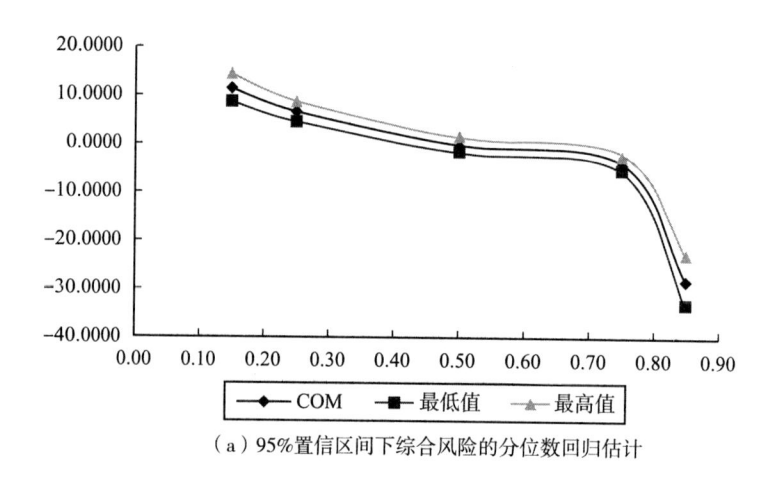

(a) 95%置信区间下综合风险的分位数回归估计

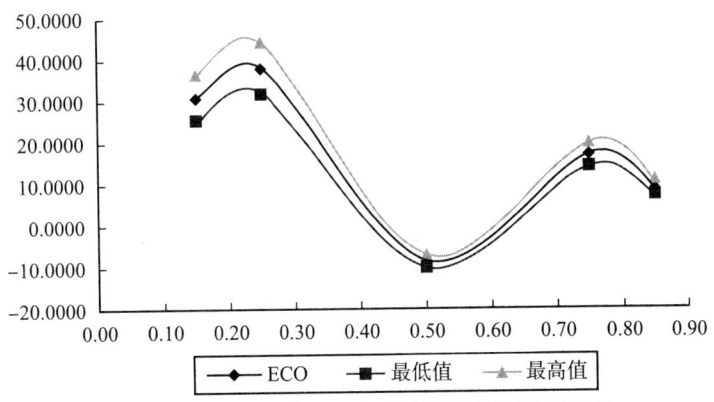

(b) 95%置信区间下经济风险的分位数回归估计

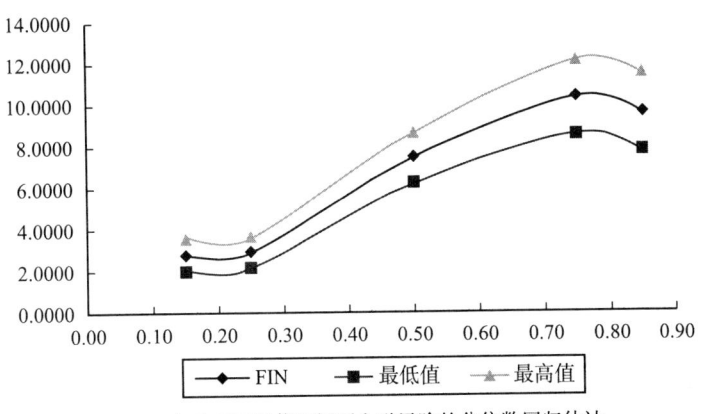

(c) 95%置信区间下金融风险的分位数回归估计

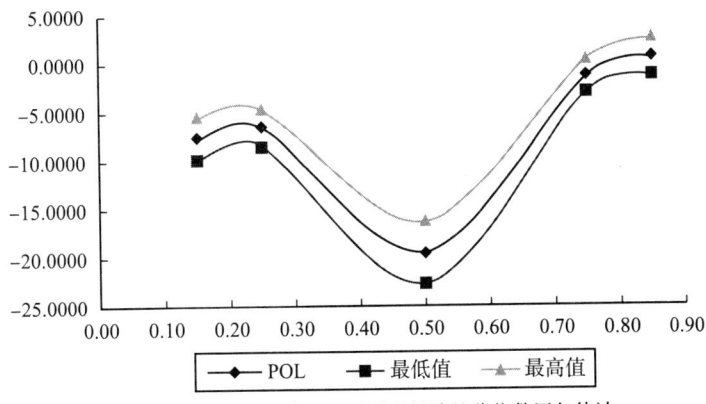

(d) 95%置信区间下政治风险的分位数回归估计

图6-4 95%置信区间的分位数估计（综合风险（COM）评级及其子成分［包括经济风险（ECO）、金融风险（FIN）和原油政治风险（POL）］对天然气的影响）

价格的波动（Brown & Yucel，2008；Hartley，Medlock & Rosthal，2008；Karali & Ramirez，2014）。投资者更有可能投资于更便宜的能源商品，而不是更昂贵的商品（Gatfaoui，2016）。鉴于这种可替代性，如果原油的预期收益随着国家风险的增加而增加，那么天然气的收益就应该减少。因此，这个矛盾的结果是有理可循的。

关于金融不确定性对不同商品期货市场的影响，有证据表明VIX指数对商品价格没有影响，从而证实了对股票价格与商品期货之间传递的金融市场波动预期的独立性（Reboredo & Uddin，2016）。相反，在原油和燃油的情况下，FSI对大多数商品收益分布分位数的影响显著为负，并且随着分位数的增加而减少，说明金融压力与商品市场收益的负相关关系在收益较高时较弱。这一结果与奈法尔和哈穆德（Naifar & Hammoudeh，2016）以及雷博雷多和乌丁（Reboredo & Uddin，2016）的研究结果一致。

博普和西泽（Bopp & Sitzer，1987）指出，期货合约所传达的有关现货市场的信息会因合约的期限更长而消失。张和李（Chang & Lee，2015）也发现，石油现货与期货价格的双向因果关系在较短期限合约比较长期限合约更显著。因此我们进一步分析合约期限的变化是否会对实证结果产生影响？我们将短期的1个月合约替换为2、3和4个月的合约，以检验国家风险对商品期货收益的影响。表6-2中报告的结果表明，我们的主要结论无论在方向上还是在意义上都保持不变。但值得注意的是，随着合约期限的增加，这些变量的影响强度逐渐变弱。因此，国家风险对能源市场的影响与期货合约的期限长短有关。

6.5.2　国家风险子成分的进一步证据

为了评估不同渠道的国家风险如何影响商品价格报酬，我们将国家风险的综合指数替换成国家风险的子指数（即经济风险、金融风险和政治风险）再次分析。表6-3~表6-5总结了针对不同商品重新制定的模型规范的结果。结果揭示了在符号、大小和显著性上的差异。从经济方面看，如表6-3所示，证据表明，在原油和天然气的商品收益分布中，经济风险评级系数在低分位数显著为正，而在高分位数显著为负。图6-2~图6-4的右上角显示了IVQR参数估计和95%置信区间的经济风险收益关系的图形结果。鉴于影响的方向和强度因收益分布的不同分位数而不同，我们的结果表明，经济风险对商品价格报酬有非线性影响。

表6-2 三种不同合约下国家风险综合风险评级的估计结果；工具变量分位数回归分析

变量	Q(0.15) 系数	Q(0.15) 误差的标准差	Q(0.25) 系数	Q(0.25) 误差的标准差	Q(0.50) 系数	Q(0.50) 误差的标准差	Q(0.75) 系数	Q(0.75) 误差的标准差	Q(0.85) 系数	Q(0.85) 误差的标准差
原油（合约2）										
Constant	-0.098***	0.011	-0.114***	0.024	0.004	0.008	0.053***	0.009	0.077***	0.007
CO2(-1)	0.423***	0.139	0.353	0.310	0.303***	0.105	0.203	0.118	0.149	0.093
COM	-8.329***	0.995	-26.487***	2.226	-7.389***	0.753	-7.783***	0.850	-2.303***	0.668
VIX	0.086	0.065	0.098	0.146	0.001	0.049	0.014	0.056	0.017	0.044
FSI	-0.104**	0.050	-0.220**	0.111	-0.110***	0.038	-0.126**	0.042	-0.055	0.033
原油（合约3）										
Constant	-0.102***	0.011	-0.096***	0.018	0.002	0.008	0.055***	0.007	0.077***	0.007
CO3(-1)	0.393***	0.154	0.400*	0.236	0.326***	0.104	0.163	0.099	0.098	0.089
COM	-9.429***	1.048	-18.629***	1.609	-6.956***	0.710	-5.150***	0.676	0.599	0.608
VIX	0.070	0.069	0.121	0.106	-0.005	0.047	0.014	0.044	-0.008	0.040
FSI	-0.131**	0.052	-0.190**	0.081	-0.102***	0.036	-0.098***	0.034	-0.045	0.030
原油（合约4）										
Constant	-0.089***	0.010	-0.080***	0.013	0.001	0.007	0.048***	0.006	0.081***	0.008
CO4(-1)	0.379***	0.138	0.378***	0.187	0.345***	0.100	0.111	0.087	0.293***	0.110
COM	-7.628***	0.898	-13.594***	1.215	-6.237***	0.653	-3.046***	0.570	-4.875***	0.717
VIX	0.071	0.059	0.095	0.080	-0.018	0.043	0.022	0.038	0.001	0.047
FSI	-0.095**	0.045	-0.168**	0.061	-0.090***	0.033	-0.108***	0.029	-0.044	0.036

注：因变量为2、3、4个月到期的WTI期货价格。***、**和*分别表示在1%、5%和10%水平显著。

表6-3 经济风险成分的估计结果：工具变量分位数回归分析

变量	Q(0.15) 系数	Q(0.15) 误差的标准差	Q(0.25) 系数	Q(0.25) 误差的标准差	Q(0.50) 系数	Q(0.50) 误差的标准差	Q(0.75) 系数	Q(0.75) 误差的标准差	Q(0.85) 系数	Q(0.85) 误差的标准差
原油（CO）										
Constant	-0.114***	0.020	-0.070***	0.020	0.012*	0.006	0.057***	0.007	0.137***	0.030
CO(-1)	0.612**	0.245	0.491**	0.241	0.156**	0.075	0.090	0.089	0.158	0.359
ECO	9.273***	0.920	10.512***	0.907	-0.739***	0.282	-1.747***	0.335	-14.120***	1.349
VIX	0.089	0.122	0.065	0.120	0.009	0.037	-0.023	0.045	-0.084	0.179
FSI	-0.077	0.094	-0.050	0.092	-0.108***	0.029	-0.077**	0.034	-0.002	0.137
燃油（HO）										
Constant	-0.119***	0.024	-0.045***	0.007	0.007	0.006	0.057***	0.008	0.110***	0.018
HO(-1)	0.326	0.310	0.330***	0.093	0.191**	0.076	0.244**	0.105	0.260	0.232
ECO	11.210***	1.079	-1.668***	0.322	1.010***	0.264	-2.703***	0.366	-7.820***	0.807
VIX	-0.037	0.142	0.056	0.042	0.015	0.035	-0.032	0.048	-0.057	0.106
FSI	-0.040	0.109	-0.102***	0.032	-0.033	0.027	-0.012	0.037	0.016	0.081
天然气（NG）										
Constant	-0.241***	0.064	-0.108	0.069	0.002	0.017	0.124***	0.032	0.167***	0.021
NG(-1)	-0.084	0.534	0.131	0.574	0.278**	0.140	0.002	0.267	0.001	0.173
ECO	31.438***	2.890	38.152***	3.107	-8.227***	0.757	17.548***	1.448	9.208***	0.935
VIX	-0.271	0.385	-0.067	0.414	-0.008	0.101	-0.011	0.193	0.141	0.124
FSI	-0.007	0.296	0.022	0.318	-0.038	0.077	0.140	0.148	0.079	0.096

注：因变量为3个能源商品期货价格报酬。***，**和*分别表示在1%、5%和10%的水平显著。

第6章 国家风险与能源需求

表6-4 金融风险成分的估计结果：工具变量分位数回归分析

变量	Q(0.15) 系数	Q(0.15) 误差的标准差	Q(0.25) 系数	Q(0.25) 误差的标准差	Q(0.50) 系数	Q(0.50) 误差的标准差	Q(0.75) 系数	Q(0.75) 误差的标准差	Q(0.85) 系数	Q(0.85) 误差的标准差
原油(CO)										
Constant	-0.154***	0.025	-0.055***	0.008	0.007	0.006	0.073***	0.015	0.135***	0.024
CO(-1)	0.490*	0.294	0.291	0.090	0.190**	0.074	0.151	0.177	0.174	0.282
FIN	-7.538***	0.714	-1.458***	0.219	-0.652***	0.180	4.563***	0.429	6.959***	0.686
VIX	0.189	0.147	0.015	0.045	0.028	0.037	-0.067	0.088	-0.104	0.141
FSI	-0.085	0.113	-0.068**	0.034	-0.064**	0.028	-0.065	0.068	-0.031	0.108
燃油(HO)										
Constant	-0.089***	0.014	-0.078**	0.032	0.009	0.007	0.074***	0.016	0.188***	0.034
HO(-1)	0.137	0.178	0.135	0.411	0.206**	0.093	0.315	0.204	0.507	0.443
FIN	-3.846***	0.400	-11.258***	0.927	1.705***	0.210	5.196***	0.461	10.695***	0.999
VIX	0.067	0.082	0.115	0.190	0.007	0.043	-0.049	0.095	-0.209	0.205
FSI	-0.099	0.063	-0.114	0.146	-0.052	0.033	-0.029	0.073	0.066	0.158
天然气(NG)										
Constant	-0.131***	0.014	-0.084***	0.013	0.001	0.021	0.129***	0.031	0.205***	0.033
NG(-1)	0.107	0.119	0.215**	0.107	0.273	0.178	0.471*	0.258	0.492*	0.272
FIN	2.808***	0.415	2.920***	0.375	7.471***	0.625	10.382***	0.904	9.676***	0.954
VIX	-0.005	0.085	-0.044	0.077	-0.049	0.128	-0.027	0.185	-0.176	0.196
FSI	0.019	0.066	0.018	0.059	-0.020	0.099	-0.050	0.143	0.056	0.151

注：因变量为3个能源商品期货价格报酬。***、**和*分别表示在1%、5%和10%的水平显著。

表6-5　政治风险成分的估计结果：工具变量分位数回归分析

变量	Q(0.15) 系数	Q(0.15) 误差的标准差	Q(0.25) 系数	Q(0.25) 误差的标准差	Q(0.50) 系数	Q(0.50) 误差的标准差	Q(0.75) 系数	Q(0.75) 误差的标准差	Q(0.85) 系数	Q(0.85) 误差的标准差
原油（CO）										
Constant	-0.089***	0.008	-0.048***	0.007	0.007	0.007	0.072***	0.009	0.122***	0.013
CO(-1)	0.532***	0.097	0.346***	0.084	0.216***	0.080	0.003	0.112	0.013	0.154
POL	2.763***	0.696	3.032***	0.607	3.425***	0.575	6.825***	0.802	9.716***	1.110
VIX	0.017	0.049	-0.003	0.043	0.023	0.041	0.060	0.057	-0.002	0.078
FSI	-0.014	0.037	-0.035	0.033	-0.090***	0.031	-0.082*	0.043	-0.104	0.059
燃油（HO）										
Constant	-0.101***	0.010	-0.047***	0.007	0.006	0.007	0.061***	0.008	0.119***	0.013
HO(-1)	0.544***	0.123	0.303***	0.088	0.262***	0.084	0.157	0.108	-0.081	0.171
POL	5.158***	0.822	3.343***	0.584	3.889***	0.561	6.016***	0.716	10.420***	1.142
VIX	0.018	0.058	0.014	0.041	0.022	0.039	0.059	0.050	-0.006	0.080
FSI	0.020	0.044	-0.021	0.031	-0.064**	0.030	-0.065*	0.038	-0.055	0.061
天然气（NG）										
Constant	-0.139***	0.013	-0.090***	0.011	-0.007	0.019	0.072***	0.010	0.122***	0.011
NG(-1)	0.103	0.111	0.066	0.095	0.180	0.157	0.273***	0.081	0.268***	0.092
POL	-7.585***	1.153	-6.495***	0.980	-19.392***	1.628	-1.250	0.840	0.764	0.947
VIX	0.004	0.081	0.018	0.069	-0.053	0.114	0.040	0.059	0.071	0.066
FSI	-0.023	0.062	-0.026	0.053	-0.028	0.087	-0.048	0.045	-0.029	0.051

注：因变量为3个能源商品期货价格报酬。***、**和*分别表示在1%、5%和10%的水平显著。

正如前述，为风险评级分配的 ICRG 更高的分数表示该评级所代表的风险较低。风险收益的正相关关系只适用于高分位数，而低分位数则存在风险收益的负相关关系。我们的研究结果表明，风险收益关系的特征是非单调关系，这与韦罗内西（Veronesi，2000）、怀特洛（Whitelaw，2000）、史酷特·梅菲尔德（Scoot Mayfield，2004）和萨尔瓦多（Salvador）等学者研究是一致的。鉴于经济风险反映了投资者对一国基本面的评估，投资者在投资组合构成和风险管理决策方面应谨慎行事。那么低分位数的负面变化可以用投资者对风险的态度来解释。奥兹特克和奥卡（Öztek & Öcal，2017）指出，商品期货市场的低迷时期传递了市场状况的负面信号，投资者变得悲观，导致他们的风险偏好下降。在空头市场中，投资者可能会规避风险，倾向于投资安全性的资产。因此，在经济低增长、高通货膨胀和高预算赤字等高经济风险环境中，由此产生的收益会下降。在多头市场（高分位数），投资者可能会在高波动性资产中寻求风险，从而提高收益。该现象类似于前景理论（Kahneman & Tversky，1979），因为价值函数在损失时比收益时表现得更陡。而天然气市场也呈现出由低分位数到高分位数的不同趋势路径。总体来看，经济风险对大多数收益分布分位数有负面影响，这表明经济风险水平越高，收益越低。

基于金融视角，如表 6-4 所示，原油和燃油的证据表明，虽然金融风险评级在商品收益分布的低分位数有显著的负影响，但在高分位数有显著的正影响。这种不对称关系与门西等学者（Mensi 等，2016）对金砖国家（巴西、俄罗斯、印度、中国和南非）股市收益的研究结果一致。而在天然气市场，金融风险与经济风险一样对商品收益产生负面影响。图 6-2～图 6-4 的左下角显示了 IVQR 参数估计和 95% 置信区间的金融风险和收益关系的图形结果。与经济风险模式不同，证据表明风险收益的正相关关系只存在于商品收益分布的低分位数，而在高分位数则支持负相关关系。这种不一致可归因于它们实际造成风险的程度不同。与经济不确定性的实际影响（例如 GDP 增长、通货膨胀率、预算平衡和经常账户的变化）不同，空头市场中的金融影响（例如外债的变化、经常账户对出口的影响、国际净流动性、和汇率稳定）表明，投资者可能在高波动性资产中寻求风险，从而提高收益。伦德布拉德（Lundblad，2007）、凯姆和李（Kim & Lee，2008）以及罗西和蒂默曼（Rossi & Timmermann，2010）也报告了这一与直觉相反的结果。正如布利斯和帕尼吉特佐格鲁（Bliss & Panigirtzoglou，2004）所指出的那样，随着更多厌恶风险的投资者离开市场，剩下的不那么厌恶风险的投资者将在高波动状态下调整风险溢价。这种现象被认为是投资者风险偏好中的顺周期行为（Kim & Lee，2008）。因此，投资者应该对经济和金融风险公告保持敏感。

至于政治观点，如表 6-5 所示，我们发现政治评级的系数均为显著的正数。且随着原油和燃油分位数的增加，它们的数值变得更大，表示影响也越强。鉴于较高的政治风险评分意味着较低的政治风险，这些结果表明，政治风险对原油和燃油商品收益有负面影响。图 6-2～图 6-4 的右下角显示了 IVQR 参数估计和 95% 置信区间的政治风险收益关系的图形结果。这也与门西等（Mensi et al.，2016）的观点一致。收益对政治风险的负面反应可以通过投资者对风险的规避态度来解释（Naifar & Hammoudeh，2016）。政治风险降低了投资者接受风险投资的意愿，投资者倾向于投资安全性资产，从而降低了这些商品的收益。另一种可能性与投资的不可逆转性和融资成本有关。新的证据表明，当经济政策不确定性程度较高时，企业往往会由于存在投资不可逆性而降低投资（Gulen & Ion，2016；Kang，Lee & Ratti，2014）。自拉波尔塔（La Porta）、洛佩兹 - 西拉内斯（Lopez - de - Silanes）、施莱弗和维什尼（Shleifer & Vishny，1997）的开创性工作以来，大量文献表明健全机构的存在与更高的信贷可得性和更低的融资成本有关。鉴于这些能源商品的投资可能受到较低体制质量和政治稳定水平的影响，由此产生的较高的融资成本阻碍了公司的投资。因此，有限的机会降低了一家公司的利润，从而降低了其收益。

虽然政治风险对原油和燃油市场的收益有负面影响，但对天然气期货价格的条件分布的低分位数有正面影响。后者可再次归因于原油和天然气的可替代性。另一个可能的原因与改善安全和减少温室气体的政策方向有关。一方面，政府大幅增加了发电的使用，以减少碳排放。另一方面，可再生能源的部署导致对天然气的依赖增加（Guivarch & Monjon，2017）。这些气候政策和能源政策增加了投资者在经济低迷时期在天然气市场承担更多风险的信心，从而导致更高的收益。

6.6 结论与启示

了解能源商品价格的动态行为对生产者、消费者、投资者和经营者等市场参与者具有重要的意义。价格波动的频繁变化和快速转变增加了波动性和不确定性，进而产生了更大的市场风险。观察历史价格变化模式并分析其波动性可以成为在金融市场进行预测的有用途径，从而有助于评估和实施交易活动、套期保值战略和投资组合建议。同时，从监管角度来看，了解这些事实可以帮助监管机构和决策者确定适当有效的政策，以防范重大价格冲击。此外，了解国家风险、金融不确定性和商品价格之间的真实关系有助于为预测和风险管理应用程序确定更合适和更准确的模型。因此，评估国家风险和金融不确定性是金融文献中的一个重要课题。

本书采用工具变量分位数回归分析了国家风险和金融不确定性对三大能源商品期货（原油、燃油和天然气）的影响。与传统的以因变量均值分布为条件的线性估计不同，这种方法允许我们探索以商品价格报酬分布中以分位数为条件的风险收益关系。我们的实证结果为不同期限期货合约的商品价格报酬与国家风险之间的非线性关系提供了证据。原油和燃油都呈现出相似的趋势，而天然气则呈现出不同的路径。在国家风险的总体衡量情况方面，国家风险与收益之间的呈正相关关系。至于金融不确定性，只有金融压力对商品价格报酬产生负面影响。这些风险因素包含预测未来商品收益的相关信息，投资者可以利用这些信息来改进他们的投资组合选择和风险管理策略。此外，实证结果还表明当收益较高时，国家风险和金融压力的影响较弱，市场环境确实对风险管理和商品价格的可预测性有影响。

通过调查国家风险的子成分，即经济风险、金融风险和政治风险，更深入地了解不同国家风险的相对影响。国家风险和金融压力确实对能源商品收益有显著影响，但它们的方向、强度和显著性不同。这是由不同的商品期货、不同的市场情况和不同的国家风险渠道造成的。对于原油和燃油，我们发现的证据表明，在经济方面，风险收益的正相关关系只适用于高分位数，而在金融方面，风险收益的正相关关系则支持低分位数。在天然气市场，无论通过经济还是金融风险的渠道，国家风险对商品收益都有着持续的负面影响。我们的结果值得投资者特别关注，因为分析和量化经济和金融风险对商品价格的影响预计将对资产配置、风险管理和投资组合构建产生重大影响。从政治角度看，风险收益的负相关关系表明，投资者倾向于投资担保资产，从而导致收益下降。了解这一事实可以帮助那些致力于建立一个稳定的政治环境以提高业绩的监管机构和决策者。同时，我们的分析提供了一个更准确的模型来了解能源商品的非线性风险收益关系,从而能够更好地预测金融市场的未来动态。

附录:

表 6 – A1　　　　　　　　　变量定义和数据来源

变量	定义	数据来源
因变量		
能源商品期货价格	我们使用三种能源期货合约,即轻质原油(CO)、燃油(HO)和天然气(NG),这些合约在纽约商品交易所(NYMEX)进行了大量交易。WTI 期货价格包括四种分别在一、二、三和四个月到期的合约	美国能源信息署(EIA)
国家风险变量		
综合风险评级(COM)	一个国家政治、金融、经济的综合风险评级。风险评级从高 100(最小风险)到低 0(最高风险)不等	国家国际风险指南(ICRG)
经济风险评级(ECO)	经济风险评级由以下 5 个子成分组成:人均 GDP 风险、GDP 增长风险、通货膨胀风险、预算平衡风险和经常账户风险。风险评级从高 50(最低风险)到低 0(最高风险)不等	国家国际风险指南(ICRG)
金融风险评级(FIN)	金融风险评级由以下 5 个子成分组成:外债风险、偿债风险、经常账户风险、国际流动性风险和汇率稳定风险。风险评级从高 50(最低风险)到低 0(最高风险)不等	国家国际风险指南(ICRG)
政治风险评级(POL)	政治风险评级由以下 12 个子成分组成:政府稳定、社会经济条件、投资概况、内部冲突、外部冲突、腐败、政治军事问题、宗教紧张局势、法律和秩序、种族紧张局势、民主问责制和官僚主义程度。风险评级从 0 到 100 不等,较高的数值意味着较低的政治风险	国家国际风险指南(ICRG)
财务不确定性变量		
波动性指数(VIX)	CBOE 波动性指数	芝加哥期权交易所
金融压力指数(FSI)	圣路易斯联邦储备银行金融压力指数	圣路易斯联邦储备银行

表 6 – A2　　　　　　描述性统计（1994 年 1 月 ~ 2017 年 7 月）

变量	观察值	平均值	标准差	最小值	最大值	Phillips – Perron 检验	KPSS 检验
原油	283	0.0047	0.0838	-0.3121	0.2149	-12.8583***	0.1630
燃油	283	0.0044	0.0776	-0.2688	0.2180	-13.2670***	0.1250
天然气	283	0.0008	0.1206	-0.3956	0.4064	-13.7698***	0.0839
COM	283	-0.0003	0.0110	-0.0517	0.0467	-19.3778***	0.1264
ECO	283	0.0000	0.0225	-0.1038	0.1849	-18.2624***	0.0349
FIN	283	-0.0013	0.0346	-0.2739	0.2336	-21.9657***	0.2572
POL	283	0.0000	0.0117	-0.0814	0.0585	-14.6131***	0.0495
VIX	283	-0.0030	0.1898	-0.4860	0.8526	-25.3629***	0.1527
FSI	276	-0.0075	0.4019	-3.2158	2.1551	-12.2629***	0.0533

注：PP 和 KPSS 是菲利普斯和佩伦（Phillips – Perron，1998）和克维亚特科夫斯基等（Kwiatkowski et al.，1992）提出的单元根检验。为一个风险评级分配的 ICRG 评分越高表示该评级所代表的风险越低。*、** 和 *** 分别表示在 10%、5% 和 1% 水平显著。

第7章

自然灾害与能源消耗[①]

7.1 引　言

各种研究论文均记录了自然灾害的重要性及其对经济的影响。例如，诺伊（Noy, 2009）发现，自然灾害造成的损害是多方面的。为了解释这些差异，有些文献特别关注经济、社会和个人问题，以及国家基础设施质量和儿童发展（Lee & Chen, 2020; Brown et al., 2018; Berlemann & Wenzel, 2018; Escaleras & Register, 2016; Deuchert & Felfe, 2015; Fomby et al., 2013）。在本书中，我们探讨了自然灾害与能源消耗之间的联系（Loayza et al., 2012）和他们关于自然灾害对经济增长关系的发现，旨在强调自然灾害对国家经济的影响，特别是在减少能源消耗方面。

迄今为止，关于能源消耗的文献正在蓬勃发展。其中一部分通过能源变量分析了能源消耗与经济增长之间的联系。发现在大多数情况下，能源消耗可促进经济增长（Diaz et al., 2019; Narayan & Doytch, 2017; Inglesi-Lotz, 2016）。现有文献的另一部分研究了影响能源消耗的因素。例如萨多斯基（Sadorsky, 2011, 2010）发现，金融发展提高了中欧、东欧经济和新兴国家的能源消费。在对76个发展中国家（地区）的研究中，萨多斯基

[①] 本部分由本书作者李建强（Lee, C. C.）, 王志玮（Wang, C. W.）, 何姗嬬（Ho, S. J.）和吴庭斌（Wu, T. P.）发表在《能源经济（Energy Economics）》的《自然灾害对能源消耗的影响：基于国际证据（The impact of natural disaster on energy consumption: International evidence.）》一文整理而成。

(Sadorsky，2013）发现，收入的增加会减少能源消耗，但工业化和城市化对能源消耗有积极的影响。然而，关于自然灾害和能源消耗之间关系的研究还很少。因此本书提出：自然灾害有助于通过各国石油、可再生能源和核能需求的下降来减少能源消耗。这可能是因为经济损失的自然灾害不断增加，超过国家重建能力，导致国家能源消耗减少。

  有关自然灾害对能源消耗影响的理论可以通过以下途径总结。首先，在自然灾害很严重且频繁发生的地区，自然灾害和能源消耗减少之间的关系很重要。在人口增长过快、优质土地稀缺和自然灾害频发的地区，苏坦塔等（Sutanta et al.，2013）发现人口和基础设施更为脆弱。此外，科利尔和巴比奇（Collier & Babich，2019）注意到，社区在遭受严重自然灾害后获得信贷也很脆弱。其次，能源工业受自然灾害的影响最大。施瓦兹和科克伦（Schwarz & Cochran，2013）指出，自然灾害造成的核能危机与成本效率冲突，影响了能源行业对未来可能受影响地区的减灾和环境保护的风险管理。米什拉等（Mishra et al.，2014）和帕拉马蒂等学者（Paramati et al.，2017）建议，由于气候变化频繁造成的自然灾害，建议用可再生能源替代传统能源（煤、天然气和石油），以减少二氧化碳的排放。最后，自然灾害对低收入国家造成了贫困和腐败的不利影响。阮（Nguyen，2017）和罗德里格斯·奥雷吉亚等（Rodriguez-Oreggia et al.，2013）指出，自然灾害使家庭陷入贫困，迫使他们不仅需要减少非正式开支，而且在发生自然灾害后向当地官员行贿。

  降低能源消耗或降低传统能源消耗是提高能源效率的一种方法。卡特亚麻（Katayama，2013）、雅各布森和科琴（Jacobsen & Kotchen，2013）确认了节约能源和提高能源效率以降低碳排放的重要性。然而，艾思金等（Iskin et al.，2012）的一个案例研究透露，反对可再生能源的使用对所有面临自然灾害和其他威胁的国家来说都是一个挑战。本书旨在验证自然灾害对能源消耗的影响，并揭示自然灾害是影响能源消耗的决定因素之一。此外，自然灾害与能源消耗之间的关系因地理位置、经济发展水平或自然灾害的类型而异，因此有助于了解自然灾害后不同的能源供应和需求。

  综上所述，本书的研究对现有的文献做出了以下贡献。第一，本书有助于理解自然灾害是能源消耗的决定因素之一的观点，而这点在许多研究中经常被忽视。第二，自然灾害与能源消耗之间的关系在能源文献中很少被探讨。第三，本书在动态面板数据模型中加入不同的自然灾害，并讨论了不同的自然灾害与能源消耗之间的关系。第四，我们发现自然灾害和能源消耗两者的关系对我们的研究有暗示意义，即自然灾害减少了低收入国家或非洲地区的能源消耗。具体来说，自然灾害造成能源消耗的减少给这些国家和该地区的经济增长造成了负面压力。

我们的实证分析采用了 123 个国家（地区）从 1990～2015 年自然灾害和能源消耗的样本数据。该数据来自世界能源环境影响评价和英国石油公司统计审查（BPSRWE）以及灾害病学研究中心（CRED）。包含根据能源消耗强度水平（Level），能源强度的对数（Leni）和能源类型（即石油、可再生能源和核能）测量的能源消耗。重要的是，我们的数据还包括根据无家可归、受伤和受自然灾害影响人口（即受灾比重和受灾人口）以及自然灾害类型（如瘟疫、洪水、地震、泥石流、沙尘暴、干旱、火山爆发、森林火灾）等数据。我们的假设是，受灾影响人口更多的国家的能源消耗可能会更少。此外，我们认为，自然灾害的影响应随收入水平和地区的不同而不同。这与我们的预测一致。我们的主要发现是，低收入国家或非洲地区的天然灾害对能源消耗有更明显的负面影响。使用自然灾害和能源变量作为工具变量后，这个结果是稳健的。在使用分位数回归方法检验之后它也成立，表明这种效应对能源消耗强度水平低的经济体系更强。因此，我们的研究结果为政府、政策制定者和研究人员提供了一些政策指引。

7.2 文献综述和假说

7.2.1 关于自然灾害影响的文献

关于自然灾害的影响的文献主要分为两部分。第一部分文献表明，许多国家的自然灾害会造成各种社会、物质、精神和经济的损害（Ishizawa & Miranda, 2019; Heger & Neumayer, 2019; Filipski et al., 2019; Tokui et al., 2017）。① 自然灾害最常见的社会经济影响是灾后恢复的社会资本，它受社

---

① 自然灾害在中美洲造成巨大的人力和经济损失（Ishizawa & Miranda, 2019），印度尼西亚长期经济损失以及中国和日本地震影响的心理创伤和生产损失（Tokui et al., 2017; Filipski et al., 2019）。

会规范、态度和人们行为影响（Fleming et al.，2014）。托亚和斯基德莫尔（Toya & Skidmore，2007）所描述的灾后经济损失是以收入、教育程度、开放程度和金融体系来衡量的，这些条件越好，一个国家造成的经济损失就越少。

第二部分文献认为，自然灾害对家庭消费不稳定有直接和间接的影响（Combe & Ebeke，2011）。例如，沃伦和昂（Warr & Aung，2019）和裴等（Bui et al.，2014）注意到，许多研究得出结论是自然灾害减少了人们的收入和支出；他们的进一步分析支持了收入震荡导致消费减少，这反过来增加了贫困和不平等的观点。科赛克和莫（Kosec & Mo，2017）总结了一场自然灾害后的证据，显示消费意愿的下降，大部分与家庭支出、教育和财富有关。卡萨尔等（Cassar et al.，2017）回顾了自然灾害后个人偏好的变化，得出结论，灾后人们风险厌恶程度提高以致消费减少。

7.2.2 关于不同形式能源消耗的决定因素的文献

文献中的几个例子提供了在重大事件发生后不同能源消耗增加或减少的实证证据。例如，村上春树等（Murakami et al.，2015）评估了福岛核电站事故对可再生能源使用的影响。研究结果表明，在事故发生后，可再生能源的使用量有所增加。2011年3月日本东北地震的案例研究表明，用化石燃料取代核能可以减少用电量（Cho et al.，2016）。

根据这一想法，后续研究人员研究了不同能源消耗的决定因素，包括能源消耗强度水平（Adom，2015）、能源依赖性（Shahba et al.，2019；Fedoseeva & Zeidan，2018；Nasr et al.，2000）、能源承受能力（Glasure，2002；Bastianin et al.，2019）、能源可接受性（Shahbaz et al.，2018；Jaforullah & King，2017；Yang & Zhao，2014）、经济的增长（Shahbaz et al.，2019；Chiu & Lee，2020；Hao et al.，2020）。上述决定因素与经济和金融发展的改善有关。[①] 这些因素还表明经济和金融发展的改善导致自然灾害增加（Acheampong，2018；Tamazian & Bhskara Rao，2010；Tamazian et al.，2009）。作为回应，许多研究已经开始集中于不同能源之间的替代关系，这

[①] 正如李和阮（Le and Nguyen，2019）所描述的，能源安全包括五个方面：可访问性、可用性、可接受性、可承受性和可开发性。

得到了李和邱（Lee & Chiu，2011）的支持，即当油价和消费发生变化时，核能的消耗就会增加。随着各种形式可再生能源的兴起和发展，以及全球极端气候和全球变暖造成的自然灾害发生的频率增加，本书认为应将自然灾害变量纳入能源发展研究。自然灾害影响着各地区，严重阻碍了一个国家的经济发展和能源消耗，因此，从能源发展的角度来看，我们采用不同类型和程度的自然灾害及其对能源消耗的影响因子。虽然减灾和降低灾害风险的能源替代方案在能源研究中日益受到关注（Favero & Massetti，2014；Popp et al.，2013），但自然灾害是不同能源消耗的决定因素仍尚未明确。

7.2.3 自然灾害与能源消耗之间的关系

由于经济和金融发展导致对自然资源的过度利用和开发，世界许多地区的环境和生态受到严重破坏。此外，近年来的全球气候变化和温室效应也导致自然灾害的发生更加频繁。在任何自然灾害频发、国内能源生产有限、对能源进口高度依赖的国家，能源安全都很脆弱。因此，一场自然灾害可能会危及整体能源安全和可再生能源市场的发展。实证结果表明，能源安全降低了芬兰的能源消耗（Trotta，2020）。

在所有受气候变化影响的国家，自然灾害发生越来越频繁，导致能源消耗减少。根据家庭水平的能源消耗数据，奥夫哈默和曼苏尔（Auffhammer & Mansur，2014）指出，气候变化会影响到能源部门的支出和消费。德西亚和苏荣（De Cian & Sue Wing，2019）认为，气候变化对能源消耗的影响取决于变暖本身的程度以及地区和行业的不同。赵等（Cho et al.，2016）发现，用化石燃料取代核能可以减少地震后的电力消耗。最近的另一个例子是，新冠肺炎大流行后，石油和可再生能源消耗急剧下降，因为每个在家工作的人都为其单位建筑节约能源，驾驶汽车出行大幅减少（Santos et al.，2009；Richardson et al.，2014）。虽然低油价可能对消费者有吸引力，但它们对由于瘟疫而生活在各种社会限制下的人几乎没有什么好处。上述发现表明了自然灾害对能源消耗的负面影响。因此，本书推测受自然灾害影响更大的国家能源消耗可能会更少。因此，我们提出了第一个假设。

假设1：受自然灾害影响的更大的国家，石油、核能、可再生能源和总能源消耗可能更少。

7.2.4 子样本分析

下一个假设与对不同子样本的稳定性分析有关,以解释自然灾害和能源消耗之间的关系。第一个子样本是研究自然灾害对能源消耗的经济影响。许多研究人员介绍了自然灾害对贫困和经济增长的影响(Warr & Aung, 2019; Sawada & Takasaki, 2017; Kim & Marcouiller, 2015; Bui et al., 2014; Rodriguez - Oreggia et al., 2013)。哈利盖特和杜马(Hallegatte & Dumas, 2009)提出,改进技术用于解决最不发达国家因为自然灾害造成的贫困陷阱效应的问题。① 此外,阿尔德曼和金赛(Alderman & Kinsey, 2006)指出,高收入群体在迅速应对自然灾害和应对自然灾害的后果方面比低收入群体发挥更加重要的作用。总的来说,自然灾害导致能源消耗减弱的驱动因子主要作用于低收入群体。

第二个子样本分析了自然灾害对能源消耗的区域影响。饶等(Rao et al., 2020)和韩等(Han et al., 2019)指出,干旱的非洲和亚洲面临着自然灾害的高风险,由于地震、台风、洪水和其他灾害,该地区的能源设施必须承担更大的风险。对于任何自然灾害频发或人口集聚、国民经济和社会发展等重要中心的地区,自然灾害造成的损失相当严重和致命。在许多情况下,国际社会和学者主要关注应对沿海地区的自然灾害风险的政策及相关研究(Sutanta et al., 2013)。更广泛地讲,讨论自然灾害热点的论文包括亚洲的泥石流案例(Froude & Petley, 2018)以及肯尼亚和中欧的洪灾(Pollner, 2012; Mogaka et al., 2006)。总的来说,这些结果表明受影响的国家在区域一级遭受的损失最大,特别是在亚洲、欧洲和非洲。他们随后的救济和重建开支使他们无法展开能源消耗的活动(Warr & Aung, 2019; Combes & Ebeke, 2011)。

第三个子样本分析了不同自然灾害对能源消耗的各种影响。随着自然灾害的强度、频率和广度的增加,预防自然灾害已经变得特别重要。虽然一些灾害被认为会增加能源消耗,例如干旱(De Cian & Sue Wing, 2019; Li et al., 2018)、地震(Cho et al., 2016)、沙尘暴(Henry et al., 2020)、泥

---

① 自然灾害通过赶走熟练工人、阻止长期投资和抑制经济增长因素等方式,增加了贫困陷阱的影响。

石流（Froude & Petley，2018）、洪灾、地震和沙尘暴（Benali & Saidi，2017）、火山爆发（Camus & Farias，2012），大多数种类自然灾害很可能减少能源消耗。科尔尼亚迪等（Koerniadi et al.，2016）认为不同的自然灾害会有不同的影响。具体来说，西卡拉（Cicala，2020）发现瘟疫引发的政策改变了人们使用能源的行为，从而减少了能源消耗。阿扎里和西诺雷利（Azzarri & Signorelli，2020）认为洪水灾害导致贫困，有助于减少能源消耗。阿加瓦尔等（Agarwal et al.，2020）发现，森林火灾会导致空气污染，从而导致能源消耗的增加。因此，我们提出的第二个假设如下。

假设2：自然灾害在低收入国家对能源消耗的负面影响较为明显，这种影响在某些自然灾害发生时尤为显著。

7.3　计量模型构建及数据

我们采用动态模型从国家层面来分析自然灾害对能源消耗的影响。该方法考虑了自然灾害的动态方面，解决了模型设定中可能产生的内生性问题。

然后采用系统广义矩（GMM）方法来估计自然灾害与能源消耗之间的关系，这种计量方法在能源消耗文献中非常常见（Guo，2017）。我们不采用常规的面板 OLS 或在组内估值，这是因为存在有偏差和不一致的估计、残差之间的自相关性，以及回归体的内生性（Arellano & Bover，1995；Blundell & Bond，1998，2000；Blundell et al.，2001；Bond et al.，2001；Hoeffler，2002；Hsieh & Lee，2020）。相反，我们使用系统广义矩 GMM 两步法，许多研究人员使用它来处理相关的个体效应、未观察到的异质性和解释变量的潜在内生性（Lee & Lee，2019；Amuakwa–Mensah et al.，2018）。[1]

最终，我们对高收入国家和低收入国家的子样本进行了检验。该检验工作将在亚洲、欧洲和非洲的三个不同地区内进行。在稳健性检验内，本书采用了不同的自然灾害代理变量，并采用 OLS 和分位数回归两种方法对固定效应进行检验。

---

[1] 鲁德曼（Roodman，2009）指出，系统 GMM 方法在回归中产生了有效和一致的参数估计。

7.3.1 模型构建

考虑到上述理论和实证研究,我们通过估计等式(7-1)中变量的数量来实证研究自然灾害和能源消耗之间的关系。

$$EC_{j,t} = \beta_1 ND_{j,t} + \beta_2 X_{j,t} + \alpha_j + \varepsilon_{j,t} \qquad (7-1)$$

其中 j 和 t 分别表示 1990~2015 年的国家和数据周期;α_j 和 $\varepsilon_{j,t}$ 代表控制未观察的国家特征、共同冲击、时间趋势;$EC_{j,t}$ 指由能源强度和能源强度自然对数表示的能源消耗水平。关于稳健性检验,本研究中的能源消耗变量($EC_{j,t}$)包括石油、可再生能源和核能(Troster et al., 2018;Yuan et al., 2014;Alam, 2013)。我们主要的解释变量 $ND_{j,t}$ 表示自然灾害在 j 国 t 年无家可归、受伤和受灾人口,由受灾比重代理。在其他变量中,我们还收集了关于各种自然灾害(瘟疫、洪水、地震、泥石流、沙尘暴、干旱、火山爆发、森林火灾)的受影响人口数量的信息。

根据之前的实证文献,在本书中用受灾比重和受灾人口来测量 $ND_{j,t}$。受灾比重是指一个国家受灾害程度。受灾人口为该国受灾害人数占其总人口的比率。

在方程(7-1)中的向量是一组与能源消耗相关的控制变量。在所有的估计中,我们控制外商直接投资(FDI),根据外商直接投资与 GDP 的比率以及贸易量,定义为贸易量与 GDP 的百分比。这些变量包括外商直接投资和贸易开放增加金融发展和能源需求(Hao et al., 2020;Dithmer & Abdulai, 2017;Salim et al., 2017;Najarzadeh et al., 2015;Sadorsky, 2010, 2011)。此外,实际人均 GDP 的对数(LnGDPPC)和工业增加值增长量的对数(LnIVA)对能源消耗有积极影响(Acheampong, 2019;Sadorsky, 2013)。

7.3.2 实证方法

为了捕捉能源消耗,我们增加自然灾害作为一个潜在的解释变量,并遵循盖斯等学者(Gaies 等,2019)的能源模型和洛艾萨等学者(Loayza et al., 2012)的自然灾害模型。他们的模型是基于萨多斯基(Sadorsky, 2011)和哈利盖特(Hallegatte, 2007)等人使用的宏观经济理论。假定可以调整能源消耗,我们可以根据阿雷亚诺和博韦尔(Arellano & Bover, 1995)的建议在动态系统广义矩处理法（GMM）框架中增加能源消耗的滞后项。方程（7-2）和方程（7-3）列出动态系统 GMM 估计的一部分，如下所示：

$$EC_{j,t} = \gamma EC_{j,t-1} + \beta_1 ND_{j,t} + \beta_2 X_{j,t} + \alpha_j + \varepsilon_{j,t} \quad (7-2)$$

$$EC_{j,t} - EC_{j,t-1} = \gamma(EC_{j,t-1} - EC_{j,t-2}) + \beta_1(ND_{j,t} - ND_{j,t-1}) + \beta_2(X_{j,t} - X_{j,t-1}) + (\varepsilon_{j,t} - \varepsilon_{j,t-1}) \quad (7-3)$$

在方程（7-2）和方程（7-3）中，我们通过使用数据集的信息来提供有效的工具来解决内生性问题。[①] 根据温德梅耶（Windmeijer，2005），我们研究了整个过程中一个有效的两步系统广义矩处理法（GMM）的有限样本校正标准误差。如果没有这种修正，两步系统广义矩处理法（GMM）标准误差将严重向下偏置，从而导致较低的 P 值。[②]

假定 1：误差项没有严重的序列相关；假设 2：解释变量与未实现的误差项不相关；假设 3：解释变量的变化与国家特定的影响不相关，应用方程（7-4）~方程（7-9）条件，我们得到无偏回归估计。

$$E[EC_{j,t-s}(\varepsilon_{j,t} - \varepsilon_{j,t-1})] = 0 \quad \text{for} \quad s \geq 2; \ t = 3, \cdots, T \quad (7-4)$$

$$E[ND_{j,t-s}(\varepsilon_{j,t} - \varepsilon_{j,t-1})] = 0 \quad \text{for} \quad s \geq 2; \ t = 3, \cdots, T \quad (7-5)$$

$$E[X_{j,t-s}(\varepsilon_{j,t} - \varepsilon_{j,t-1})] = 0 \quad \text{for} \quad s \geq 2; \ t = 3, \cdots, T \quad (7-6)$$

$$E[(EC_{j,t-s} - EC_{j,t-s-1})(\alpha_j + \varepsilon_{j,t})] = 0 \quad \text{for} \quad s = 1 \quad (7-7)$$

$$E[(ND_{j,t-s} - ND_{j,t-s-1})(\alpha_j + \varepsilon_{j,t})] = 0 \quad \text{for} \quad s = 1 \quad (7-8)$$

$$E[(X_{j,t-s} - X_{j,t-s-1})(\alpha_j + \varepsilon_{j,t})] = 0 \quad \text{for} \quad s = 1 \quad (7-9)$$

此外，系统广义矩处理法（GMM）的一致性取决于解释变量的滞后值是否是有效的工具变量。我们考虑采用识别假设的萨尔贡测试（Sargon test）的有效性来解决这个问题（Arellano & Bond，1991）。

接下来，我们将研究收入水平和地区对自然灾害—能源消耗联系的影响。因此，我们根据收入水平和区域将整个样本划分为不同的子样本。[③] 具

[①] 鲁德曼（Roodman，2009）认为，系统 GMM 估计值处理回归源的内生性和固定效应，以避免动态面板偏差。

[②] 与差分广义矩处理法处理相比，系统广义矩处理法（GMM）估计值减少了由于弱工具而产生的有限样本偏差（Dorofti & Jakubik，2015）。

[③] 本研究中，样本根据 3395 美元人均国民总收入（GNI）水平来划分低收入国家和高收入国家。低收入国家是人均国民收入低于 3995 美元的经济体，而高收入国家是人均国民收入高于 3996 美元的经济体。不同的地区包括欧洲、非洲和太平洋。欧洲是指欧洲和中亚地区（37 个国家或地区）。非洲是指中东、北非、撒哈拉以南非洲和南亚（47 个国家或地区）。太平洋是指东亚、太平洋、拉丁美洲、加勒比海和北美（39 个国家或地区）。

体来说，我们调查了自然灾害对高收入水平国家、低收入水平国家和欧洲、非洲和亚太地区国家的能源消耗的影响。

7.3.3 数据处理

本书包含三个数据集：（1）能源消耗的数据；（2）自然灾害的数据；（3）控制变量的数据。我们从世界能源环境影响评价和英国石油公司统计审查（BPSRWE）的 EIA 和 BP 统计审查中收集能源消耗数据。[①] 我们的能源消耗代理变量包括能源消耗强度水平（Level）、能源强度的对数（Leni）、石油（Oil）、可再生能源（Renew）和核能（Nuclear）。

自然灾害由受全球灾害影响的人数来衡量（Rosselló et al., 2020）。我们从灾害流行研究中心（CRED）提取数据，构建了 1990～2015 年 123 个国家（地区）的年度灾害数据库。它包括每年受干旱、瘟疫、洪水、地震、泥石流、火山爆发、沙尘暴、森林火灾和每个地区干旱影响的人数。所有控制变量均来自世界银行的世界发展指标（WDI）。表 7-1 显示了所有变量的定义及其描述性统计。在我们的样本中，石油和可再生能源的消耗都显示出很高的变异性。石油和可再生能源平均占最终能源总能耗的 63.5% 和 39.6%，标准差分别为 27.4% 和 30.5%。核能的平均水平很高，占总能源使用量的 6.5%，这表明我们样本中的国家的能源效率有所提高。实际人均 GDP 的对数（LnGDPPC）平均为 67.2%，标准偏差为 38.8%，表明，在我们的样本中，各国人民生活水平存在巨大差异。受自然灾害影响的人数来说，以无家可归者、受伤和受影响人口总数占比非常高（0.9%），标准偏差为 0.2%。此外，外商直接投资（FDI）的净流入占 GDP 比重的平均值为 3.3%，标准差为 5.1%。行业增加值平均增长为 4.2%，标准差为 8.5%。贸易占 GDP 比例的平均值为 7.8%，标准差为 1.5%。

关于能源消耗强度水平（Level）和能源强度的对数（Leni）样本中，能源消耗强度水平平均值最高的国家为低收入经济体，全部来自非洲（利比里亚、莫桑比克和刚果民主共和国）。[②]

[①] 现有的实证能源文献使用相同的数据库（Ye & Karali, 2016; Bu, 2014; Ruehl, 2013）。
[②] 各国不同能耗平均值及自然灾害影响人群详见附录表 7-A。

表 7-1　汇总统计

变量	定义	均值	中位值	最大值	最小值	标准方差	偏态值	峰度	数值
能源强度的对数	能源强度水平的自然对数（能耗与GDP之比）	1.74475	1.655772	3.91471	0.52719	0.52024	0.89596	3.86279	1608
能源消耗强度水平	初级能源强度水平（MJ/$ 2011 PPP GDP）	6.70692	5.23712	50.1347	1.69416	4.77552	3.14136	17.7919	1608
石油	化石燃料能耗（占总量的%）	63.4818	70.02969	99.9957	0	27.3527	-0.6632	2.31163	1402
可再生能源	可再生能源消耗量（占最终能源消耗总量的%）	39.5729	33.03777	98.3426	0.00601	30.4753	0.37123	1.75416	1608
核能	替代能源和核能（占能源使用总量的%）	6.45795	3.278312	49.5904	0	7.98853	2.51196	11.071	1395
受灾比重	灾害受影响人数除以总数（无家可归者、受伤者和受影响者）	0.91953	0.999622	1	0.001	0.18696	-2.9491	11.5048	1608
外商直接投资	外商直接投资、净流量（占GDP的%）	3.29069	2.199554	103.337	-15.839	5.08463	7.65859	115.125	1608
贸易	贸易量（% of GDP）	7.79029	7.668742	11.5189	4.54929	1.51234	0.2867	2.16399	1608
人均GDP的对数	实际人均GDP的自然对数	67.2141	58.09279	404.771	0.16742	38.8482	2.6193	16.4256	1608
工业增加值增长量的对数	工业增长量的增加值	4.1863	3.97449	127.446	-51.635	8.5044	3.01442	45.3046	1608

另外，能源消耗最低的国家（地区）是高收入水平的太平洋经济体（巴拿马、秘鲁和中国香港）。当观察受自然灾害影响（受灾比重）人口时，我们发现受自然灾害袭击的人数在某些特定地区，包括低收入和非洲国家（即印度、孟加拉国、巴基斯坦、肯尼亚、越南和尼日尔），或太平洋国家（中国、菲律宾、泰国、巴西和美国）。受灾比重最低出现在欧洲（即爱尔兰和葡萄牙）。总的来说，每个国家不同能源消耗和自然灾害影响人口的平均数据表明，低收入国家非常脆弱，因为它们的能源消耗更高，受自然灾害影响的人也更多。

关于石油能源消耗，我们样本中均值最高的国家是高收入国家（沙特阿拉伯、阿尔及利亚和伊朗），而均值最低的国家是低收入国家（莫桑比克、埃塞俄比亚和刚果民主共和国）。这些国家的一个共同特征是它们都在非洲。此外，我们注意到，可再生能源和核能平均消费最高的国家的特点是低收入国家、非洲地区和高收入国家和欧洲。①

本书应用麦达拉和吴（Maddala & Wu，1999）提出的面板单元根测试（PP－费雪奇方程）来对所有变量的平稳性进行检验。我们的研究考虑了所有变量的单元根，因为彼得罗维奇·兰德洛维奇等学者（Petrovic－Randelovic et al.，2020）在他们的研究中发现一些变量是不平稳的，如外商直接投资和实际人均 GDP 的对数（LnGDPPC）。

表7－2 报告了单元根测试的结果。如这里所示，我们发现所有变量的所有面板单元根检验是非平稳变量的零假设检验，除了人均 GDP 的对数以外。因此对人均 GDP 的对数变量进行了一阶差分为 DLnGDPPC，结果发现面板单元根检验强烈支持 DLnGDPPC 的平稳性。因为我们可以得出在这个面板中变量是平稳的结论。

表7－2 单元根测试结果

变量	PP－费雪奇方程	P－值
能源消耗的对数	222.624	0.0075***
能源消耗强度水平	309.401	0***

---

① 平均可再生能源消耗最高的国家包括刚果民主共和国、埃塞俄比亚和乌干达。在核能方面，平均消费量最高的是法国、瑞典和瑞士。

续表

变量	PP-费雪奇方程	P-值
石油	257.286	0***
可再生能源	220.677	0.0096***
核能	203.574	0.0046***
受灾比重	813.391	0***
外商直接投资	447.156	0***
贸易	231.379	0.0024***
人均GDP的对数	83.2161	1
人均GDP的对数一阶差分	923.049	0***
工业增加值增长量的对数	803.74	0***

注：本表报告了本书使用的所有变量的单元根检验（PP-费雪奇方程）。所有变量的所有面板单元根检验都是非平稳变量的零假设检验，除人均GDP的对数之外，人均GDP的对数数据是非平稳的，因此对变量DDPPC进行了一阶差分。p值为***，表示在1%的意义水平上拒绝零假设。

7.4 实证结果

7.4.1 自然灾害和能源消耗

表7-3报告了在1990~2015年期间，来自123个国家（地区）的具有样本数据的系统广义矩处理方程（7-2）的结果。系统广义矩处理法包含了温德梅耶（Windmeijer, 2005）的有限样本校正和标准误差。对于所有的估计，假设滞后因变量是预先确定的，而控制变量是内生的。表7-3展示了由能源消耗强度水平（Level）和能源强度的对数（Leni）衡量的两个因变量基准模型的结果。在所有模型中，估计系数显著呈正，范围在0.710到0.774之间。当前的能源消耗受上年能源消耗的影响。研究结果与目前的实证研究结果一致。例如伯克等（Berk et al., 2020）、法拉希（Fallahi, 2016）、布拉兹凯等（Blazquez et al., 2013）发现，当年的能源消耗受到前一年能源消耗的积极影响。

表 7 – 3　　整体能源消耗的系统 GMM（动态）法

变量	能源强度的对数	能源消耗强度水平
能源强度的对数（-1）	0.77494 *** [1519.37]	
能源消耗强度水平（-1）		0.71 *** [6386.70]
受灾比重	-0.023223 *** [-28.53]	-0.1004 *** [-46.18]
外商直接投资	0.000467 *** [10.35]	0.0015 *** [17.39]
人均 GDP 的对数一阶差分	-0.042216 *** [-57.94]	-0.315 *** [-137.05]
贸易量	-0.000616 *** [-25.26]	-0.0088 *** [-313.97]
工业增加值增长量的对数	-0.000045 ** [-2.14]	-0.0022 *** [-49.42]
经济影响	-0.25%	-0.28%
萨根检验	109.42	108.34
萨根检验 P 值	0.36	0.45
国家数	112	112
样本数	1369	1369

注：本表报告了使用两步 GMM 估计值的自然灾害（即受灾比重）对两个总能源消耗指标（即能源消耗强度水平（Level）和能源强度的对数（Leni）的影响。关于工具变量，一个是先差分然后滞后，一个是先滞后然后差分。本表还报告了工具变量的数量：110（能源强度的对数）和 111（能源消耗强度水平）。T 统计的结果在方括号内用 ***，**，* 展示，其意义分别为 1%、5% 和 10%。此外，本表对于工具变量的整体有效性进行了萨根检验（Sargan test）。结果表明，两步 GMM 估计值的（Sargan test）萨根检验并不拒绝过度识别限制是有效的零假设。此外，我们用以下公式计算自然灾害对能源消耗的经济影响：乘以 Affected - ratio 的标准差和 Affected - ratio 的系数，并除以两个能源消耗代理。因此，计算结果如下。对于因变量（Leni and Level），我们乘以 Affected - ratio（0.1869）和 Affected - ratio 系数的标准差。如 -0.0232 和 -0.1004。能源消耗的平均值，如能源消耗强度水平（Level）和能源强度的对数（Leni），分别为 1.7447 和 6.7069。因此，我们得到的经济影响值为 -0.25% 和 -0.28%（-0.0043%/1.7447 = -0.25%；-0.0187%/6.7069 = -0.28%）。

因此，结果表明，自然灾害（受灾比重）对 1% 的能源消耗强度水平（Level）和能源强度的对数（Leni）有显著的负面影响，而人均 GDP（DLnGDPPP）对能源消耗有显著的负面影响。同样表明，发展中国家对由于自然灾害事件的不断增加而造成的经济破坏很敏感，甚至超过了重建能力，这导致了可再生能源和不可再生能源消耗的减少。我们的实证证据也支撑了实证结果的发现，经济发展和金融发展会增加碳排放，进而威胁环境质量并导致能源消耗下降（Acheampong，2019，2018；Tamazian & Bhaskara Rao，2010；Tamazian et al.，2009）。这一证据支持了我们的第一个假设。

外商直接投资（FDI）对能源消耗产生显著的积极影响，这与世界银行（2000）的调查结果一致，即外商直接投资增加能源消耗并刺激经济增长，但可能导致工业污染和环境退化（世界银行，2000）。另外，人均GDP（DLnGDPPC）、贸易量（Trade）和工业增加值增长量的对数（LnIVA）对能源消耗表现出显著的负面影响。[①] 具体来说，这一发现与之前的研究一致，该研究支持受自然灾害影响的国家使人们减少贸易和消费的观点。

表7-4报告了滞后因变量（石油、可再生能源和核能）的系数在1%水平上为正且显著，表明不同的能源消耗也具有持久性。比较三种不同能源的持久性，我们发现核能的持久性高于可再生能源，石油的持久性最低。目前对可再生能源的使用导致了二氧化碳排放的减少，因此可再生能源的使用将持续到下一阶段。这个结果与贾福鲁拉和金（Jaforullah & King，2015）的估计结果相似。此外，我们提供了强有力的证据，表明自然灾害（即受灾比重）和其他三个能源消耗指标（即石油、可再生能源和核能）之间存在强烈的负相关。用化石燃料、可再生能源和核能测量的其他能源消耗系数为负数且显著，并与表7-3中提供的证据一致。我们的结果仍然稳健，并支持第一个假设。

表7-4　　　　其他能源消耗的系统广义矩处理（动态）法

变量	石油	可再生能源	核能
石油（-1）	0.66624 *** [490.46]		
可再生能源（-1）		0.71717 *** [6867.28]	

[①] 那拉扬（Narayan，2003）认为，自然灾害对宏观经济因素有不利影响，如贸易、GDP、收入和消费。

续表

变量	石油	可再生能源	核能
核能（-1）			0.920442 *** [152309.90]
受灾比重	-0.1208 *** [-4.70]	-0.1126 *** [-198.94]	-0.052046 *** [-437.61]
外商直接投资	0.00588 *** [10.86]	-0.0121 *** [-100.43]	0.009272 *** [1077.39]
人均GDP的对数一阶差分	0.40517 *** [20.34]	0.02789 *** [19.66]	-0.075512 *** [-1228.52]
贸易量	0.00205 *** [6.80]	0.00862 *** [418.53]	-0.002284 *** [-1744.67]
工业增加值增长量的对数	0.01125 *** [23.88]	-0.0069 *** [-376.80]	-0.009808 *** [-1375.73]
经济影响	-0.04%	-0.05%	-0.15%
萨根检验	92.6371	75.7441	64.78009
萨根检验P值2	0.49111	0.98317	0.990696
国家数	100	112	102
样本数	1184	1369	1422

注：本表报告了自然灾害（即受灾比重）对其他三个能源消耗指标（即石油、可再生能源和核能）的影响。关于工具变量，一个是先差分然后滞后，一个是先滞后然后差分。本表还报告了工具变量的数量：97（石油）、110（可再生能源）和98（核能）。T统计的结果在方括号内用 ***，**，* 展示，其意义分别为1%、5%和10%。此外，本表对于工具变量的整体有效性进行了萨根检验（Sargan test）。结果表明，两步GMM估计值的（Sargan test）萨根检验并不拒绝过度识别限制是有效的零假设。自然灾害对三种替代能源消耗的经济影响也采用同样的方法进行估算。

表7-3和表7-4报告了对经济影响的估计结果。在表7-3中，自然灾害对能源消耗强度水平（Level）和能源强度的对数（Leni）的经济影响值为-0.25%和-0.28%。计算结果如下，对于因变量能源消耗强度水平（Level）和能源强度的对数（Leni），我们乘以受灾比重的标准差（0.1869）和受灾比重系数的两个能耗指标，例如能源消耗强度水平（Level）-0.1004和能源强度的对数（Leni）-0.0232。然后，我们除以能源消耗强度水平的平均值（例如，能源消耗强度水平（Level）6.7069和能源强度的对数（Leni）1.7447）。在表7-4中，同样估算自然灾害对三种替代

能源消耗强度水平（如石油、可再生能源和核能）的经济影响。报告的结果分别为 -0.04%、-0.05% 和 -0.15%。因此，自然灾害对能源消耗有显著的负面影响。

7.4.2 经济发展水平

许多研究人员认为，自然灾害对贫困和经济增长有贫困陷阱的影响，特别是在最不发达国家。与低收入群体相比，高收入群体在快速应对自然灾害和应对其后果方面发挥着重要作用（Warr & Aung，2019；Sawada & Takasaki，2017；Kim & Marcouiller，2015；Bui et al.，2014；Rodriguez - Oreggia et al.，2013；Hallegatte & Dumas，2009；Alderman & Kinsey，2006）。本研究根据人均国民收入（GNI）中的3995美元收入水平，将样本分为低收入国家和高收入国家，并检查了不同收入群体结果的可能差异。表7-5左列的估计值为高收入国家，右列的估计值为低收入国家。对于低收入国家和高收入国家，自然灾害的滞后值系数（能源强度的对数 Leni）都明显呈正数。因此，不同收入群体的能源消耗就会持续存在。结果进一步表明，高收入和低收入国家的能源消耗受到之前能源消耗的影响。

表7-5　　　　　　　　子样本分析——经济发展水平

变量	高收入	低收入
	能源强度的对数	能源强度的对数
能源强度的对数（-1）	0.712816*** [317.41]	0.73391*** [44.20]
受灾比重	-0.004659* [-1.89]	-0.0453*** [-5.12]
外商直接投资	0.001924*** [20.64]	-0.0005 [-1.54]
人均GDP的对数一阶差分	-0.067561*** [-53.91]	-0.0085 [-1.27]
贸易量	-0.001445*** [-60.02]	-0.0006*** [-3.59]
工业增加值增长量的对数	0.000076** [2.20]	-0.0003* [-1.81]

续表

变量	高收入	低收入
	能源强度的对数	能源强度的对数
萨根检验	67.42064	40.0001
萨根检验P值	0.360983	0.38142
国家数	68	44
样本数	742	627

注：本表显示了低收入国家和高收入国家的灾难与能源消耗关系的结果。关于工具变量，一个是先差分然后滞后，一个是先滞后然后差分。T 统计的结果在方括号内用 ***，**，* 展示，其意义分别为 1%、5% 和 10%。此外，本表对于工具变量的整体有效性进行了萨根检验（Sargan test）。结果表明，两步 GMM 估计值的（Sargan test）萨根检验并不拒绝过度识别限制是有效的零假设。

研究结果表明，低收入国家的自然灾害对能源消耗的负面影响高于高收入国家，其值在 -0.045 ~ -0.004 之间。该结果支持第二个假设，并与现有文献一致（Acheampong，2019，2018；Tamazian & Bhaskara Rao，2010；Tamazian et al.，2009；Raddatz，2007）。他们的研究表明，低收入国家在提供保护方面有困难，而且对灾害的反应较弱，从而导致能源消耗减少。另外，这一结果与克朗普和胡格赞（Klomp & Hoogezand，2018）和阮凡（Nguyen-Van，2010）的实证结果相反，他认为高收入意味着更高的能源消耗，高收入国家有更强的预防和防范灾害风险、减少灾难损失和未来事故可能性的能力。因此，低收入国家的工业增长（LnIVN）相对较低，对能源消耗有显著的负面影响，而高收入国家的工业增长相对较高，从而增加了能源消耗。这一结果与萨德尔斯基（Sadorsky，2013）的实证发现相矛盾。后者表明工业化和引入新设备和技术使产品意味着更多的能源消耗和更多的工业活动。这一结果进一步表明，工业化只有利于高收入国家。

7.4.3 区域分析和自然灾害的类型

最近的研究记录表明，最容易遭受自然灾害影响的地区包括亚洲、欧洲和非洲（Rao et al.，2020；Han et al.，2019；Pollner，2012）。此外，洛艾萨等（Loayza et al.，2012）指出世界不同地区由于经济发展而存在不同程度的自然灾害或经济损失。本节探讨了自然灾害对能源消耗的区域影响，并为寻求减少能源消耗从而减轻气候恶化的区域团体提供了关键的政策启示。

表7-6展示了非洲、亚太地区和欧洲的估计值。所有地区的能源消耗滞后系数都是正的，并具有统计学意义。这一证据确保了能源消耗呈现了整个地区的持续性，并证明了世界各地能源持续消耗的概念（Shahbaz et al., 2019, 2018; Chen et al., 2019）。

表7-6　　　　　　　　　子样本分析——不同的区域

变量	亚太地区	欧洲地区	非洲地区
	能源强度的对数	能源强度的对数	能源强度的对数
能源强度的对数（-1）	0.77968*** [23.03]	0.97942*** [196.33]	0.86444*** [25.19]
受灾比重	0.00181 [0.26]	0.00776 [0.48]	-0.0759*** [-3.17]
FDI	-0.0008 [-1.48]	-0.0006 [-1.22]	-0.0007 [-1.61]
人均GDP的对数一阶差分	-0.0547*** [-8.49]	-0.0486*** [-2.64]	-0.0391*** [-2.71]
贸易量	-0.0002 [-1.01]	-0.0001 [-1.49]	-0.0004 [-1.08]
工业增加值增长量的对数	0.00041** [2.28]	-0.001*** [-3.04]	0.00051 [1.15]
萨根检验	33.4486	38.4511	34.7874
萨根检验P值	0.44549	0.3915	0.33664
国家数	38	37	43
样本数	599	315	523

注：本表显示了欧洲（欧洲与中亚）、非洲（中东与北非与南亚）以及太平洋地区（亚太与拉丁美洲与加勒比与北美）之间的灾难与能源消耗关系的结果。关于工具变量，一个是先差分然后滞后，一个是先滞后然后差分。T统计的结果在方括号内用***，**，*展示，其意义分别为1%、5%和10%。此外，本表对于工具变量的整体有效性进行了萨根检验（Sargan test）。结果表明，两步GMM估计值的（Sargan test）萨根检验并不拒绝过度识别限制是有效的零假设。

在三个区域中，只有非洲区域的自然灾害能显著减少能源消耗，在1%的意义水平上，价为-0.0759。这与雅格迈伊（Yaghmaei, 2019）的发现一致，表明气候变化和非洲人口的快速增长都导致该地区的气温上升，非洲自然灾害的影响在未来可能会增加。非洲地区各国发生洪灾、瘟疫和森林火灾的高频现象很可能会导致该地区居民的能源消耗减少。此外,还需进一步了解能源消耗在哪些地区经常受多重自然灾害的影响,以及在哪些地区能源消耗不是决策的基础。对于亚太地区和欧洲地区,自然灾害(受灾比重)对能源消耗的正向影响是不显著的。这一发现表明,城市化可以显著促进能源消耗的减少。这一发展与萨德尔斯基(Sadorsky,2013)的发现一致,他表明城市化增加了经济活动,刺激了消费和生产,但它提高了能源效率,从而降低了能源消耗。

自然灾害对能源消耗的影响可能因各种类型的自然灾害而不同。本书将样本分为自然灾害的类型(瘟疫、洪灾、地震、泥石流、沙尘暴、高温、火山爆发和森林火灾)。表7-7显示了对这类自然灾害的估计值。在所有实证结果中,能源消耗滞后系数为正且显著。该结果支持了自然灾害的存在,并证实了洛艾萨等人(Loayza et al.,2012)的发现。他们指出,自然灾害确实会影响到经济增长,然而能源消耗仍在进行中。

表7-7　　　　　　　子样本分析——不同的自然灾害

变量	瘟疫	洪水	地震	泥石流
能源强度的对数(-1)	0.605626*** [69.18]	0.694486*** [764.94]	0.974831*** [151.91]	0.98317*** [107.53]
受灾比重	-0.534634* [-1.95]	-0.021629*** [-36.69]	-0.012018 [-0.98]	0.02092 [1.16]
外商直接投资	-0.001498*** [-8.19]	-0.000297*** [-12.02]	-0.00262*** [-2.61]	0.00339 [1.31]
人均GDP的对数一阶差分	-0.012819** [-2.08]	-0.045947*** [-101.43]	-0.0346 [-1.53]	0.00975 [0.22]
贸易量	-0.000593*** [-21.96]	0.000063*** [13.56]	0.000269** [2.26]	0.00013 [0.79]
工业增加值增长量的对数	-0.000698*** [-7.83]	-0.000374*** [-24.51]	-0.000094 [-0.19]	-0.0018*** [-3.04]
国家数	58	99	54	31
调整后可决系数	0.97	0.98	0.99	0.99
样本数	309	880	239	83

续表

变量	沙尘暴	高温	火山爆发	森林火灾
能源强度的对数（-1）	0.986789*** [189.91]	0.967204*** [60.11]	0.972267*** [51.81]	0.98299*** [64.51]
受灾比重	-0.011163 [-0.95]	-0.007736 [-0.11]	-0.007875 [-0.16]	-0.0545** [-2.12]
外商直接投资	-0.001161* [-1.87]	0.001598 [0.49]	0.003067 [1.24]	-0.0036** [-2.04]
人均GDP的对数一阶差分	-0.046093** [-2.44]	-0.061045 [-1.31]	-0.145831*** [-4.48]	-0.0229*** [-5.19]
贸易量	0.000024 [0.39]	-0.000204 [-0.69]	0.000426 [1.64]	-0.0006** [-2.29]
工业增加值增长量的对数	0.000165 [0.61]	-0.000373 [-0.26]	-0.002601** [-2.20]	-0.0014 [-1.34]
国家数	78	27	17	27
调整后可决系数	0.98	0.98	0.99	0.99
样本数	433	65	30	57

注：本表显示了不同自然灾害指标（瘟疫、洪水、地震、泥石流、沙尘暴、高温、火山、森林火灾）下灾害与能源消耗关系的结果。T统计的结果在方括号内用***，**，*展示，其意义分别为1%、5%和10%。

表7-7中的结果表明，瘟疫、洪水和森林火灾等自然灾害对能源消耗的负面影响显著性水平都低于10%。研究结果还支持了西卡拉（Cicala，2020）的能源文献内容。它表明，新冠肺炎造成的政策改变了人们对能源使用的行为，从而减少了能源消耗。这一结果也与阿扎里和西诺雷利（Azzarri & Signorelli，2020）的结论一致，他们揭示了洪水冲击会导致贫困，这有助于减少能源消耗。相反，该结果与以往的一些实证研究相反，发现森林火灾会导致空气污染，导致能源消耗增加（Agarwal et al.，2020）。总的来说，这个结果支持了第二个假设。

7.4.4 稳健性检验

在稳健性检验中，我们考虑受灾人口作为自然灾害的替代指标，并重新检查我们的基本结果。受灾人口是按受影响的人数除以每年每个国家的总人口计算。表7-8显示了受灾人口代理对不同能源消耗（如能源消耗强度水平（Level）、能源强度的对数（Leni）、石油、可再生能源和核能源）产生重大负向的影响。结果与我们使用受灾比重变量获得的结果一致（见表7-4）。

表7-8　　　　稳健性检验：自然灾害的替代代理

变量	能源强度的对数	能源消耗强度水平	石油	可再生能源	核能
能源强度的对数（-1）	0.880335*** [1231.38]				
能源消耗强度水平（-1）		0.8661*** [6027.73]			
石油（-1）			0.71242*** [3351.77]		
可再生能源（-1）				0.82354*** [9447.39]	
核能（-1）					0.63066*** [23443.90]
受灾人口	-0.032115*** [-14.24]	-0.2276*** [-14.25]	-0.4815*** [-15.18]	-0.5467*** [-155.81]	-0.3582*** [-221.29]
控制	Yes	Yes	Yes	Yes	Yes
萨根检验	94.46831	92.2298	80.6383	93.3925	80.9435
萨根检验P值	0.467035	0.53236	0.42762	0.46906	0.32765
国家数	112	112	100	112	102
样本数	1369	1369	1184	1369	1422

注：受灾人口计算为影响人数除以每年和国家的总人口。本表包含了通过使用两步系统-GMM估计器对总能耗的五大滞后变量（即能源消耗强度水平（Level），能源强度的对数（Leni）、石油、可再生能源和核变量）使用不同的自然灾害代理（即受灾人口）的稳健性检验的估计结果。关于工具变量，一个是先差分然后滞后，一个是先滞后然后差分。T统计的结果在方括号内用***，**，*展示，其意义分别为1%、5%和10%。此外，本表对于工具变量的整体有效性进行了萨根检验（Sargan test）。结果表明，两步GMM估计值的（Sargan test）萨根检验并不拒绝过度识别限制是有效的零假设。

以同样的方式，我们使用OLS和分位数两种方法对基本结果进行重新检验。结果如表7-9所示。由于自然灾害的影响可能在不同分布点的能源

表7-9 稳健性检验：OLS和具有国家固定效应的分位数回归

变量	能源强度的对数									
	OLS	分位数回归								
		能源强度的对数								
		0.1	0.2	0.3	0.4	0.5	0.6	0.7	0.8	0.9
能源强度的对数（-1）	0.979112*** [157.80]	0.97942 [135.55]	0.98429 [286.04]	0.98711 [306.10]	0.988495 [321.02]	0.987237 [337.58]	0.987096 [352.08]	0.98752 [370.69]	0.98711 [288.33]	0.98803 [131.93]
受灾比重	-0.021584** [-2.39]	-0.024 [-1.64]	-0.0196 [-2.91]	-0.0154 [-2.40]	-0.016683 [-2.82]	-0.00989 [-1.65]	-0.00681 [-0.99]	-0.0118 [-1.38]	-0.0192 [-1.58]	-0.0361 [-2.05]
外商直接投资	-0.000782 [-1.24]	-0.0017 [-1.00]	-0.0019 [-5.37]	-0.0015 [-2.01]	-0.000803 [-1.20]	-0.00054 [-1.15]	-0.00053 [-1.21]	-0.0002 [-1.34]	-0.0004 [-2.70]	-0.0003 [-0.48]
人均GDP的对数一阶差分	-0.071588*** [-4.10]	-0.1006 [-3.26]	-0.0754 [-4.23]	-0.061 [-4.15]	-0.055677 [-4.63]	-0.04883 [-4.45]	-0.05812 [-4.74]	-0.0653 [-6.36]	-0.0669 [-7.82]	-0.0503 [-4.16]
贸易量	0.000005 [0.06]	-0.0004 [-2.71]	-0.0002 [-2.44]	-0.0001 [-2.49]	-0.000016 [-0.23]	0.000037 [0.66]	0.000085 [1.68]	0.00016 [3.16]	0.00023 [3.72]	0.00033 [4.67]
工业增加值增长量的对数	-0.000776* [-1.90]	-0.001 [-1.28]	-0.0011 [-5.21]	-0.0011 [-3.17]	-0.00118 [-4.20]	-0.00117 [-4.15]	-0.00089 [-2.83]	-0.0007 [-2.86]	-0.001 [-3.53]	-0.0011 [-3.88]
固定国家影响	Yes	Yes	Yes	Yes	Yes	Yes	Yes	Yes	Yes	Yes
常数	0.979187	Yes	Yes	Yes	Yes	Yes	Yes	Yes	Yes	Yes
伪R方		0.90646								
国家数	115									
样本数	1484	1581								

注：本表包含了使用OLS和具有国家固定效应的数量回归的稳健性检验的估计结果。T统计数据在方括号中报告。粗体数字表示在小于10%的水平上的意义。

强度水平而不同,因此使用分位数方法可以检测这些水平之间的异质性。从表7-9中,分位数回归估计表明,自然灾害(受灾比重)仅在能源强度分布低分位点部分是统计显著的。考虑到可能忽略的变量偏差,我们对国家固定效应结果进行了OLS稳健性估计,并将这些结果与分位数回归模型进行比较。我们观察到,自然灾害损害了能源消耗,特别是在分布范围较低的地区。总的来说,上述稳健性的结果证实了我们的基本结果的有效性和一致性。

7.5 结论与启示

从1990~2015年期间123个国家(地区)的数据集可以看出自然灾害会使人口较多的国家能源消耗减少。系统两步广义矩处理法结果表明,自然灾害影响人口较多的国家能源消耗较低。此外,这种负面影响明显出现在低收入地区或非洲地区。不同的自然灾害和不同的能源来源也会影响着灾害与能源消耗的关系。我们发现,自然灾害对石油、可再生能源和核能消耗有重大负面影响。此外,对某些自然灾害(洪水、森林火灾和瘟疫)而言,这种负面影响更为明显。该结论对于自然灾害的代理变量(受灾比重)而言是稳健的。为了精确地估计能源强度水平上自然灾害函数的不同分布,我们使用分位数回归。结果显示,在样本国中,自然灾害对能源消耗有负向影响,在低分位点与高分位点表现更为明显。最后,我们提出,在不同地区,自然灾害影响呈现异质性特点。这一点是决定能源消耗的一个重要因素。

我们的研究结果为政府、政策制定者和研究人员提供了一些政策建议。首先,虽然自然灾害对能源消耗的影响是可以预测的,但政府应该建立一个研究中心,致力于规划灾害预防、人员转移、灾后重建所需的短期资源投入,并研究与能源安全相关的长期财政投入。其次,未来的能源政策应鼓励对可再生能源/替代能源的投资,并强制披露公司或行业的环境信息。最后,为平衡生态环境,需要开始使用可再生能源或其他替代能源。

附录：

表7-A 各国（地区）不同能源消耗量和自然灾害的平均水平

国家（地区）	能源消耗强度水平	能源强度的对数	石油	可再生能源	核能	自然灾害影响的人数
	平均值	平均值	平均值	平均值	平均值	平均值
阿尔巴尼亚	4.069508	1.397838	52.38472	46.31158	17.57743	84933.2
阿尔及利亚	3.557678	1.267982	99.76009	0.4016848	0.0510965	27969.17
安哥拉	3.76602	1.322663	40.36841	57.03153	2.081182	348496.7
阿根廷	4.532622	1.509462	88.23949	10.10191	6.420143	110650.9
亚美尼亚	9.674179	2.26946	72.12611	9.380564	25.90327	N/A
澳大利亚	6.42457	1.853365	93.93115	8.071438	1.390332	615298.6
奥地利	4.000027	1.385685	75.50196	25.95546	10.18449	516
阿塞拜疆	11.76518	2.308914	97.87775	2.785924	1.139629	193361
巴哈马群岛	2.989726	1.08875	N/A	1.72249	N/A	2250
孟加拉国	3.535928	1.260995	61.13904	53.30778	0.2571411	6396956
白俄罗斯	11.80716	2.369758	91.72581	5.431826	0.0339158	20000
比利时	5.925224	1.775349	73.805	3.187605	22.09239	900
玻利维亚	4.958079	1.59714	79.80436	25.14324	3.001902	178211.3
博茨瓦纳	3.329069	1.202693	63.05157	28.27674	N/A	5056
巴西	3.925675	1.367308	55.13923	45.34541	12.93561	2262615
保加利亚	8.60982	2.128936	75.44417	9.832045	22.8322	628.3333
布基纳法索	7.860889	2.028299	N/A	84.7102	N/A	501451.7
喀麦隆	6.216326	1.815049	22.00168	82.13315	3.992761	33729.06
加拿大	7.763021	2.04877	74.22439	22.3037	19.36379	24320
智利	4.25663	1.447283	72.67262	31.79478	6.273354	161361
中国	11.30305	2.380556	82.39785	22.89638	2.50211	1.08E+08
哥伦比亚	3.011982	1.088246	74.36391	29.00657	8.994022	490365.3
刚果（布）	22.61262	3.116338	2.815474	97.23902	2.430921	62896.75
刚果（金）	2.979392	1.053541	30.43608	66.64721	2.179709	10264.5
哥斯达黎加	3.351792	1.207581	53.94983	37.428	15.06039	77671.37
克罗地亚	4.543895	1.509443	77.71377	28.53006	6.792236	1200

续表

国家（地区）	能源消耗强度水平	能源强度的对数	石油	可再生能源	核能	自然灾害影响的人数
	平均值	平均值	平均值	平均值	平均值	平均值
塞浦路斯	4.519628	1.50843	97.59309	3.357069	1.701873	280
捷克	7.648219	2.024937	85.24801	7.509899	12.92209	44562.5
多米尼加	3.271623	1.167714	85.89827	18.26164	2.055922	37418.4
厄瓜多尔	3.584492	1.27427	84.07897	17.7871	5.620821	56061.94
埃及	3.710807	1.310798	93.83009	9.004007	2.372715	55480
萨尔瓦多	4.209317	1.434063	44.93525	43.10261	5.048116	228236.1
爱沙尼亚	6.412806	1.858297	31.41139	17.16308	0.1465642	N/A
埃塞俄比亚	16.15929	2.781946	5.397919	93.37556	1.056395	525894
法国	4.903967	1.585427	51.82238	10.35648	45.03505	211082.2
冈比亚	4.536998	1.511572	N/A	54.48565	N/A	14792.25
德国	4.649006	1.530726	83.27206	5.786138	13.35254	20321.8
加纳	3.867596	1.351574	49.44428	47.31868	5.907804	56637.43
希腊	3.841086	1.343675	92.47058	8.754375	2.284236	12959.7
危地马拉	4.16985	1.424967	37.81153	63.30502	2.576606	441212.6
几内亚	11.41469	2.432794	N/A	80.86224	N/A	26489
几内亚比绍	14.07486	2.64423	N/A	88.62057	N/A	28555.5
圭亚那	8.281486	2.108422	N/A	42.10006	N/A	321100
海地	8.311634	2.073656	19.3836	78.85311	0.4443907	472458.8
洪都拉斯	6.103668	1.808388	50.22106	53.1884	3.850945	146744.1
中国香港	1.69416	0.5271872	93.97148	0.8349009	0.0639334	15000
匈牙利	5.202357	1.64407	78.99813	6.706007	14.83188	4982.5
印度	6.547974	1.862263	64.46899	48.43532	2.11738	50100000
印度尼西亚	4.584375	1.51631	62.13885	44.8796	0.6772436	724566.9
伊朗	6.652402	1.888957	99.21205	0.9308222	0.4996202	2040525
伊拉克	3.406652	1.223249	97.53065	1.485127	0.8262671	2862.667
爱尔兰	3.245984	1.176989	92.06491	2.40572	0.8660849	100.5
以色列	4.65305	1.537523	97.16622	5.868729	3.225168	N/A
意大利	3.413238	1.22605	87.93666	8.805275	3.586113	2868

续表

国家（地区）	能源消耗强度水平	能源强度的对数	石油	可再生能源	核能	自然灾害影响的人数
	平均值	平均值	平均值	平均值	平均值	平均值
牙买加	6.64271	1.890501	86.97308	9.641089	0.3365926	120335.2
日本	4.806142	1.564689	84.50377	4.266474	13.44391	123377.8
约旦河	5.518953	1.708188	98.45594	2.084113	1.396805	150000
哈萨克斯坦	9.339236	2.224577	98.10832	1.799626	0.9900301	6621.286
肯尼亚	8.161567	2.098213	16.88962	78.97004	1.736529	2491966
韩国	7.537566	2.017763	83.83158	0.9028759	15.35696	52286.63
拉脱维亚	6.214048	1.826813	63.67106	35.34723	6.352065	N/A
黎巴嫩	4.948096	1.599003	94.80203	7.458904	2.071266	17000
利比里亚	28.45341	3.346044	N/A	90.47163	N/A	17452
马达加斯加群岛	5.205516	1.649345	N/A	78.6124	N/A	455560.5
马拉维	7.625579	2.017435	N/A	81.75066	N/A	634817.7
马来西亚	5.426063	1.689967	95.8774	5.609162	0.8702492	191911.3
马里地区	3.696569	1.260363	N/A	80.02956	N/A	472653.9
新墨西哥州	4.310488	1.459171	88.59095	10.98	2.917573	566401.6
摩尔多瓦群岛	11.96028	2.47142	89.51909	5.213432	1.087107	1302000
摩洛哥	3.448698	1.237369	86.31837	16.5618	1.208067	24678.57
莫桑比克	24.27343	3.143575	7.310491	91.9814	6.133433	574231.5
缅甸	3.664211	1.274989	28.5514	77.90028	2.497067	539740
纳米比亚	3.611234	1.281556	65.40139	29.54447	17.65757	202700.1
荷兰	5.209229	1.649098	95.66781	1.496401	1.796533	1100
新西兰	5.992783	1.784615	67.54379	29.43616	14.01505	24938.23
尼加拉瓜	6.117075	1.804014	41.82206	58.11834	1.779582	140394.7
尼日尔	6.772813	1.91047	22.62919	79.49331	0.0087481	1852376
尼日利亚	7.870297	2.035167	19.37369	86.02739	0.3635764	560277.6
挪威	4.181185	1.430595	55.65629	59.60641	35.89869	1500
巴基斯坦	5.181454	1.642586	58.35113	49.65635	3.053535	2798746
巴拿马	2.868209	1.042091	74.58475	27.6358	8.54503	9715.917
巴布亚新几内亚	10.18429	2.3144	N/A	65.03018	N/A	91208.75

续表

国家（地区）	能源消耗强度水平	能源强度的对数	石油	可再生能源	核能	自然灾害影响的人数
	平均值	平均值	平均值	平均值	平均值	平均值
巴拉圭	4.482445	1.495372	31.39689	65.43193	12.25364	321890.8
秘鲁	2.821092	1.031548	70.27439	31.79213	9.444223	435530.3
菲律宾	4.218714	1.419624	55.22128	35.21353	3.047489	6011207
波兰	5.843531	1.752075	94.41903	8.229335	0.3143306	21230
葡萄牙	3.557401	1.267052	78.34056	25.3847	6.686971	50
罗马尼亚	5.333896	1.642139	82.44724	18.55925	7.980363	17262.69
俄罗斯	11.14113	2.389178	91.28544	3.579215	7.088644	216470.7
沙特阿拉伯	5.610823	1.72359	99.83703	0.0087762	N/A	174.6667
塞内加尔	5.258546	1.657882	49.87779	46.42442	0.4160924	204199.5
塞尔维亚和黑山	6.661433	1.892786	86.43304	21.41755	4.86379	31980
塞拉利昂	9.931303	2.258789	N/A	85.97914	N/A	3261.25
新加坡	3.757957	1.323876	98.91781	0.3251189	0.0973253	2022
斯洛伐克	7.90369	2.052674	72.87464	5.516169	24.50181	35207
斯洛文尼亚	5.720649	1.744082	68.57142	14.56625	24.51621	N/A
南非	10.07309	2.306623	86.34547	17.06802	2.728266	1099077
西班牙	3.861997	1.347182	78.43305	11.11513	16.71693	1240.571
斯里兰卡	2.885517	1.041993	40.71149	64.14054	3.287781	623177.5
苏丹	6.015398	1.762744	23.85953	71.24144	1.212464	823112.1
瑞典	6.112657	1.810362	36.52181	34.91043	43.97236	N/A
瑞士	2.90913	1.065726	53.78104	19.08599	38.63801	1033.667
坦桑尼亚	10.55332	2.352433	8.270824	91.89908	0.988874	602525.9
泰国	5.20055	1.646379	78.28499	23.02738	0.7065207	3949917
多哥	14.4693	2.668284	15.99837	75.13166	1.427034	50314.86
土耳其	3.698146	1.307318	86.29446	17.57774	4.568413	146603.1
乌干达	11.59435	2.402861	N/A	93.20982	N/A	277070.8
乌克兰	20.15055	2.965775	83.78278	1.750214	15.46299	262802.9
英国	4.299741	1.44096	87.01089	2.63724	10.64896	9393.385
美国	6.393738	1.850671	84.87086	6.737641	10.92982	1449017

续表

国家（地区）	能源消耗强度水平	能源强度的对数	石油	可再生能源	核能	自然灾害影响的人数
	平均值	平均值	平均值	平均值	平均值	平均值
乌拉圭	2.951737	1.080813	60.16152	41.95659	16.64027	2533.333
委内瑞拉	5.990252	1.787403	88.4764	13.64468	7.325033	13549.22
越南	6.150643	1.813771	50.16533	52.43182	3.742262	1744805
赞比亚	9.343299	2.218484	8.876759	90.24003	8.793997	327248.1
津巴布韦	17.07489	2.817897	32.82017	76.01481	4.218687	730014.2
汇总	6.586034	1.736176	63.35999	39.88108	6.344454	4224815

注：N/A：not applicable，表示"本栏目不适用"，即函数或公式中没有可用数值。

第三篇
中国能源消费与经济发展的一般均衡分析与政策优化

第8章

能源消费与经济增长
——以中国为例[①]

8.1 引　　言

许多研究指出,投资和出口是中国经济增长的重要引擎(Wu,1999;Chow & Lin,2002;Qiu et al.,2006;Yao,2006)。例如,吴(Wu,1999)声称,资本是中国经济增长的主要驱动力。邱等学者(Qiu et al.,2006)发现,投资的增加是中国经济增长最重要的因素。自1978年开放改革以来,中国外贸速度保持在高水平,进出口总量迅速增长。自2012年以来,中国已成为全球最大的贸易国。许多实证研究也证实了国际贸易对经济增长的显著积极影响(Hye,2012;Wacziarg & Welch,2008;Dufrenot et al.,2010)。例如,迪弗勒诺等(Dufrenot et al.,2010)利用门槛模型,发现了国际贸易与经济增长之间的非线性关系。

随着中国经济的繁荣,中国的能源消费也在激增,这意味着中国的能源消费与中国经济增长之间关系密切。能源是生产要素重要贡献因子。根据国际能源署(IEA)的统计数据,自2009年以来,中国已经超过了美国,成为

---

① 本部分由本书作者郝宇(Hao,Y.)、王冷鸥(Wang,L. O.)和李建强(Lee,C. C.)发表在《回顾国际经济与金融(International Review of Economics and Finance)》的《金融发展、能源消费和中国经济增长:省级面板数据的新证据(Financial development, energy consumption and China's economic growth: New evidence from provincial panel data)》一文整理而成。

了世界上最大的能源消费国。许多研究发现中国经济增长与能源消费之间呈现正向关系（Zhang & Cheng，2009；Wang et al.，2011；Yalta & Cakar，2012）。

此外，人们越来越重视制度改革在中国经济增长中的重要作用（Lin & Liu，2000；Bosworth & Collins，2008；Hasan et al.，2009）。哈桑等（Hasan et al.，2009）将金融发展作为制度发展的一个关键方面，并验证了其对增长的贡献。一些后续研究还发现了金融发展对中国经济发展有积极影响的证据（Zhang et al.，2012；Fang & Jiang，2014）。至于中国，促进金融发展实现经济增长主要是通过投资和出口，其主要原因有两方面。首先，信贷市场的扩张促进了投资，推动了中国过去20年来基础设施的快速增长。其次，信贷市场的发展为中国的出口商提供了更方便的融资渠道，并最终促进了出口的增长。同时，应当指出，金融体系的发展为能源密集型工业的发展提供了财政支持。随着制造业的兴起，中国的能源消费也在飙升。因此，应当充分认识到，经济增长、金融发展和能源消费之间有着密切的关系。

近年来，中国经济已进入"新常态"阶段，正处于经济快速发展向经济可持续发展方式转变的过渡时期。2012年后，中国告别高速增长，逐步进入新的正常阶段。在新的正常阶段，最重要的转变之一是从追求的经济整体增长向调整结构稳定增长过渡。政府旨在通过将经济增长的主要动力从生产要素转向创新，将发展方式从广泛增长转变为密集增长。因此，分析过去几十年增长的动力，有助于促进新常态阶段经济的稳步发展。值得注意的是，结构的调整将发生在许多领域，特别是金融部门。从财务发展的角度来看，值得注意的是，有以下两个主要的变化。第一，财政部门提供财政资源，更直接有效地为各行业的发展服务。第二，金融市场结构将进一步优化，直接融资将快速增长。此外，令人担心的是，长期依赖广泛增长是不可取的，因为它消耗资源。

作为一个重要的生产投入，能源消费随着中国经济在"新常态"之前的快速增长而飙升（Yuan et al.，2008；Zhang & Xu，2012）。然而，在新常态的背景下，经济增长方式应从广泛增长转变为密集增长。在密集增长的要求下，能源产业的任务是优化能耗结构，设置清洁能源和现代能源系统的新常态。[①] 因此，应该投资更多的财政资源来维持经济和能源的过渡。以

---

① 更多信息，请参阅中国能源发展五年计划，可在 https：//policy.asiapacificenergy.org/node/2918 查阅。

前，中国商业银行宁愿支持传统能源产业的发展，而不愿支持新能源行业。根据中国 2016 年发布的《能源发展"十三五"规划》，"十三五"期间，非化石能源消耗应增加 15% 以上，以优化能源结构。预计将鼓励新能源行业获得更多的财政资源，这对优化能源结构至关重要。

在这方面，对单一因素与经济增长关系的分析并不能反映出单一因素对经济增长的相对重要性和中国经济增长的各种影响因素之间的关系，特别是在中国进入"新常态"之后。有必要建立一个多变量模型来全面解决这个问题，因为使用多元模型可以通过额外途径来检验因果关系，并且不太可能因为模型错误而导致遗漏变量偏差问题（Lee & Chien，2010；Lee et al.，2015）。目前，多元模型在我国省域框架经济增长研究中的应用很少。沙赫巴兹等（Shahbaz et al.，2013）对中国的能源消费、金融发展、国际贸易和经济增长之间的关系进行了实证分析。然而，这些数据是时间序列数据，仅仅分析变量之间的因果关系，而不能对中国经济增长的贡献因素进行排序。使用时间序列数据忽略了各省份间经济和社会发展的显著差异。相比之下，面板数据包含更全面的信息，因此可以处理异质性问题。在利用面板数据的文献中，一般忽略了财务发展的重要作用（Fei et al.，2011；Zhang & Xu，2012）。

因此，本书有四个贡献：第一，本书利用综合多变量模型研究了我国金融发展、能源消费和经济增长之间的动态相互关系。综合并分析了金融增长假说和能源增长关系的影响。通过利用省级面板数据来控制地区特征，我们可以集中关注金融体系的某些特定方面。第二，利用了涵盖 1995~2014 年期间的相对较新的数据集。相比之下，大多数现有文献使用相对较早的省级金融发展数据（通常在 2003 年之前）（Hao，2006；Guariglia & Poncet，2008；Hasan et al.，2009）。因此，本书用更多的新信息揭示能源消费、经济增长与金融发展之间关系的最新发展，本书的估计结果可能对中国的决策者有更多的参考价值。第三，采用脉冲响应函数（IRF）和方差分解方法（VDC），重点考察了资本存量、贸易开放、能源消耗、金融发展等因素与中国经济增长的因果关系和相对重要性。脉冲响应函数分析可以说明一个变量对另一个变量中的创新的动态响应。方差分解方法表示由每个创新引起的每个变量的总方差的比例。它验证了单个变量在产生变化时的总体相对重要性，这是由于其自身的冲击，也是由于系统中的另一个变量。它们都实现了利息变量的直接和间接的创新影响,从而使我们能够全面地估计这些变量之间的动态联系。第四,利用不同的财务发展指标来验证估计结果的稳定性和稳健性。不像以前的一些研究,如沙赫巴兹等学者(Shahbaz et al.,2013)仅使用一个财务发展的衡量指标,本书使用三个财务发展指标(即金融效率、财务深度和公司存款份额)。利用这三个选择并反映中国金融发展不同方面的指标,估计结果更加稳健和可靠。

8.2 文献综述

在以往的研究中,许多学者分析了经济增长与本书相关因素之间的关系。与本书相比,文献中的这些结果可以反映出中国等国家同期经济增长的引擎。

8.2.1 金融发展与经济增长

跨国研究发现,金融发展对经济增长具有积极的作用。莱文等(Levine et al.,2000)利用广义矩估计法(GMM)分析了1960~1995年71个国家(地区)的动态面板数据并得出结论,金融发展是经济增长的一个积极因素。里奥哈和瓦列夫(Rioja & Valev,2004)对74个国家(地区)进行了一项小组研究,确认金融发展在促进经济增长方面的作用。然而,单和莫里斯(Shan & Morris,2002)使用了来自19个OPEC成员和中国的19个季度数据,但未能证明金融发展对经济增长的贡献。近年来,国家对经济增长的研究一直在不断增加。与跨国研究相比,全国性的研究更容易根据金融体系的特征来选择变量,并反映金融发展水平。

然而,中国的结论与上述的跨国研究是不同的。我国关于金融发展与经济增长之间的格兰杰因果关系研究不足。在文献中,张等(Zhang et al.,2012)采用2001~2006年中国286个城市的数据,利用GMM方法发现了金融发展对经济增长的积极影响。郝(Hao,2006)应用GMM方法检验了中国1985~1999年的省级面板数据,发现中国的金融中介通过提高国家预算的替代和家庭储蓄来促进经济增长。然而,人们认为,由于中国金融中介机构的贷款分配效率低下,贷款的增长未能促进经济增长。哈桑等(Hasan et al.,2009)还发现了这些贷款对人均GDP的负面影响。利用中国1989~2003年的省级面板数据，瓜里利亚和蓬切特（Guariglia & Poncet，2008）发现，市场驱动的融资程度促进了经济增长，而国家金融干预主义的程度对经济增长产生了负面影响。郝等（Hao et al.，2016）采用 GMM 方法分析了 1995～2012 年的省级面板数据，发现了金融发展对经济增长的负面影响。

如上所述，一些实证研究证实了中国金融发展在促进经济增长中的作用。相反，一些研究发现，金融发展对经济没有影响，由于中国金融分配效率低下和金融体系市场化不足，甚至可能阻碍中国经济的发展。

8.2.2　能源消费和经济增长

克拉夫特和克拉夫特（Kraft & Kraft，1978）促进了对能源消耗和经济增长之间的因果关系的研究。单国法或跨国法的时间序列主要用于分类。在中国的研究中，能源消费与经济增长存在密切关系，但因果关系的方向尚未得到证实。

本段总结了关于能源消费与经济增长之间因果关系的一些研究。韩等（Han et al.，2004）利用中国 1978～2000 年的时间序列数据并表明能源消耗和 GDP 之间存在双向因果关系，但并不存在协整关系，并指出应该更加关注中国能源供应的压力。袁等（Yuan et al.，2008）利用误差修正模型，得出了中国经济增长、能源消耗、劳动力和资本之间存在长期平衡的结论。研究还发现，电力和石油消耗都是经济增长的格兰杰原因，而煤炭和能源则不是。张和徐（Zhang & Xu，2012）利用 1995～2008 年的省级面板数据，分析了区域层面和部门层面的经济增长与能源消费之间的关系。他们获取了全国各地、东部地区和工业部门这两个变量之间的双向格兰杰因果关系。在研究中发现了一些单向的因果关系。张兴平和程晓梅（Zhang & Cheng，2009）利用 1960～2007 年的时间序列数据发现了 GDP 对能源消耗的单向格兰杰原因。相比之下，王等（Wang et al.，2011）研究了中国 1972～2006 年的数据，表明从能源消费到经济增长存在单向的格兰杰因果关系。雅尔塔和卡卡尔（Yalta & Cakar，2012）分析了 1971～2007 年数据，发现能源消耗和经济增长之间不存在格兰杰因果关系。

8.2.3　多元模型分析经济增长

很少有研究运用多元模型分析中国金融发展和能源消耗的影响。通过使用 1971~2011 年时间序列数据，沙赫巴兹等（Shahbaz et al.，2013）建立了向量误差修正模型，发现金融发展、资本、出口、进口和国际贸易对经济增长有积极的影响。并分析了这些变量之间的因果关系。然而，沙赫巴兹等学者（Shahbaz et al.，2013）使用的数据是时间序列数据，它忽略了中国各省经济和社会发展的差异可能造成的异质性。此外，沙赫巴兹等（Shahbaz et al.，2013）使用的金融发展的代理变量是私营部门的实际国内信贷，在省级层面无法获得。

利用向量自回归法和向量误差修正方法分析了经济增长的动力，为本书提供了比较内容和参考内容。沙赫巴兹等（Shahbaz et al.，2017）采用非线性方法和非对称分析来检验印度的能源消费、金融发展和经济增长，发现对能源消费和金融发展的负面冲击会对经济增长产生影响。拉赫曼和马蒙（Rahman & Mamun，2016）进行了协整分析，并利用 1960~2012 年的时间序列数据使用了向量自回归模型。他们发现，对外贸易、资本存量、能源消耗、劳动力和 GDP 之间没有长期平衡。对外贸易是 GDP 中唯一的格兰杰原因，所有变量对 GDP 的影响都基于脉冲响应函数的结果，所有变量对 GDP 的影响都是积极的。

总之，在金融发展、能源消耗、对外贸易和经济增长方面缺乏多变量框架。现有文献缺乏对变量相对重要性的研究。此外，大多数研究仍然使用时间序列数据，而不是面板数据。

8.3 变量和数据

8.3.1 变量描述

柯布 - 道格拉斯生产函数 Cobb - Douglas（C - D）提供了一个多变量框架来分析变量之间的关系。本书的多元框架包括人均实际国内生产总值、财务发展（即金融效率、金融发展深度和公司存款份额）、人均能耗、贸易开放度和人均资产存量。本书将详细描述这些变量，柯布 - 道格拉斯（C - D）模型的建立参见 8.4.1。

要进行有意义的估计，必须能够选择反映金融机构和金融市场最重要特征的变量来衡量金融发展水平。例如，应注意的是，是银行或股市还是两者都主导着金融资源（Samargandi et al.，2015）。银行在中国的投资和经济增长中发挥着重要作用，因为银行在中国的金融体系中提供了大部分的金融资源（Firth et al.，2008；Lee & Hsieh，2013）。如前所述，银行信贷对过去20年中中国的投资和出口至关重要（Du & Girma，2007；Song et al.，2011；Feenstra et al.，2014）。因此，本书利用与银行系统相关的一些关键变量来衡量中国的金融发展水平。

根据中国金融市场的特点，文献中使用了几个变量。这些变量见表8-1。某些变量数据只有国家层面（Shahbaz，2013）或缺乏近几年的数据（Guariglia & Poncet，2008；Yu xiang & Chen，2011）。考虑到数据可用性的同时为了采用最新的可能数据，我们选择三个指标来衡量中国省级的财务发展：金融效率、财务深度和公司存款份额。① 金融效率定义为贷款与存款的比率；财务深度定义为贷款与GDP的比率；公司存款份额定义为公司存款与存款总额的比率。相比之下，沙赫巴兹（Shahbaz，2013）只使用了一个金融发展代理变量（对私营部门的真实国内信贷）。之前的一些研究也采用了这三个指标（如Sadorsky，2010；Yuxiang & Chen，2011；Zhang et al.，2012；Hao et al.，2016）。由于篇幅限制，本文以金融效率作为财务发展的基准指标，并对相应的估计结果进行了报告和讨论。其他两个指标作为稳健性估计，其估计结果呈现在附录中表8-A和表8-B。

能源是生产要素的重要贡献因子。因此，本书将能源作为GDP的解释变量。能源的数量影响着经济增长的步伐，缺乏能源将限制经济的增长。

本书将贸易开放性纳入了多变量模型中。贸易开放衡量出口总额和进口总量在国内生产总值中的比例，反映了外贸在国内生产总值产生中的比例。本书对外贸对内需的影响进行了广泛的讨论。在宏观经济学中，出口被视为国内经济的主要因素之一。此外，外贸给国内工厂带来了新技术，并最终提高了国内的生产率。

---

① 正如一位匿名审稿人所指出的那样，到目前为止，中国的金融发展已经有了几种衡量标准。所使用的指标和相应的文献汇总见表8-1。此外，在最近发表的一项非常具影响力的研究中，利用三个指标来衡量财务发展水平（Samargandi et al.，2015）。然而，尽管这三个指标很重要且具有代表性，但这些指标并不适合或无法在本文中进行研究。例如，第一个指标——银行信贷与私营部门与国内生产总值的比例——在省级层面无法获得。第二个指标M3/GDP反映了流动性，因此对金融发展很重要。但M3的供应由央行控制，一旦确定后与所有省份相同。第三个指标是商业银行资产与整个银行系统的比率，这是中国根本无法实现的。

表8-1　　　　　　　　　　　中国文献金融发展变量

文献	等级	变量	定义
Shahbaz (2013)	国家级	对私部分信贷	对私部分的实际国内信贷
Zhang 等学者 (2012)	市级	金融业深度	金融系统（银行机构和非银行金融机构）贷款总额占GDP的比率
		存款额	金融系统中的存款总额占GDP的比率
		储蓄	储存在金融系统中的家庭储蓄总额占GDP的比率
		超拨贷款	国内贷款固定资产投资占国家预算拨款的比例
		公司	公司存款占金融系统中存款总额的比率
Yuxiang 和 Chen (2011)	省级	银行业深度	银行贷款与GDP的比率
		私人贷款	私人贷款与GDP的比率
		非私人贷款	非私人贷款（贷款总额减私人贷款）除以GDP的值
Hasan 等学者 (2009)	省级	银行业的深度	银行贷款占GDP的比率
		非银行类金融市场活动	股权和非金融公司债务（长期和短期）占GDP的发行比率
Guariglia 和 Poncet (2008)	省级	银行业的深度	银行贷款占GDP的比率
		金融业的深度	（银行和非银行）贷款总额占GDP的比率
		储蓄	存入金融中介机构的家庭储蓄占GDP的比率
		SOCBs的信贷份额	国有商业银行（SOCBs）占银行信贷总额的份额
		SOCBs与GDP	国有商业银行信贷与GDP的比率
		超额存款的贷款	贷款与国行合作银行存款的比率
		超拨贷款	国内贷款固定资产投资占国家预算拨款的份额
		自筹资金	自筹资金融资的固定资产投资份额
Shan 和 Qi (2006)	国家级	金融业深度	占经济的总信用率
Hao (2006)	省级	银行类银行	国家银行业未偿还贷款与GDP之间的比率
		储蓄	金融中介机构中的家庭储蓄存款与GDP之间的比率
		贷款/预算	国内贷款固定资产投资占国家预算拨款的份额

资本是生产的一个基本要素。许多文献已经证明，资本对中国经济增长的影响比其他要素更大（Wu，1999）。有必要将资本存量纳入多变量模型

中。这些变量的定义和公式详见表 8-2。①

表 8-2　　　　　　　　　变量的定义和描述性统计数据

Variable	Name	公式	均值	最大值	最小值	标准方差
GDP	人均真实 GDP	$\frac{名义 GDP}{人口 \times 平减指数}$	5268.562	34045.190	575.809	4957.775
Fe	财政效率	$\frac{负债}{存款}$	0.809	2.489	0.344	0.211
Fd	财务深度	$\frac{存款}{名义 GDP}$	1.046	2.585	0.491	0.351
Fc	公司存款份额	$\frac{公司存款}{总存款}$	0.35	0.63	0.06	0.100
En	人均能源消耗量	$\frac{整体能源消耗}{人口数}$	2.312	8.877	0.418	1.451
T	贸易开放度	$\frac{整体进出口量}{名义 GDP}$	0.317	2.308	0.015	0.409
K	人均资本存量	$\frac{总资本存量}{人口数}$	4873.904	41989.250	95.599	6159.950

8.3.2 数据来源

本书使用了中国 1995～2014 年的省级数据。具体来说，包括中国 29 个省份，共 580 个观察对象。为了保持序列相关性，把重庆市数据计入四川省。由于缺乏数据，不包括新疆维吾尔自治区、香港特别行政区、澳门特别行政区和台湾地区。金融体系的改革始于 20 世纪 90 年代初，当时中央政府决定将政策性银行与商业银行分开（Lee & Liu，2017）。实证周期取决于数据的可得性。除比率外，所有的变量都进行了对数变换以减少异方差。

国内生产总值、出口和进口总量和人口的数据来自中国统计年鉴。能源消耗数据来自中国能源统计年鉴。存贷款数据来自中国财务年鉴。计算资本

---

① 关于变量选择的一个重要问题是省略变量的问题。然而，我们认为本书可能不会受到这个问题的影响，其原因有两个方面。首先，由于本书的主要目的是在复杂的中国国情下，结合柯布-道格拉斯生产函数的框架，全面研究中国金融发展、能耗和经济增长之间的动态相互关系，除关键变量外，理论和贸易开放证明资本和外贸是中国两个主要的增长引擎（Chow & Lin，2002；Liu et al.，2002；Hye，2012）。其次，本书中使用的模型（IRF & VDC）基本上是动态的，用于动态模型估计的变量一般限于最相关的变量（Yuan et al.，2008；Shahbaz et al.，2013）。

存量的方法在文献中存在争议。本书采用了张和张（Zhang & Zhang，2003）所用过的永续盘存法。

从1995年和2014年的GDP、能源消耗和金融发展数据可以看出两个观点：首先，我们可以看到，1995年和2014年GDP和能源消耗之间的数据基本一致。其次，这些数据和GDP与金融效率的变量之间的数据不一致。高GDP城市主要位于东部，金融发展水平高的城市则位于内陆。

8.4 模型与方法论

8.4.1 模型

利用扩展的科布-道格拉斯生产理论［Cobb-Douglas（C-D）production］来研究中国的金融发展、能耗、经济增长等变量之间的关系。除了资本之外，能源消耗和贸易开放的变量也被添加到增强的科布-道格拉斯方程中。

根据利恩和史密斯（Lean & Smyth，2010）和沙赫巴兹等学者（Shahbaz et al.，2013）的说法，方程的两侧除以人口，将每个系列更改为人均系列。这样，人口的影响就会保持不变。该转换的具体过程如下：

增强型的科布-道格拉斯生产函数是：

$$Y = K^{\alpha} L^{1-\alpha} \tag{8-1}$$

等式（8-1）的两侧均除以劳动力L，可得

$$\frac{Y}{L} = \left(\frac{K}{L}\right)^{\alpha} \tag{8-2}$$

等式（8-2）中 $y = \frac{Y}{L}$ 和 $k = \frac{K}{L}$ 两边同时取对数：

$$\ln y = \alpha \ln k \tag{8-3}$$

在获取等式（8-3）的对数之后，即科布-道格拉斯生产的人均函数，本文还增加了财务发展的比例作为另一个解释变量。① 因此，基准回归模型

---

① 中国于2002年加入世贸组织，可能影响数据期间变量之间的关系。考虑到这篇论文只有20年，非线性关系可能并不明显。因此，本书建立了线性模型。

可以写为①：

$$\ln GDP_{it} = \beta_0 + \beta_1 \ln K_{it} + \beta_2 \ln En_{it} + \beta_3 \ln T_{it} + \beta_4 F_{it} + \varepsilon_{it} \quad (8-4)$$

其中 t = 1，2，…，T，i = 1，2，…，N，t 和 i 分别表示时间段和省份。GDP_t，K_t，En_t，T_t 和 F_t 分别代表在 t 阶段内人均国内总产值、人均资本存量、人均能源消耗、贸易开放和金融发展。应当指出的是，除了资本存量 K 之外，这些解释性变量的引入是基于一系列的文献。例如，袁等（Yuan et al.，2008）明确将能源消耗作为中国科布－道格拉斯生产函数的输入。亚尼卡亚（Yanikkaya，2003）和哈尔科斯与帕扎诺斯（Halkos & Paizanos，2013）强调了贸易开放在经济增长表现中的重要性。赫耳墨斯和伦辛克（Hermes & Lensink，2003）、沈和李（Shen & Lee，2006）、张等（Zhang et al.，2012）将财务发展作为生产函数的独立生产因素，并评估了其对经济增长的影响。因此，建立的基准回归等式（8－4）是基于科布－道格拉斯生产函数等式（8－3）的基础上，加入人均资本和现有的相关实证研究。β_1，β_2，β_3 和 β_4 是这些变量的估计系数。β_0 是一个常数。ε_{it} 是随机误差。如等式（8－3）所述，选择金融效率、财务深度和公司存款份额来代表财务发展。由于使用这三个指标进行财务发展的估计结果大致一致，因此选择使用金融效率的结果作为基准估计结果，并在除另有说明外的以下讨论中予以关注。

8.4.2　方法论

本书利用多变量模型分析了组合的内生变量之间的动态关系。在协整检验的基础上，建立了向量自回归模型或向量误差修正模型。此外，使用计量经济学技术包括格兰杰因果检验、脉冲响应函数和方差分解等。

1. 单位根检验和协整检验

本书采用两种方法来检验单位根的存在性：莱文、林和楚（Levin, Lin &

---

① 值得注意的是，L 指的是等式（8－1）～等式（8－3）中的劳动力。然而，在基准回归等式（8－4）中，采用人均资本而不是人均劳动力，原因有两方面。首先，中国劳动力市场的统计数据一直因其相对较低的质量而受到批评（Holz，2004，2013），一些省份的统计数据质量更差且不可靠。其次，近年来，人均能源消耗和/或污染物排放主要用在有关中国能源和环境问题的文献中（Fei et al.，2011；Hao & Wei，2015；Kang et al.，2016；Li et al.，2016）。在这些研究中，一些研究人员也采用柯布－道格拉斯生产函数作为理论框架（Fei et al.，2011；Hao & Wei，2015）。

Chu，LLC）检验（Levin et al.，2002）和伊姆、佩萨兰和茜恩（Im，Pesaran & Shin，IPS）检验（Im et al.，2003）。对于面板数据，使用佩德罗尼的协整检验（Pedroni，2001）来测试长期关系的存在。Pedroni 协整检验步骤如下。研究中报告了 7 项统计数据。面板 v、面板 r、面板 PP 和面板 ADF 是检验组中共同集成的四个统计数据。利用 r 组、PP 组和 ADF 组来检验协整交叉群。Pedroni 检验的 H_0 是不存在协整，而 Pedroni 检验的 H_a 至少存在一个协整。此外，协整的滞后时间比 VAR 的滞后时间少一个。最优滞后是基于 AIC、SC、LR、FPE 或 HQ 等标准进行选择。

2. 格兰杰因果检验

利用向量自回归模型和向量误差修正模型，分析了内生变量之间的动态关系。在存在协整的情况下，VEC 模型可以检验短期效应。在缺乏协整的情况下，在模型通过稳定性检验的条件下使用 VAR 模型（Rahman & Mamun，2016）。

在面板 VAR 模型中，被解释变量滞后值被视为自变量。当滞后值为 p 时，VAR 模型表述方式如下：

$$Y_{it} = C + \Phi_1 Y_{it-1} + \Phi_2 Y_{it-2} + \cdots + \Phi_p Y_{it-p} + \varepsilon_{it} \qquad (8-5)$$

其中 Y 是 K×1 的列向量，K 是变量的数量，Y_{it} 是时间矩 t 的值，Y_{it-1}，Y_{it-2}，…，Y_{it-p} 是 Y 在 t-1~t-p 阶段的滞后值。Φ 是系数的矩阵，C 是常数的矩阵，ε_{it} 是白噪声。尤其是根据等式（8-4），$Y_{it-p} = \begin{bmatrix} \ln GDP_{it-p} \\ Fe_{it-p} \\ \ln En_{it-p} \\ \ln T_{it-p} \\ \ln K_{it-p} \end{bmatrix}$。

因为固定效应不能包括在 VAR 模型中，本书不能控制省级效应。

在建立 VAR 模型方面有两个主要步骤。首先，选择最优滞后 p 值是非常重要的，否则，缺陷的滞后值不能消除模型中的自相关性。VAR 模型比 OLS 包含更多的系数，因此，过度的滞后会降低自由度和降低模型的有效性。其次，必须通过稳健性检验，这也是计量模型的基础。

在 VAR 模型中，常用格兰杰因果关系检验来分析因果关系的方向。这两个经济变量 X 和 Y 之间的格兰杰因果关系可以描述如下。如果 X 和 Y 的历史值 Y 的预测比 Y 的历史值预测好，那么从 X 到 Y 将存在单向因果关系。

3. 脉冲响应函数与方差分解

本书利用了脉冲响应函数和方差分解来分析变量对 GDP 的相对重要性。脉冲响应函数报告了由于内生变量的一个标准偏差而导致的变量改变的数量和方向。单个变量的方差分解检验了所选变量的历史原因，并报告了解释变量的相关重要性。所有内生变量的脉冲响应分析和人均资本实际 GDP 的方差分解均得到展示。

8.5 实 证 结 果

8.5.1 单位根测试和协整检验

首先，根据单位根试验结果，验证所有系列先行集成序列 1（如，I(1)）[①]。在该系列相同的顺序下，采用 Pedroni 方法来测试该序列的协整效应。表 8-3 显示了最佳的滞后选择项。我们使用 FPE、AIC、SC 和 HQ 来确定在 VAR 模型中应该使用的滞后数量。然而，在假设存在序列相关性的情况下，我们引入了足够数量的滞后量来消除残差的序列相关性。根据 AIC，VAR 模型选出 3 阶作为模型的最优滞后阶数，因此 3 阶是协积分测试的最优滞后。表 8-4 给出了 Pedroni 协整检验的结果。大多数结果（7 选 5）证实了这些系列之间没有协整效应。因此，我们发现在这些系列之间不存在长期的关系。

表 8-3　　　　　　　　　　　最佳滞后期选择

滞后期	统计				
	LR	FPE	AIC	SC	HQ
1	9379.46	8.08E-13	-10.82	-10.44	-10.67
2	784.05	1.66E-13	-12.40	-11.71#	-12.13#

[①] 由于空间限制，单位根检验的结果省略，若有需求作者可以根据要求提供。

续表

滞后期	统计				
	LR	FPE	AIC	SC	HQ
3	72.54	1.65E-13#	-12.41#	-11.39	-12.01
4	65.13#	1.66E-13	-12.40	-11.06	-11.88

注：#表示由标准选择的滞后顺序。
LR：顺序修改的 LR 测试统计量（每个测试级别为 5%）；FPE：最终预测误差；AIC：Akaike 信息标准；SC：Schwarz 信息标准；HQ：Hannan-Quinn 信息标准。

表 8-4　　　　　　　　　　Pedroni 协整测试结果

	Panel-v	Panel-rho	Panel-PP	Panel-ADF	Group-rho	Group-PP	Group-ADF
统计	0.446	3.008	-0.695	-0.435	4.876	-1.625*	-3.148***
P-值	0.328	0.999	0.244	0.332	1.000	0.052	0.001

注：*** 表示 $p<0.01$，** 表示 $p<0.05$ 和 * 表示 $p<0.10$。

8.5.2　格兰杰因果检验

在最优滞后选择的基础上，建立了具有三个滞后量的 VAR 模型（即 VAR（3））。另外，平稳性检验表明该模型的结果是可靠的。图 8-1 显示了所有的特征值都位于单位圆圈内。因此，VAR（3）是稳定的。简而言之，

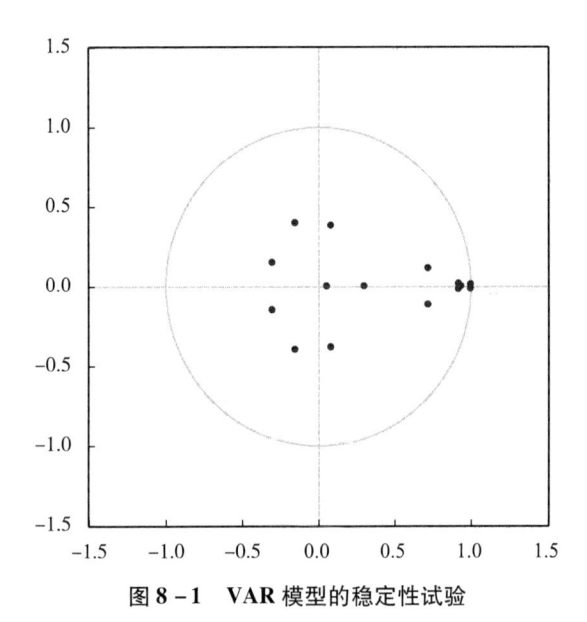

图 8-1　VAR 模型的稳定性试验

建立了具有 3 个滞后量的 VAR 模型。内生变量包括人均实际 GDP、金融效率、人均能源消耗、贸易开放度和人均资本存量。

在一个稳定的 VAR 模型中,格兰杰因果关系检验可用于研究两个变量之间的短期关系。表 8-5 显示了格兰杰因果关系检验的结果。在分析结果之前,我们合理地得出结论,VAR 模型中的所有内生变量都参与在内,因为结果验证了所有的变量都是相关的。

表 8-5　　　　　　　VAR 模型的格兰杰因果关系检验

变量	Chi-sq	P-值
独立变量:LnGDP		
Fe	3.963	0.266
LnEn	17.755***	0.001
LnT	2.078	0.556
LnK	26.111***	0
All	56.243***	0
独立变量:Fe		
LnGDP	10.703**	0.013
LnEn	0.256	0.968
LnT	4.780	0.189
LnK	5.213	0.157
All	28.525***	0.005
独立变量:LnEn		
LnGDP	6.261*	0.100
Fe	7.058*	0.070
LnT	6.504*	0.090
LnK	23.543***	0
All	52.108***	0
独立变量:LnT		
LnGDP	4.324	0.229
Fe	1.309	0.727
LnEn	1.218	0.749
LnK	4.077	0.253
All	18.502	0.101

续表

变量	Chi－sq	P－值
独立变量：LnK		
LnGDP	20.753***	0.000
Fe	4.614	0.202
LnEn	7.846**	0.049
LnT	2.231	0.526
All	45.941***	0

注：*** 表示 $p<0.01$，** 表示 $p<0.05$ 和 * 表示 $p<0.10$。

首先，本段落讨论了人均实际 GDP 与其他变量之间的关系。根据表 8-5，发现人均能源消耗与人均 GDP 之间存在显著的双向因果关系。在人均资本存量和人均 GDP 之间也存在双向因果关系。不同的是，人均 GDP 与金融效率存在非直接的因果关系。此外，研究结果表明，贸易开放与人均 GDP 之间不存在因果关系。

VAR 模型展示了所有内生变量之间的因果关系的益处。对于人均能源消耗，所有的变量都拒绝了 H_0。人均 GDP、人均资本存量、贸易开放和金融效率是能源消耗的格兰杰原因。除了人均 GDP，人均能源消耗是人均资本存量的格兰杰原因。

此外，还发现资本、能源和 GDP 之间存在双向因果关系。人均能源消耗与人均 GDP 以及人均资本存量与人均 GDP 之间存在双向格兰杰因果关系。另外，人均能源消耗与人均资本存量之间存在双向格兰杰因果关系。

根据扩展的科布-道格拉斯生产函数，能耗作为一个输入因子在输出中起着重要的作用，从而影响了经济增长水平。换句话说，缺乏能源会对生产产生负面影响。张和徐（Zhang & Xu，2012）、韩等（Han et al.，2004）支持了中国能源消费和 GDP 之间的双向因果关系。不同的是，沙赫巴兹等学者（Shahbaz et al.，2013）和王等学者（Wang et al.，2011）发现了从能源消费到经济增长的单向因果关系。雅尔塔和卡卡尔（Yalta & Cakar，2012）发现它在能源消耗和经济增长之间是中立的。

本书发现，金融发展是造成能源消耗的原因之一。一些研究调查金融发展对转换能源结构的影响，发现金融发展支持从化石能源向可再生能源的过渡（Best，2017；Kim & Park，2016）。

8.5.3 金融发展的脉冲响应与分析

图 8-2 显示了脉冲响应分析的结果。在每个表中，横轴显示了从 0 到 20 年的时间滞后量。当脉冲响应发生后的几年也显示在横轴上时，竖轴测出响应的大小，并以 1.0 等于 1 个标准偏差的方式进行调整。其重要性是由使用表示标准偏差的置信区间来决定的。其重要性是由置信区间 ±2 标准偏差来决定的。误差带在使用 1000 个反复的蒙特卡罗模拟程序之后而得出。图 8-2 的第一行显示了当实际 GDP 为因变量时的结果。根据第一行，发现人均能源消耗的一个标准差对人均 GDP 有积极影响。研究还发现，人均资本存量和贸易开放度的一个标准偏差会导致人均 GDP 的增加。然而，金融效率的一个标准偏差就导致了人均 GDP 的下降。

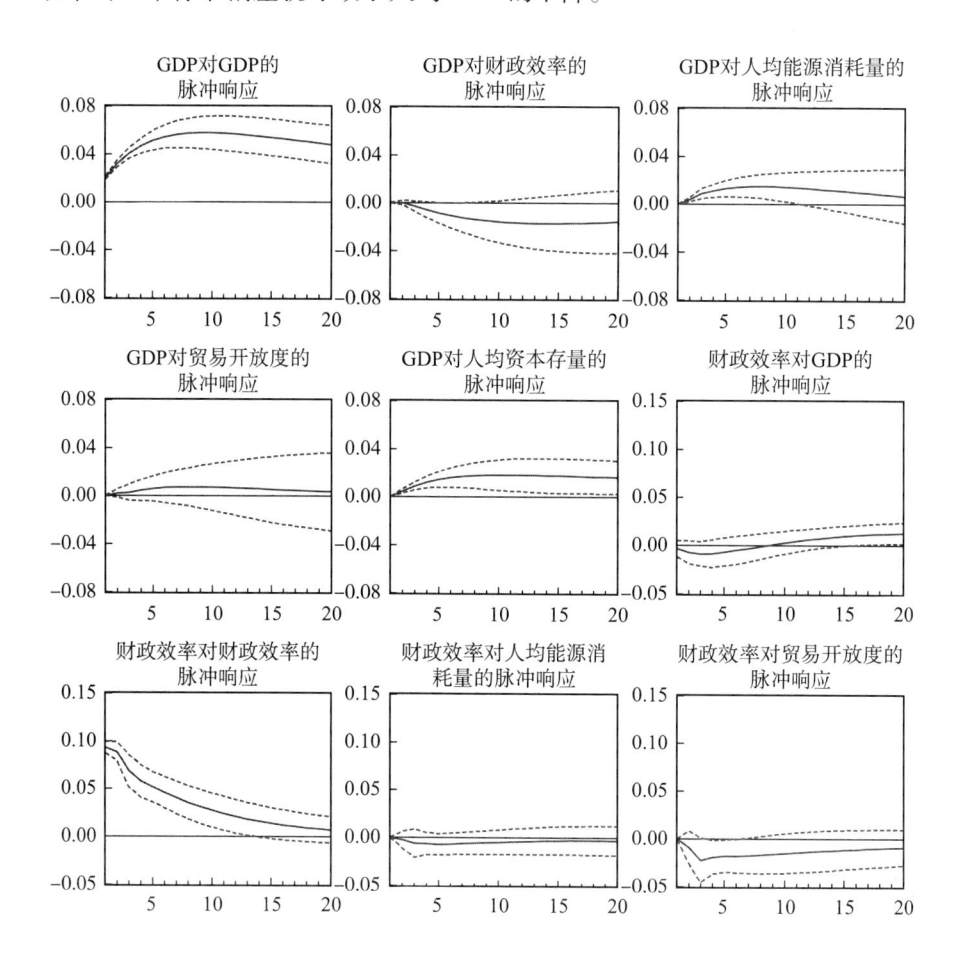

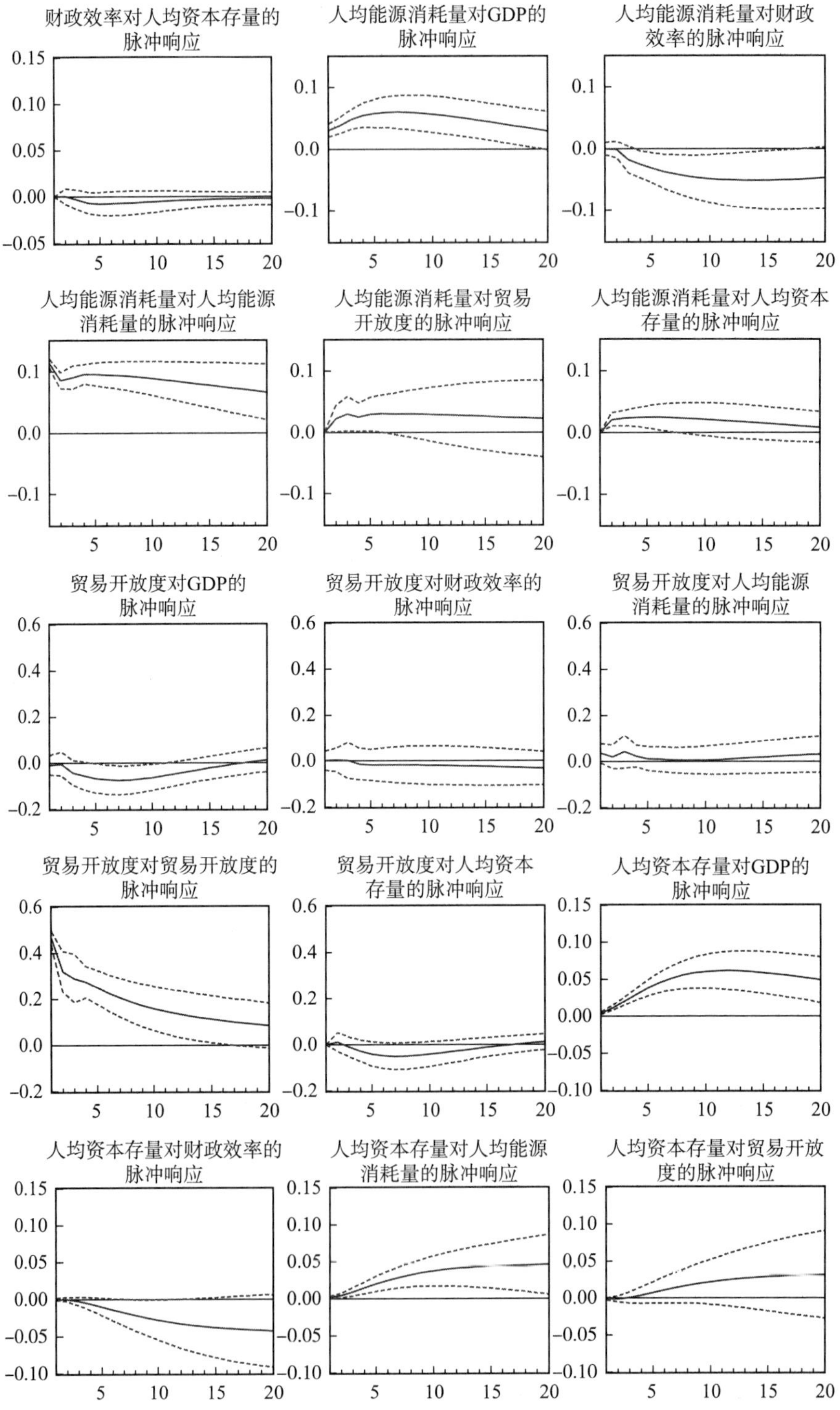
财政效率对人均资本存量的脉冲响应
人均能源消耗量对GDP的脉冲响应
人均能源消耗量对财政效率的脉冲响应
人均能源消耗量对人均能源消耗量的脉冲响应
人均能源消耗量对贸易开放度的脉冲响应
人均能源消耗量对人均资本存量的脉冲响应
贸易开放度对GDP的脉冲响应
贸易开放度对财政效率的脉冲响应
贸易开放度对人均能源消耗量的脉冲响应
贸易开放度对贸易开放度的脉冲响应
贸易开放度对人均资本存量的脉冲响应
人均资本存量对GDP的脉冲响应
人均资本存量对财政效率的脉冲响应
人均资本存量对人均能源消耗量的脉冲响应
人均资本存量对贸易开放度的脉冲响应

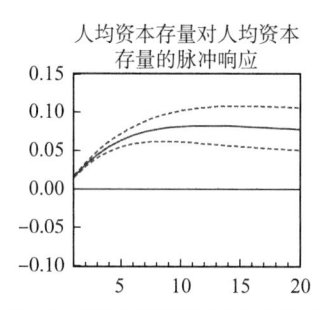

```
          人均资本存量对人均资本
          存量的脉冲响应
  0.15
  0.10
  0.05
  0.00
 -0.05
 -0.10
          5      10     15     20
```

图 8-2　VAR 模型的脉冲响应函数

本段进行了相应研究的讨论。一些文献还研究了金融发展对经济增长的负面影响（Guariglia & Poncet, 2008; Hasan et al., 2009）。尽管如此，张等学者（Zhang et al., 2012）发现，金融发展对经济增长有积极的影响。利用时间序列数列数据得出结论，能源消耗的增加促进了经济增长。这一结论与其他研究结果相同（Yuan et al., 2008; Wang et al., 2011; Zhang et al., 2012）。在最近对中国的一项研究中，沙赫巴兹等学者（Shahbaz et al., 2013）得出结论，能源消耗的增加利用时间序列促进了经济增长。资本对经济的积极影响与科布-道格拉斯的生产函数是一致。史（Shi, 2012）分析了中国电力、公路、铁路、交通四个方面的投资，证实了投资对经济增长的积极影响。然而，为什么金融效率会对人均实际国内生产总值产生负面影响？根据中国的基本情况，可能有两个可能的原因。第一，没有合理的财力配置。例如，政府倾向于提供较低利率的国有企业贷款。一些国有企业的生产效率不如私营企业。第二，中国的商业银行主要由政府管理。这种情况损害了金融体系的市场化。然而，一些学者也考虑了金融发展的间接影响。马斯瓦纳（Maswana, 2011）认为，中国的经济体系处于"适应效率"模式。金融体系具有效率低下的适应性，导致人力资本等相关因素的增加，并最终推动经济增长。马斯瓦纳（Maswana, 2011）讨论了进化和内生增长减速导致经济发展与经济增长的矛盾。同时，本段还讨论了其他变量之间的影响。在格兰杰因果关系检验中，能源和 GDP、资本和 GDP 以及能源和资本之间存在双向原因。图 8-2 显示，这三组反馈关系都是正因果关系，构成了紧密的联系。例如，人均 GDP 的标准偏差导致了人均资本存量的正的增长，而人均资本存量的增加则对人均 GDP 产生了积极的影响。此外，金融效率的一个标准偏差对能源消耗有负面影响。金融效率是能源消耗的单向格兰杰原因。财政效率的提高将导致能源消耗的下降。

8.5.4 方差分解与贸易开放度的分析

表 8-6 给出了人均实际 GDP 的方差分解结果。我们可以得到每个变量的相对重要性。由于系统中的每一次创新，这个过程将每个变量的预测误差方差分解。对于人均 GDP 的四年分解，GDP 的历史水平占当前 GDP 水平的 90.78%，其余四大因素的历史值贡献不足当前 GDP 水平的 10%。对于十年的分解，历史 GDP 对当前 GDP 的贡献高达 83.56%，而其他 16.44% 是由其他四个因素的历史数值造成的。考虑其他四个因素，最重要的因素是人均资本存量（6.73%），其次是人均能耗（4.90%）。金融效率和贸易开放的影响相对较弱，分别占 3.73% 和 1.08%。

表 8-6　　人均 GDP 的方差分解

阶段（年度）	S.E.	LnGDP（%）	Fe（%）	LnEn（%）	LnT（%）	LnK（%）
1	0.02	100.00	0.00	0.00	0.00	0.00
2	0.04	97.31	0.00	1.03	0.25	1.41
3	0.06	93.64	0.32	2.79	0.32	2.93
4	0.08	90.78	0.84	3.70	0.52	4.16
5	0.09	88.60	1.41	4.25	0.73	5.00
6	0.11	86.99	1.94	4.60	0.87	5.60
7	0.13	85.77	2.44	4.81	0.97	6.02
8	0.14	84.84	2.91	4.90	1.03	6.32
9	0.16	84.12	3.34	4.93	1.06	6.55
10	0.17	83.56	3.73	4.90	1.08	6.73

从上述结果中，我们发现对方差分解进行讨论寻到了一些答案。为什么贸易开放是贡献度最弱的贡献要素？许多学者认为，对外贸易与经济增长之间的关系很复杂（Young，1991；Dufrenot 等，2010）。根据文献和中国的情况，我们提出了两个原因。首先，随着外贸发展引进的先进技术没有如预期一般快速得到应用。随着加入世贸组织后贸易开放程度的增加，中国企业在

国际市场上仍然依赖要素禀赋。杨（Young，1991）通过内生增长模型分析了贸易的动态影响，发现当没有国际技术溢出时，贸易开放就阻碍了发展中国家的技术进步和经济增长。自20世纪90年代初以来的过去20年中，在这20年里，发达国家倾向于限制向中国的常规武器和军民两用技术的出口。① 其次，在一个经济快速增长的国家，贸易开放对经济增长的影响很小。迪弗勒诺等（Dufrenot et al.，2010）发现，开放和经济增长之间存在非线性关系，而贸易开放对那些增长率较低的国家的GDP的影响更大。

此外，与其他国家相比，中国的经济增长更具有惯性。拉赫曼和马蒙（Rahman & Mamun，2016）计算出，在澳大利亚当前10年的GDP统计中，只有54.9%的经济增长受到历史GDP的影响。

因为这是沙赫巴兹等学者（Shahbaz et al.，2013）的后续研究。对比发现这两个研究的主要结果非常有趣且有必要分析两个研究的结果。尽管这两项研究都发现了从能源消耗和资本到经济增长的格兰杰因果关系存在的证据，但在实证结果中存在着一些重要的差异。第一，沙赫巴兹等学者（Shahbaz et al.，2013）发现了这三个变量存在协整关系，但在本研究中没有检验出协整关系。第二，沙赫巴兹等学者（Shahbaz et al.，2013）认为金融发展与能源使用之间存在双向因果关系，但本研究只发现从金融发展到能源消费的单向格兰杰因果关系。第三，金融发展对经济增长的影响也有所不同。定性地说，在沙赫巴兹等学者（Shahbaz et al.，2013）的研究中，金融发展对经济增长有显著的正向影响。但本研究对经济增长的影响却是负向的。

造成这些差异的可能原因如下。从数据的角度来看，沙赫巴兹等学者（Shahbaz et al.，2013）使用了截至2011年的国家时间序列数据，而本书使用了1995~2014年期间的省级面板数据。更新的数据反映出更多的信息，省级面板数据的利用考虑到了经济和社会发展的显著区域多样性（Shu & Xiong，2018）。我们的新案例可以全面反映中国金融发展和经济增长的轮廓。至于变量的选择，不像沙赫巴兹等学者（Shahbaz et al.，2013）选择国内的私人信贷作为金融发展的代理变量，三个指标均与银行体系有关，因为银行市场主导了中国的金融资源。在两项研究中使用的变量显示了金融发展

---

① 更多信息，请参阅http://www.globalview.cn/html/history/info_7149.html。

的不同方面。此外，本书还进行了稳健性检验，确保了本研究实证结果的稳定性和可靠性。

8.5.5 稳健性检验

为了确保结果的可靠性，本书选择了两个代表财务发展的替代变量作为稳健性检验。利用财务深度（Fd）和公司存款份额（Fc）来取代 VAR 模型中的金融效率。如附录所示，稳健性检验的结果与上述结果基本相同。例如，在格兰杰检验中，从人均 GDP 或公司存款份额到财务深度也存在格兰杰因果关系。同样，脉冲响应验证了财务深度或公司存款份额的一个标准变化对人均 GDP 有负面影响。

8.6 结论与启示

8.6.1 结论

基于中国 1995～2014 年省级数据，建立多元模型分析其对中国经济增长的动力及其相对重要性。具体来说，本书利用 VAR 模型分析了金融发展、能源消耗、经济增长等变量之间的动态关系。计量经济学方法包括格兰杰因果关系检验、脉冲响应函数和方差分解。

推动中国经济增长的动力是什么？简而言之，资本和能源是促进中国经济增长的主要贡献因素。金融效率对经济增长有负面影响。根据格兰杰因果关系检验，人均能源消耗和人均资本存量是人均实际国内生产总值的格兰杰原因，而金融效率和贸易开放则不是。根据脉冲响应函数，在四个解释变量中，金融效率对人均 GDP 有负影响，而其他三个变量则有正影响。对于人均 GDP 的十年分解，其 GDP 的历史水平占当前 GDP 水平的 83.56%。人均资本存量和人均能源消耗对人均国内生产总值的贡献分别为 6.73% 和 4.90%，是最重要的两个因素。金融效率和贸易开放的影响相对较弱，分别占 3.73% 和 1.08%。

在每个变量方面，金融效率对 GDP 有负面影响，GDP 对金融效率有格兰杰原因。能源与 GDP、资本与 GDP、能源与资本之间存在双向原因。这三组反馈关系都是积极的正因果关系，它构成了一个紧密的联系。贸易开放与 GDP 之间没有格兰杰因果关系，贸易开放的一个标准差对 GDP 有积极的影响。此外，对 GDP 也存在很强的惯性。历史水平的 GDP 占当前 GDP 水平的很大比例（84%），而其他因素总共占 16%。

8.6.2 政策启示

根据上述结论，本书提出了以下政策启示：一是发展中国的金融体系结构。金融效率是对经济增长产生负面影响的唯一因素。考虑到 8.5 节中讨论的原因，本书建议存款的使用应该更有效率。必须进一步改革金融体制，使非国有企业容易获得贷款。政府应避免干预商业银行，避免金融资源错配，避免并将贷款分配给没有生产力的公司和企业。因此，需要进一步完善金融体系，增强市场在金融体系中的功能。二是考虑实际 GDP、能源消耗和资本存量之间的联系。目前，中国经济正面临着一个新的经济阶段的调整。在政府制定能源消费政策时，应注意实际 GDP、能源消费和资本存量之间的积极联系。例如，能源消耗的减少直接削弱了经济增长，并通过减少资本存量间接影响了经济增长。同时，必须确保能源的供应、发展和新能源技术的利用。

本书总结了中国经济增长的动力及其相对重要性。然而，本书的金融发展变量仍存在一些缺陷。它们主要是在两个方面。首先，该研究只选择了银行的变量作为金融发展的代表。研究中金融体系缺乏其他指标。其次，该研究只讨论了自 1994 年金融体系改革以来 20 多年来的总体关系。目前还没有考虑到该系列中的不同时期。后续研究可以在金融系统中使用更多类型的指标。

附录：

附录 8 - A：

正如本书所讨论的，Fd 表示对名义 GDP 的存款率。Fd 的实证结果证明如下：

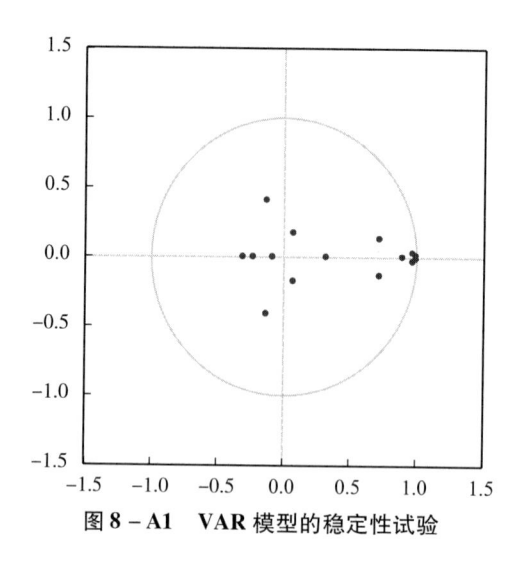

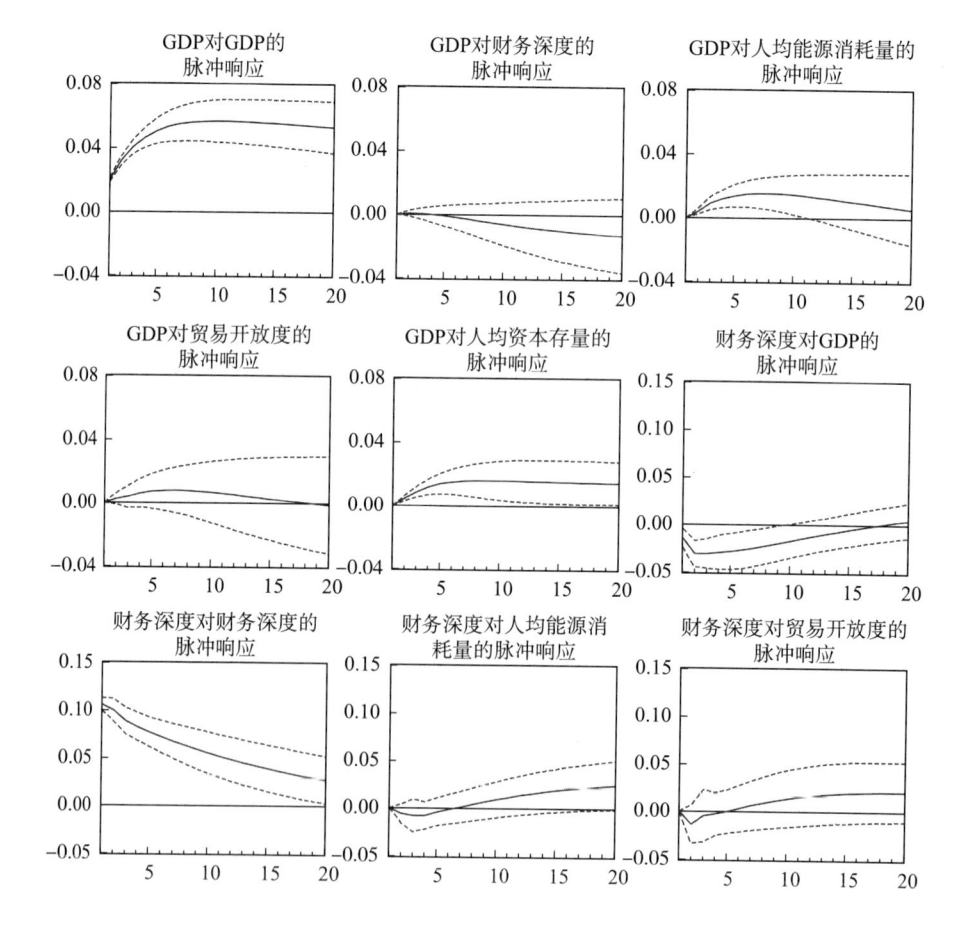

图 8-A1　VAR 模型的稳定性试验

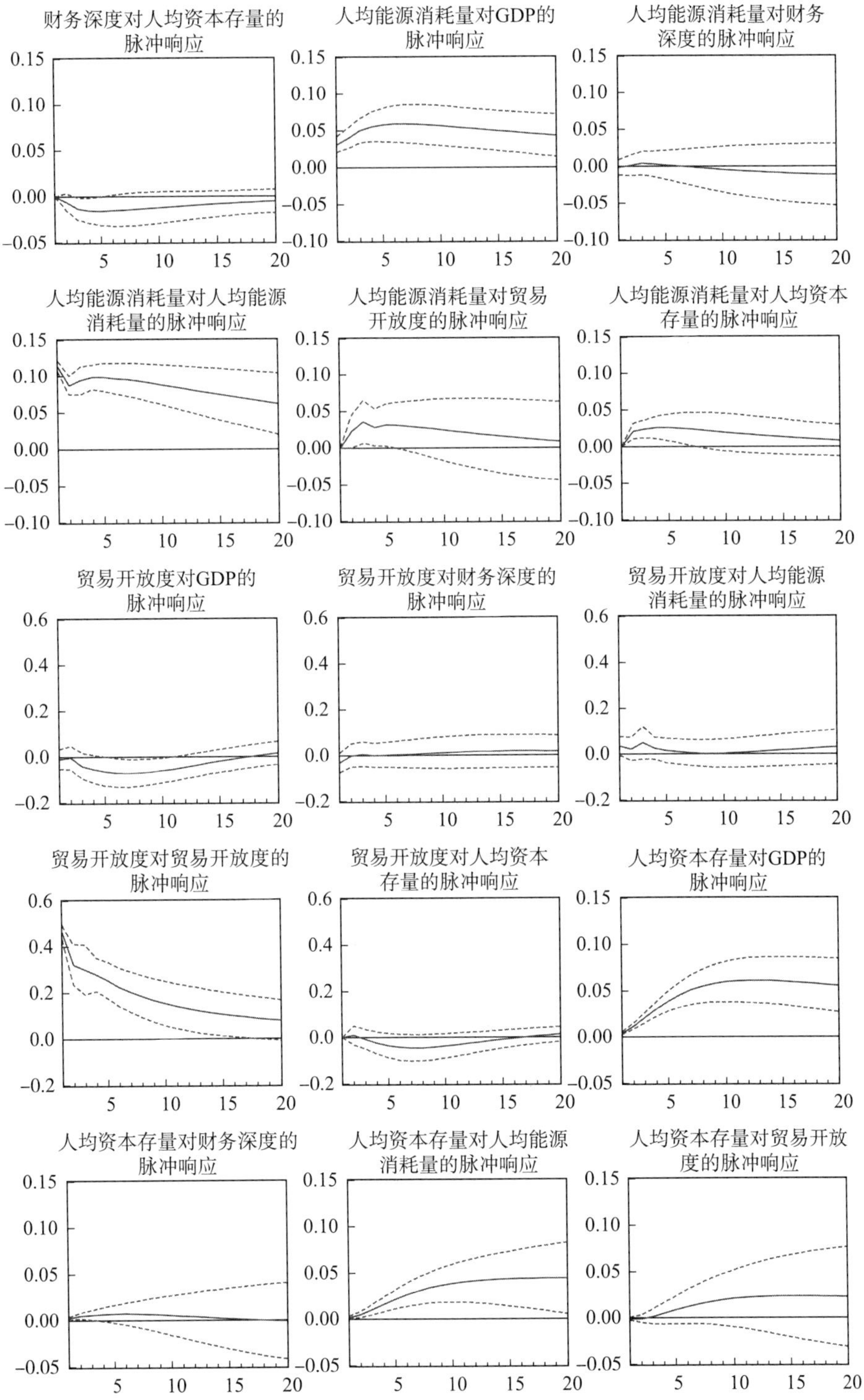

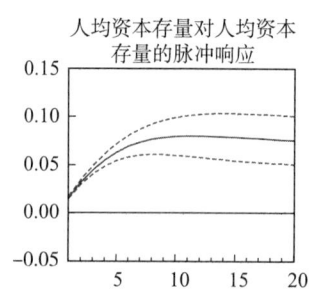

图 8 – A2　VAR 模型脉冲响应函数

人均资本存量对人均资本存量的脉冲响应

表 8 – A1　　　　　　　　　　Pedroni 协整测试结果

	Panel – v	Panel – rho	Panel – PP	Panel – ADF	Group – rho	Group – PP	Group – ADF
Statistic	-0.536	2.622	-2.221**	2.489	4.138	-2.539***	0.106
P – value	0.704	0.996	0.013	0.994	1.000	0.006	0.542

注：*** 表示 $p<0.01$，** 表示 $p<0.05$ 和 * 表示 $p<0.10$。

表 8 – A2　　　　　　　　VAR 模型的格兰杰因果关系检验

变量	Chi – sq	P – 值
独立变量：LnGDP		
Fd	2.722	0.437
LnEn	17.360***	0.001
LnT	2.234	0.525
LnK	26.256***	0.000
All	54.867***	0.000
独立变量：Fd		
LnGDP	8.819**	0.032
LnEn	6.140	0.105
LnT	4.075	0.254
LnK	2.861	0.414
All	43.742***	0.000
独立变量：LnEn		
LnGDP	6.440*	0.092
Fd	0.640	0.887

续表

变量	Chi-sq	P-值
独立变量：LnEn		
LnT	7.224*	0.065
LnK	21.025***	0.000
All	45.093***	0.000
独立变量：LnT		
LnGDP	3.368	0.338
Fd	1.403	0.705
LnEn	1.193	0.755
LnK	4.572	0.206
All	18.599*	0.099
独立变量：LnK		
LnGDP	18.688***	0.000
Fd	1.830	0.608
LnEn	8.002**	0.046
LnT	2.519	0.472
All	42.919***	0

注：*** 表示 $p<0.01$，** 表示 $p<0.05$ 和 * 表示 $p<0.10$。

表 8-A3　　　　　人均 GDP 的方差分解

Period (Year)	S.E.	LnGDP (%)	Fd (%)	LnEn (%)	LnT (%)	LnK (%)
1	0.02	100.00	0.00	0.00	0.00	0.00
2	0.04	97.10	0.02	1.10	0.37	1.41
3	0.06	93.44	0.01	3.07	0.59	2.88
4	0.08	90.79	0.01	4.20	0.95	4.05
5	0.09	89.00	0.02	4.91	1.24	4.84
6	0.11	87.84	0.04	5.37	1.40	5.35
7	0.12	87.10	0.08	5.64	1.49	5.69
8	0.14	86.66	0.15	5.77	1.52	5.90
9	0.15	86.42	0.23	5.81	1.50	6.04
10	0.16	86.31	0.33	5.77	1.46	6.13

附录 8 – B：

如本书所述，Fc 表示公司存款对存款总额的比率。Fc 的实证结果证明如下：

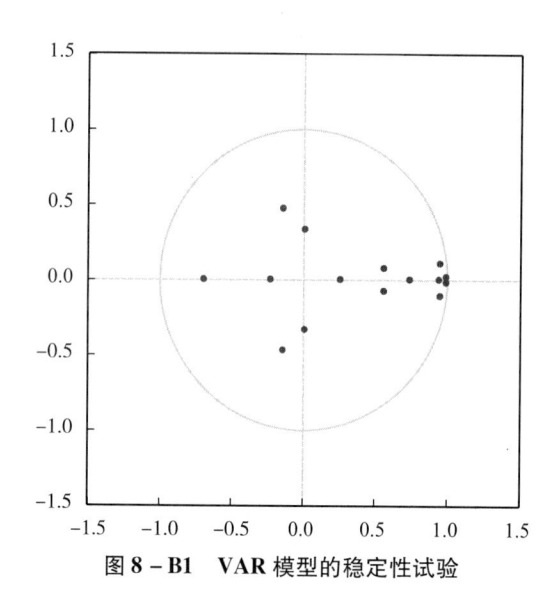

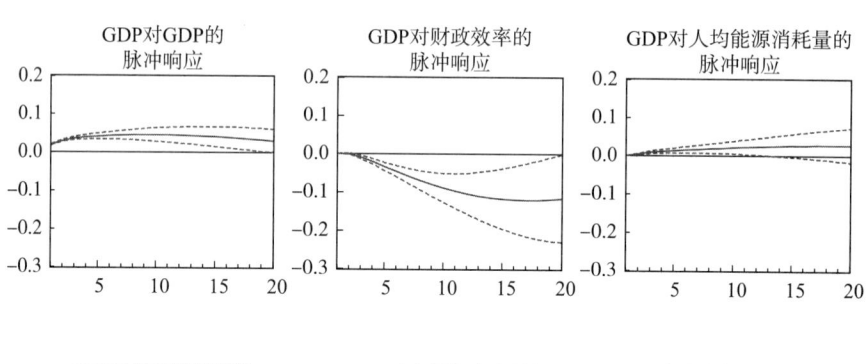

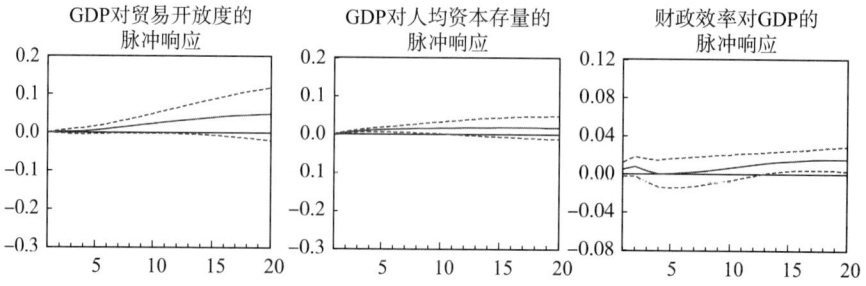

图 8 – B1　VAR 模型的稳定性试验

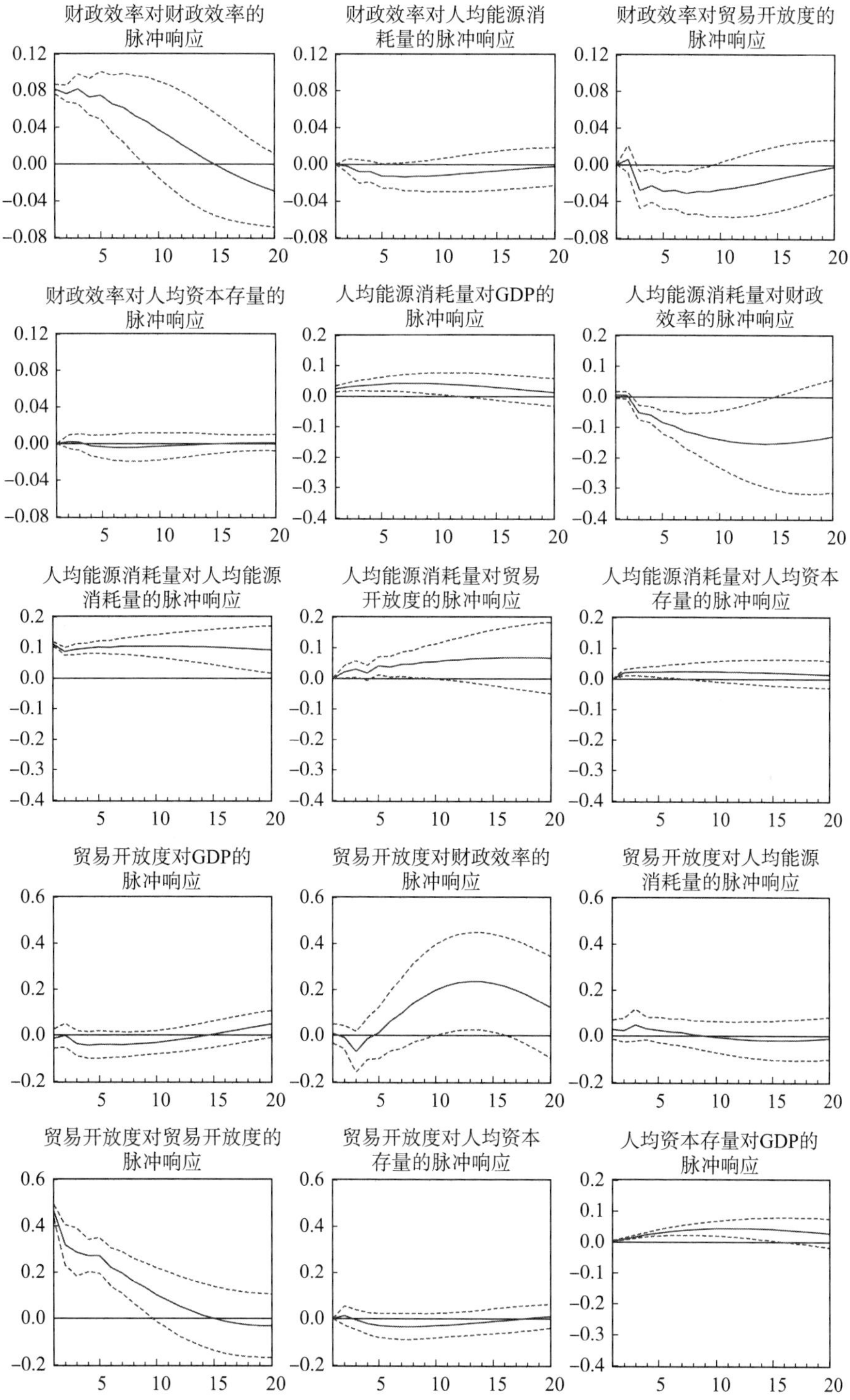

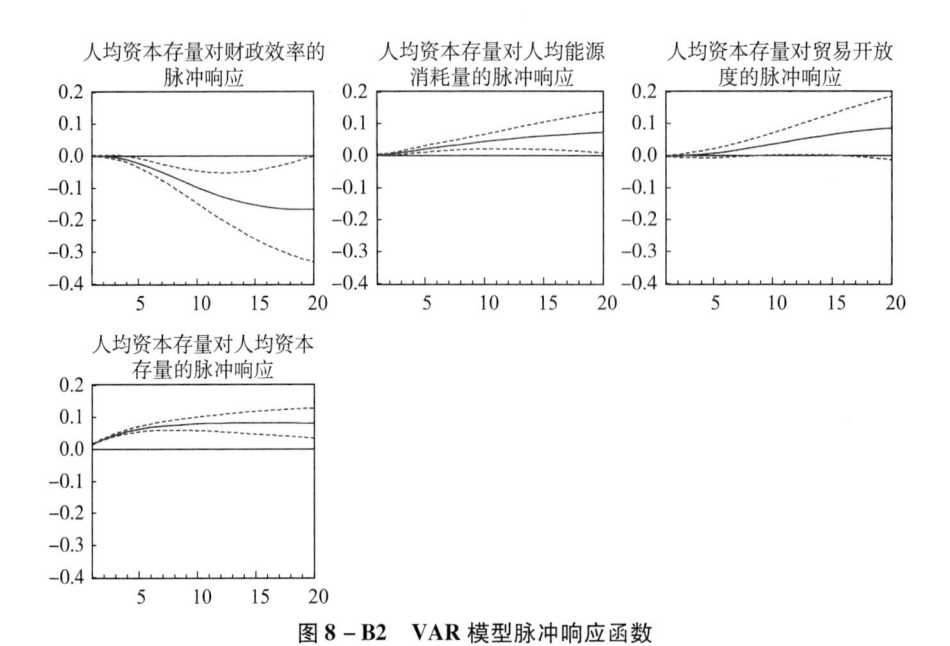

图 8-B2　VAR 模型脉冲响应函数

表 8-B1　Pedroni 协整测试结果

	Panel-v	Panel-rho	Panel-PP	Panel-ADF	Group-rho	Group-PP	Group-ADF
统计	-0.536	2.622	-2.221**	2.489	4.138	-2.539***	0.106
P-值	0.704	0.996	0.013	0.994	1.000	0.006	0.542

注：*** 表示 $p<0.01$，** 表示 $p<0.05$ 和 * 表示 $p<0.10$。

表 8-B2　VAR 模型的格兰杰因果关系检验

变量	Chi-sq	P-值
独立变量：LnGDP		
Fc	42.805***	0.000
LnEn	22.972***	0.000
LnT	3.046	0.385
LnK	24.675***	0.000
All	99.307***	0.000
独立变量：Fc		
LnGDP	17.807***	0.001
LnEn	1.835	0.607

续表

变量	Chi-sq	P-值
独立变量：Fc		
LnT	19.922***	0.000
LnK	2.171	0.538
All	50.236***	0.000
独立变量：LnEn		
LnGDP	7.308*	0.063
Fc	39.183***	0.000
LnT	7.131*	0.068
LnK	22.663***	0.000
All	87.223***	0.000
独立变量：LnT		
LnGDP	3.102	0.376
Fc	7.533*	0.057
LnEn	1.111	0.774
LnK	5.587	0.134
All	24.950**	0.015
独立变量：LnK		
LnGDP	12.187***	0.007
Fc	8.196**	0.042
LnEn	7.914**	0.048
LnT	2.622	0.454
All	49.831***	0

注：*** 表示 $p<0.01$，** 表示 $p<0.05$ 和 * 表示 $p<0.10$。

表8-B3　　　　　人均GDP的方差分解

阶段（年度）	S.E.	LnGDP（%）	Fc（%）	LnEn（%）	LnT（%）	LnK（%）
1	0.02	100.00	0.00	0.00	0.00	0.00
2	0.04	97.13	0.03	1.13	0.29	1.42
3	0.05	89.93	3.36	3.39	0.38	2.94
4	0.07	80.67	10.49	4.45	0.45	3.93

续表

阶段（年度）	S.E.	LnGDP（％）	Fc（％）	LnEn（％）	LnT（％）	LnK（％）
5	0.09	69.69	20.38	4.91	0.82	4.20
6	0.11	59.69	29.95	4.99	1.24	4.13
7	0.14	50.90	38.53	4.92	1.76	3.89
8	0.16	43.71	45.61	4.78	2.28	3.62
9	0.19	37.85	51.33	4.63	2.83	3.35
10	0.22	33.15	55.88	4.49	3.36	3.12

第 9 章

能源消费、绿色经济与可持续发展①

9.1 引　言

自 1978 年改革开放以来，中国经济经历了 30 多年的快速增长，平均增长率为 10%，尤其是能源消耗量的大幅增长。如图 9-1 所示，1990~2016 年中国能源消耗量从 1.0390 亿吨煤炭增加至 3.460 亿吨煤炭，年增长率为 4.84%。其增长模式可分为三个阶段：(1) 1990~2001 年，能源消耗量增长缓慢；(2) 2002~2012 年，能源消耗量表现出急剧增长模式；(3) 2013~2016 年，能源消耗量几乎稳定，2015 年后开始下降。目前，中国是全球最大的碳排放国和能源消费国（Lin & Du，2015），占全球能源消耗的 22.9%，占全球碳排放的 27.3%（Zhang，2017）。由于中国的工业化和城市化进程仍在进行，因此很容易发现未来几十年中国的能源消耗量将稳步增长（Lin & Du，2015）。为了解决自然资源约束和环境污染的严重问题，实现能源消耗和碳排放较低的绿色增长方式，中央政府的目标是以五年为一个周期降低能源强度：2006~2010 年、2011~2015 年、2016~2020 年分别降低 20%、16% 和 15% 的能源强度（Zhang & Hao，2017），以及 2017 年 PM2.5 的浓度

---

① 本部分由本书作者刘贯春（Liu，G.）、刘媛媛（Liu，Y.）和李建强（Lee，C. C.）发表在《能源期刊（Energy Journal）》的《中国绿色经济和能源消耗的增长来源：解释异质性体系的新证据（Growth sources of green economy and energy consumption in China：New evidence accounting for heterogeneous regimes）》一文整理而成。

要比2012年降低25%（Zhang，2017）。从图9-1可以看出，能源强度从1990~2016年从5.51下降至0.46（单位：100万吨/100亿元人民币），这表明每年降低速度为8.91%。需要特别指出的是，随着经济的发展，能源强度下降速度放缓，这表明经济增长对能源消费的依赖在下降。

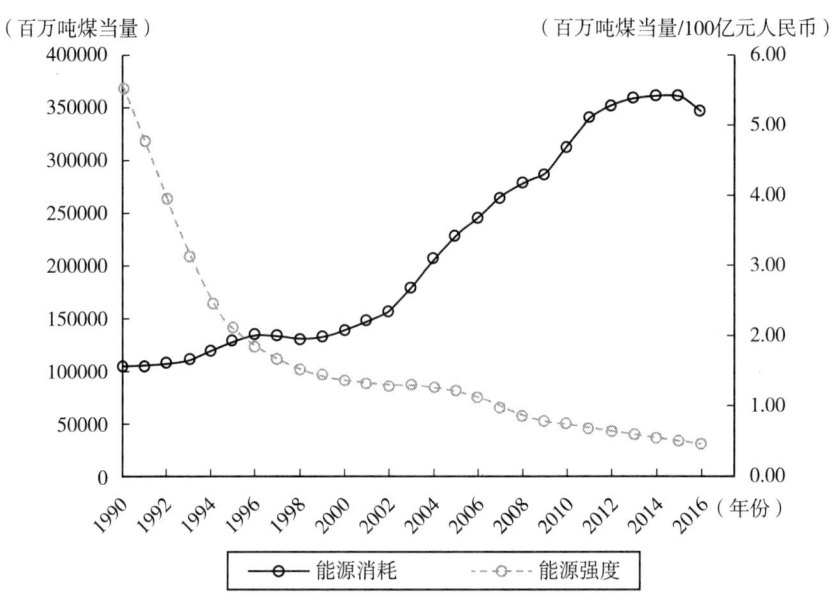

图9-1 1990~2016年中国的能耗和能源强度

资料来源：《中国统计年鉴》。

自中国2012年进入"新常态"阶段以来，增长率持续下降，在2016年实现了6.9%的增长。巴伦（Barro，2016）认为，中国人均增长率可能会从每年的8%左右下降到3%~4%，并呈现出一种"L"型的增长模式。此外，中国的产业结构发生了重大转变，第三产业相对重要性不断提高，在新的背景下，必须重新估计中国绿色经济的来源，特别是研究能源消耗的重要性是否因行业和年份而异，解决这个问题不仅能解释中国2012年后增长率下降的原因，而且对今后的可持续增长和能耗减排具有重要意义。

为了理解绿色经济的增长来源，一个重要方法是直接利用索洛模型和数据包络分析方法等理论框架将经济增长分解为不同的组成部分（Wang & Yao，2003；Lee & Chang，2008；Wang & Feng，2015；Feng，2017b；Liu，2018；Lee & Lee，2019）。然而，大多数文献都假设所有经济都有一种普遍的生产技术，但增长体系异质性的存在将导致出现一些估计偏差和误导性的结果（Solow，1994；Brock & Durlauf，2001；Orea & Kumbhakar，2004；Greene，2005；Bos，2010）。本书从体系异质性出发，结合索洛框架分析方法，将中国不同行业增长率分解为绿色全要素生产力增长和要素禀赋增长（包括劳动力、实物资本和能源消耗）。值得注意的是，我们将以前大多数研究忽略了的能源消耗纳入分解框架，以此反映资源和环境成本。绿色全要素生产率增长是指以牺牲能源消耗为代价，提高生产效率，而要素禀赋增长是指包括能源消耗在内的生产因素的数量增长。

具体来说，本书放宽了中国各省份生产技术相同的传统假设（Wang & Yao，2003；Wang & Feng，2015；Liu，2018），考虑了绿色增长机制的异质性，参照之前的一些文献（Orea & Kumbhakar，2004；Greene，2005；Bos，2010；Liu，2019），在柯布-道格拉斯生产函数中引入有限混合模型。之前大多数文献都是利用地理和收入将省份划分为不同群体，而我们是根据实际GDP条件分布的相似性对省份进行分类。具体来说，多种绿色增长体系的数量由内生性决定，并且我们估计了生产要素特定体系（制度）的产出弹性，同时，从增长状态决定因素的对数排序多项回归式可以得到体系中每个省份在某一特定时期的后验概率。此外，我们利用特定体系（制度）的产出弹性和时变概率，构建了中国各省的异质性绿色增长体系。然后，我们扩展了考虑异质性体系的索罗分解框架，获得了不同行业的绿色增长来源，特别探讨了能源消耗的重要性。

基于2000~2015年中国29个省份三个行业的小组数据，本书的分析主要包括四个方面：（1）研究同一行业是否遵循一般绿色增长路径；（2）估计不同行业的绿色增长来源；（3）评估各行业能源消耗的重要性；（4）探讨不考虑体系异质性的传统方法的分解偏差。为了预览我们的结果，我们设计了一个涵盖三个体系的有限混合模型来描述中国各省份各行业的绿色生产技术，具体来说，一些省份随着时间的推移改变体系制度，而其他省份则维持与之前一样的体系制度。此外，当考虑到索罗分解框架体系中的异质性时，我们观察到在传统方法中，要素禀赋的贡献率（绿色总因素生产率）被高估（低估）。能源消耗的作用在使用传统方法对第一和第三产业进行估计时被高估了，但对第二产业进行估计时被低估了。

我们的研究与现有文献有所不同。首先，本书对中国绿色经济增长来源的实证研究将数据样本扩展到 2015 年，其中包括 2012 年之后中国的"新常态"阶段，而大多数对此问题进行研究均在 2000 年之前，忽略了生产函数中的能源消耗（Chow，1993；Borensztein & Ostry，1996；Wang & Yao，2003；Wu，2003）。其次，本书不同于传统的文献（Shen & Lee，2006；Liu，2017），加入了解释体系异质性的实证研究，利用基于实际 GDP 条件分布相似性的有限混合模型克服了这个问题。第三，本书涉及应用潜类别模型或有限混合模型的实证文献，如同博斯（Bos，2010）以及刘等学者（Liu et al.，2019）一样，本书允许中国省份随着时间的推移改变体系，而以前的大多数研究都假设每个经济都有相同的增长体系（Alfo，2008；Owen，2009；Flachaire，2014）。第四，本书利用索罗分解框架对已有文献进行了补充完善，而以前的大多数研究都忽略了体系异质性的存在（Chow，1993；Borensztein & Ostry，1996；Wang & Yao，2003；Wu，2003；Liu，2018），我们考虑了异质性体系，并分析了传统方法的分解偏差。

9.2 文献综述

9.2.1 环境与增长的关系

与传统忽视环境作用的观点不同，人们越来越重视探索环境与经济增长之间的关系。具体来说，最近的一些文献使用了一些包含环境因素的增长模型来理解环境与增长的关系，哈斯勒等学者（Hassler et al.，2012）建立一个有关化石燃料能源的绿色增长模型，投入在短期内是固定的，但当时间推移，投入会随着直接增加输入的技术变化而变化。阿西莫格鲁等学者（Acemoglu et al.，2012）建立了定向技术的两部门增长模型，探索不同技术对环境约束的反应，发现当能源和其他因素之间有足够替代时，可以通过临时政策干预实现长期绿色增长。阿西莫格鲁等学者（Acemoglu et al.，2016）使用了一种清洁技术和非清洁技术在生产和创新中权衡竞争的新型微观经济模型，并研究了从非清洁技术到清洁技术的转变过程。阿吉翁等学者（Aghion et al.，2016）提出了一个框架来评估企业是否可以在路径创新背景下用技术变化应对碳税，实证结果表明更高的燃料价格促进企业清洁技术创新有积极影响。

此外，格罗斯曼和克鲁格（Grossman & Krueger，1995）提出了关于环境与增长关系的划时代主题，即环境库兹涅茨曲线假设，它强调增长和环境质量之间存在倒"U"型关系。具体地说，初始阶段环境会随着经济的增长而恶化，而经济一旦达到某一阶段，环境就会得到改善，大量的实证研究使用不同的环境测度方法来检验这个假设。有一些研究使用能源消耗和二氧化碳排放作为环境变量（Al – Mulali，2015a；Ozturk & Al – Mulali，2015；Bilgili，2016；Hao，2016；Dogan & Inglesi – Lotz，2017；Pablo – Romero & Sanchez – Braza，2017a），也有研究选择生态发展来衡量环境质量（Al – Mulali，2015b；Mrabet & Alsamara，2017；Charfeddine，2017；Charfeddine & Mrabet，2017；Ulucak & Bilgili，2018）。

更重要的是，他们利用一个特定国家或全球国家的不同数据，为环境库兹涅茨曲线假设提供了综合的实证结果，尽管大量的研究支持倒"U"型的环境增长关系（Bilgili，2016；Hao，2016；Dogan & Inglesi – Lotz，2017；Pablo – Romero & Sanchez – Braza，2017a；Mrabet & Alsamara，2017；Charfeddine，2017；Charfeddine & Mrabet，2017；Ulucak & Bilgili，2018），但也有一些文献没有提供任何证据（Al – Mulali，2015a；Ozturk & Al – Mulali，2015；Liu，2017；Pablo – Romero & Sanchez – Braza，2017b），同时穆拉利（Al – Mulali，2015b）、辛哈等（Sinha et al.，2016，2017）发现环境库兹涅茨曲线假设在不同群体的发展阶段会表现出不同的形式，具体来说，布罗克和泰勒（Brock & Taylor，2010）将减少污染的技术纳入索洛模型，他们指出收益下降和技术进步是环境库兹涅茨曲线假设的基础，并特别对综合的实证结果进行了深入的解释。

9.2.2 增长源的分解

关于经济增长的来源，现有的文献有两个重要的分解框架，第一种是数据包络分析，它利用线性规划来构建生产可能性边界（Färe，1994；Song，2013；Wang & Feng，2014；Chen，2015；Wang & Feng，2015；Feng，2017a；Feng，2017b）；第二种是建立在特定生产函数之上的，其中一个分支是随机前沿分析，即对随机误差项和非负低效率分量进行建模（Koop，2000；Ghosh & Kathuria，2016；Price，2017；Yang & Lei，2017；Cengiz，

2018；Maha，2018；Makiela & Osiewalski，2018）。另一个分支是索罗框架分析，它将技术进步和技术效率合并成一个部分（Chow，1993；Borensztein & Ostry，1996；Wang & Yao，2003；Wu，2003；Liu，2018）。

此外，越来越多的实证研究分析了中国经济增长的来源，但由于使用样本和方法的不同，部分结论存在争议。例如，乔（Chow，1993）、博伦斯泰因（Borensztein，1996）以及李等学者（Lee et al.，2012）指出，全要素生产率的增长占经济增长的1/4以上，而李（Li，1992）、王（Wang，2003）、吴（Wu，2003）、冯（Feng，2017b）以及刘等（Liu et al.，2018）认为，要素禀赋在经济增长中占主导地位，其贡献率在3/4以上。这些研究大多忽视了能源消耗在中国过去几十年经济增长中的重要作用，在过去几年里，大量的研究（如李和张（Lee & Chang，2008）、李（Lee，2008）、布罗克和泰勒（Brock & Taylor，2010）、李和钱（Lee & Chien，2010）、王（Wang，2011）以及利德尔（Liddle，2013）等学者的观点）已经证实了能源消耗对整个国家经济增长有重大影响。

此外，经济增长在不同框架中被分解成不同的组成部分（Koop，2000；Wang & Feng，2015；Feng，2016；Liu，2018）。一般来说，经济是由两种不同来源驱动的，即全要素生产率和要素禀赋。前者是利用投入整体的生产效率，后者是指投入量的增长。许多学者将总要素生产率分为不同的组成部分。例如，它包括在随机前沿分析中的技术进步和技术效率的提高（Koop，2000；Orea & Kumbhakar，2004；Greene，2005；Bos，2010），索罗框架中的市场效率和部门生产率的因素（Hsieh & Klenow，2009；Vollrath，2009；Liu，2018），数据包络分析方法中的结构变化效应、管理效率等影响（Song，2013；Wang & Feng，2015；Feng，2017b）。

9.2.3 多体系模型

无论使用国家数据还是省域数据，之前的研究认为，整体经济和中国所有省份的生产技术会随着时间和地区呈现异质性特征，也就是说，这些研究通过构建一个基于普遍增长体系的"平均"虚拟样本，将中国的经济增长分解成不同的组成部分。然而索罗（Solow，1994）指出，当经济增长模式不同时，"平均"样本并没有代表性，而不考虑可能存在的异质性增长体系的传统方法很少能够提供有关经济增长来源的信息。此外，布罗克和杜洛夫

(Brock & Durlauf, 2001)讨论了将所有省份视为单一同质性的缺点。博斯等学者（Bos et al., 2010）认为，一概而论的政策建议对任何人都没有好处。从前面的观点中，我们可以得出结论，使用生产要素恒定产出弹性的传统框架分解结果可能是有偏的，这可能是以往工作结果存在争议的主要原因。

在以往的大多数研究中，几种常见的方法被用于解决异质性增长问题，但它们的有效性并不令人满意。第一个方法是在回归过程中添加特定国家的固定效应，但它不允许回归的边际效应不同。第二种方法是根据国家的相似性特征，将国家分为不同的群体，如地理位置、收入水平或文化等，但不同群体可能因样本而有所不同，事实上，即使有相同的地理位置或收入水平，各个国家也可能存在异质性增长路径（Owen, 2009; Bos, 2010）。第三种是采用一些先进技术，包括回归树分析（Durlauf & Johnson, 1995）和面板门槛回归模型（Papageorigar, 2002），但这些方法只考虑了一个回归量的异质性边际效应，而且门槛变量必须是唯一的，并且必须在门槛回归分析中进行选择。

为了克服传统文献的不足，最近许多文献提出了许多新方法来内源性地解释不同国家的增长体系的异质性。一方面，比安奇（Bianchi, 1997）、布卢姆（Bloom, 2003）、卡诺瓦（Canova, 2004）以及帕普等学者（Paap et al., 2005）利用潜类别模型技术，根据增长率的贡献，将国家划分为不同的群体。另一方面，阿尔福（Alfo, 2008）、欧文（Owen, 2009）、博斯（Bos, 2010）以及弗拉谢尔等学者（Flachaire et al., 2014）基于增长率的贡献，将潜类别模型和多项式分对数模型相结合的有限混合模型扩展到将国家划分为不同的群体。具体地说，为了考虑经济增长分解框架中的异质性，他们对传统随机前沿分析方法进行了扩展。杜洛夫等学者（Durlauf et al., 2001）研究了索罗增长模型的系数变化，茨奥纳斯和库姆巴卡尔（Tsionas & Kumbhakar, 2004）构建了一个增强马尔可夫交换结构的框架，同时奥利亚和库姆巴卡尔（Orea & Kumbhakar, 2004），格林（Greene, 2005）以及博斯等学者（Bos 等, 2010）提供了一些基于潜在模型的不同模型架构。

现有的关于增长来源和能源消耗的文献有几个共同的特点。第一，大多数文献的样本周期是在2013年之前（Wang & Yao, 2003; Wang & Feng, 2015; Feng, 2017b; Liu, 2018），这表明他们没有研究中国在"新常态"

阶段的发展。第二，它们都假设了中国省际间生产可能性边界都相同，并认为它不随着时间变化，也就是说，假设产出弹性是相同的（Wang & Yao, 2003; Wu, 2003; Liu, 2018），数据包络分析中的参数也是如此（Chen, 2015; Wang & Feng, 2015; Feng, 2017b）。第三，这些研究大多集中在整体经济上（Wang & Yao, 2003; Wu, 2003; Wang & Feng, 2015）而忽视了第一产业、第二产业和第三产业的异质性特征。第四，这些研究忽视了能源消耗对中国绿色经济的重要性（Feng, 2017b），很少有文献会探索能源消耗是否在各个行业表现出不同的模式。为了克服以往研究中的缺点，本书采用有限混合模型，充分考虑体系的异质性，并研究绿色经济的增长来源以及中国各行业能源消耗的关键作用。

9.3 研究方法

本节在柯布－道格拉斯生产函数的基础上，首先介绍了传统的索罗分解框架，其中经济增长分为两个要素，即绿色全要素生产率增长和要素禀赋增长，其次采用了一个有限混合模型，允许多个绿色增长模式并存，同时提出了一个扩展的分解框架来解释中国各省份的异质性分解机制。

9.3.1 传统的索罗分解框架

除了劳动力和资本存量，与加利和萨卡（Ghali & El-Sakka, 2004）、李和张（Lee & Chang, 2008），李（Lee, 2008）以及哈斯勒等学者（Hassler et al., 2012）的研究类似，本文将能源消耗作为生产的基本动力包括在柯布－道格拉斯生产函数中，具体地说，一个经济的产出可以被描述为：

$$Y_{it} = A_{it} L_{it}^{\alpha} K_{it}^{\beta} E_{it}^{\gamma} \quad (0 < \alpha, \beta, \gamma < 1) \tag{9-1}$$

其中 Y 为总产出或实际 GDP；L、K 和 E 表示劳动力、实际资本和能源消耗，L、K 和 E 的产出弹性为 α、β、γ；A 表示生产过程中的绿色全要素生产率。如果为 $\alpha + \beta + \gamma = 1$，表明生产函数（9-1）表现为规模报酬不变，或表现为规模不变报酬。

此外，索洛分解框架中的产出增长可以分解为两个组成部分：第一项是绿色全要素生产率增长（TFPG），第二项是要素禀赋增长（FEG）。对方程

(9-1) 进行全微分，可以得到一个输出增长表达式：

$$g_{it} = \frac{\dot{Y}_{it}}{Y_{it}} = \underbrace{\frac{\dot{A}_{it}}{A_{it}}}_{TFPG} + \underbrace{\left(\alpha \frac{\dot{L}_{it}}{L_{it}} + \beta \frac{\dot{K}_{it}}{K_{it}} + \gamma \frac{\dot{E}_{it}}{E_{it}}\right)}_{FEG} \quad (9-2)$$

其中，虚拟变量表示时间导数，显然，要素禀赋增长（FEG）是不同生产要素以产出弹性为权重的加权值，它包括劳动增长（LG）、实际资本增长（KG）和能源消耗增长（EG）。

为了获得生产要素的产出弹性，之前一些研究直接根据先验知识提出假设，这导致了现有文献存在显著差异。例如，沃尔拉特（Vollrath，2009）假设劳动力份额为0.6，而勃兰特和朱（Brandt & Zhu，2010）假设劳动力份额为0.5。但当我们考虑到生产过程中存在的能源消耗时，这些假设并不适用于中国情况。因此，本书通过方程（9-1）中柯布-道格拉斯生产函数的自然对数形式来估计劳动L、实际资本K和能源消耗E的产出弹性：

$$LnY_{it} = c + \alpha LnL_{it} + \beta LnK_{it} + \gamma LnE_{it} + e_{it} \quad (9-3)$$

其中，e_{it}是误差项，$LnA_{it} = c + e_{it}$，一旦给定参数α，β，γ的值，就可以利用方程式（9-2）得到中国绿色经济的增长来源。

9.3.2 一个扩展的分解框架

传统索洛框架的一个潜在假设是，存在一个普遍适用于所有经济体的绿色经济增长体系，且该体系不会随时间而变化。显然，传统的方法忽视了增长模式的异质性特征，这是最近的研究所强调的一点（Solow，1994；Brock & Durlauf，2001；Owen，2009；Bos，2010）。考虑到不同经济体之间的异质性特征，本书利用有限混合方法，并结合了潜在类别模型和多项式分对数模型进行分析。

本书使用的计量经济学方法较为灵活，主要有四个特点（Owen，2009；Flachaire，2014；Liu，2019）。第一，允许多种增长模式存在，这使得同一要素在不同增长模式下有不同的产出弹性。第二，基于实际GDP条件分布的相似性，将中国省份内生地划分为不同的后验概率类别。第三，联合估计了各个增长模式下的潜在区域分布和柯布-道格拉斯生产函数中的参数。第四，为了解释增长模式异质性的来源，在多项式分对数模型中加入了经济增长的一些深层次决定因素。此外，参考博斯（Bos，2010）和刘等学者（Liu et al., 2019）的研究，随着时间的推移，允许不同省份转换增长模式。为此，我们考虑一般有限混合模型（Owen, 2009, Flachaire, 2014, Liu, 2019）:

$$f(y|x, z) = \sum_{m=1}^{M} \pi_m(z, \lambda_m) f_m(y|x, \beta_m, \sigma_m) \quad (9-4)$$

其中 M 是增长模式的数目，y 是因变量，x 表示自变量，模式 m 下的系数为 β_m，z 表示伴随变量，模式 k 下的系数为 λ_m，σ_m 表示模式 m 中误差项的标准差，π_m 表示模式 m 下要素的概率，f_m 是 x 条件下 y 的条件分布。如方程式（9-3）所示，因变量为实际 GDP 的自然对数，自变量为劳动 L、实际资本 K 和能源消耗 E 的自然对数，特别地，当 M=1 时，有限混合模型（9-4）可以简化为方程式（9-3）。因变量 x 有助于解释同一模式下的增长差异，而伴随变量 z 则有助于解释不同模式下的增长差异。

此外，假设在 p 模式下的概率 π_p 遵循多项式分对数模型（Greene, 2005, Bos, 2010; Owen, 2009; Liu, 2019）

$$\pi_p(z, \lambda_p) = \frac{\exp(\lambda_p + z\lambda_p)}{\sum_{m=1}^{M} \exp(\lambda_m + z\lambda_m)} \quad (9-5)$$

参考弗拉谢尔等学者（Flachaire et al., 2014）的研究，表达式（9-5）在两个方面值得注意。一方面，它可以估计没有任何伴随变量的有限混合模型，其中一个特定省份使用不同增长模式的概率仅依赖于实际 GDP(y) 和输入变量 x。另一方面，如果利用一些伴随变量来解释其他变量，则各省份的增长模式依赖于伴随变量 z、实际 GDP(y) 和输入变量 x。显然，除了基于个体指标的事前聚类外，有限混合模型还可以通过潜在排序内生地对省份进行分类。

然后，将方程（9-4）的对数似然函数写为：

$$\log LL = \sum_{i=1}^{N} \log \left[\sum_{m=1}^{M} \pi_m(z, \lambda_m) \prod_{t=1}^{T} f_m(y|x, \beta_m, \sigma_m) \right] \quad (9-6)$$

基于贝叶斯规则，处于 p 状态下的后验概率为：

$$\hat{\pi}_p = \frac{\pi_p(z, \hat{\lambda}_p) f_p(y|x, \hat{\beta}_p, \hat{\sigma}_p)}{\sum_{m=1}^{M} \pi_m(z, \hat{\lambda}_m) f_m(y|x, \hat{\beta}_m, \hat{\sigma}_m)} \quad (9-7)$$

与之前使用有限混合模型一致（Owen, 2009; Bos, 2010; Flachaire, 2014），各省份被划分为不同增长模式的可能性最大。

同欧文（Owen，2009）和弗拉谢尔等学者（Flachaire et al.，2014）一样，本书使用登普斯特等学者（Dempster et al.，1977）提出的期望最大化算法来估计方程式（9-4），由于模式 M 的数量是已知的，从 M=1 估计有限混合模型，然后使用几种标准选择最优数量，包括贝叶斯信息标准（BIC）、赤池信息标准（AIC）和两个修正版本（AIC3 和 CAIC）。给定观测数 n 和参数 J 以及似然对数 LL 的值，BIC = -2LL + Jlogn，AIC = -2LL + 2J，AIC3 = -2LL + 3J，CAIC - 2LL + log(n + 1)。①

本书利用有限混合模型的方法，将中国的省份归纳为不同的群体，特别研究了生产技术的异质性，对于特定的模式 m，α_m、β_m、γ_m 表示劳动 L、实际资本 K 和能源消耗 E 的产出弹性，后验概率 π_m 使增长模式随时间变化成为可能，换句话说，有限混合模型背景下的增长模式在不同的省份和年份中有所不同。然后，可以扩展传统的索罗分解框架，考虑模式异质性：

$$g_{it} = \frac{\dot{Y}_{it}}{Y_{it}} = \underbrace{\sum_{m=1}^{M} \pi_m \frac{\dot{A}_{imt}}{A_{imt}}}_{WTFPG} + \underbrace{\sum_{m=1}^{M} \pi_m \left(\alpha_m \frac{\dot{L}_{it}}{L_{it}} + \beta_m \frac{\dot{K}_{it}}{K_{it}} + \gamma_m \frac{\dot{E}_{it}}{E_{it}} \right)}_{WFEG} \quad (9-8)$$

其中，A_m 代表 m 模式下的绿色全要素生产力。通过将方程（9-2）和方程（9-8）的结果进行比较，可以得到忽略模式异质性的传统方法的分解偏差。

9.4 数据和变量的定义

本书收集了中国 29 个省份的面板数据，样本期为 2000~2015 年。关于柯布-道格拉斯函数中的变量，与 李和陈（Lee & Chang，2008）、李等（Lee et al.，2008）、李和钱（Lee & Chien，2010）以及冯等（Feng et al.，2017b）一样，本书以劳动力、实际资本和能源消耗为生产投入，以国内生产总值为产出，将重庆数据并入四川省，由于数据不足，未考虑西藏、台湾、香港、澳门地区。为了了解不同产业的增长来源及其演变，本书考虑了第一产业、第二产业和第三产业，其中第一产业包括农业、林业、畜牧业、

---

① 具体地说，这四个统计量随着对数似然值 LL 的减小而减小，但是随着参数 J 的个数的增加而增大，当它们取最小值时，增长模式达到最优。

渔业和节水等；第二产业包括工业和建筑业；第三产业包括交通、仓储、邮政、批发、零售、酒店、餐馆等。

变量定义和数据来源如下：（1）劳动（L）（单位：1万人）和GDP（Y）（单位：1亿元）。从《省级统计年鉴》中提取了三个产业的就业数据，其中产出数据来自《中国统计年鉴》。（2）实际资本（K）（单位：1亿元），由于缺乏官方数据，本书采用霍尔和琼斯（Hall & Jones, 1999）提出的永续盘存模型来计算每个行业的实际资本存量，详见冯等（Feng et al., 2017b）。（3）能源消耗（E）（单位：1万吨）。由于没有官方数据，本书从《中国能源统计年鉴》中的省级能源平衡表中获取能源消耗数据。GDP和实际资本存量转化为用2000年的固定价格代替，用标准煤使用代替能源消耗。

此外，同欧文（Owen, 2009）、博斯（Bos, 2010）和弗拉谢尔等（Flachaire et al., 2014）的研究类似，本书选择了四个影响绿色全要素生产力增长和要素禀赋增长的伴随变量来描述省级经济的特征，包括人力资本、贸易开放、政府支出和市场化。四个伴随变量的具体定义和结构如下：（1）人力资本是以25岁以上居民平均教育年限来计算；（2）贸易开放是以进出口占地区国内生产总值的比来衡量；（3）政府支出是以政府消费占地区国内生产总值的百分比来衡量；（4）市场化是以私营部门实际投资占所有部门实际投资总额的份额来衡量。为了消除分对数排序回归中可能存在的内生性，本书使用了这些变量的滞后项。所有数据均来自中国省级统计年鉴。

为什么这四个伴随变量对绿色增长体系很重要？第一，人力资本通过促进节能技术来降低能源消耗（Li & Lin, 2016；Salim, 2017；Ulucak & Bilgili, 2018），还会因为反馈效应而增加能源消耗（Lin & Du, 2015；Zhang, 2017）。第二，国际贸易会引起国内生产增加，从而增加了能源消耗（Cole, 2006；Raza, 2015），贸易开放可以通过改善资源配置和"溢出效应"来降低能源消耗（Eicher, 1999；Frankel & Romer, 1999）。第三，政府支出可以通过基础设施投资来增加能源消耗（Barro, 1990），而教育和科技补贴的支出有利于提高能源效率（Kaganovich & Zilcha, 1999）。第四，受到预算约束的国有企业的表现一般不如私营企业（Qian, 1994；Song, 2011），这表明，提高市场化程度有助于资源合理配置，但市场化在能源消耗对能源的反馈效应及提高能源效率中起到的作用尚不明确。

对于中国而言，区域发展不平衡是经济发展过程中的一个重要特征。一般来说，东部省份人均 GDP 最高，其次是中西部地区。我们以能源消耗为例来说明各省之间存在不同的增长模式。图 9-2 显示了 2000~2015 年期间使用中国各省能源消耗与实际 GDP 的比值测量的平均能源强度。严重依赖能源消耗的五个省份是宁夏、青海、山西、贵州和新疆，依赖程度最低的五个省份是浙江、上海、北京、福建和广东。我们可以得出结论，中国各省份的能源强度有显著差异，验证了绿色增长模式存在异质性。因此，要了解能源消耗在中国经济增长过程中的作用，必须在设计绿色经济的分解框架时综合考虑多种增长模式。

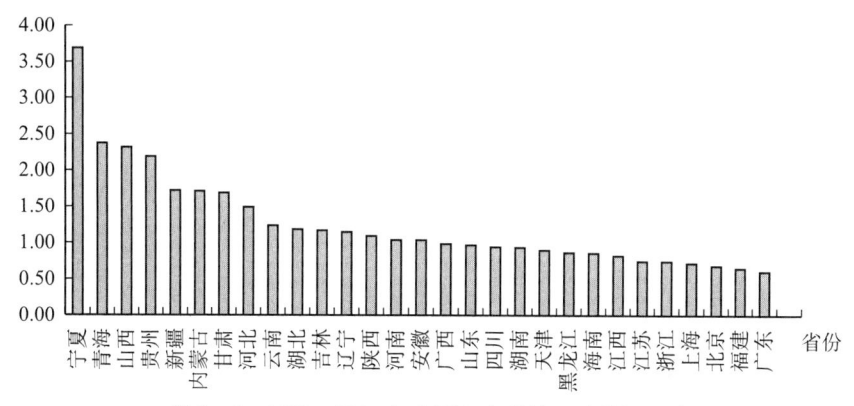

图 9-2　2000~2015 年中国各省份的平均能源强度

资料来源：中国省级统计年鉴和能源统计年鉴。

9.5　实证结果

在本节中，首先研究是否存在一个通用的生产函数来描述中国所有省份的绿色经济增长路径，然后确定异质性体系的存在。其次，利用传统的和扩展的索洛分解框架得到跨行业的绿色增长来源。本书还特别比较了估计结果，强调引入体系异质性的重要性，特别讨论了能源消耗在中国经济增长中的作用[①]。

---

① 在估计柯布-道格拉斯生产函数之前，本书进行了三个单位根检验，即 Dickey-Fuller（ADF）、Phillips-Perron（PP）和 Levin-Lin-Chu（LLC）单位根检验。统计结果一致表明，除随机游动的存在外，所有变量都是 I(1) 过程。

9.5.1 跨行业的异质性绿色增长体系

在估计有限混合模型之前,首先要选择增长模式的数量,考虑到现有文献中没有该理论指导的事实,我们进行了 BIC、AIC、AIC3 和 CAIC 准则。具体地说,我们估计有限混合模型是从一个体系到多个体系,而且这四种标准中的三个被最小化处理。此外,与欧文等学者(Owen et al., 2009)的研究一致,本书还计算了错误分类的误差,将其定义为条件概率 $1 - \max\pi_k$ 下不同区域的有限混合模型。本书发现在有限混合模型的三种模式中,统计量被最小化。因此,本书支持使用三种模式的有限混合模型来描述中国各省份的多种增长模式。

表 9-1~表 9-4 描述了整体经济和不同行业的估算结果。第一列估计了传统柯布-道格拉斯生产函数为单一模式的混合模型,而 2~4 列估计了三种模式下的混合模型。在之前的研究中,大多数文献通常假设生产函数的规模报酬率是恒定的,如乔(Chow, 1993)、王和姚(Wang & Yao, 2003)、沃尔拉特(Vollrath, 2009)以及勃兰特和朱(Brandt & Zhu, 2010)。然而王和姚(Wang & Yao, 2003)认为,这个假设可能不适合像中国这样的转型经济。因此,本书假设生产函数的规模报酬率是可变的。

1. 整体经济的异质性绿色增长模式

表 9-1 提供了跨省整体经济的异质性绿色增长路径的估计结果。一方面,从单一模式混合模型可以指出,整体经济中劳动力、实际资本和能源消耗的产出弹性分别为 0.264、0.586 和 0.248。显然,各系数的产出弹性总和为 1.110,与 1% 水平下的产出弹性总和 1 有显著差异,表明中国整体经济中存在规模报酬递增。同时,虽然实际资本主导着生产技术,但劳动力和能源消耗也是关键的驱动因素。另一方面,三种增长模式下的混合模型表明,相同生产要素的产出弹性因增长模式的不同而发生变化。模式 A 劳动力、实际资本和能源消耗的产出弹性为 0.390、0.556 和 0.099,总和为 1.045。模式 B 劳动力、实际资本和能源消耗的产出弹性为 0.263、0.460 和 0.257,总和为 0.980。模式 C 劳动力、实际资本和能源消耗的产出弹性为 0.121、0.525 和 0.363,总和为 1.009。Wald 检验表明,模式 A 表现为规模报酬递增,而模式 B 和 C 表现为规模报酬不变。特别是,能源消耗对经济增长的重要性从 A 模式增加到 C 模式。此外,Wald 检验显示,同一生产要素系数的产出弹性差异显著。

表 9-1　　　　　　　　跨省份整体经济的异质性绿色增长路径

变量	全样本	有限混合模型			Wald 检验
		模式 A	模式 B	模式 C	
面板 A：柯布－道格拉斯生产函数					
lnL	0.264*** (0.024)	0.390*** (0.020)	0.263*** (0.013)	0.121*** (0.034)	55.49***
lnK	0.586*** (0.024)	0.556*** (0.028)	0.460*** (0.010)	0.525*** (0.030)	14.85***
lnE	0.248*** (0.040)	0.099* (0.052)	0.257*** (0.018)	0.363*** (0.053)	13.45***
面板 B：伴随变量					
Edu		基准组	1.467** (0.681)	7.439*** (1.877)	
Trade		基准组	37.537** (15.207)	70.537*** (16.557)	
Gov		基准组	-64.517*** (15.247)	-124.556*** (21.558)	
Soe		基准组	13.771*** (4.839)	-0.396 (5.736)	
Obs.	464	94	203	167	
R^2/LL	0.924	281.560			
分类误差	0%	2.79%			

注：ln 表示变量的自然对数。回归估计包括截距。标准误差用括号表示。*，** 和 *** 分别代表 10%、5% 和 1% 水平的显著性。

此外，多项式分对数模型表明四个伴随变量相对于基准模型（模式 A）的重要性。估计结果表明，人力资本、贸易开放、政府支出和市场化对进入模式 B 和模式 C 的概率有显著影响，特别是人力资本和贸易开放（政府支出）在模式 C 中的正（负）作用强于模式 B，市场化的积极影响只存在于模式 B 中。Wald 检验验证了 B 和 C 两种模式在四个伴随变量的排序作用上的显著差异。由此，可以得出结论，人力资本、贸易开放和市场化使各省份的整体经济更加依赖能源消耗，而政府支出则有相反的影响。

2. 第一产业的异质性绿色增长模式

表9-2描述了跨省份第一产业的异质性绿色增长路径的估计结果。首先，单一模式的混合模型表明，第一产业中劳动力、实际资本和能源消耗的产出弹性分别为0.499、0.252和0.272。很明显，跨省份生产因素系数的产出弹性总和为1.023，与Wald检验所确认的10%水平下产出弹性总和为1存在显著不同，这表明中国第一产业的规模报酬呈递增状态，具体来说，虽然劳动力主导着生产过程，但实际资本和能源消耗也是重要的决定因素。

表9-2　　跨省份第一产业的异质性绿色增长路径

变量	全样本	有限混合模型			Wald 检验
		模式 A	模式 B	模式 C	
面板 A：柯布-道格拉斯生产函数					
lnL	0.499 *** (0.022)	0.350 *** (0.020)	0.408 *** (0.030)	0.311 *** (0.022)	7.10 **
lnK	0.252 *** (0.022)	0.226 *** (0.022)	0.170 *** (0.028)	0.136 *** (0.014)	12.16 ***
lnE	0.272 *** (0.029)	0.325 *** (0.026)	0.112 *** (0.024)	0.266 *** (0.024)	41.25 ***
面板 B：伴随变量					
Edu		基准组	-0.537 (0.441)	-4.655 *** (0.891)	
Trade		基准组	-9.181 *** (2.068)	1.223 (1.332)	
Gov		基准组	-69.907 *** (10.960)	-35.011 *** (6.673)	
Soe		基准组	22.495 *** (3.600)	76.646 *** (12.663)	
Obs.	464	198	121	145	
R^2/LL	0.861	87.786			
分类误差	0%	3.52%			

注：ln 表示变量的自然对数。回归估计包括截距。标准误差用括号表示。*、** 和 *** 分别代表10%、5%和1%水平的显著性。

第二、第三种模式下的混合模型表明，同一要素的产出弹性在不同模式之间存在差异。模式 A 劳动力、实际资本和能源消耗的产出弹性分别0.350、0.226 和 0.325，总和为 0.901。模式 B 劳动力、实际资本和能源消耗的产出弹性分别为 0.408，0.170 和 0.112，总和为 0.690。模式 C 劳动力、实际资本和能源消耗的产出弹性分别为 0.121，0.525 和 0.363，总和为 0.713。能源消耗在生产过程中的作用模式 A 最大，其次是模式 B 和模式 C，Wald 检验也证实了模式 A 与模式 C 表现为规模报酬递减。综合 Wald 检验表明，在 1% 水平上，同一生产要素在不同模式下的产出弹性存在显著差异。在不同的增长模式下，第一产业关于规模报酬递减的生产技术与本文的预期相矛盾，其原因可能是第一产业劳动力丰富，而且之前对柯布－道格拉斯生产函数的研究忽视了能源消耗的引入。

多项式分对数模型揭示了伴随变量相对于基准组的排序作用，结果表明，人力资本、贸易开放度、政府支出和市场化程度对模式 B 和模式 C 的概率有显著影响，特别是模式 B 中贸易开放度和政府支出的负面作用大于模式 C，模式 C 中市场化（人力资本）的正（负）作用大于模式 B，而模式 C 中四个伴随变量的重要性有显著差异，因此，人力资本、贸易开放度和政府支出有利于减少第一产业对能源消耗的依赖，而市场化程度则有积极作用。

3. 第二产业的异质性绿色增长模式

表 9－3 列出了各省份第二产业的异质性绿色增长路径的估计结果。在

表 9－3　　　　　　跨省份第二产业的异质性绿色增长路径

变量	全样本	有限混合模型			Wald 检验
		模式 A	模式 B	模式 C	
面板 A：柯布－道格拉斯生产函数					
lnL	0.414 *** （0.024）	0.381 *** （0.017）	0.554 *** （0.037）	0.612 *** （0.064）	23.91 ***
lnK	0.615 *** （0.024）	0.539 *** （0.020）	0.510 *** （0.045）	0.406 *** （0.057）	5.51 *
lnE	0.040 （0.041）	0.200 *** （0.029）	－0.054 （0.074）	－0.215 ** （0.091）	26.24 ***

续表

变量	全样本	有限混合模型			Wald 检验
		模式 A	模式 B	模式 C	
面板 B：伴随变量					
Edu		基准组	18.899* (10.764)	24.756** (11.384)	
Trade		基准组	66.819* (37.691)	74.743* (38.407)	
Gov		基准组	7.215 (9.922)	11.903 (23.031)	
Soe		基准组	-64.184* (36.696)	-15.468 (55.909)	
Obs.	464	278	135	50	
R^2/LL	0.932	133.699			
分类误差	0%	3.04%			

注：ln 表示变量的自然对数。回归估计包括截距。标准误差用括号表示。*，** 和 *** 分别代表 10%、5% 和 1% 水平的显著性。

单一模式的混合模型中，第二产业劳动力、实际资本和能源消耗的产出弹性分别为 0.414、0.615 和 0.040，各生产要素的产出弹性之和为 1.069，根据 Wald 检验，在 1% 水平上的产出弹性之和有显著差异，这表明中国的第二产业表现为规模报酬递增。同时，在生产技术中，实际资本占主导地位，其次是劳动力和能源消耗，尽管能源消耗系数不大。

此外，从三种模式下的混合模型回归可以发现，同一生产要素的产出弹性在不同模式之间存在差异。模式 A 劳动力、实际资本和能源消耗的产出弹性分别为 0.381，0.539 和 0.200，总和为 1.120。模式 B 劳动力、实际资本和能源消耗的产出弹性分别为 0.554，0.510 和 -0.054，总和为 1.010。模式 C 劳动力、实际资本和能源消耗的产出弹性分别为 0.612、0.406 和 -0.215，总和为 0.803。生产技术的能源消耗弹性在 A 模式最高，其次是 B 模式和 C 模式，Wald 检验表明 A（B）模式下表现为规模报酬递增（常数），C 模式下表现为规模报酬递减。此外，综合 Wald 检验证明，在 1% 水平上，同一生产要素的产出弹性存在显著差异。

最后，多项式分对数模型揭示了四个伴随变量相对于基准组的作用。研究结果表明，人力资本、贸易开放度和市场化程度对进入模式 B 与模式 C 的可能性有显著影响，而政府支出对进入模式 B 与模式 C 的可能性没有显著影响。具体来说，人力资本和贸易开放度在模式 C 中的积极作用并不显著高于模式 B，而市场化对模式 B 有消极影响。总体来说，人力资本和贸易开放度增加了第二产业的能源消耗弹性，但市场化起了消极作用。

4. 第三产业的异质性绿色增长模式

表 9-4 显示了各省份第三产业异质性绿色增长路径的估算结果。针对以政府支出和市场化为伴随变量的有限混合模型，由于最大似然估计不具有收敛性，所以本书将它们运用到多项式分对数模型中。单一模式下的混合模型表明，第三产业的劳动力、实际资本和能源消耗的产出弹性分别为 0.393、0.285 和 0.509，各生产要素的产出弹性之和为 1.187，与 Wald 检验的 1% 水平有显著差异，这表明中国第三产业的规模报酬率呈递增趋势。具体来说，能源消耗主导生产过程，其次是劳动力和有形资本。

表 9-4　　　　　　跨省第三产业的异质绿色增长路径

变量	全样本	有限混合模型			Wald 检验
		模式 A	模式 B	模式 C	
面板 A：柯布 - 道格拉斯生产函数					
lnL	0.393 *** (0.020)	0.549 *** (0.019)	0.442 *** (0.022)	0.310 *** (0.023)	64.07 ***
lnK	0.285 *** (0.021)	0.454 *** (0.036)	0.228 *** (0.018)	0.319 *** (0.020)	38.07 ***
lnE	0.509 *** (0.028)	0.034 (0.037)	0.457 *** (0.027)	0.531 *** (0.027)	118.35 ***
面板 B：伴随变量					
Edu		基准组	6.052 ** (2.747)	4.752 * (2.742)	
Trade		基准组	67.816 ** (31.642)	90.790 *** (31.929)	
Obs.	464	113	243	108	
R²/LL	0.955	331.683			
分类误差	0%	5.03%			

注：ln 表示变量的自然对数。回归估计包括截距。标准误差用括号表示。*，** 和 *** 分别代表 10%、5% 和 1% 水平的显著性。

当考虑异质性模式时，三种模式下的混合模型发现同一要素的产出弹性在不同模式下存在差异。在 A 模式下，劳动力、实际资本和能源消耗的产出弹性分别为 0.549、0.454 和 0.034，总和为 1.037。在 B 模式中，劳动力、实际资本和能源消耗的产出弹性分别为 0.442、0.228 和 0.457，总和为 1.127。在 C 模式下，劳动力、实际资本和能源消耗的产出弹性分别为 0.310、0.319 和 0.531，总和为 1.160。特别是，能源消耗弹性从 A 模式增加到 C 模式，Wald 检验证实 A~C 模式表现为规模报酬递增。此外，综合 Wald 检验证实，在 1% 的水平上，同一生产要素的产出弹性在不同地区之间存在显著差异。

此外，多项式分对数模型提供了群体成员相对于基准群体伴随变量的解释力度（模式 A）。估计结果表明，人力资本和贸易开放程度对进入模式 B 和模式 C 的可能性有显著影响，具体来说，模式 B 对人力资本的正向影响大于模式 C，而模式 C 对贸易开放程度的正向影响大于模式 B。由此可以看出，人力资本和贸易开放度使得我国第三产业对能源消耗的依赖程度更大。

5. 跨行业群体成员随时间推移的变化

从表 9-1~表 9-4，我们可以看到样本大小在不同模式之间有所不同。例如，就整体经济而言，94、203 和 167 个观察值分别属于 A~C 模式，结果表明大多数省份遵循增长模式 B，其次是模式 C 和模式 A，其误差为 2.79%，这表明大多数省份在相应增长模式下，后验概率非常接近 1，对于不同的行业，也可以得出相似的结论。此外，在有限混合模型估计结果的基础上，本书利用方程（9-7）得到后验概率。

总体而言，无论是从整体经济还是从不同行业来看，2000~2015 年期间，中国的一些省份确实经历了增长模式的变化，而其他省份则保持了同样的增长模式。就整体经济而言，26 个省份没有发生增长模式变化，只有海南、山东和新疆三个省份发生模式变化。就不同产业而言，中国有 15 个省份的第一、第二和第三产业在 2000~2015 年期间的增长模式保持不变，其他省份的模式随着时间的推移而发生变化。更重要的是，地理位置和收入水平相同的省份并不是完全同质的，这证实了分类的合理性。但是，尽管地理位置和收入水平并不是决定增长模式异质性的唯一因素，但两者都很重要。例如，根据集团成员的整体经济发展，大多数省份位于东部（中部和西部）

地区遵循模式 C（B 和 A）。通过观察 2000 年至 2015 年中国的产业变化，我们发现，第二产业的信息技术产业和第三产业的金融产业增长迅速，更重要的是，这两个产业在不同省份之间的重要性不同，导致了不同的结构变化，也导致了它们之间多种增长机制随时间的推移而发生变化。

在前面的分析中，有限混合模型的估计结果得到了三个重要的结论。第一，中国所有的省份都没有遵循普遍的绿色增长模式，某个特定省份的绿色增长路径也不是完全独有的。相反，三种模式下的有限混合模型适合描述中国各省的异质性绿色增长体系，特别是一些省份的生产技术可以随时间变化。第二，单一增长模式下的集团成员依赖于伴随变量，即人力资本、贸易开放度、政府支出和市场化的联合影响，特别是，地理位置或收入水平不能成为解释各省之间的异质增长模式的唯一证据。第三，能源消耗是生产过程中的一个重要驱动因素，但它并不总是能促进经济增长。例如，第二产业的产出弹性显著为负，这意味着更多的能源消耗将阻碍经济增长。事实上，在模式 C 下的省份几乎都位于收入较高的东部地区。本书还发现，随着一个经济体的发展，第二产业对能源消耗的依赖呈现倒"U"型模式，即环境库兹涅茨曲线。因此，过度使用能源造成的环境污染将长期阻碍经济增长。

9.5.2 跨行业的绿色增长来源

1. 各行业的平均绿色增长来源

根据表 9-1～表 9-4 中的估计参数，可以用方程（9-2）和方程（9-8）估计整体经济和不同产业的增长来源。表 9-5 描述了传统方法和有限混合模型下的平均绿色增长来源。

表 9-5　　传统方法和有限混合模型的平均绿色增长来源

部门	水平		贡献率	
	TFPG	FEG	TFPG/GR	FEG/GR
面板 A：总体经济				
传统方法	-0.016	0.125	-0.157	1.157
有限混合模型	-0.001	0.110	-0.013	1.013
差额	-0.015*** (0.000)	0.015*** (0.000)	-0.144*** (0.000)	0.144*** (0.000)

续表

部门	水平		贡献率	
	TFPG	FEG	TFPG/GR	FEG/GR
面板B：第一产业				
传统方法	0.001	0.042	-0.002	1.002
有限混合模型	0.010	0.033	0.209	0.791
差额	-0.009*** (0.000)	0.009*** (0.000)	-0.211*** (0.000)	0.211*** (0.000)
面板C：第二产业				
传统方法	0.006	0.117	0.034	0.966
有限混合模型	0.016	0.108	0.097	0.903
差额	-0.009*** (0.000)	0.009*** (0.000)	-0.063*** (0.000)	0.063*** (0.000)
面板D：第三产业				
传统方法	-0.011	0.120	-0.118	1.118
有限混合模型	0.002	0.107	0.007	0.993
差额	-0.013*** (0.000)	0.013*** (0.000)	-0.125*** (0.000)	0.125*** (0.000)

注：t检验的p值在括号内。***表示1%水平的显著性。

从表9-5可以得到以下信息：①就整体经济而言，传统索罗分解方法的绿色全要素生产率和要素禀赋增长率分别为-0.016（-0.001）和0.125（0.110），两者的贡献率分别为-15.7%（-1.3%）和115.7%（101.3%）。②在第一产业方面，传统索洛分解法的绿色全要素生产率和要素禀赋增长率分别为0.001（0.010）和0.042（0.033），其贡献率分别为-0.2%（20.9%）和100.2%（79.1%）。③在第二产业方面，传统索洛分解方法的绿色全要素生产率和要素禀赋增长率分别为0.006（0.016）和0.117（0.108），贡献率分别为3.4%（9.7%）和96.6%（90.3%）。④就第三产业而言，传统索罗分解法的绿色全要素生产率和要素禀赋增长率分别为-0.011（0.002）和0.120（0.107），其贡献率分别为-11.8%（0.7%）和111.8%（99.3%）。

这些估计结果表明，在经济增长过程中，第二产业和第三产业是关键部门,而第一产业的增长率有限(4.3%)。要素禀赋是各行业经济增长的主导因素,其次是绿色全要素生产率。更重要的是,当我们考虑经济增长分解框架中的模式异质性时,绿色全要素生产率(要素禀赋)的增长率比传统的索洛分解方法大(小)。换句话说,传统的方法忽视了中国各省之间存在的异质性增长机制,高估了要素禀赋的重要性,低估了绿色全要素生产率的重要性。具体而言,忽略模式异质性高估了整体经济(一、二、三产业)要素禀赋增长率0.015(0.09、0.09和0.013),相应贡献率为14.4%(21.1%、6.3%和12.5%)。显然,传统方法的偏差在第一产业中最大,其次是第三产业和第二产业。具体来说,Wald检验验证了分解偏差对总体经济和不同行业在1%水平上的显著性。

表9-6提供了传统方法和有限混合模型之间生产要素的增长差异。就整体经济而言,传统索洛框架下的劳动力、实际资本和能源消耗增长率为0.004(0.003)、0.102(0.088)和0.018(0.019),其贡献率分别为4.1%(3.2%)、95.9%(82.3%)和15.7%(15.8%)。第一产业劳动力、实际资本和能源消耗在传统索洛框架下的增长率分别为-0.007(-0.005)、0.037(0.027)和0.012(0.006),其贡献率分别为-8.8%(-6.3%)、81.7%(57.7%)和27.6%(12.3%)。第二产业方面,传统的索罗框架下劳动力、实际资本和能源消耗增长率分别为0.012(0.013)、0.102(0.086)和0.003(0.008),贡献率分别为11.7%(13.6%)、83.0%(70.1%)和1.8%(6.5%)。第三产业劳动力、实际资本和能源消耗在传统索罗框架下的增长率分别为0.016(0.018)、0.052(0.054)和0.052(0.035),贡献率分别为15.6%(17.1%)、48.9%(51.2%)和47.3%(31.0%)。

表9-6　　　　　　传统方法与有限混合模型之间的因子增长差异

部门	水平			贡献率		
	LG	KG	EG	LG/GR	KG/GR	EG/GR
面板A:总体经济						
传统方法	0.004	0.102	0.018	0.041	0.959	0.157
有限混合模型	0.003	0.088	0.019	0.032	0.823	0.158
差额	0.001*** (0.000)	0.015*** (0.000)	-0.001 (0.486)	0.009*** (0.000)	0.136*** (0.000)	-0.001 (0.858)

续表

部门	水平			贡献率		
	LG	KG	EG	LG/GR	KG/GR	EG/GR
面板B：第一产业						
传统方法	-0.007	0.037	0.012	-0.088	0.817	0.276
有限混合模型	-0.005	0.027	0.006	-0.063	0.577	0.123
差额	-0.002*** (0.000)	0.010*** (0.000)	0.006*** (0.007)	-0.025 (0.508)	0.240*** (0.000)	0.153* (0.068)
面板C：第二产业						
传统方法	0.012	0.102	0.003	0.117	0.830	0.018
有限混合模型	0.013	0.086	0.008	0.136	0.701	0.065
差额	-0.001** (0.028)	0.016*** (0.000)	-0.005*** (0.000)	-0.019 (0.291)	0.129*** (0.000)	-0.047*** (0.000)
面板D：第三产业						
传统方法	0.016	0.052	0.052	0.156	0.489	0.473
有限混合模型	0.018	0.054	0.035	0.171	0.512	0.310
差额	-0.002*** (0.000)	-0.002*** (0.000)	0.017*** (0.000)	-0.015*** (0.000)	-0.023*** (0.002)	0.163*** (0.000)

注：LG、KG、EG分别为劳动力、实际资本和能源消耗的增长率。t检验的p值在括号内。*，**和***分别代表10%、5%和1%水平的显著性。

显然，无论是否考虑模式异质性，实际资本都是整体经济和不同产业经济增长的主要来源。这与本文的预期相一致，劳动力从第一产业流向第二、第三产业。特别是，传统方法高估了第一、第二产业实际资本的增长（贡献）率0.010（24.0%）和0.016（12.9%），高估了第一、第三产业能源消耗的增长（贡献）率0.006（15.2%）和0.017（16.3%）。同时，传统方法低估了能源消耗（实际资本）在第二产业（第三产业）中的重要性。但是，传统方法和有限混合模型关于不同行业的劳动力增长差异很小。此外，Wald检验还验证了不同生产要素在总体经济和不同产业中分解偏差的显著性。

表9-7总结了传统方法和有限混合模型在中国各省要素禀赋贡献上的差异。总的来说，各省的分解偏差不同，大多数省份的要素禀赋都存在高估

现象。就总体经济而言，忽视增长模式异质性的传统方法高估了各省份要素禀赋对总体经济增长的重要性。排名前五的省份是河南、河北、江西、湖北和广西，排名后五的省份是黑龙江、山东、浙江、福建和江苏，就不同行业而言，高估现象在大多数省份都存在，并非只有少数省份存在。此外，传统方法低估了生产要素禀赋对北京、宁夏、青海、山西、天津第一产业的作用。总的来说，随着经济的发展，第三产业和总体经济的分解偏差逐渐减小，但这一规律在第一产业和第二产业中并不起作用。具体来说，分解偏差反映了中国各省份的产业变化，工业变化越剧烈，这种偏差就越大。例如，位于东部省份的信息技术产业发展速度远远快于其他省份，这给东部省份的第二产业带来了较大的分解偏差。

表 9-7　　各省份的分解偏差

省份	总体经济		第一产业		第二产业		第三产业	
	偏差	排名	偏差	排名	偏差	排名	偏差	排名
安徽	0.203	6	0.003	24	0.060	15	0.093	20
北京	0.108	20	-0.058	26	-0.055	28	0.000	23
福建	0.039	28	0.130	18	0.101	9	-0.022	27
甘肃	0.134	18	0.092	19	0.061	14	0.001	22
广东	0.070	23	0.509	4	0.236	2	-0.040	28
广西	0.205	5	0.448	7	0.035	21	0.182	8
贵州	0.147	17	0.064	20	0.040	19	0.064	21
海南	0.130	19	0.204	16	0.005	25	0.113	16
河北	0.224	2	0.485	6	0.069	12	0.099	19
黑龙江	0.062	25	0.132	17	0.159	5	0.136	12
河南	0.228	1	0.240	14	0.061	13	0.156	10
湖北	0.212	4	0.523	3	0.058	17	0.278	3
湖南	0.203	7	0.369	10	0.023	22	0.185	7
内蒙古	0.199	9	0.410	9	0.084	11	0.115	15
江苏	0.033	29	0.831	1	0.283	1	-0.046	29
江西	0.222	3	0.314	11	0.037	20	0.295	2
吉林	0.182	10	0.679	2	0.135	6	0.112	17

续表

省份	总体经济		第一产业		第二产业		第三产业	
	偏差	排名	偏差	排名	偏差	排名	偏差	排名
辽宁	0.069	24	0.447	8	-0.32	29	0.127	13
宁夏	0.164	16	-0.026	25	0.014	23	0.475	1
青海	0.181	11	-0.214	27	0.011	24	0.264	5
陕西	0.199	8	0.011	22	0.119	8	0.270	4
山东	0.052	26	0.225	15	0.059	16	0.119	14
上海	0.093	21	0.252	12	0.128	7	-0.013	25
山西	0.176	13	-0.449	29	0.045	18	0.151	11
四川	0.180	12	0.495	5	-0.001	26	0.182	9
天津	0.079	22	-0.316	28	0.180	3	-0.018	26
新疆	0.164	15	0.050	21	0.161	4	0.106	18
云南	0.165	14	0.003	23	-0.025	27	0.246	6
浙江	0.042	27	0.247	13	0.084	10	-0.009	24

注：偏差是指传统方法与有限混合模型在要素禀赋贡献上的差异。

为了解不同产业间模式 A~模式 C 增长源的差异，表 9-8 提供了模式异质性的分解结果。首先，A（B 和 C）模式下整体经济绿色全要素生产率增长率为 -0.010（0.001 和 0.002），而 B 和 C 模式下的要素禀赋增长率为 0.116（0.110 和 0.106）。第二，A（B 和 C）模式下第一产业绿色全要素生产率的增长率为 0.001（0.022 和 0.004），B 与 C 模式下第一产业绿色全要素生产率的增长率为 0.049（0.024 和 0.032）。第三，模式 A、B、C 第二产业的绿色全要素生产率的增长率分别为 0.008、0.017 和 0.036，而模式 A、B、C 第二产业的要素禀赋增长率分别为 0.121、0.105 和 0.075。第四，模式 A、B、C 第三产业的绿色全要素生产率增长率为 -0.002（0.006 和 0.003），而模式 A、B、C 第三产业的要素禀赋增长率为 0.109、0.104 和 0.108。显然，尽管要素禀赋在生产过程中起着主导作用，特别是在第二产业，但绿色全要素生产率的重要性在整个经济体系和不同产业之间也存在差异。

2. 随时间变化的跨行业绿色增长源

图 9-3 描述了 2000~2015 年整体经济和不同行业的平均增长来源。如图 9-3（a）所示，绿色全要素生产率在整体经济中的增长率中呈下降趋势，2008 年以后表现为负增长。此外，要素禀赋增长率呈现"L"型布局，2009 年是关键的结构变化点，相应地，绿色全要素生产率对经济增长的贡献率下降，而要素禀赋的贡献率上升。更重要的是，在传统索洛框架下，对要素禀赋（绿色全要素生产率）增长的高估（低估）持续存在。

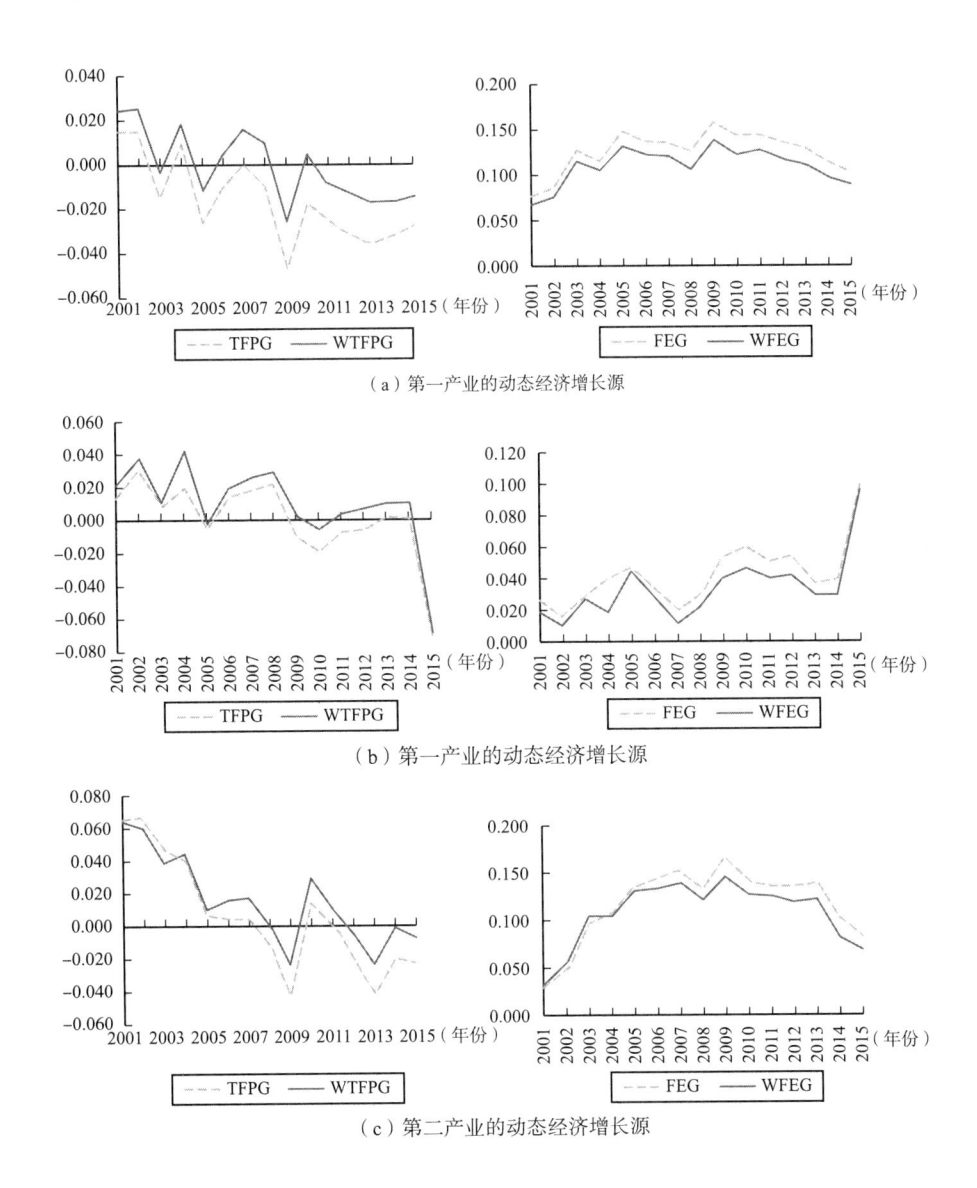

（a）第一产业的动态经济增长源

（b）第一产业的动态经济增长源

（c）第二产业的动态经济增长源

（d）第一产业的动态经济增长源

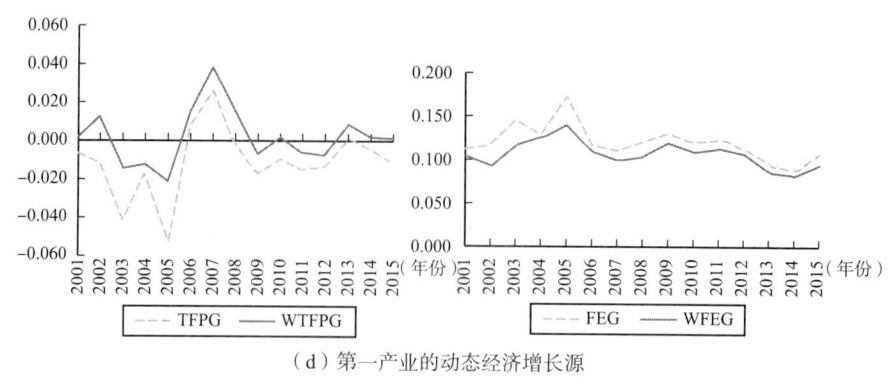

图9-3 传统方法与有限混合模型的跨行业增长来源

如图9-3（b）所示，第一产业绿色全要素生产率增长率呈下降趋势，要素禀赋增长率呈上升趋势。相应地，绿色全要素生产率对经济增长的贡献率下降，要素禀赋的贡献率上升。此外，传统方法对要素禀赋（绿色全要素生产率）增长的高估（低估）从2005～2009年呈扩大趋势，2010～2014年呈稳定趋势。特别是，传统索罗框架的分解偏差在2015年趋于消失。

如图9-3（c）所示，第二产业绿色全要素生产率增长率从2001～2009年呈下降趋势，2010年跃升到较高水平，之后呈下降趋势。同时，从整体经济看，要素禀赋增长率也呈现"L"型布局，结构变化的关键点是2009年，相应地，绿色全要素生产率对经济增长的贡献率与其增长率表现出相似的规律，但要素禀赋的贡献率却持续上升。更重要的是，传统的索洛分解方法在2004年之前高估（低估）了绿色全要素生产率（要素禀赋）的重要性，然后转化为低估（高估）。

如图9-3（d）所示，第三产业绿色全要素生产率的增长率在2003～2005年和2009～2015年的子样本中呈现稳定的增长态势，在2001～2002年和2006～2008年期间呈现波动趋势。同时，2001～2015年要素禀赋增长率有所下降。相应地，绿色全要素生产率对经济增长的贡献率与其增长率表现出相似的规律，要素禀赋对经济增长的贡献率呈现稳定的趋势。此外，传统方法对要素禀赋（绿色全要素生产率）的高估（低估）偏差持续存在，特别是在2000～2015年间呈现稳定趋势。

结合表9-8和图9-3，可以得到三个主要发现。第一，传统方法忽略增长模式异质性的偏差在 2000~2015 年间持续存在。具体而言，要素禀赋的作用被高估，而全要素生产率的作用被低估。更重要的是，分解偏差随省份和时间的不同而变化。第二，从 2001 年到 2015 年，传统方法在整体经济和第二产业中的偏差扩大，这表明随着经济的发展，中国各省的增长模式呈现出异质性，换言之，将所有省份视为同质是有问题的。第三，就整体经济和不同产业而言，要素禀赋是经济增长的主要动力，特别是实际资本的作用。2012 年后中国进入"新常态"阶段，其原因是要素禀赋增长呈下降趋势，全要素生产率呈负增长。

表 9-8　　　　　　　不同模式下有限混合模型的平均增长来源

部门	模式 A		模式 B		模式 C	
	WTFPG	WFEG	WTFPG	WFEG	WTFPG	WFEG
总体经济	-0.010	0.116	0.001	0.110	0.002	0.106
第一产业	0.001	0.049	0.022	0.024	0.004	0.032
第二产业	0.008	0.121	0.017	0.105	0.036	0.075
第三产业	-0.002	0.109	0.006	0.104	0.003	0.108

9.5.3　能源消耗的动态重要性

为了理解能源消耗在经济增长过程中的重要性，图 9-4 描述了 2000~2015 年期间整体经济和不同行业能源消耗的动态增长率。显然，无论是传统方法还是模式异质性的扩展方法，能源消耗对经济增长的重要性在总体经济和第二、三产业中都呈现出下降的趋势。结果表明，我国经济增长趋向于节能型增长，这表明能源效率的提高。此外，整体经济和第二产业还有两个结构变化关键点，即 2003 年和 2011 年。众所周知，中国于 2002 年加入世界贸易组织（WTO），贸易自由化使发达国家将高耗能产业转移到中国，造成了 2002 年后中国能源消耗增加。同时，中国中央政府为应对 2008 年金融危机实施了"四万亿"计划，因此能源消耗随着固定投资的增长而增加。此外，第一产业能源消耗增速呈现波动变化。

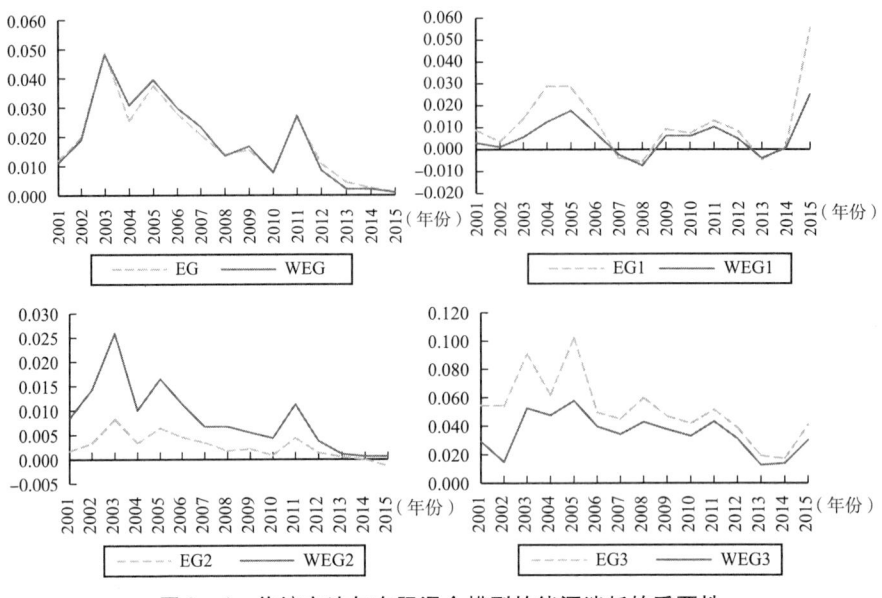

图 9-4　传统方法与有限混合模型的能源消耗的重要性

注：1~3分别代表第一、第二、第三产业。

通过比较传统方法和引入增长模式异质性的扩展框架对能源消耗的分解结果，可以发现对整体经济的偏差很小，而对不同行业的影响是显著的。虽然能源消耗对第一和第三产业的重要性被高估，但对第二产业的重要性却被低估。这种偏差在 2001~2015 年持续存在。因此，可以得出这样的结论：尽管以往对中国整体经济的研究可能不存在忽视多重增长机制存在的分解偏差，但在不考虑模式异质性的情况下，这些针对特定部门的研究可能存在偏差。更重要的是，随着经济的发展，能源消耗对中国经济增长的重要性正在下降，这验证了绿色经济的进程。

9.5.4　稳健性检验

为了检验上述结果的稳健性，本书还进行了一系列的稳健性检验。首先，在有限混合模型（9-4）的分对数回归中引入更多的伴随变量，如金融深度和外商直接投资。其次，基于表 9-5 所示的群体成员关系，分别估计每个群体的柯布-道格拉斯生产函数，得到增长分解结果。最后，根据 2008 年金融危机，将 2000~2015 年分为两个阶段，重新估算了中国绿色经济和能源消耗的增长来源。

9.6 结论与讨论

9.6.1 结论

2012年以来，中国进入"新常态"阶段，经济增速相对稳定，在新的背景下，重新评估我国绿色经济的增长来源，探讨能源消耗的重要性是十分必要的。以往的研究一般假设所有经济体都遵循一个普遍的绿色增长机制，而本文通过引入一种先进的有限混合模型，将异质性增长模式引入索洛分解框架，进而研究中国各省的绿色增长机制异质性。该方法根据实际GDP条件分布的相似性，内生地将各省划分为若干组，并在多项式分对数模型中加入若干经济增长的深层次决定因素，以解释不同地区的后验概率随时间的变化。在此基础上，结合不同模式下的产出弹性和时变后验概率，重新估计了2000~2015年我国整体经济和不同行业的绿色增长来源，并考察了能源消耗在我国经济增长过程中的动态重要性。

有限混合模型的估计结果表明，无论是整体经济还是不同行业，中国各省份都存在三种绿色经济增长模式。Wald检验验证了同一要素在不同模式下的输出弹性存在显著差异。此外，虽然能源消耗是生产过程中的一个重要驱动因素，但它并不总是促进经济增长。从不同模式下群体成员的情况来看，2000~2015年期间，部分省份实行增长模式转换，其他省份则维持不变的增长模式。此外，多类别逻辑排序回归分析指出，跨省绿色增长机制是人力资本、贸易开放、政府支出和市场化的共同作用。值得注意的是，地理位置或收入水平对增长模式异质性有影响，但不是唯一的决定因素。

分解结果表明，要素禀赋是经济增长的主要驱动力，特别是实际资本。2012年后我国进入"新常态"阶段，可以用要素禀赋增长呈下降趋势和全要素生产率负增长率来解释。更重要的是，忽视模式异质性的存在，可能高估了要素禀赋的重要性，低估了全要素生产率的重要性。传统方法中的分解偏差持续存在，并随省份和时间的变化而变化，传统方法对整体经济和第二产业的偏差有扩大的趋势，这表明随着经济的发展，中国各省的绿色增长机制变得更加异质。对于不同的生产要素，传统方法高估了实际资本（能源消耗）在第一产业和第二产业（第三产业）中的作用，但没有发现明显的劳动力偏向的证据。此外，从整体经济和第二、三产业看，2001~2015年，第二、第三产业对能源消耗的依赖程度有所下降。

9.6.2 讨论

本书的发现为理解中国经济的绿色增长来源提供了一些有用的见解。第一，位于同一地理位置或收入水平相同的省份遵循多种绿色增长模式。因此，"平均"的样本不具代表性，对中国经济增长提供的信息也很少，使用地理位置和收入对省份进行分类的子样本分析也不具代表性。第二，要素禀赋（特别是实际资本）主导了经济增长过程，而全要素生产率在2008年金融危机后有所下降，二者都有助于解释新常态阶段经济增速较以往放缓的原因。具体来说，能源消耗是生产的关键驱动因素，其作用随着经济的发展而演变。例如第二产业，一些省份的能源消耗已经达到环境库兹涅茨曲线的门槛。第三，人们高估了要素禀赋对中国经济的重要性，这表明以前对经济增长模式的研究存在不恰当的地方。但是，全要素生产率的作用确实是有限的，因此政府应该更多地关注绿色创新活动和部门间的资源再分配。例如，为了实现高生产率和低碳排放，政府可以对这些从事研发活动的企业实施补贴和减税，并处理资源配置效率低下的企业。

此外，值得注意的是，限于数据可用性，本书只关注省一级的能源消耗总量，而忽略了能源转型的作用。能源行业转型对于缓解气候变化至关重要，而可再生能源的部署成为一个至关重要的途径（Obama，2017），我们可以预测，能源转型有利于减少碳排放，促进绿色经济的发展。在实践中，以往的研究证实，非化石燃料能源对二氧化碳排放的抑制作用取决于国家的特点（Thombs，2018），这表明可再生能源的发展并不是推动绿色经济增长的必然因素。特别是邱和张（Chiu & Chang，2009）强调可再生能源仅在其份额超过8%时才开始对二氧化碳排放起到抑制作用，根据2018年《中国可再生能源发展报告》，可再生能源装机容量占比高达36.6%，远远超过了邱和张（Chiu & Chang，2009）提出的阈值。因此，未来中国有必要不断提高可再生能源的比重。

然而，约克（York，2012）提供的国际证据发现，在1960~2009年，非化石燃料能源取代化石燃料能源的比例不到四分之一。具体而言，他们认为非化石能源取代化石能源的失败可能部分归因于已建立的能源系统，由于化石燃料的长期普遍性和现有基础设施以及化石燃料工业的政治和经济力量，将其作为基本能源的做法受到限制。因此，要实现能源转型目标，建设与可再生能源利用相匹配的基础设施至关重要。同时，改革能源价格体系，降低可再生能源价格也至关重要。

结　　论

随着经济的发展，能源资源在经济发展中的重要性日益凸显。能源生产和能源消费既是经济的组成部分，也是促进经济发展的重要因素，以单位 GDP 能耗为代表的能源经济效率指标是衡量经济发展质量的重要尺度。分析能源经济的发展特征不仅有利于探究经济的发展特征，而且对于实现经济的可持续发展具有重要的意义。早期关于能源消费与宏观经济的研究大多基于单一国家，鲜有采用跨国面板数据进行分析，利用跨国面板数据进行研究不仅有助于分析全球能源经济的发展趋势与特征，而且可以进行国际间的比较分析。因此，基于跨国面板数据，本书首先分析了全球能源发展的特征，进行国际间的比较；其次，以能源需求模型为基础，基于国家层面的一些特征，探究了影响能源需求的因素；最后，本书落脚于中国能源消费与经济增长的特点，探究中国绿色经济与能源消耗的关系，并进行政策分析。

从结构上看，本书主要分成三部分，各部分的主要结论如下：

本书第一篇首先分析了全球能源消耗的概况，并基于国家层面进行国际比较分析。具体来说，本章通过实证研究有如下发现：一方面，通过使用引入傅里叶变换的序列面板选择模型，我们发现研究样本中有 70% 的国家的能源消耗已经呈现出趋同（收敛）特征，各国之间不存在强烈的脱钩现象。此外，高收入和中高收入国家要早于中低收入和低收入国家呈现收敛特征，表明高收入和中高收入国家可以通过调整产业结构和采用新技术来较早达到稳态水平。能源出口国对能源的使用具有主要控制权，能源出口国先于能源进口国呈现趋同（收敛）状态。大多数国家的能源消耗符合收敛理论，而且，人均 GDP、工业化水平和维度会影响国家能源消耗的收敛速度，尤其是工业化水平。另一方面，本章还应用非线性分位数单位根检验和傅里叶分位数单位根检验，分析了美国新能源产品的磁滞特征和增长稳定性。结论表明，在大多数情况下，与正向冲击相比，负向冲击的影响时效更长。另外，生物质能、水能、风能和生物燃料的总增长率呈现放缓状态，而其他类型的可再生能源的增长率在最近十年中却呈现出增长态势。

本书第二篇基于能源需求模型分析了能源需求的特征，并从金融发展、政府治理、国家风险和自然灾害的角度分析了其对能源需求的影响。

第一，基于当前全球变暖及能源危机的背景下，本篇使用带有误差校正项的面板平滑转换模型探究能源需求的决定因素。研究结果表明，在线性模型中，面板协整检验的结果表明能源消耗、实际收入和实际能源价格可以协整，从长远来看，能源消耗与实际收入之间存在线性正相关关系，能源价格对能源消耗具有不利影响。而非线性检验表明，以能源强度、资本形成总额与GDP的比率作为阈值变量时，能源消耗、实际收入与实际能源价格之间存在非线性关系，表明实际收入和能源价格对能源消费的影响取决于能源强度和资本形成总额与GDP的比率。对于能源强度和资本形成总额与GDP比率较高国家，经济增长对能源消耗的短期影响要大于能源强度和资本形成总额与GDP比率较低的国家。当一个国家的能源强度和资本形成总额与GDP比率越高时，经济增长将导致对能源需求的增加，表明减少能源使用的有效政策是降低国家或行业的能源强度。此外，基于线性模型和非线性模型结果的对比，可以发现采用非线性回归模型有利于准确分析能源 - 收入 - 价格的关系。

第二，基于面板平滑转换模型并分别以银行发展与股市发展来衡量金融发展，本书以国家风险作为门槛变量分析金融发展与能源消耗的关系，研究发现：能源消费、金融发展与国家风险之间存在非线性关系，表明能源消耗与金融发展之间的关系会随着国家风险的不同而不同。具体地，对于总样本而言，当国家比较稳定时，国家综合风险、经济风险和政治风险的降低会增加能源消费。在稳定的金融环境下，随着金融的发展，金融风险的降低也会减少能源的消耗。此外，我们以不同的变量来衡量金融发展时，研究发现银行业的发展对能源消耗的影响大于股市发展对能源消耗的影响。

第三，基于动态面板模型，本书分析了政府治理对能源消耗的影响。利用两种衡量政府意识形态的变量来代表一国的政府治理，研究发现政府意识形态是决定能源效率和能源需求的重要因素，当左翼政府执政时，有利于能源效率的提高，同时他们也倾向于环境保护的政策，即政治上自由的人相对于政治上保守的人，更倾向于支持并投资于节能技术，更有利于环境保护。

第四，本书还分析了国家风险和金融不确定性对三种能源商品期货（原油、燃料油和天然气）的影响。通过运用工具变量分位数回归方法，本书分析发现，对于不同期限的能源商品期货，国家风险与商品价格收益之间存在非线性关系。其中，原油和燃料油呈现出相同的特征，而天然气却呈现出不同的特征。国家风险与收益之间存在正相关关系，而金融压力对商品价格收益则会产生负面影响。当收益较高时，国家风险和金融压力的影响较弱。此外，对于原油和燃料油商品期货，经济风险与收益的正相关关系只存在于低分位，金融风险与收益的正相关关系却只存在于高分位。而对于天然气，无论是经济风险还是金融风险，风险都会对收益产生负面影响。

第五，本书还从自然灾害方面，分析了其对能源需求的影响。运用两阶段系统 GMM 模型，本书首先分析自然灾害对总能源消耗的影响，发现上一期的能源消耗会对当期的能源消耗产生积极影响，自然灾害会对能源需求产生负面影响。然后再根据能源类型进行分类研究，分析自然灾害分别对原油、可再生能源以及核能的影响，发现自然灾害对原油、可再生能源及核能均产生了负面影响。此外，自然灾害对能源消耗的负面影响会受国家经济发展水平的影响，自然灾害对低收入国家能源消耗的负面影响要大于高收入国家。

本书第三篇对中国能源消费与经济发展的一般均衡关系进行分析，并根据结果提出相应的政策。具体地，本篇先分析了中国能源消费与经济增长的关系，然后再探究了中国绿色经济与能源消费之间的关系。一方面，基于中国的省级面板数据，格兰杰因果检验表明能源消耗是 GDP 的格兰杰原因，脉冲响应结果表明能源消耗可以促进中国经济增长，且能源消耗是影响 GDP 的重要因素之一，表明能源消耗是促进中国经济增长的重要因素之一。另一方面，基于中国进入新常态阶段的背景下，本篇利用扩展的 Solow 分解框架和有限混合模型分析了中国绿色经济的增长来源以及能源消耗在经济增长过程中所扮演的重要角色，估计结果表明，无论是整体经济还是分行业，中国各省都存在三种绿色增长模式（路径），能源消耗是生产过程中一个重要的驱动因素，但并不总是促进经济增长。具体地，对于整体经济、第二产业和第三产业，能源消费对经济增长的影响都呈下降趋势，表明中国的增长模式倾向于节能模式，能源效率有所提高。第一产业中的能源消耗增速呈现波动趋势。概括来讲，能源消耗是促进经济增长的重要因素之一，但随着经济的发展，能源消耗对中国经济增长的重要性正在下降，意味着中国经济正朝着绿色经济发展。

本书的主要贡献有以下几点：

一是本书所列之研究是作者2005年首次以跨国资料分析各国能源消费与经济增长的互动关系，以面板模型解析能源消费与经济增长间的动态因果关系为源头，对全球能源经济发展的特征进行评估、影响与比较分析，阐释了近年来能源经济的研究趋势与前沿方向，为后续有关全球能源经济相关领域的研究提供了全方位总结，有利于后续相关学者快速熟悉了解全球能源经济的发展概况。

二是研究视角的创新。传统关于能源的相关研究，大多基于线性模型进行分析，这样会忽视可能存在异质性的问题而使结果存在偏误。因此，本书基于非线性的研究视角，相较于传统的线性模型，更有利于发现以前被忽视的非线性关系。例如，本书第2章基于平滑转换模型，发现国家风险会影响金融发展与能源消耗之间的关系，在高风险和低风险的情况下，金融发展与能源消耗之间会呈现出不同的关系。本书基于非线性的研究视角可以为能源研究相关学者提供新的研究思路与视角，以丰富能源的相关研究。

本书需要进一步扩展和未来可以研究的内容如下：

本书第一篇中仅讨论了全球能源消耗的收敛顺序及影响收敛的原因，但并未就发达国家与发展中国家以及各个国家地理位置上的不同进行比较分析，也未根据不同的能源类型进行研究，后续关于这些方面可以做进一步的研究。

本书第二篇以能源的需求模型为开端，随后分析了金融发展、政府治理、国家风险以及自然灾害对能源需求的影响，但并未就其影响机制进行分析，后续在数据可获得的情况下，可以针对这些因素的内在影响机制进行进一步的分析。

本书第三篇针对我国能源消耗与经济发展的情况以及能源消耗与绿色经济的关系进行了分析，但由于数据的可获得性，并未根据能源的类型进行分类研究，后续关于这样方面的内容在数据可获得的情况下可进行进一步探究。

参 考 文 献

[1] Abel, A. B. Optimal investment under uncertainty [J]. American Economic Review, 1983, 73: 228-233.

[2] Acemoglu, D., Johnson, S., Ronbinson, J., Tchaichoroen, Y. Institutional causes, macroeconomic symptons, volatility, crises and growth [J]. Journal of Monetary Economics, 2003, 50: 49-123.

[3] Acemoglu, D., Aghion, P., Bursztyn, L., Hemous, D. The environment and directed technical change [J]. American Economic Review, 2012, 102 (1): 131-166.

[4] Acemoglu, D., Akcigit, U., Hanley, D., Kerr, W. Transition to clean technology [J]. Journal of Political Economy, 2016, 124 (1): 52-104.

[5] Acheampong, A. O. Economic growth, CO_2 emissions and energy consumption: What causes what and where? [J]. Energy Economics, 2018, 74: 677-692.

[6] Acheampong, A. O. Modelling for insight: Does financial development improve environmental quality? [J]. Energy Economics, 2019, 83: 156-179.

[7] Adams, S., Acheampong, A. O. Reducing carbon emissions: The role of renewable energy and democracy [J]. Journal of Cleaner Production, 2019, 240: 118245.

[8] Adams, Z., Glück, T. Financialization in commodity markets: A passing trend or the new normal? [J]. Journal of Banking & Finance, 2015, 60: 93-111.

[9] Adeyemi, O. I., Hunt, L. C. Modelling OECD industrial energy demand: Asymmetric price responses and energy-saving technical change [J]. Energy Economics, 2007, 29: 693-709.

[10] Adhikari, D., Chen, Y. Energy productivity convergence in Asian

countries: A spatial panel data approach [J]. International Journal of Economics & Finance, 2014, 6 (7): 94 – 107.

[11] Adom, P. K. Asymmetric impacts of the determinants of energy intensity in Nigeria [J]. Energy Economics, 2015, 49: 570 – 580.

[12] Adom, P. K. Energy indices: A risk factor or not in the financial sector [J]. Energy Strategy Reviews, 2019, 24: 14 – 26.

[13] Agarwal, S., Sing, T. F., Yang, Y. The impact of transboundary haze pollution on household utilities consumption [J]. Energy Economics, 2020, 85: 104591.

[14] Aghion, P., Dechezlepretre, A., Hemous, D., Martin, R., Reenen, V. J. Carbon taxes, path dependency, and directed technical change: Evidence from the auto industry [J]. Journal of Political Economy, 2016, 124 (1): 1 – 51.

[15] Aghion, P., Howitt, P. A model of growth through creative destruction [J]. Econometrica, 1992, 60 (2): 323 – 351.

[16] Alam, A. Nuclear energy, CO_2 emissions and economic growth: The case of developing and developed countries [J]. Journal of Economic Studies, 2013, 40 (6): 822 – 834.

[17] Aldy, J. E. Per capita carbon dioxide emissions: Convergence or divergence? [J]. Environmental and Resource Economics, 2006, 33 (4): 533 – 555.

[18] Alesina, A., Drazen, A. Why are stabilizations delayed? [J]. The American Economic Review, 1991, 81: 1170 – 1188.

[19] Alfo, M., Trovato, G., Waldmann, R. J. Testing for country heterogeneity in growth models using a finite mixture approach [J]. Journal of Applied Econometrics, 2008, 23 (4): 487 – 514.

[20] Alizadeh, A. H., Tamvakis, M. Market conditions, trader types and price-volume relation in energy futures markets [J]. Energy Economics, 2016, 56: 134 – 149.

[21] Al – Mulali, U., Saboori, B., Ozturk, I. Investigating the environmental Kuznets curve hypothesis in Vietnam [J]. Energy Policy, 2015a, 76: 123 – 131.

[22] Al-Mulali, U., Weng-Wai, C., Sheau-Ting, L., Mohammed, A. H. Investigating the environmental Kuznets curve (EKC) hypothesis by utilizing the ecological footprint as an indicator of environmental degradation [J]. Ecological Indicators, 2015b, 48: 315-323.

[23] Al-Mulali, U., Ozturk, I., Solarin, S. A. Investigating the environmental Kuznets curve hypothesis in seven regions: The role of renewable energy [J]. Ecological Indicators, 2016, 67: 267-282.

[24] Alonso, J. A., Garcimartin, C. The determinants of institutional quality. More on the debate [J]. Journal of International Development, 2013, 25: 2026-2226.

[25] Altinay, G., Karagol, E. Structural break, unit root, and the causality between energy consumption and GDP in Turkey [J]. Energy Economics, 2004, 26: 985-994.

[26] Amuakwa-Mensah, F., Klege, R. A., Adom, P. K., Amoah, A., Hagan, E. Unveiling the energy saving role of banking performance in Sub-Sahara Africa [J]. Energy Economics, 2018, 74: 828-842.

[27] Ang, A., Hodrick, R. J., Xing, Y., Zhang, X. High idiosyncratic volatility and low returns: International and further U.S. evidence [J]. Journal of Financial Economics, 2009, 91 (1): 1-23.

[28] Ang, A., Hodrick, R. J., Xing, Y., Zhang, X. The cross-section of volatility and expected returns [J]. Journal of Finance, 2006, 61 (1): 259-299.

[29] Ang, B. W. Monitoring changes in economy-wide energy efficiency: from energy-GDP ratio to composite efficiency index [J]. Energy Policy, 2006, 34: 574-582.

[30] Ang, J. B. CO_2 emissions, research and technology transfer in China [J]. Ecological Economics, 2009, 68: 2658-2665.

[31] Apergis, N., Christou, C. The behaviour of the bank lending channel when interest rates approach the zero lower bound: Evidence from quantile regressions [J]. Economic Modelling, 2015, 49: 296-307.

[32] Apergis, N., Tsoumas, C. Integration properties of disaggregated

solar, geothermal and biomass energy consumption in the US [J]. Energy Policy, 2011, 39 (9): 5474-5479.

[33] Apergis, N., Loomis, D., Payne, J. E. Are fluctuations in coal consumption transitory or permanent? Evidence from a panel of U. S. states [J]. Applied Energy, 2010b, 87 (7): 2424-2426.

[34] Apergis, N., D. Loomis, D., Payne, J. E. Are shocks to natural gas consumption temporary or permanent? Evidence from a panel of U. S. states [J]. Energy Policy, 2010a, 38 (8): 4734-4736.

[35] Apergis, N., Payne, J. E. Renewable energy, output, carbon dioxide emissions, and oil prices: Evidence from South America [J]. Economics, Planning, and Policy, 2015, 10 (3): 281-287.

[36] Apergis, N., Payne, J. E. Structural breaks and petroleum consumption in us states: are shocks transitory or permanent? [J]. Energy Policy, 2010, 38 (10): 6375-6378.

[37] Apergis, N., Payne, J. E. Renewable energy consumption and growth in Eurasia [J]. Energy Economics, 2010a, 32: 1392-1397.

[38] Apergis, N., Payne, J. E. Renewable energy consumption and growth: Evidence from a panel of OECD countries [J]. Energy Policy, 2010b, 38: 656-660.

[39] Apergis, N., Payne, J. E. The renewable energy consumption-growth nexus in central America [J]. Applied Energy, 2011, 88: 343-347.

[40] Arellano, M., Bond, S. Some tests of specification for panel data: Monte Carlo evidence and an application to employment equations [J]. Review of Economic Studies, 1991, 58 (2): 277-297.

[41] Arellano, M., Bover, O. Another look at the instrumental variable estimation of error-components models [J]. Journal of Econometrics, 1995, 68 (1): 29-51.

[42] Armingeon, K., Engler, S., Potolidis, P., Gerber, M., Leimgruber, P. Comparative political data set 1960-2008 [DB]. Institute of Political Science, University of Berne, 2010.

[43] Asia Pacific Energy Research Centre. A quest for energy security in the

21st century [M]. Institute of Energy Economics, Japan, 2007.

[44] Aslan, A. Does natural gas consumption follow a nonlinear path over time? Evidence from 50 US States [J]. Renewable and Sustainable Energy Reviews, 2011, 15 (9): 4466 - 4469.

[45] Aslan, A., Kum, H. The stationary of energy consumption for Turkish disaggregate data by employing linear and nonlinear unit root tests [J]. Energy, 2011, 36 (7): 4256 - 4258.

[46] Aspergis, N., Miller, S. M. Do structural oil-market shocks affect stock prices? [J]. Energy Economics, 2009, 31 (4): 569 - 575.

[47] Athukorala, P. P. A. W., Wilson, C. Estimating short and long-term residential demand for electricity: New evidence from Sri Lanka [J]. Energy Economics, 2010, 32: S34 - S40.

[48] Athukorala, P. P. A. W., Gunatilake, H. M., Dharmasena, S., Gunaratne, L. H. P., Weerahewa, J.. Estimation of household demand for electricity in Sri Lanka: a cointegration analysis [J]. Resources Energy and Development, 2009, 6: 1 - 19.

[49] Atil, A., Lahiani, A., Nguyen, D. K. Asymmetric and nonlinear pass-through of crude oil prices to gasoline and natural gas prices [J]. Energy Policy, 2014, 65: 567 - 753.

[50] Auffhammer, M., Mansur, E. T. Measuring climatic impacts on energy consumption: A review of the empirical literature [J]. Energy Economics, 2014, 46: 522 - 530.

[51] Azzarri, C., Signorelli, S. Climate and poverty in Africa South of the Sahara [J]. World Development, 2020, 125: 104691.

[52] Badeeb, R. A., Lean, H. H., Smyth, R. Oil curse and finance-growth nexus in Malaysia: The role of investment [J]. Energy Economics, 2016, 57: 154 - 165.

[53] Baek, J. Environmental Kuznets curve for CO_2 emissions: The case of Arctic countries [J]. Energy Economics, 2015, 50: 13 - 17.

[54] Bahadir, B., Valev, N. Financial development convergence [J]. Journal of Banking & Finance, 2015, 56: 61 - 71.

[55] Bahmani – Oskooee, Chang, M. T., Ranjbar, O. The fourier quantile unit root test with an application to the PPP hypothesis in the OECD [J]. Applied Economics Quarterly, 2017, 63 (3): 295 – 317.

[56] Bahmani – Oskooee, M., Chang, T., Wu, T. Revisiting purchasing power parity in African countries: Panel stationary test with sharp and smooth breaks [J]. Applied Financial Economics, 2014, 24 (22): 1429 – 1438.

[57] Bahmani – Oskooee, M., Chang, T., Elmi, Z., Ranjbar, O. Re-testing prebisch singer hypothesis: New evidence using fourier quantile unit root test [J]. Applied Economics, 2018, 50 (4): 441 – 454.

[58] Balestra, S., Backes – Gellner, U. Heterogeneous returns to education over the wage distribution: Who profits the most? [J]. Labour Economics, 2017, 44: 89 – 105.

[59] Bali, T. G., Cakici, N. World market risk, country-specific risk and expected returns in international stock markets [J]. Journal of Banking & Finance, 2010, 34: 1152 – 1165.

[60] Baltagi, B. H. Econometric Analysis of Panel Data. 4rd eds [M]. England: John Wiley and Sons Ltd, 2008.

[61] Baranzini, A., Weber, S., Bareit, M., Mathys, N. A. The causal relationship between energy use and economic growthin Switzerland [J]. Energy Economics, 2013, 36: 464 – 470.

[62] Barberis, N., Huang, M. Mental accounting, loss aversion, and individual stock returns [J]. Journal of Finance, 2001, 56 (4): 1247 – 1292.

[63] Barrett, S. Political economy of the Kyoto Protocol [J]. Oxford Review of Economic Policy, 1998, 14: 20 – 39.

[64] Barro, R. J. Economic growth in a cross section of countries [J]. The Quarterly Journal of Economics, 1991, 106 (2): 407 – 443.

[65] Barro, R. J., Sala – i – Martin, X. Convergence [J]. Journal of Political Economy, 1992, 100 (2): 223 – 251.

[66] Barro, R. J. Economic growth and convergence, applied especially to China [J]. China and World Economy, 2016, 24 (5): 5 – 19.

[67] Barro, R. J. Government spending in a simple model of endogenous

growth [J]. Journal of Political Economy, 1990, 98 (5): S103 – S125.

[68] Barros, C. P., Gil – Alana, L. A., Payne, J. E. US disaggregated renewable energy consumption: Persistence and long memory behavior [J]. Energy Economics, 2013, 40: 425 – 432.

[69] Barros, C. P., Gil – Alana, L. A., Wanke, P. Energy production in Brazil: Empirical facts based on persistence, seasonality and breaks [J]. Energy Economics, 2016, 54: 88 – 95.

[70] Barros, C. P., Gil – Alana, L. A., Payne, J. E. Evidence of long memory behaviour in US renewable energy consumption [J]. Energy Policy, 2012, 41: 822 – 826.

[71] Basher, S. A., Masini, A., Aflaki, S. Time series properties of the renewable energy diffusion process: Implications for energy policy design and assessment [J]. Renewable and Sustainable Energy Reviews, 2015, 52: 1680 – 1692.

[72] Bastianin, A., Galeotti, M., Polo, M. Convergence of European natural gas prices [J]. Energy Economics, 2019, 81: 793 – 811.

[73] Batuo, M., Mlambo, K., Asongu, S. Linkages between financial development, financial instability, financial liberalization and economic growth in Africa [J]. Research in International Business and Finance, 2018, 45: 168 – 179.

[74] Beck, T., Clarke, G., Groff, A., Keefer, P., Walsh, P. New tools in comparative political economy: the database of political institutions [J]. World Bank Economic Review, 2001, 15: 165 – 176.

[75] Beck, T., Honohan, P. Making Finance Work for Africa. World Bank, Washington, 2007.

[76] Beck, T., Levine, R. Industry growth and capital allocation: Does having a market-or bank-based system matter? [J]. Journal of Financial Economics, 2002, 64: 147 – 180.

[77] Beck, T., Levine, R. Legal institutions and financial development. In: Ménard, C., Shirley, M. M. (Eds.) [M]. Handbook of New Institutional Economics. Springer, Berlin, 2008.

[78] Beck, T., Levine, R., Loayza, N. Finance and the sources of growth [J]. Journal of Financial Economics, 2000, 58: 261 – 300.

[79] Becker, R., Enders, W., Lee, J. A stationarity test in the presence of an unknown number of smooth breaks [J]. Journal of Time Series Analysis, 2006, 27 (3): 381 –409.

[80] Becker, R., Enders, W., Hurn, S. A general test for time dependence in parameters [J]. Journal of Applied Econometrics, 2004, 19 (7): 899 – 906.

[81] Bekaert, G., Harvey, C. R., Lundblad, C. T., Siegel, S. Political risk and international valuation [J]. Journal of Corporate Finance, 2016, 37: 1 –23.

[82] Belke A, Dobnik F, Dreger C. Energy consumption and economic growth: New insights into the cointegration relationship [J]. Energy Economics, 2011, 33 (5): 782 –789.

[83] Belloumi, M. Energy consumption and GDP in Tunisia: cointegration and causality analysis [J]. Energy Policy, 2009, 37: 2745 –2753.

[84] Benali, N., Saidi, K. A robust analysis of the relationship between natural disasters, electricity and economic growth in 41 countries [J]. Journal of Economic Development, 2017, 42 (3): 89 –109.

[85] Ben –David, D., Papell, D. H. Slowdowns and meltdowns: Postwar growth evidence from 74 countries [J]. Review of Economics and Statistics, 1998, 80 (4): 561 –571.

[86] Ben – David, D., Lumsdaine, R. L., Papell, D. H. Unit roots, postwar slowdowns and long-run growth: Evidence from two structural breaks [J]. Empirical Economics, 2003, 28 (2): 303 –319.

[87] Bennetzen, E. H., Smith, P., Porter, J. R. Decoupling of greenhouse gas emissions from global agricultural production: 1970 –2050 [J]. Global Change Biology, 2016, 22 (2): 763 –781.

[88] Benton, T. Beyond left and right? Ecological politics, capitalism and modernity. In Michael Jacobs (Ed.), Greening the Millennium? The New Politics of the Environment [A]. Blackwell, The Political Quarterly Publishing Co. (Blackwell), London, 1997: 34 –46.

[89] Bentzen, J., Engsted, T. A revival of the autoregressive distributed

lag model in estimating energy demand relationships [J]. Energy, 2001, 26: 45-55.

[90] Bentzen, J., Engsted, T. Short-and long-run elasticities in energy demand: A cointegration approach [J]. Energy Economics, 1993, 15: 9-16.

[91] Berdiev, A. N., Kim, Y., Chang, C. P. The political economy of exchange rate regimes in developed and developing countries [J]. European Journal of Political Economy, 2012, 28: 38-53.

[92] Berk, I., Kasman, A., Kilinc, D. Towards a common renewable future: The system-GMM approach to assess the convergence in renewable energy consumption of EU countries [J]. Energy Economics, 2020, 87: 103922.

[93] Berlemann, M., Wenzel, D. Hurricanes, economic growth and transmission channels: Empirical evidence for countries on differing levels of development [J]. World Development, 2018, 105: 231-247.

[94] Bernanke, B. S., Irreversibility, uncertainty, and cyclical investment [J], Quarterly Journal of Economics, 1983, 98 (1): 85-106.

[95] Best, R. Switching towards coal or renewable energy? The effects of financial capital on energy transitions [J]. Energy Economics, 2017, 63: 75-83.

[96] Bhatti, Y., Lindskow, K., Pedersen, L. Burden-sharing and global climate negotiations: The case of the Kyoto Protocol [J]. Climate Policy, 2010, 10: 131-147.

[97] Bianchi, M. Testing for convergence: Evidence from non-parametric multimodality tests [J]. Journal of Applied Econometrics, 1997, 12 (4): 393-409.

[98] Bilgili, F., Kocak, E., Bulut, U. The dynamic impact of renewable energy consumption on CO_2 emissions: A revisited environmental Kuznets Curve approach [J]. Renewable and Sustainable Energy Reviews, 2016, 54: 838-845.

[99] Bjørnskov, C. Does political ideology affect economic growth? [J]. Public Choice, 2005b, 123: 133-146.

[100] Bjørnskov, C. Political ideology and economic freedom [Z]. Working Paper, 2005a, 05-8. Department of Economics, Aarhus School of Business.

[101] Bjørnskov, C. The growth-inequality association: Government ideology matters [J]. Journal of Development Economics, 2008, 87: 300-308.

[102] Black, F. Capital market equilibrium with investment barriers [J]. Journal of Business, 1972, 45 (3): 444-454.

[103] Blazquez, L., Boogen, N., Filippini, M. Residential electricity demand in Spain: New empirical evidence using aggregate data [J]. Energy Economics, 2013, 36: 648-657.

[104] Bliss, R. R., Panigirtzoglou, N. Option-implied risk aversion estimates [J]. Journal of Finance, 2004, 59: 407-446.

[105] Bloom, D. E., Canning, D., Sevilla, J. Geography and poverty traps [J]. Journal of Economic Growth, 2003, 8 (4): 355-378.

[106] Bloom, N. Fluctuations in uncertainty [J]. Journal of Economic Perspective, 2014, 28 (2): 153-176.

[107] Blundell, R., Bond, S. Initial conditions and moment restrictions in dynamic panel data models [J]. Journal of Econometrics, 1998, 87 (1): 115-143.

[108] Blundell, R., Bond, S. R. GMM estimation with persistent panel data: An application to production functions [J]. Econometric Reviews, 2000 19 (3): 321-340.

[109] Blundell, R., Bond, S., Windmeijer, F. Estimation in dynamic panel data models: Improving on the performance of the standard GMM estimator. In B. H. Baltagi (Ed.), Nonstationary panels, panel cointegration, and dynamic panels [J]. Advances in Econometrics, 2000, 15: 53-91.

[110] Bodea, C. The political economy of fixed exchange rate regimes: The experience of post-communist countries [J]. European Journal of Political Economy, 2010, 26: 248-264.

[111] Böhringer, C. Cooling down hot air: A global CGE analysis of post-Kyoto carbon abatement strategies [J]. Energy Policy, 2000, 28: 779-789.

[112] Böhringer, C., Rutherford, T. The costs of compliance: A CGE assessment of Canada's policy options under the Kyoto Protocol [J]. The World Economy, 2010, 33: 177-211.

[113] Bond, S. R., Hoeffler, A., Temple, J. GMM estimation of empirical growth models [J]. CEPR Discussion Paper No. 3048, 2001. Centre for Economic Policy Research.

[114] Bopp, A. E., Sitzer, S. Are petroleum futures prices good predictors of cash value [J]? Journal of Futures Markets, 1987, 7 (6): 705 – 719.

[115] Borensztein, E., Ostry, J. D. Accounting for China's growth performance [J]. American Economic Review Papers and Proceedings, 1996, 86 (2): 224 – 228.

[116] Bos, J. W. B., Economidou, C., Koetter, M., Kolari, J. W. Do all countries grow alike? [J]. Journal of Development Economics, 2010, 91 (1): 113 – 127.

[117] Bosworth, B., Collins, S. M. Accounting for growth: Comparing China and India [J]. Journal of Economic Perspectives, 2008, 22 (1): 45 – 66.

[118] Boutabba, M. A. The impact of financial development, income, energy and trade on carbon emissions: Evidence from the Indian economy [J]. Economic Modelling, 2014, 40: 33 – 41.

[119] BP Energy Outlook. London: BP, 2018.

[120] BP Statistical Review of World Energy. London: BP, 2017.

[121] Brandt, L. Zhu, X. Accounting for China's growth [M]. IZA Discussion Paper, 2010, 4764.

[122] Brandt, M. W., Wang, L. Measuring the time-varying risk-return relation from the cross-section of equity returns (Working Paper) [R]. Duke University, 2010.

[123] Breitung, J. The local power of some unit root tests for panel data. In Baltagi, B. (ed.), Nonstationary Panels, Panel Cointegration, and Dynamic Panels [DB]. Advances in Econometrics, JAI Press, Amsterdam, 2000.

[124] Brenkert, A. L., Sands, R. D., Kim, S. H., Pitcher, H. M. Model documentation: the second generation model [J]. Pacific Northwest National Laboratory Report, 2014, 14256.

[125] Brennan, M. J., Schwartz, E. S. Evaluating natural resource investments [J]. Journal of Business, 1985, 58 (2): 135 – 157.

[126] Bridge, G., Bouzarovski, S., Bradshaw, M., Eyre, N. Geographies of energy transition: Space, place and the low-carbon economy [J]. Energy Policy, 2013, 53: 331 – 340.

[127] Brock, W. A., Taylor, M. S. The green Solow model [J]. Journal of Economic Growth, 2010, 15 (2): 127 – 153.

[128] Brock, W. A., Durlauf, S. N. What have we learned from a decade of empirical research on growth? Growth empirics and reality [J]. World Bank Economic Review, 2001, 15 (2): 229 – 272.

[129] Brooks, R., Zhang, X., Bheenick, E. B. Country risk and the estimation of asset return distributions [J]. Quantitative Finance, 2007, 7: 261 – 265.

[130] Brown, P., Daigneault, A. J., Tjernstrom, E., Zou, W. Natural disasters, social protection, and risk perceptions [J]. World Development, 2018, 104: 310 – 325.

[131] Brown, S. P., Yucel, M. K. What drives natural gas prices? [J]. Energy Journal, 2008, 29 (2): 45 – 60.

[132] Brückner, M., Gradstein, M. Income growth, ethnic polarization, and political risk: Evidence from international oil price shocks [J]. Journal of Comparative Economics, 2015, 43 (3): 575 – 594.

[133] Bruno, G. S. F. Approximating the bias of the LSDV estimator for dynamic unbalanced panel data models [J]. Economic Letters, 2005, 87: 361 – 366.

[134] Bu, H. Effect of inventory announcements on crude oil price volatility [J]. Energy Economics, 2014, 46: 485 – 494.

[135] Budge, I., Keman, H., Woldendorp, J. Political data 1945 – 1990. Party government in 20 democracies [J]. European Journal of Political Research, 1993, 24: 1 – 119.

[136] Bui, A. T., Dungey, M., Nguyen, C. V., Pham, T. P. The impact of natural disasters on household income, expenditure, poverty and inequality: Evidence from Vietnam [J]. Applied Economics, 2014, 46 (13 – 15): 1751 – 1766.

[137] Bun, M. J. G., Kiviet, J. F. On the diminishing returns of higher-

order terms in asymptotic expansions of bias [J]. Economic Letters, 2003, 79: 145-152.

[138] Burke, P. J., Csereklyei, Z. Understanding the energy-GDP elasticity: A sectoral approach [J]. Energy Economics, 2016, 58: 199-210.

[139] Buttel, F., Flinn, W. Environmental politics: The structuring of partisan and ideological cleavages in mass environmental attitudes [J]. The Sociological Quarterly, 1976, 17: 477-490.

[140] Büyükşahin, B., Robe, M. A. Speculators, commodities and cross-market linkages [J]. Journal of International Money and Finance, 2014, 42: 38-70.

[141] Cai, Y., Magazzino, C. Are shocks to natural gas consumption transitory or permanent? A more powerful panel unit root test on the G7 countries [J]. Natural Resources Forum, 2019, 43 (2): 111-120.

[142] Campos, N. F., Karanasos, M. G., Tan, B. Two to tangle: financial development, political instability and economic growth in Argentina [J]. Journal of Banking Finance, 2012, 36: 290-304.

[143] Camus, C., Farias, T. The electric vehicles as a mean to reduce CO_2 emissions and energy costs in isolated regions: The Sao Miguel (Azores) case study [J]. Energy Policy, (2012), 43 (1): 153-165.

[144] Canova, F. Testing for convergence clubs in income per capita: A predictive density approach [J]. International Economic Review, 2004, 45 (1): 49-77.

[145] Capasso, S. Financial markets, development and economic growth: Tales of informational asymmetries [J]. Journal of Economic Surveys, 2004, 18: 267-292.

[146] Carrion-i-Silvestre, J. L., Barrio-Castro, T. D., López-Bazo, E. Breaking the panels: An application to the GDP per capita [J]. Econometrics Journal, 2005, 8 (2): 159-175.

[147] Cassar, A., Healy, A., von Kessler, C. Trust, risk, and time preferences after a natural disaster: Experimental evidence from Thailand [J]. World Development, 2017, 94: 90-105.

[148] Cengiz, M. A., Dunder, E., Senel, T. Energy performance evaluation of OECD countries using Bayesian stochastic frontier analysis and Bayesian network classifiers [J]. Journal of Applied Statistics, 2018, 45 (1): 17-25.

[149] Cetin, T., Oguz, F. The politics of regulation in the Turkish electricity market [J]. Energy Policy, 2007, 35: 1761-1770.

[150] Chang, C. P., Lee, C. C. Do oil spot and futures prices move together? [J]. Energy Economics, 2015, 50: 379-390.

[151] Chang, C. P., Berdiev, A. N. The political economy of energy regulation in OECD countries [J]. Energy Economics, 2011, 33: 816-825.

[152] Chang, C. P., Berdiev, A. N., Lee, C. C. Energy exports, globalization and economic growth: The case of South Caucasus [J]. Economic Modelling, 2013, 33: 333-346.

[153] Chang, S. C. Effects of financial developments and income on energy consumption [J]. International Review of Economics Finance, 2015, 35: 28-44.

[154] Charfeddine, L. The impact of energy consumption and economic development on Ecological Footprint and CO_2 emissions: Evidence from a Markov Switching Equilibrium Correction Model [J]. Energy Economics, 2017, 65: 355-374.

[155] Charfeddine, L., Mrabet, Z. The impact of economic development and social-political factors on ecological footprint: A panel data analysis for 15 MENA countries [J]. Renewable and Sustainable Energy Reviews, 2017, 76: 138-154.

[156] Charfeddine, L., Kahia, M. Impact of renewable energy consumption and financial development on CO_2 emissions and economic growth in the MENA region: a panel vector auto regressive (PVAR) analysis [J]. Renew Energy, 2019, 139: 198-213.

[157] Chen, G. Q., Wu, X. D., Guo, J., Meng, J., Li, C. Global overview for energy use of the world economy: Household-consumption-based accounting based on the world input-output database (WIOD) [J]. Energy Economics, 2019, 81: 835-847.

[158] Chen, J., Song, M., Xu, L. Evaluation of environmental efficien-

cy in China using data envelopment analysis [J]. Ecological Indicators, 2015, 52: 577-583.

[159] Chen, N. F., Roll, R., Ross, S. A. Economic forces and the stock market [J]. Journal of Business, 1986, 59: 383-403.

[160] Chen, P. F., Lee, C. C., Zeng, J. H. The relationship between spot and futures oil prices: Do structural breaks matter? [J]. Energy Economics, 2014, 43: 206-217.

[161] Chen, P. F., Lee, C. C. Is energy consumption per capita broken stationary? New evidence from regional-based panels [J]. Energy Policy, 2007, 35 (6): 3526-3540.

[162] Chen, Y., Lee, C. C. Does technological innovation reduce CO_2 emissions? Cross-country evidence [J]. Journal of Cleaner Production, 2020, 263: 121550.

[163] Chen, Y. C., Zivot, E. Postwar slowdowns and long-run growth: A Bayesian analysis of structural break models [J]. Empirical Economics, 2010, 39 (3): 897-921.

[164] Cheng, Z., Liu, J., Li, L., Gu, X. Research on meta-frontier total-factor energy efficiency and its spatial convergence in Chinese provinces [J]. Energy Economics, 2020, 86: 104702.

[165] Cherif, M., Dreger, C. Institutional determinants of financial development in MENA countries [J]. Review of Development Economics, 2016, 20: 670-680.

[166] Chernozhukov, V., Hansen, C. Instrumental quantile regression inference for structural and treatment effect models [J]. Journal of Econometrics, 2006, 132 (2): 491-525.

[167] Chernozhukov, V., Hansen, C. Instrumental quantile regression: A robust inference approach [J]. Journal of Econometrics, 2008, 142 (1): 379-398.

[168] Chinn, M. D., Ito, H. What matters for financial development? Capital controls, institutions, and interactions [J]. Journal of Development Economics, 2006, 81: 163-192.

[169] Chiu, C. L., Chang, T. H. What proportion of renewable energy supplies is needed to initially mitigate CO_2 emissions in OECD member countries? [J]. Renewable and Sustainable Energy Reviews, 2009, 13 (6-7): 1669-1674.

[170] Chiu, Y. B., Lee, C. C. Effects of financial development on energy consumption: The role of country risks [J]. Energy Economics, 2020, 90: 104833.

[171] Cho, S. H., Tanaka, K., Wu, J., Robert, R. K., Kim, T. Effects of nuclear power plant shutdowns on electricity consumption and greenhouse gas emissions after the Tohoku earthquake [J]. Energy Economics, 2016, 55: 223-233.

[172] Choi, I. Unit root tests for panel data [DB]. Journal of International Money and Finance, 2001, 20: 249-272.

[173] Chortareas, G., Kapetanios, G. Getting PPP right: Identifying mean-reverting real exchange rates in panels [J]. Journal of Banking and Finance, 2009, 33 (2): 390-404.

[174] Chow, G., Lin, A. L. Accounting for economic growth in Taiwan and Mainland China: A comparative analysis [J]. Journal of Comparative Economics, 2002, 30 (3): 507-530.

[175] Chow, G. C. Capital formation and economic growth in China [J]. Quarterly Journal of Economics, 1993, 108 (3): 809-842.

[176] Christiano, L. J., Motto, R., Rostagno, M. Financial factors in economic fluctuations (ECB Working Paper No. 1192) [R]. Available at SSRN: https://ssrn.com/abstract=1600166, 2010.

[177] Christopoulos, D. K., León-Ledesma, M. A. Smooth breaks and non-linear mean reversion: Post-Bretton woods real exchange rates [J]. Journal of International Money and Finance, 2010, 29 (6): 1076-1093.

[178] Christopoulos, D. K., León-Ledesma, M. A. Revisiting the real wages-unemployment relationship. New results from non-linear models [J]. Bulletin of Economic Research, 2010, 62 (1): 79-96.

[179] Cicala, S., Holland, S. P., Mansur, E. T. Expected health effects

of reduced air pollution from COVID – 19 social distancing [J]. NBER Working Papers, 2020.

[180] Clague, C., Keefer, P., Knack, S., Olson, M. Property and contract rights in autocracies and democracies [J]. Journal of Economic Growth, 1996, 1: 243 – 276.

[181] Çoban, S., Topcu, M. The nexus between financial development and energy consumption in the EU: a dynamic panel data analysis [J]. Energy Economics, 2013, 39: 81 – 88.

[182] Cole, M. A. Does trade liberalization increase national energy use? [J]. Economics Letters, 2006, 92 (1): 108 – 112.

[183] Cole, M. A. Trade, the pollution haven hypothesis and the environmental Kuznets curve: Examining the linkages [J]. Ecological Economics, 2004, 48: 71 – 81.

[184] Colletaz, G., Hurlin, C. Threshold effects of the public capital productivity: an international panel smooth transition approach [R]. Document de Recherche du Laboratoire d'Economie d'Orléans, 2006, 2006 – 1.

[185] Collier, B. L., Babich, V. O. Financing recovery after disasters: Explaining community credit market responses to severe Events [J]. Journal of Risk and, 2019, 86 (2): 479 – 520.

[186] Combes, J. L., Ebeke, C. Remittances and household consumption instability in developing countries [J]. World Development, 2011, 39 (7): 1076 – 1089.

[187] Connolly, R., Stivers, C., Sun, L. Commonality in the time variation of stock-stock and stock-bond return comovements [J]. Journal of Futures Markets, 2007, 10 (2): 192 – 218.

[188] Considine, T. J., Larson, D. F. Risk premiums on inventory assets: The case of crude oil and natural gas [J]. Journal of Futures Markets, 2001, 21 (2): 109 – 126.

[189] Costantini, V. Martini, C. The causality between energy consumption and economic growth: a multi-sectoral analysis using non-stationary cointegrated panel data [J]. Energy Economics, 2010, 32: 591 – 603.

［190］Cropper, M., Griffiths, C. The interaction of populations, growth, and environmental quality ［J］. American Economic Review, 1994, 84: 250 – 254.

［191］Csereklyei, Z., Stern, D. I. Global energy use: Decoupling or convergence? ［J］. Energy Economics, 2015, 51: 633 – 641.

［192］D'Ecclesia, R. L. Introduction to the special issue on recent developments in energy commodities markets ［J］. Energy Economics, 2016, 53: 1 – 4.

［193］Damodaran, A. Country risk and company exposure: Theory and practice ［J］. Journal of Applied Finance, 2003, 13 (2): 63 – 76.

［194］Saud, S., Baloch, M. A., Lodhi, R. N. The nexus between energy consumption and financial development: estimating the role of globalization in Next – 11 countries ［J］. Environmental Science and Pollution Research, 2018, 25 (19): 18651 – 18661.

［195］Dargay, J., Gately, D. The imperfect price reversibility of non-transport oil demand in the OECD ［J］. Energy Economics, 1995, 17: 59 – 71.

［196］Dargay, J., Gately, D. World oil demand's shift toward faster growing and less price-responsive products and regions ［J］. Energy Policy, 2010, 38: 6261 – 6277.

［197］Dargay, J. The irreversible effects of high oil prices: Empirical evidence for the demand for motor fuels in France, Germany and the UK ［Z］. In: Energy Demand: Evidence and Expectations. Surrey University Press, 2010, Surrey.

［198］Davies, R. B. Hypothesis testing when a nuisance parameter is only identified under the alternative ［J］. Biometrika, 1987, 47: 33 – 43.

［199］Davies, R. B. Hypothesis testing when a nuisance parameter is present only under the alternative ［J］. Biometrika, 1977, 64: 247 – 254.

［200］De Cian, E., Sue Wing, I. Global energy consumption in a warming climate ［J］. Environmental and Resource Economics, (2019), 72 (2): 365 – 410.

［201］De Long, J. B., Sheiler, A., Summers, L. H., Waldman, R. J. Noise trader risk in financial markets ［J］. Journal of Political Economy, 1990,

[202] Deardorff, A. V. Rich and poor countries in neoclassical trade and growth [J]. The Economic Journal, 2001, 111 (470): 277-294.

[203] Delmas, M. A., Montes-Sancho, M. J. U. S. State Policies for Renewable Energy: Context and Effectiveness [J]. Energy Policy, 2011, 39 (5): 2273-2288.

[204] Dempster, A. P., Laird, N. M., Rubin, D. B. Maximum likelihood from incomplete data via the EM algorithm [J]. Journal of the Royal Statistical Society, Series B, 1977, 39 (1): 1-38.

[205] Denisova, V. Financial development and energy consumption: evidence from Germany [J]. International Journal of Energy Economics Policy, 2020, 10: 35-39.

[206] Deuchert, E., Felfe, C. The tempest: Short-and long-term consequences of a natural disaster for children's development [J]. European Economic Review, 2015, 80: 280-294.

[207] Diamonte, R. L., Liew, J. M., Stevens, R. L. Political risk in emerging and developed markets [J]. Financial Analysts Journal, 1996, 52 (3): 71-76.

[208] Diaz, A., Marrero, G. A., Puch, L. A., Rodriguez, J. Economic growth, energy intensity and the energy mix [J]. Energy Economics, 2019, 81: 1056-1077.

[209] Dickey, D. A., Fuller, W. A. Likelihood ratio statistics for autoregressive time series with a unit root [J]. Econometrica, 1981, 49 (4): 1057-1072.

[210] Dithmer, J., Abdulai, A. Does trade openness contribute to food security? A dynamic panel analysis [J]. Food Policy, 2017, 69: 218-230.

[211] Dogan, E., Inglesi-Lotz, R. Analyzing the effects of real income and biomass energy consumption on carbon dioxide (CO_2) emissions: Empirical evidence from the panel of biomass-consuming countries [J]. Energy, 2017, 138: 721-727.

[212] Doran, J. S., Ronn, E. I. Computing the market price of volatility

risk in the energy commodity markets [J]. Journal of Banking Finance, 2008, 32: 2541-2552.

[213] Dorian, J. P., Franssen, H. T., Simbeck, D. R. Global challenges in energy [J]. Energy Policy 2006, 34: 1984-1991.

[214] Dorofti, C., Jakubik, P. Insurance sector profitability and the macroeconomic environment [J]. EIOPA Financial Stability Report, 2015, 56-71.

[215] Du, J., Girma, S. Finance and firm export in China [J]. Kyklos, 2007, 60 (1): 37-54.

[216] Dufrenot, G., Mignon, V., Tsangarides, C. The trade-growth nexus in the developing countries: A quantile regression approach [J]. Review of World Economics, 2010, 146 (4): 731-761.

[217] Durlauf, S. N., Johnson, P. A. Multiple regimes and cross-country growth behavior [J]. Journal of Applied Econometrics, 1995, 10 (4): 365-384.

[218] Durlauf, S. N., Kourtellos, A., Minkin, A. The local Solow growth model [J]. European Economic Review, 2001, 45 (4-6): 928-940.

[219] Duro, J. A., Padilla, E. Inequality across countries in energy intensities: An analysis of the role of energy transformation and final energy consumption [J]. Energy Economics, 2011, 33 (3): 474-479.

[220] Ebrary, I Bank, W. Lights out? The outlook for energy in Eastern Europe and the Former Soviet Union [M]. The World Bank. Washington, D. C. 2020.

[221] Eicher, T. S. Trade, development and converging growth rates: Dynamic gains from trade reconsidered [J]. Journal of International Economics, 1999, 48 (1): 179-198.

[222] Enders, W., Lee, J. A unit root test using a Fourier series to approximate smooth breaks [J]. Oxford Bulletin of Economics and Statistics, 2012, 74 (4): 574-599.

[223] Energy Information Administration (Ed.). Annual Energy Outlook 2018 [M]. Government Printing Office, 2017, https://www.eia.gov/outlooks/aeo/.

[224] Energy Information Administration. International Energy Outlook

2019: With Projections to 2050 [R]. The U. S. Energy Information Administration, Washington, 2019.

[225] Erb, C. B., Harvey, C. R., Viskanta, T. E. Country risk and global equity selection [J]. Journal of Portfolio Management, 1995, 21 (2): 74-83.

[226] Erb, C. B., Harvey, C. R., Viskanta, T. E. Political risk, economic risk, and financial risk [J]. Financial Analysts Journal, 1996, 52 (6): 29-46.

[227] Escaleras, M., Register, C. The high cost of low-quality infrastructure when natural disasters strike [J]. Journal of Developing Areas, 2016, 50 (1): 103-122.

[228] Esso, L. J. Threshold cointegration and causality relationship between energy use and growth in seven African countries [J]. Energy Economics, 2010, 32: 1383-1391.

[229] Ezcurra, R. Is there cross-country convergence in carbon dioxide emissions? [J]. Energy Policy, 2007, 35 (2): 1363-1372.

[230] Fallahi, F. Stochastic convergence in per capita energy use in world [J]. Energy Economics, 2017, 65: 228-239.

[231] Fallahi, F., Karimi, M., Voia, M. C. Persistence in world energy consumption: Evidence from subsampling confidence intervals [J]. Energy Economics, 2016, 57: 175-183.

[232] Fallahi, F., Voia, M. C. Convergence and persistence in per capita energy use among OECD countries: Revisited using confidence intervals [J]. Energy Economics, 2015, 52 (Part A): 246-253.

[233] Fama, E. F. Efficient capital markets: A review of theory and empirical work [J]. The Journal of Finance, 1970, 25: 383-417.

[234] Fang, X., Jiang, Y. The promoting effect of financial development on economic growth: Evidence from China [J]. Emerging Markets Finance and Trade, 2014, 50: 34-50.

[235] Färe, R., Grosskopf, S., Norris, M., Zhang, Z. Z. Productivity growth, technical progress, and efficiency change in industrialized countries [J].

American Economic Review, 1994, 84 (1): 66-83.

[236] Favero, A., Massetti, E. Trade of woody biomass for electricity generation under climate mitigation policy [J]. Resource and Energy Economics, 2014, 36 (1): 166-190.

[237] Fedoseeva, S., Zeidan, R. How a symmetric is the response of import demand to changes in its determinants? Evidence from European energy imports [J]. Energy Economics, 2018, 69: 379-394.

[238] Feenstra, R. C., Li, Z., Yu, M. Exports and credit constraints under incomplete information: Theory and evidence from China [J]. Review of Economics and Statistics, 2014, 96 (4): 729-744.

[239] Fei, L., Dong, S., Xue, L., Liang, Q., Yang, W. Energy consumption-economic growth relationship and carbon dioxide emissions in China [J]. Energy Policy, 2011, 39 (2): 568-574.

[240] Feng, C., Wang, M., Liu, G. C., Huang, J. B. Green development performance and its influencing factors: A global perspective [J]. Journal of Cleaner Production, 2017a, 144: 323-333.

[241] Feng, C., Wang, M., Liu, G. C., Huang, J. B. Sources of economic growth in China from 2000-2013 and its further sustainable growth path: A three-hierarchy meta-frontier data envelopment analysis [J]. Economic Modelling, 2017b, 64: 334-348.

[242] Ferrer, R., Shahzad, S. J. H., López, R., Jareño, F. Time and frequency dynamics of connectedness between renewable energy stocks and crude oil prices [J]. Energy Economics, 2018, 76: 1-20.

[243] Ferson, W. E., Harvey, C. R. Conditioning variables and the cross section of stock returns [J]. Journal of Finance, 1999, 54: 1325-1360.

[244] Ferson, W. E., Harvey, C. R. The variation of economic risk premiums [J]. Journal of Political Economy, 1991, 99: 385-415.

[245] Filipski, M., Jin, L., Zhang, X., Chen, K. Z. Living like there's no tomorrow: The psychological effects of an earthquake on savings and spending behavior [J]. European Economic Review, 2019, 116: 107-128.

[246] Firth, M., Lin, C., Wong, S. M. L. Leverage and investment

under a state-owned bank lending environment: Evidence from China [J]. Journal of Corporate Finance, 2008, 14 (5): 642 - 653.

[247] Fisher, R. A. Statistical Methods for Research Workers [M]. 4th Edition, Edinburgh: Oliver Boyd, 1932.

[248] Flachaire, E., Garcia - Penalosa, C., Konte, M. Political versus economic institutions in the growth process [J]. Journal of Comparative Economics, 2014, 42 (1): 212 - 229.

[249] Fleming, D. A., Chong, A., Bejarano, H. D. Trust and reciprocity in the aftermath of natural disasters [J]. Journal of Development Studies, 2014, 50 (11): 1482 - 1493.

[250] Fomby, T., Ikeda, Y., Loayza, N. V. The growth aftermath of natural disasters [J]. Journal of Applied Econometrics, 2013, 28 (3): 412 - 434.

[251] Fouquau, J., Hurlin, C., Rabaud, I. The Feldstein - Horioka puzzle: A panel smooth transition regression approach [J]. Economic Modelling, 2008, 25: 284 - 299.

[252] Fouquau, J., Destais, G., Hurlin, C. Energy demand models: A threshold panel specification of the 'Kuznets curve' [M]. Applied Economics Letters, 2009, 16: 1241 - 1244.

[253] Fouquau, J., Hurlin, C., Rabaud, I. The Feldstein - Horioka puzzle: A panel smooth transition regression approach [J]. Economic Modelling, 2008, 25: 284 - 299.

[254] Frankel, J. A., Romer, D. Does trade cause growth? [J]. American Economic Review, 1999, 89: 379 - 399.

[255] Froude, M. J., Petley, D. N. Global fatal landslide occurrence from 2004 to 2016 [J]. Natural Hazards and Earth System Sciences Discussions, 2018, 1 - 44.

[256] Fu, G. Y., Yu, C., Xiong, H. W. The change and enlightenment of energy intensity in the process of industrialization for typical countries [J]. Chinese Energy, 2012, 34 (3): 17 - 21.

[257] Fujimi, T., Chang, S. E. Adaptation to electricity crisis: Busines-

ses in the 2011 Great East Japan triple disaster [J]. Energy Policy, 2014, 68: 447-457.

[258] Fung, H. K. Financial development and economic growth: Convergence or divergence? [J]. Journal of International Money and Finance, 2009, 28: 56-78.

[259] Furuoka, F. Financial development and energy consumption: Evidence from a heterogeneous panel of Asian countries [J]. Renewable Sustainable Energy Reviews, 2015, 52: 430-444.

[260] Gabreyohannes, E. A nonlinear approach to modeling the residential electricity consumption in Ethiopia [J]. Energy Economics, 2010, 32: 515-523.

[261] Galindo, L. M. Short-and long-run demand for energy in Mexico: A cointegration approach [J]. Energy Policy, 2005, 33: 1179-1185.

[262] Gallant, A. R. On the basis in flexible functional forms and an essentially unbiased form: The fourier flexible form [J]. Journal of Econometrics, 1981, 15 (2): 211-245.

[263] Gao, P., Qi, Y. Political uncertainty and public financing costs: Evidence from U. S. gubernatorial elections and municipal bond markets (Working Paper) [R]. Available at SSRN: https://ssrn.com/abstract=1992200, 2013.

[264] García-Gusano, D., Suárez-Botero, J., Dufour, J. Long-term modelling and assessment of the energy-economy decoupling in Spain [J]. Energy Economics, 151: 455-466.

[265] Gastaldi, M., Nardecchia, A. The Kalman filter approach for time-varying β estimation [J]. Systems Analysis Modelling Simulation, 2003, 43: 1033-1042.

[266] Gately, D., Huntington, H. G. The asymmetric effects of changes in price and income on energy and oil demand [J]. Energy Journal, 2002, 23: 19-55.

[267] Gately, D. Imperfect price-reversibility of US gasoline demand: Asymmetric responses to price increases and declines [J]. Energy Journal, 1992, 13: 179-207.

[268] Gately, D. The imperfect price-reversibility of world oil demand [J]. Energy Journal, 1993, 14: 163-182.

[269] Gatfaoui, H. Linking the gas and oil markets with the stock market: Investigating the U.S. relationship [J]. Energy Economics, 2016, 53: 5-16.

[270] Geng, N. The dynamics of market structure and firm-level adjustment to India's pro-market economic liberalizing reforms, 1988-2006: A time varying panel smooth transition regression (TV-PSTR) approach [J]. International Review of Economics and Finance, 2011, 20: 506-519.

[271] Ghali, K. H., El-Sakka, M. I. T. Energy use and output growth in Canada: A multivariate cointegration analysis [J]. Energy Economics, 2004, 26 (2): 225-238.

[272] Ghosh, R., Kathuria, V. The effect of regulatory governance on efficiency of thermal power generation in India: A stochastic frontier analysis [J]. Energy Policy, 2016, 89: 11-24.

[273] Gil-Alana, L. A. Structural breaks and fractional integration in the US output and unemployment rate [J]. Economics Letters, 2002, 77 (1): 79-84.

[274] Gil-Alana, L. A., Loomis, D., Payne, J. E. Does energy consumption by the US electric power sector exhibit long memory behavior? [J]. Energy Policy, 2010, 38 (11): 7512-7518.

[275] Gilchrist, S., Sim, J., Zakrajsek, E. Uncertainty, financial frictions, and investment dynamics (FEDS Working Paper No. 2014-69) [R]. Available at SSRN: https://ssrn.com/abstract=2503636 or http://dx.doi.org/10.2139/ssrn.2503636, 2014.

[276] Girma, S., Shortland, A. The political economy of financial development [J]. Oxford Economic Papers-new Series, 2008, 60: 567-596.

[277] Glasure, Y. U. Energy and national income in Korea: Further evidence on the role of omitted variables [J]. Energy Economics, 2002, 24 (4): 355-365.

[278] Godfrey, S., Espinosa, R. A practical approach to calculating costs of equity for investments in emerging markets [J]. Journal of Applied Corporate Finance, 1996, 9 (3): 80-90.

[279] González, A., T. Teräsvirta, van Dijk, D. Panel smooth transition regression models [Z]. SEE/EFI Working Paper Series in Economics and Finance, 2005, No. 604.

[280] Gozgor, G., Lau, C. K. M., Lu, Z. Energy consumption and economic growth: New evidence from the OECD countries [J]. Energy, 2018, 153: 27-34.

[281] Greene, W. H. Reconsidering heterogeneity in panel data estimators of the stochastic frontier model [J]. Journal of Econometrics, 2005, 126 (2): 269-303.

[282] Gromet, D. N., Kunreuther, H., Larrick, R. P. Political ideology affects energy-efficiency attitudes and choices [J]. PNAS, 2013, 110: 9314-9319.

[283] Grossman, G. M., Krueger, A. B. Economic growth and the environment [J]. The Quarterly Journal of Economics, 1995, 110 (2): 353-377.

[284] Grossman, G. M., Krueger, A. B. Environmental impacts of a North American free trade Agreement [Z]. NBER Working Paper 3914, 1991.

[285] Guariglia, A., Poncet, S. Could financial distortions be no impediment to economic growth after all? Evidence from China [J]. Journal of Comparative Economics, 2008, 36 (4): 633-657.

[286] Guivarch, C., Monjon, S. Identifying the main uncertainty drivers of energy security in a low-carban world: The case of Europe [J]. Energy Economics, 2017, 64: 530-541.

[287] Gulen, H., Ion, M. Policy uncertainty and corporate investment [J]. Review of Financial Studies, 2016, 29 (3): 523-564.

[288] Guo, L. Income inequality, household consumption and CO_2 emissions in China [J]. Singapore Economic Review, 2017, 62 (2): 531-553.

[289] Gupta, R., Lahiani, A., Lee, C. C., Lee, C. C. Asymmetric dynamics of insurance premium: The impacts of output and economic policy uncertainty [J]. Empirical Economics, 2019, 57: 1959-1978.

[290] Haas, R., Schipper, L. Residential energy demand in OECD-countries and the role of irreversible efficiency improvements [J]. Energy Eco-

nomics, 1998, 20: 421-442.

［291］Halkos, G. E., Paizanos, E. A. The effect of government expenditure on the environment: An empirical investigation ［J］. Ecological Economics, 2013, 91: 48-56.

［292］Hall, R. E., Jones, C. I. Why do some countries produce so much more output per worker than others? ［J］. Quarterly Journal of Economics, 1999, 114 (1): 83-116.

［293］Hallegatte, S., Dumas, P. Can natural disasters have positive consequences? Investigating the role of embodied technical change ［J］. Ecological Economics, 2009, 68 (3): 777-786.

［294］Hallegatte, S., Hourcade, J. C., Dumas, P. Why economic dynamics matter in assessing climate change damages: Illustration on extreme events ［J］. Ecological Economics, 2007, 62 (2): 330-340.

［295］Hamilton, J. D. This is what happened to the oil price-macroeconomy relationship ［J］. Journal of Monetary Economics, 1996, 38: 215-220.

［296］Han, J., Wang, J., Ma, X. Effects of farmers' participation in inclusive finance on their vulnerability to poverty: Evidence from Qinba poverty-stricken area in China ［J］. Emerging Markets Finance and Trade, (2019), 55 (5): 998-1013.

［297］Han, Z. Y., Wei, Y. M., Jiao, J. L., Fan, Y., Zhang, J. T. On the cointegration and causality between Chinese GDP and energy consumption ［J］. Systems Engineering, 2004, 12: 17-21.

［298］Hansen, B. E. Threshold effects in non-dynamic panels: Estimation, testing, and inference ［J］. Journal of Econometrics, 1999, 93: 334-368.

［299］Hao, C. Development of financial intermediation and economic growth: The Chinese experience ［J］. China Economic Review, 2006, 17 (4): 347-362.

［300］Hao, Y., Wei, Y. M. When does the turning point in China's CO_2 emissions occur? Results based on the Green Solow model ［J］. Environment and Development Economics, 2015, 20 (6): 723-745.

［301］Hao, Y., Peng, H. On the convergence in China's provincial per capita energy consumption: New evidence from a spatial econometric analysis [J]. Energy Economics, 2017, 68: 31 – 43.

[302] Hao, Y., Wang, L., Lee, C. C. Financial development, energy consumption and China's economic growth: New evidence from provincial panel data [J]. International Review of Economics and Finance, 2020, 69: 1132 – 1151.

[303] Hao, Y., Liu, Y., Weng, J. H., Gao, Y. Does the environmental Kuznets curve for coal consumption in China exist? New evidence from spatial econometric analysis [J]. Energy, 2016, 114: 1214 – 1223.

[304] Hao, Y., Zhang, Z. Y., Liao, H., Wei, Y. M., Wang, S. Is CO_2 emission a side effect of financial development? An empirical analysis for China [J]. Environmental Science and Pollution Research, 2016, 23 (20): 21041 – 21057.

[305] Hartley, P. R., Medlock Ⅲ, K. B., Rosthal, J. E. The relationship of natural gas to oil prices [J]. Energy Journal, 2008, 29 (3): 47 – 65.

[306] Hartman, R. The effects of price and cost uncertainty on investment [J]. Journal of Economic Theory, 1972, 5 (2): 258 – 266.

[307] Harvey, D. I., Leybourne, S. J., Xiao, B. A powerful test for linearity when the order of integration is unknown [J]. Studies in Nonlinear Dynamics Econometrics, 2008, 12 (3): 1558 – 3708.

[308] Hasan, I., Wachtel, P., Zhou, M. Institutional development, financial deepening and economic growth: Evidence from China [J]. Journal of Banking Finance, 2009, 33 (1): 157 – 170.

[309] Hassler, J., Krusell, P., Olovsson, C. Energy-saving technical change [M]. NBER Working Paper, 2012, No. 18456.

[310] Hatemi – J, A., Ajmi, A. N., EI Montasser, G., Inglesi – Lotz, R., Gupta, R. Research output and economic growth in G7 countries: New evidence from asymmetric panel causality testing [J]. Applied Economics, 2016, 48 (24): 2301 – 2308.

[311] Haug, A. A. Siklos, P. L. The behavior of short-term interest rates: International evidence of non-linear adjustment [J]. Studies in Nonlinear Dynam-

ics and Econometrics, 2006, 10: 1 - 32.

[312] Heger, M. P., Neumayer, E. The impact of the Indian ocean Tsunami on Aceh's long-term economic growth [J]. Journal of Development Economics, 2019, 141.

[313] Henderson, B. J., Pearson, N. D., Wang, L. New evidence on the financialization of commodity markets [J]. Review of Financial Studies, 2015, 28 (5): 1285 - 1311.

[314] Henry, M., Spencer, N., Strobl, E. The impact of tropical storms on households: Evidence from panel data on consumption [J]. Oxford Bulletin of Economics and Statistics, 2020, 82 (1): 1 - 22.

[315] Hermes, N., Lensink, R. Foreign direct investment, financial development and economic growth [J]. The Journal of Development Studies, 2003, 40 (1): 142 - 163.

[316] Herrerias, M. J. World energy intensity convergence revisited: A weighted distribution dynamics approach [J]. Energy Policy, 2012, 49: 383 - 399.

[317] Herrerias, M. J., Aller, C., Ordóñez, J. Residential energy consumption: A convergence analysis across chinese regions [J]. Energy Economics, 2016, 62: 371 - 381.

[318] Herrerias, M. J., Liu, G. Electricity intensity across Chinese provinces: New evidence on convergence and threshold effects [J]. Energy Economics, 2013, 36: 268 - 276.

[319] Himmelberg, C. P., Hubbard, R. G., Love, I. Investor protection, ownership and the cost of capital [J]. World Bank Policy Research Working Paper Series No. 2834, 2002.

[320] Hoeffler, A. E. The augmented Solow model and the African growth debate [J]. Oxford Bulletin of Economics and Statistics, 2002, 64 (2): 135 - 158.

[321] Holtedahl, P., Joutz, F. L. Residential electricity demand in Taiwan [J]. Energy Economics, 2004, 26: 201 - 224.

[322] Holz, C. A. China's statistical system in transition: Challenges, data problems, and institutional innovations [J]. Review of Income and Wealth,

2004, 50 (3): 381 –409.

[323] Holz, C. A. Chinese statistics: Classification systems and data sources [J]. Eurasian Geography and Economics, 2013, 54 (5 –6): 532 –571.

[324] Hosseinkouchack, M., Wolters, M. H. Do large recessions reduce output permanently? [J]. Economics Letters, 2013, 121 (3): 516 –519.

[325] Hsieh, C., Klenow, P. J. Misallocation and manufacturing TFP in China and India [J]. Quarterly Journal of Economics, 2009, 124 (4): 1403 –1448.

[326] Hsieh, M. F., Lee, C. C. Bank liquidity creation, regulations, and credit risk [J]. Asia –Pacific Journal of Financial Studies, 2020, 49: 368 –409.

[327] Hsu, Y. C., Lee, C. C., Lee, C. C. Revisited: Are shocks to energy consumption permanent or temporary? New evidence from a panel SURADF approach [J]. Energy Economics, 2008, 30 (5): 2314 –2330.

[328] Hu, J. L., Lin, C. H. Disaggregated energy consumption and GDP in Taiwan: A threshold co-integration analysis [J]. Energy Economics, 2008, 30: 2342 –2358.

[329] Huang, B. N., Hwang, M. J., Yang, C. W. Causal relationship between energy consumption and GDP growth revisited: A dynamic panel data approach [J]. Ecological Economics, 2008a, 67: 1541 –1554.

[330] Huang, B. N., Hwang, M. J., Yang, C. W. Does more energy consumption bolster economic growth? An application of the nonlinear threshold regression model [J]. Energy Policy, 2008b, 36: 755 –767.

[331] Huang, Y. Political institutions and financial development: An empirical study [J]. World Development, 2010, 38: 1667 –1677.

[332] Huang, Y. X., Zhang, L., Chen, X. L. Analysis on energy production, consumption, and movement worldwide [J]. World Regional Studies, 2009, 18 (1): 27 –33.

[333] Hull, D., ó Gallachóir, B. P., Walker, N. Development of a modelling framework in response to new European energy-efficiency regulatory obligations: The Irish experience [J]. Energy Policy, 2009, 37: 5363 –5375.

[334] Hunt, L., Manning, N. Energy price-and income-elasticities of de-

mand: Some estimates for the UK using the cointegration procedure [J]. Scottish Journal of Political Economy, 1989, 36: 183-193.

[335] Huntington, H. G. A note on price asymmetry as induced technical change [J]. Energy Journal, 2006, 27: 1-7.

[336] Huntington, H. G. Backcasting U. S. oil demand over a turbulent decade [J]. Energy Policy, 2011, 39: 5674-5680.

[337] Huntington, H. G. Short-and long-run adjustments in U. S. petroleum consumption [J]. Energy Economics, 2010, 32, 63-72.

[338] Hye, Q. M. A. Exports, imports and economic growth in China: An ARDL analysis [J]. Journal of Chinese Economic Foreign Trade Studies, 2012, 5 (1): 42-55.

[339] Ibrahim, M., Alagidede, P. Effect of financial development on economic growth in sub-Saharan Africa [J]. Journal of Policy Modeling, 2018, 40: 1104-1125.

[340] Im, K. S., Pesaran, M. H., Shin, Y. Testing for unit roots in heterogeneous panels [J]. Journal of Econometrics, 2003, 115 (1): 53-74.

[341] Inchauspe, J., Ripple, R. D., Trück, S. The dynamics of returns on renewable energy companies: A state-space approach [J]. Energy Economics, 2015, 48: 325-335.

[342] Inglesi-Lotz, R. The impact of renewable energy consumption to economic growth: A panel data application [J]. Energy Economics, 2016, 53: 58-63.

[343] International Energy Agency. Global Energy and CO_2 Status Report 2018 [R]. International Energy Agency, Paris, 2019.

[344] International Energy Agency. World energy outlook [R]. Technical report, 2014, ISBN: 978-92-64-20805-6.

[345] International Energy Agency. World Energy Outlook [J]. International Energy Agency, Paris. 2019.

[346] Ishizawa, O. A., Miranda, J. J. Weathering storms: Understanding the impact of natural disasters in Central America [J]. Environmental and Resource Economics, 2019, 73 (1): 181-211.

[347] Iskin, I., Daim, T., Kayakutlu, G., Altuntas, M. Exploring renewable energy pricing with analytic network process—Comparing a developed and a developing economy [J]. Energy Economics, 2012, 34 (4): 882 – 891.

[348] Islam, F., Shahbaz, M., Ahmed, A. U., Alam, M. M. Financial development and energy consumption nexus in Malaysia: A multivariate time series analysis [J]. Economics Modelling, 2013, 30: 435 – 441.

[349] Jacobsen, G. D., Kotchen, M. J. Are building Codes effective at saving energy? Evidence from residential billing data in Florida [J]. Review of Economics and Statistics, 2013, 95 (1): 34 – 49.

[350] Jaforullah, M., King, A. Does the use of renewable energy sources mitigate CO_2 emissions? A reassessment of the US evidence [J]. Energy Economics, 2015, 49: 711 – 717.

[351] Jaforullah, M., King, A. The econometric consequences of an energy consumption variable in a model of CO_2 emissions [J]. Energy Economics, 2017, 63: 84 – 91.

[352] Jakob, M., Haller, M., Marschinski, R. Will history repeat itself? Economic convergence and convergence in energy use patterns [J]. Energy Economics, 2012, 34 (1): 95 – 104.

[353] Jalil, A. Energy-growth conundrum in energy exporting and importing countries: Evidence from heterogeneous panel methods robust to cross-sectional dependence [J]. Energy Economics, 2014, 44: 314 – 324.

[354] Jalil, A., Feridun, M., Ma, Y. Finance-growth nexus in China revisited: New evidence from principal components and ARDL bounds tests [J]. International Review of Economics Finance, 2010, 19: 189 – 195.

[355] Jalil, A., Mahmud, S. Environmental Kuznets curve for CO_2 emissions: A cointegration analysis for China [J]. Energy Policy, 2009, 37: 5167 – 5172.

[356] Jarque, C. M., Bera, A. K. Efficient tests for normality, homoscedasticity and serial independence of regression residuals [J]. Economics letters, 1980, 6 (3): 255 – 259.

[357] Jarrett, U., Mohaddes, K., Mohtadi, H. Oil price volatility, fi-

nancial institutions and economic growth [J]. Energy Policy, 2019, 126: 131 - 144.

[358] Ji, Q., Zhang, D. How much does financial development contribute to renewable energy growth and upgrading of energy structure in China? [J]. Energy Policy, 2019, 128: 114 - 124.

[359] Jin, J. C., Choi, J. Y., Yu, E. S. H. Energy prices, energy conservation, and economic growth: Evidence from the postwar United States [J]. International Review of Economics and Finance, 2009, 18: 691 - 699.

[360] Joëts, M., Mignon, V., Razafindrabe, T. Does the volatility of commodity prices reflect macroeconomic uncertainty? [J]. Energy Economics, 2017, 68: 313 - 326.

[361] Judson, R. A., Owen, A. L. Estimating dynamic panel data models: A guide for macroeconomists [J]. Economic Letters, 1999, 65: 9 - 15.

[362] Juessen, F. A distribution dynamics approach to regional GDP convergence in unified Germany [J]. Empirical Economics, 2009, 37 (3): 627.

[363] Kaganovich, M., Zilcha, I. Education, social security and growth [J]. Journal of Public Economics, 1999, 71 (2): 289 - 309.

[364] Kahneman, D., Tversky, A. Prospect theory: An analysis of decision under risk [J]. Econometrica, 1979, 47: 263 - 292.

[365] Kahouli, B. The short and long run causality relationship among economic growth, energy consumption and financial development: Evidence from south Mediterranean countries (SMCs) [J]. Energy Economics, 2017, 68: 19 - 30.

[366] Kaminsky, G. L., Reinhart, C. M. The twin crises: The causes of banking and balanceof-payments problems [J]. American Economic Review, 1999, 89: 473 - 500.

[367] Kang, W., Ratti, R. A. Oil shocks, policy uncertainty and stock market return [J]. Journal of International Financial Markets, Institutions and Money, 2013, 26: 305 - 318.

[368] Kang, W., Lee, K., Ratti. R. A. Economic policy uncertainty and firm-level investment [J]. Journal of Macroeconomics, 2014, 39 (3): 42 - 53.

[369] Kang, Y. Q., Zhao, T., Yang, Y. Y. Environmental Kuznets

curve for CO_2 emissions in China: A spatial panel data approach [J]. Ecological Indicators, 2016, 63: 231-239.

[370] Kapetanios, G., Shin, Y., Snell, A. Testing for a unit root in the nonlinear STAR framework [J]. Journal of Economics, 2003, 112: 359-379.

[371] Karagianni, S., Pempetzoglou, M., Saraidaris, A. Tax burden distribution and GDP growth: Non-linear causality considerations in the USA [J]. International Review of Economics and Finance, 2012, 21: 186-194.

[372] Karali, B., Ramirez, O. A. Macro determinants of volatility and volatility spillover in energy markets [J]. Energy Economics, 2014, 46: 413-421.

[373] Katayama, M. Declining effects of oil price shocks [J]. Journal of Money, Credit, and Banking, 2013, 45 (6): 977-1016.

[374] Keerthiratne, S., Tol, R. S. J. Impact of natural disasters on income inequality in Sri Lanka [J]. World Development, 2018, 105: 217-230.

[375] Kelly, B., Pástor, L. Veronesi, P. The price of political uncertainty: Theory and evidence from the option market [J]. Journal of Finance, 2016, 71 (5): 2417-2480.

[376] Kim, H., Marcouiller, D. W. Considering disaster vulnerability and resiliency: The case of hurricane effects on tourism-based economies [J]. Annals of Regional Science, 2015, 54 (3): 945-971.

[377] Kim, J., Park, K. Financial development and deployment of renewable energy technologies [J]. Energy Economics, 2016, 59: 238-250.

[378] Kim, S. W., Lee, B. S. Stock returns, asymmetric volatility, risk aversion, and business cycle: Some new evidence [J]. Economic Inquiry, 2008, 46 (2): 131-148.

[379] Kiran, B. Energy intensity convergence in OECD countries [J]. Energy Exploration Exploitation, 2013, 31 (2): 237-247.

[380] Kiviet, J. On bias, inconsistency, and efficiency of various estimators in dynamic panel data models [J]. Journal of Econometrics, 1995, 68: 53-78.

[381] Kiviet, J. F. Expectations of expansions for estimators in a dynamic panel data model: some results for weakly exogenous regressors. In: Hsiao, C.,

Lahiri, K., Lee, L. F., Pesaran, M. H. (Eds.), Analysis of Panels and Limited Dependent Variables [A]. Cambridge University Press, Cambridge, 1999.

[382] Klomp, J., Hoogezand, B. Natural disasters and agricultural protection: A panel data analysis [J]. World Development, 2018, 104: 404 – 417.

[383] Koch, N. Tail events: A new approach to understanding extreme energy commodity prices [J]. Energy Economics, 2014, 43: 195 – 205.

[384] Koenker, R. Quantile regression [J]. New York: Cambridge University Press, 2005.

[385] Koenker, R., Bassett, G. Regression quantiles [J]. Econometrica, 1978, 46 (1): 33 – 50.

[386] Koenker, R., Xiao, Z. Unit root quantile autoregression inference [J]. Journal of the American Statistical Association, 2004, 99 (467): 775 – 787.

[387] Koerniadi, H., Krishnamurti, C., Tourani – Rad, A. Natural disasters—Blessings in disguise? [J]. Singapore Economic Review, 2016, 61 (1): 1 – 17.

[388] Koop, G., Osiewalski, J., Steel, M. F. Modeling the sources of output growth in a panel of countries [J]. Journal of Business and Economic Statistics, 2000, 18 (3): 284 – 299.

[389] Kosec, K., Mo, C. H. Aspirations and the role of social protection: Evidence from a natural disaster in rural Pakistan [J]. World Development, 2017, 97: 49 – 66.

[390] Kounetas, K. E. Energy consumption and CO_2 emissions convergence in European Union member countries. A tonneau des Danaides? [J]. Energy Economics, 2018, 69: 111 – 127.

[391] Kraft, H., Schwartz, E. S., Weiss, F. Growth options and firm valuation (NBER Working Paper) [R]. Available at SSRN: https://ssrn.com/abstract = 2212016, 2017.

[392] Kraft, J., Kraft, A. On the relationship between energy and GNP [J]. The Journal of Energy and Development, 1978, 3 (2): 401 – 403.

[393] Krichene, N. World crude oil and natural gas: A demand and supply

model [J]. Energy Economics, 2002, 24: 557 – 576.

[394] Kruse, R. A new unit root test against ESTAR based on a class of modified statistics [J]. Statistical Papers, 2011, 52 (1): 71 – 85.

[395] Kruyt, B., van Vuuren, D. P., de Vries, H. J. M., Groenenberg, H. Indicators for energy security [J]. Energy Policy, 2009, 37: 2166 – 2181.

[396] Kwiatkowski, D., Phillips, P. C. B., Schmidt, P., Shin, Y. Testing the null hypothesis of stationarity against the alternative of a unit root: How sure are we that economic time series have a unit root? [J]. Journal of Econometrics, 1992, 54: 159 – 178.

[397] Kwiatkowski, D., Phillips, P. C. B., Schmidt, P., Shin, Y. Testing the null hypothesis of stationarity against the alternative of a unit root [J]. Journal of Econometrics, 1992, 54: 159 – 178.

[398] La Porta, R., Lopez – de – Silanes, F., Shleifer, A., Vishny, R. Legal determinants of external finance [J]. Journal of Finance, 1997, 52: 1131 – 1150.

[399] La Porta, R., Lopez – de – Silanes, F., Shleifer, A., Vishny, R. W. Law and finance [J]. Journal of Political Economy, 1998, 106: 1113 – 1155.

[400] Lai, Y. W. Macroeconomic factors and index option returns [J]. International Review of Economics Finance, 2017, 48: 452 – 477.

[401] Lamla, M. J. Long-run determinants of pollution: A robustness analysis [J]. Ecological Economics, 2009, 69: 135 – 144.

[402] Law, S. H., Tan, H. B., Azman – Saini, W. N. W. Financial development and income inequality at different levels of institutional quality [J]. Emerging Markets Finance and Trade, 2014, 50: 21 – 33.

[403] Law, S. H., Tan, H. B., Azman – Saini, W. N. W. Globalisation, institutional reforms and financial development in East Asian economies [J]. World Economy, 2015, 38: 379 – 398.

[404] Le Pen, Y., Sévi, B. On the non-convergence of energy intensities: Evidence from a pair-wise econometric approach [J]. Ecological Econom-

ics, 2010, 69 (3): 641 – 650.

[405] Le, T. H., Chang, Y., Park, D. Energy demand convergence in APEC: An empirical analysis [J]. Energy Economics, 2017, 65, 32 – 41.

[406] Le, T. H. Dynamics between energy, output, openness and financial development in sub – Saharan African countries [J]. Applied Economics, 2016, 48: 914 – 933.

[407] Le, T. H., Nguyen, C. P. Is energy security a driver for economic growth? Evidence from a global sample [J]. Energy Policy, 2019, 129: 436 – 451.

[408] Lean, H. H., Smyth, R. On the dynamics of aggregate output, electricity consumption and exports in Malaysia: Evidence from multivariate Granger causality tests [J]. Applied Energy, 2010, 87 (6): 1963 – 1971.

[409] Lean, H. H., Smyth, R. Are fluctuations in us production of renewable energy permanent or transitory? [J]. Applied energy, 2013, 101: 483 – 488.

[410] Lean, H. H., Smyth, R. Disaggregated energy demand by fuel type and economic growth in Malaysia [J]. Applied Economics, 2014, 132: 168 – 177.

[411] Lee, D., Zhang, H., Nguyen, C. The economic impact of natural disasters in pacific island countries: Adaptation and preparedness [R]. IMF: Washington, USA, 2018.

[412] Lee, C. C., Lee, C. C. Oil price shocks and Chinese banking performance: Do country risks matter? [J]. Energy Economics, 2019, 77: 46 – 53.

[413] Lee, C. C., Lee, C. C. The impact of country risk on income inequality: A multilevel analysis [J]. Social Indicators Research, 2018a, 136 (1): 139 – 162.

[414] Lee, C. C., Zeng, J. H. Revisiting the relationship between spot and futures oil prices: Evidence from quantile cointegration regression [J]. Energy Economics, 2011, 33: 924 – 935.

[415] Lee, C. C., Wang, C. W. Firms' cash reserve, financial constraint, and geopolitical risk [J]. Pacific – Basin Finance Journal, 2021, 65: 101480.

[416] Lee, C. C., Lee, C. C., Li, Y. Y. Oil Price Shocks, Geopolitical Risks, and Green Bond Market Dynamics [J]. North American Journal of Economics and Finance, 2021, 55: 101309.

[417] Lee, C. C., Chang, C. P. Energy consumption and economic growth in Asian economies: A more comprehensive analysis using panel data [J]. Resource and Energy Economics, 2008, 30 (1): 50 – 65.

[418] Lee, C. C., Chang, C. P. Stochastic convergence of per capita carbon dioxide emissions and multiple structural breaks in OECD countries [J]. Economic Modelling, 2009, 26 (6): 1375 – 1381.

[419] Lee, C. C., Lee, C. C., Chiou, Y. Y. Insurance activities, globalization, and economic growth: New method, new evidence [J]. Journal of International Financial Markets, Institutions and Money, 2017, 51: 155 – 170.

[420] Lee, C. C., Lee, C. C., Ning, S. L. Dynamic relationship of oil price shocks and country risks [J]. Energy Economics, 2017, 66: 571 – 581.

[421] Lee, C. C., Ranjbar, Q., Lee, C. C. Testing the persistence of shocks on renewable energy consumption: Evidence from a quantile unit-root test with smooth breaks [J]. Energy, 2021, 25: 119190.

[422] Lee, C. C., Lee, C. C. Oil price shocks and Chinese banking performance: Do country risks matter? [J]. Energy Economics, 2019, 77: 46 – 53.

[423] Lee, C. C., Chang, C. P. Energy consumption and economic growth in Asian economies: A more comprehensive analysis using panel data [J]. Resource and Energy Economics, 2008, 30 (1): 50 – 65.

[424] Lee, C. C., Chien, M. S. Dynamic modelling of energy consumption, capital stock, and real income in G – 7 countries [J]. Energy Economics, 2010, 32 (3): 564 – 581.

[425] Lee, C. C. Insurance and real output: The key role of banking activities [J]. Macroeconomic Dynamics, 2013, 17 (2): 235 – 260.

[426] Lee, C. C., Chen, M. P. Do natural disasters and geopolitical risks matter for cross-border country exchange-traded fund returns? [J]. The North American Journal of Economics and Finance, 2020, 51, 101054.

[427] Lee, C. C., Chien, M. S. Dynamic modelling of energy consump-

tion, capital stock, and real income in G – 7 countries [J]. Energy Economics, 2010, 32 (3): 564 – 581.

[428] Lee, C. C., Chiu, Y. B. Nuclear energy consumption, oil prices, and economic growth: Evidence from highly industrialized countries [J]. Energy Economics, 2011, 33 (2): 236 – 248.

[429] Lee, C. C., Hsieh, M. F. Beyond bank competition and profitability: Can moral hazard tell us more? [J]. Journal of Financial Services Research, 2013, 44 (1): 87 – 109.

[430] Lee, C. C., Lee, C. C. Oil price shocks and Chinese banking performance: Do country risks matter? [J]. Energy Economics, 2019, 77: 46 – 53.

[431] Lee, C. C., Liu, T. Y. Insurance development, banking activities, and regional output: Evidence from China [J]. Empirical Economics, 2017, 53 (3): 1059 – 1081.

[432] Lee, C. C., Chang, C. P. Energy consumption and economic growth in Asian economies: A more comprehensive analysis using panel data [J]. Resourceand Energy Economics, 2008, 30 (1): 50 – 65.

[433] Lee, C. C., Chang, C. P., Chen, P. F. Energy-income causality in OECD countries revisited: The key role of capital stock [J]. Energy Economics, 2008, 30 (5): 2359 – 2373.

[434] Lee, C. C., Chang, C. P. Energy consumption and economic growth in Asian economies: A more comprehensive analysis using panel data [J]. Resource and Energy Economics, 2008, 30: 50 – 65.

[435] Lee, C. C., Chang, C. P. Energy consumption and GDP revisited: A panel analysis of developed and developing countries [J]. Energy Economics, 2007, 29: 1206 – 1223.

[436] Lee, C. C., Chang, C. P. Structural breaks, energy consumption, and economic growth revisited: Evidence from Taiwan [J]. Energy Economics, 2005, 27: 857 – 872.

[437] Lee, C. C., Chiu, Y. B. The impact of real income on insurance premiums: Evidence from panel data [J]. International Review of Economics and Finance, 2012, 21: 241 – 260.

[438] Lee, C. C., Hsieh, M. F. Bank reforms, foreign ownership, and financial stability [J]. Journal of International Money and Finance, 2014, 40: 204-224.

[439] Lee, C. C., Lee, C. C., Chang, C. P. Globalization, economic growth, and institutional development in China [J]. Global Economic Review, 2015, 44 (1): 31-63.

[440] Lee, C. C., Lee, C. C., Lien, D. Income inequality, globalization, and country risk: A cross-country analysis [J]. Technological and Economic Development of Economy, 2020, 26 (2): 379-404.

[441] Lee, C. C., Lee, J. D. A panel data analysis of the demand for total energy and electricity in OECD countries [J]. Energy Journal, 2010, 31: 1-24.

[442] Lee, J., Strazicich, M. C. Minimum LM unit root test with one structural break [J]. Economics Bulletin, 2013, 33 (4): 2483-2492.

[443] Lee, J., Strazicich, M. C. Minimum LM unit root test with two structural breaks [J]. Review of Economics and Statistics, 2003, 85 (4): 1082-1089.

[444] Lee, J. W., Hong, K. Economic growth in Asia: Determinants and prospects [J]. Japan and the World Economy, 2012, 24 (2): 101-113.

[445] Lee, Y. L., Ranjbar, O., Jahangard, F. Chang, T. Analyzing slowdown and meltdowns in the african countries: New evidence using fourier quantile unit root test [J]. International Review of Economics Finance, 2020, 65: 187-198.

[446] Lesbirel, S. H. Diversification and energy security risks: The Japanese case [J]. Japanese Journal of Political Science, 2004, 5: 1-22.

[447] Levin, A., Lin, C. F., Chu, C. S. Unit root tests in panel data: Asymptotic and finite-sample properties [J]. Journal of Econometrics, 2002, 108 (1): 1-24.

[448] Levine, M. D., Koomey, J. G., Price, L., Geller, H., Nadel, S. Electricity end-use efficiency: Experience with technologies, markets and policies throughout the world [J]. Energy, 1995, 20: 37-61.

[449] Levine, R. Financial development and economic growth: Views and

agenda [J]. Journal of Economic Literature, 1997, 35: 688 – 726.

[450] Levine, R. Stock markets, banks, and economic growth [J]. American Economic Review, 1998, 88: 537 – 558.

[451] Levine, R., Loayza, N., Beck, T. Financial intermediation and growth: Causality and causes [J]. Journal of Monetary Economics, 2000, 46 (1): 31 – 77.

[452] Leybourne, S., Newbold, P., Vougas, D. Unit roots and smooth transitions [J]. Journal of Time Series Analysis, 1998, 19 (1): 83 – 97.

[453] Li, H., Park, S. Y. Testing for a unit root in a nonlinear quantile autoregression framework [J]. Econometric Reviews, 2018, 37 (8): 867 – 892.

[454] Li, J. Productivity and China's economic growth [J]. Economic Studies Quarterly, 1992, 43 (4): 337 – 350.

[455] Li, J., Born, J. A. Presidential election uncertainty and common stock returns in the United States [J]. Journal of Financial Research, 2006, 29 (4): 609 – 622.

[456] Li, J., Yang, L., Long, H. Climatic impacts on energy consumption: Intensive and extensive margins [J]. Energy Economics, 2018, 71: 332 – 343.

[457] Li, K., Lin, B. Impact of energy technology patents in China: Evidence from a panel cointegration and error correction model [J]. Energy Policy, 2016, 89: 214 – 223.

[458] Li, T., Wang, Y., Zhao, D. Environmental Kuznets Curve in China: New evidence from dynamic panel analysis [J]. Energy Policy, 2016, 91: 138 – 147.

[459] Liddle, B. The energy, economic growth, urbanization nexus across development: Evidence from heterogeneous panel estimates robust to cross-sectional dependence [J]. Energy Journal, 2013, 34 (2): 223 – 244.

[460] Liddle, B. Revisiting world energy intensity convergence for regional differences [J]. Applied Energy, 2010, 87 (10): 3218 – 3225.

[461] Lijphart, A. Patterns of democracy: Government forms and perform-

ance in thirty-six countries [M]. New Haven: Yale University Press. 1999.

[462] Lin, B., Du, K. Measuring energy rebound effect in the Chinese economy: An economic accounting approach [J]. Energy Economics, 2015, 50 (C): 96 – 104.

[463] Lin, J. Y., Liu, Z. Fiscal decentralization and economic growth in China [J]. Economic Development and Cultural Change, 2000, 49 (1): 1 – 21.

[464] Lintner, J. The valuation of risk assets and the selection of risky investments in stock portfolios and capital budgets [J]. Review of Economics and Statistics, 1965, 47 (1): 13 – 39.

[465] Lipscy, P. Y. The electoral politics of energy [Z]. Working Paper, 2013.

[466] Liu, C., Sun, X., Chen, J., Li, J. Statistical properties of country risk ratings under oil price volatility: Evidence from selected oil-exporting countries [J]. Energy Policy, 2016, 92: 234 – 245.

[467] Liu, G. C., Lee, C. C., Lee, C. C. The nexus between insurance activity and economic growth: A bootstrap rolling window approach [J]. International Review of Economics Finance, 2016, 43: 299 – 319.

[468] Liu, G., Lee, C. C., Liu, Y. Growth path heterogeneity across provincial economies in China: The role of geography versus institutions [J]. Empirical Economics, 2020, 59: 503 – 546.

[469] Liu, G., Liu, Y., Zhang, C. Factor allocation, economic growth and unbalance regional development in China [J]. World Economy, 2018, 41 (3): 2239 – 2263.

[470] Liu, G., Liu, Y., Zhang, C. Financial development, financial structure and income inequality in China [J]. World Economy, 2017, 40 (3): 1890 – 1917.

[471] Liu, J. China's renewable energy law and policy: A critical review [J]. Renewable Sustainable Energy Reviews, 2019b, 99: 212 – 219.

[472] Liu, J. Investments in the energy sector of Central Asia: Corruption risk and policy implications [J]. Energy Policy, 2019a, 133: 110912.

[473] Liu, L., Zhou, C., Huang, J., Hao, Y. The impact of financial

development on energy demand: Evidence from China [J]. Emerging Markets Finance and Trade, 2018, 54: 269 – 287.

[474] Liu, T., Hammoudeh, S., Thompson, M. A. A momentum threshold model of stock prices and country risk ratings: Evidence from BRICS countries [J]. Journal of International Financial Markets, Institutions and Money, 2013, 27: 99 – 112.

[475] Liu, X. Explaining the relationship between CO_2 emissions and national income-the role of energy consumption [J]. Economics Letters, 2005, 87: 325 – 328.

[476] Liu, X., Burridge, P., Sinclair, P. J. N. Relationships between economic growth, foreign direct investment and trade: Evidence from China [J]. Applied Economics, 2002, 34 (11): 1433 – 1440.

[477] Liu, X., Zhang, S., Bea, J. The impact of renewable energy and agriculture on carbon dioxide emissions: Investigating the environmental Kuznets curve in four selected ASEAN countries [J]. Journal of Cleaner Production, 2017, 164: 1239 – 1247.

[478] Loayza, N. V., Olaberria, E., Rigolini, J., Christiaensen, L. Natural disasters and growth: Going beyond the averages [J]. World Development, 2012, 40 (7): 1317 – 1336.

[479] Löschel, A., Moslener, U., Rübbelke, D. T. G. Indicators of energy security in industrialised countries [J]. Energy Policy, 2010, 38: 1665 – 1671.

[480] Lubnau, T., Todorova, N. Trading on mean-reversion in energy futures markets [J]. Energy Economics, 2015, 51: 312 – 319.

[481] Lucas, R. E. On the Mechanics of Economic Development [J]. Journal of Monetary Economics, 1988, 22 (1): 3 – 42.

[482] Lundblad, C. The risk-return trade-off in the long run: 1836 – 2003 [J]. Journal of Financial Economics, 2007, 85 (1): 123 – 150.

[483] Luzzati, T., Orsini, M. Investigating the energy-environmental Kuznets curve [J]. Energy Economics, 2009, 34 (3): 291 – 300.

[484] Maddala, G S, Wu, S. A comparative study of unit root tests with

panel data and a new simple test [J]. Oxford Economic Papers-new Series, 1999, 61: 631 -652.

[485] Maddala, G. S., Kim, In – Moo, Unit roots, Cointegration, and Structural Change [M]. Cambridge Books, Cambridge University Press, 1999.

[486] Maddala, G. S., Trost, R. P., Li, H., Joutz, F. Estimation of short-run and long-run elasticities of energy demand from panel data using shrinkage estimators [J]. Journal of Business and Economics Statistics, 1997, 15: 90 -100.

[487] Maddala, G. S., Wu, S. A comparative study of unit root tests with panel data and a new simple test [J]. Oxford Bulletin of Economics and Statistics, 1999, 61: 631 -652.

[488] Maha, L. G., Viorica, E. D., Asandului, M., Maha, A. Hotel efficiency analysis from the customer's point of view in Romania: A stochastic production frontier approach [J]. Emerging Markets Finance and Trade, 2018, 54 (3): 661 -676.

[489] Makiela, K., Osiewalski, J. Cost efficiency analysis of electricity distribution [J]. Energy Journal, 2018, 39 (4): 31 -57.

[490] Manera, M., Nicolini, M., Vignati, I. Modelling futures price volatility in energy markets: Is there a role for financial speculation? [J]. Energy Economics, 2016, 53: 220 -229.

[491] Mankiw, N. G., Romer, D., Weil, D. N. A contribution to the empirics of economic growth [J]. The Quarterly Journal of Economics, 1992, 107 (2): 407 -437.

[492] Mariscal, J. O., Lee, R. M. The valuation of Mexican stocks: An extension of the capital asset pricing model to emerging markets [J]. Goldman Sachs, New York, 1993.

[493] Markandya, A., Pedroso – Galinato, S., Streimikiene, D. Energy intensity in transition economies: Is there convergence towards the EU average? [J]. Energy Economics, 2006, 28 (1): 121 -145.

[494] Maslyuk, S., Smyth, R. Cointegration between oil spot and future prices of the same and different grades in the presence of structural change [J]. Energy Policy, 2009, 37: 1687 -1693.

［495］Maswana, J. C. China's financial development and economic growth: Exploring the contradictions ［J］. Journal of Chinese Economics and Finance, 2011, 3: 15 – 27.

［496］Mayfield, S. Estimating the market risk premium ［J］. Journal of Financial Economics, 2004, 73: 465 – 496.

［497］Maza, A., Villaverde, J. The world per capita electricity consumption distribution: Signs of convergence? ［J］. Energy Policy, 2008, 36 (11): 4255 – 4261.

［498］McKitrick, R. The politics of pollution: Party regimes and air quality in Canada ［J］. The Canadian Journal of Economics, 2006, 39: 604 – 620.

［499］McMillan, D. G. Non-linear predictability of UK stock market returns ［J］. Oxford Bulletin of Economics and Statistics, 2003, 65: 557 – 573.

［500］Meng, M., Payne, J. E., Lee, J. Convergence in per capita energy use among OECD countries ［J］. Energy Economics, 2013, 36: 536 – 545.

［501］Mensi, W., Hammoudeh, S., Yoon, S. M., Balcilar, M. Impact of macroeconomic factors and country risk ratings on GCC stock markets: Evidence from a dynamic panel threshold model with regime switching ［J］. Applied Economics, 2017, 49 (13): 1255 – 1272.

［502］Mensi, W., Hammoudeh, S., Yoon, S. M., Nguyen, D. K. Asymmetric linkages between BRICS stock returns and country risk ratings: Evidence from dynamic panel threshold models ［J］. Review of International Economics, 2016, 24 (1): 1 – 19.

［503］Merton, R. C. Presidential address: A simple model of capital market equilibrium with incomplete information ［J］. Journal of Finance, 1987, 42 (3): 483 – 510.

［504］Metcalf, G. E. An empirical analysis of energy intensity and its determinants at the state level ［J］. The Energy Journal, 2008, 29: 1 – 26.

［505］Mielnik, O., Goldemberg, J. Foreign direct investment and decoupling between energy and gross domestic product in developing countries ［J］. Energy Policy, 2002, 30 (2): 87 – 89.

［506］Mierau, J. O., Jong-A-Pin, R., de Haan, J. Do political variables affect fiscal policy adjustment decisions? [J]. New empirical evidence. Public Choice, 2007, 133: 297-319.

[507] Miketa, A., Mulder, P. Energy productivity across developed and developing countries in 10 manufacturing sectors: Patterns of growth and convergence [J]. Energy Economics, 2005, 27 (3): 429-453.

[508] Minier, J. Opening a stock exchange [J]. Journal of Development Economics, 2009, 90.

[509] Mishkin, F. S. Globalization and financial development [J]. Journal of Development Economics, 2009, 89, 164-169.

[510] Mishra, G. S., Zakerinia, S., Yeh, S., Teter, J. Morrison, G. Mitigating climate change: Decomposing the relative roles of energy conservation, technological change, and structural shift [J]. Energy Economics, 2014, 44: 448-455.

[511] Mishra, V., Smyth, R., 2014. Convergence in energy consumption per capita among ASEAN countries [J]. Energy Policy, 2014, 73: 180-185.

[512] Mogaka, H., Gichere, S., Davis, R., Hirji, R. Climate variability and water resources degradation in Kenya: Improving water resources development and management [J]. World Bank Working Paper, 2006, No. 69.

[513] Mohammadi, H., Ram, R. Cross-country convergence in energy and electricity consumption, 1971-2007 [J]. Energy Economics, 2012, 34 (6): 1882-1887.

[514] Moon, Y. S., Sonn, Y. H. Productive energy consumption and economic growth: an endogenous growth model and its empirical application [J]. Resource and Energy Economics, 1996, 18: 189-200.

[515] Moreau, V., Vuille, F. Decoupling energy use and economic growth: Counter evidence from structural effects and embodied energy in trade [J]. Applied Energy, 2018, 215: 54-62.

[516] Mork, K. A., Olsen, O., Mysen, H. T. Macroeconomic responses to oil price increases and decreases in seven OECD countries [J]. Energy Journal, 1994, 15: 19-35.

[517] Mrabet, Z., Alsamara, M. Testing the Kuznets curve hypothesis for

Qatar: A comparison between carbon dioxide and ecological footprint [J]. Renewable and Sustainable Energy Reviews, 2017, 70: 1366-1375.

[518] Mukherjee, K. Energy use efficiency in the Indian manufacturing sector: An interstate analysis [J]. Energy Policy, 2008, 36: 662-672.

[519] Mulder, P., De Groot, H. L. F. Structural change and convergence of energy intensity across OECD countries, 1970-2005 [J]. Energy Economics, 2012, 34 (6): 1910-1921.

[520] Mulder, P., De Groot, H. L. Sectoral energy-and labour-productivity convergence [J]. Environmental and Resource Economics, 2007, 36 (1): 85-112.

[521] Murakami, K., Ida, T., Tanaka, M., Friedman, L. Consumers' willingness to pay for renewable and nuclear energy: A comparative analysis between the US and Japan [J]. Energy Economics, 2015, 50: 178-189.

[522] Mussini, M. Inequality and convergence in energy intensity in the European Union [J]. Applied Energy, 2020, 261: 114371.

[523] Naifar, N., Hammoudeh, S. Do global financial distress and uncertainties impact GCC and global sukuk return dynamics? [J]. Pacific-Basin Finance Journal, 2016, 39: 57-69.

[524] Najarzadeh, R., Reed, M., Khoshkhoo, A., Gallavani, A. Trade and energy consumption in the OPEC countries [J]. Journal of Economic Cooperation and Development, 2015, 36 (1): 89-102.

[525] Narayan, P. K., Narayan, S., Popp, S. A note on the long-run elasticities from the energy consumption-GDP relationship [J]. Applied Energy, 2010b, 87 (3), 1054-1057.

[526] Narayan, P. K. Macroeconomic impact of natural disasters on a small island economy: Evidence from a CGE model [J]. Applied Economics Letters, 2003, 10 (11): 721-723.

[527] Narayan, P. K., Gupta, R. Has oil price predicted stock returns for over a century? [J]. Energy Economics, 2015, 48: 18-23.

[528] Narayan, P. K., Smyth, R. Are shocks to energy consumption permanent or temporary? Evidence from 182 Countries [J]. Energy Policy, 2007,

35 (1): 333-341.

[529] Narayan, P. K., Popp, S. A new unit root test with two structural breaks in level and slope at unknown time [J]. Journal of Applied Statistics, 2010, 37 (9): 1425-1438.

[530] Narayan, P. K., Liu, R. A unit root model for trending time-series energy variables [J]. Energy Economics, 2015, 50: 391-402.

[531] Narayan, P. K., Narayan, S., Sharma, S. S. An analysis of commodity markets: What gain for investor? [J]. Journal of Banking and Finance, 2013, 37: 3878-3889.

[532] Narayan, P. K., Narayan, S., Popp, S. Energy consumption at the state level: the unit root null hypothesis from Australia [J]. Applied Energy, 2010a, 87 (6): 1953-1962.

[533] Narayan, P. K., Narayan, S., Smyth, R. Are oil shocks permanent or temporary? Panel data evidence from crude oil and NGL production in 60 Countries [J]. Energy Economics, 2008, 30 (3): 919-936.

[534] Narayan, P. K., Narayan, S., Popp, S. Energy Consumption at the State Level: The Unit Root Null Hypothesis from Australia [J]. Applied Energy, 2010, 87 (6): 1953-1962.

[535] Narayan, P. K., Narayan, S., Thuraisamy, K. S. Can institutions and macroeconomic factors predict stock returns in emerging markets? [J]. Emerging Markets Review, 2014, 19: 77-95.

[536] Narayan, P. K., Sharma, S. S., Thuraisamy, K. S. Can governance quality predict stock market returns? New global evidence [J]. Pacific-Basin Finance Journal, 2015, 35: 367-380.

[537] Narayan, P. K., Singh, B. The electricity consumption and GDP nexus for the Fiji Islands [J]. Energy Economics, 2007, 29: 1141-1150.

[538] Narayan, P. K., Smyth, R. Democracy and economic growth in China: evidence from cointegration and causality testing [J]. Review of Applied Economics, 2006, 2: 81-98.

[539] Narayan, P. K., Smyth, R. Energy consumption and real GDP in G7 countries: New evidence from panel cointegration with structural breaks [J].

Energy Economics, 2008, 30: 2331 - 2341.

[540] Narayan, P. K., Smyth, R., Prasad, A. Electricity consumption in G7 countries: A panel cointegration analysis of residential demand elasticities [J]. Energy Policy, 2007, 35: 4485 - 4494.

[541] Narayan, S., Doytch, N. An investigation of renewable and non-renewable energy consumption and economic growth nexus using industrial and residential energy consumption [J]. Energy Economics, 2017, 68: 160 - 176.

[542] Nasr, G. E., Badr, E. A., Dibeh, G. Econometric modeling of electricity consumption in post-war Lebanon [J]. Energy Economics, 2000, 6: 627 - 640.

[543] Nelson, J. P. "Green" voting and ideology: LCV scores and roll-call voting in the U. S. senate, 1988 - 1998 [J]. The Review of Economics and Statistics, 2002, 84: 518 - 529.

[544] Neumayer, E. Are left-wing party strength and corporatism good for the environment? Evidence from panel analysis of air pollution in OECD countries [J]. Ecological Economics, 2003, 45: 203 - 220.

[545] Neumayer, E. The environment, left-wing political orientation and ecological economics [J]. Ecological Economics, 2004, 51: 167 - 175.

[546] Newey, W. K., West, K. D. A simple, positive semi-definite, heteroskedasticity and autocorrelation consistent covariance matrix [J]. Econometrica, 1987, 55 (3): 703 - 708.

[547] Nguyen, Q. Do natural disasters open a window of opportunity for corruption? [J]. Journal of Development Studies, 2017, 1: 156 - 172.

[548] Nguyen - Van, P. Energy consumption and income: A semiparametric panel data analysis [J]. Energy Economics, 2010, 3: 557 - 563.

[549] Nilsson, L. J. 1993. Energy intensity trends in 31 industrial and developing countries 1950 - 1988 [J]. Energy Economics, 1993, 18 (4): 309 - 322.

[550] Noy, I. The macroeconomic consequences of disasters [J]. Journal of Development Economics, 2009, 2: 221 - 231.

[551] O'Connor, R., Bord, R., Yarnal, B., Wiefek, N. Who wants to

reduce greenhouse gas emissions? [J]. Social Science Quarterly, 2002, 83: 1 - 17.

[552] Obama, B. The irreversible momentum of clean energy [J]. Science, 2017, 355 (6321): 126 - 129.

[553] Ockwell, D. G. Energy and economic growth: Grounding our understanding in physical reality [J]. Energy Policy, 2008, 36 (12): 4600 - 4604.

[554] Oi, W. Y. The desirability of price instability under perfect competition [J]. Econometrica, 1961, 29 (1): 58 - 64.

[555] Olatubi, W. O., Zhang, Y. A dynamic estimation of total energy demand for the Southern States [J]. Review of Regional Studies, 2003, 33: 206 - 228.

[556] Orea, L., Kumbhakar, S. C. Efficiency measurement using a latent class stochastic frontier model [J]. Empirical Economics, 2004, 29: 169 - 183.

[557] Orgiazzi, E. Financial development and instability: the role of the labour share [J]. Research Economics, 2008, 62: 215 - 236.

[558] Ouédraogo, I. M. Electricity consumption and economic growth in Burkina Faso: A cointegration analysis [J]. Energy Economics, 2010, 32: 524 - 531.

[559] Ouyang, Y., Li, P. On the nexus of financial development, economic growth, and energy consumption in China: New perspective from a GMM panel VAR approach [J]. Energy Economics, 2018, 71: 238 - 252.

[560] Owen, A. L., Videras, J., Davis, J. Do all countries follow the same growth process? [J]. Journal of Economic Growth, 2009, 14 (4): 265 - 286.

[561] Ozcan, B., Öztürk, I. A new approach to energy consumption per capita stationarity: Evidence from OECD countries [J]. Renewable and Sustainable Energy Reviews, 2016, 65: 332 - 344.

[562] Öztek, M. F., Öcal, N. Financial crises and the nature of correlation between commodity and stock markets [J]. International Review of Economics Finance, 2017, 48: 56 - 68.

[563] Ozturk, I. A literature survey on energy-growth nexus [J]. Energy Policy, 2010, 38: 340 - 349.

[564] Ozturk, I., Al-Mulali, U. Investigating the validity of the environmental Kuznets curve hypothesis in Cambodia [J]. Ecological Indicators, 2015, 57: 324-330.

[565] Öztürk, I., Aslan, A. Are fluctuations in electricity consumption permanent or transitory? Evidence from a nonlinear unit root test in high-income OECD countries [J]. Energy Sources, Part B: Economics, Planning, and Policy, 2015, 10 (3): 257-262.

[566] Paap, R., Franses, P. H., van Dijk, D. Does Africa grow slower than Asia, Latin America and the Middle East? Evidence from a new data-based classification method [J]. Journal of Development Economics, 2015, 77 (2): 553-570.

[567] Pablo-Romero, M. del P. Sanchez-Braza, A. Residential energy environmental Kuznets curve in the EU-28 [J]. Energy Economics, 2017a, 125: 44-54.

[568] Pablo-Romero, M. del P., Sanchez-Braza, A. The changing of the relationships between carbon footprints and final demand: Panel data evidence for 40 major countries [J]. Energy Economics, 2017b, 61: 8-20.

[569] Pablo-Romero, M. P., Cruz, L., Barata, E. Testing the transport energy-environmental Kuznets curve hypothesis in the EU27 countries [J]. Energy Economics, 2017, 62: 257-269.

[570] Pantzalis, C., Stangeland, D. A., Turtle, H. J. Political elections and the resolution of uncertainty: The international evidence [J]. Journal of Banking Finance, 2000, 24 (1): 1575-1604.

[571] Papageorgious, C. Trade as a threshold variable for multiple regimes [J]. Economics Letters, 2002, 77 (1): 85-91.

[572] Paramati, S. R., Mo, D., Gupta, R. The effects of stock market growth and renewable energy use on CO_2 emissions: Evidence from G20 countries [J]. Energy Economics, 2017, 6: 360-371.

[573] Pástor, L., Veronesi, P. Political uncertainty and risk premia [J]. Journal of Financial Economics, 2013, 110 (3): 520-545.

[574] Pástor, L., Veronesi, P. Uncertainty about government policy and

stock prices [J]. Journal of Finance, 2012, 67 (4): 1219 – 1264.

[575] Payne, J. E., Vizek, M., Lee, J. Stochastic convergence in per capita fossil fuel consumption in US states [J]. Energy Economics, 2017, 62: 382 – 395.

[576] Payne, J. E. A survey of the electricity consumption-growth literature [J]. Applied Energy, 2010b, 87: 723 – 731.

[577] Payne, J. E. Survey of the international evidence on the causal relationship between energy consumption and growth [J]. Journal of Economic Studies, 2010a, 37, 53 – 95.

[578] Pedroni, P. Critical values for cointegration tests in heterogeneous panels with multiple regressors [J]. Oxford Bulletin of Economics and Statistics, 1999, 61: 653 – 670.

[579] Pedroni, P. Purchasing power parity tests in cointegrated panels [J]. The Review of Economics and Statistics, 2001, 83 (4): 727 – 731.

[580] Perron, P. The great crash, the oil price shock, and the unit root hypothesis [J]. Econometrica, 1989, 57 (6): 1361 – 1401.

[581] Pesaran, H. M. A simple panel unit root test in the presence of cross section dependence [J]. Applied Economics, 2007, 22: 265 – 312.

[582] Pesaran, M. H. A pair-wise approach to testing for output and growth convergence [J]. Journal of Econometrics, 2007, 138 (1): 312 – 355.

[583] Petrovic – Randelovic, M., Mitic, P., Zdravkovic, A., Cvetanovic, D., Cvetanovic, S. Economic growth and carbon emissions: Evidence from CIVETS countries [J]. Applied Economics, 2020 (16): 1806 – 1815.

[584] Phillips, P. C. B., Perron, P. Testing for a unit root in time series regression [J]. Biometrika, 1988, 75 (2): 335 – 346.

[585] Pitlik, H., Wirth, S. Do crises promote the extent of economic liberalization? An empirical test [J]. European Journal of Political Economy, 2003, 19: 565 – 581.

[586] Polemis, M. L. Empirical assessment of the determinants of road energy demand in Greece [J]. Energy Economics, 2006, 28: 385 – 403.

[587] Pollner, J. Financial and fiscal instruments for catastrophe risk man-

agement: Addressing losses from flood hazards in Central Europe [J]. World Bank Study, 2012, 9381.

[588] Popp, D., Santen, N., Fisher - Vanden, K., Webster, M. Technology variation vs. RD uncertainty: What matters most for energy patent success? [J]. Resource and Energy Economics, 2013 (4): 505 - 533.

[589] Potrafke, N. Did globalization restrict partisan politics? An empirical evaluation of social expenditures in a panel of OECD countries [J]. Public Choice, 2009, 140: 105 - 124.

[590] Potrafke, N. Does government ideology influence deregulation of product markets? Empirical evidence from OECD countries [J]. Public Choice, 2010a, 143: 135 - 155.

[591] Potrafke, N. Labor market deregulation and globalization: Empirical evidence from OECD countries [J]. Review of World Economics, 2010b, 146: 545 - 571.

[592] Price, J. I., Renzetti, S., Dupont, D., Adamowicz, W., Emelko, M. B. Production costs, inefficiency, and source water quality: A stochastic cost frontier analysis of Canadian water utilities [J]. Land Economics, 2017, 93 (1): 1 - 11.

[593] Prosser, R. D. Demand elasticities in OECD: Dynamic aspects [J]. Energy Economics, 1985, 7: 9 - 12.

[594] Qian Y. A theory of shortage in socialist economies based on the soft budget constraint [J]. American Economic Review, 1994, 84 (1): 145 - 156.

[595] Qiu, X., Zheng, J., Wan, D., Feng, C., Ba, W., Yan, Y. Factor analysis and prospects of China's economic growth [J]. Economic Research Journal, 2006, 5: 4 - 12.

[596] Quah, D. Galton's fallacy and tests of the convergence hypothesis [J]. Scandinavian Journal of Economics, 1993, 95: 427 - 443.

[597] Raddatz, C. Are external shocks responsible for the instability of output in low-income countries? [J]. Journal of Development Economics, 2007, 1: 155 - 187.

[598] Rafiq, S., Sgro, P., Apergis, N. Asymmetric oil shocks and exter-

nal balances of major oil exporting and importing countries [J]. Energy Economics, 2016, 56: 42 - 50.

[599] Rahman, M. M., Mamun, S. A. K. Energy use, international trade and economic growth nexus in Australia: New evidence from an extended growth model [J]. Renewable and Sustainable Energy Reviews, 2016, 64: 806 - 816.

[600] Rahman, S., Serletis, A. The asymmetric effects of oil price and monetary policy shocks: A nonlinear VAR approach [J]. Energy Economics, 2010, 32: 1460 - 1466.

[601] Rajbhandari, A., Zhang, F. Does energy efficiency promote economic growth? Evidence from a multicountry and multisectoral panel dataset [J]. Energy Economics, 2018, 69: 128 - 139.

[602] Ram, R. Openness, country size, and government size: Additional evidence from a large cross-country panel [J]. Journal of Public Economics, 2009, 93: 213 - 218.

[603] Ranjbar, O., Li, X. L., Chang, T., Lee, C. C. Stability of long-run growth in East Asian countries: New evidence from panel stationarity test with structural breaks [J]. Journal of International Trade Economic Development, 2015, 24 (4): 570 - 589.

[604] Ranjbar, O., Chang, T., Elmi, Z., Lee, C. C. A new unit root test against asymmetric ESTAR nonlinearity with smooth breaks [J]. Iranian Economic Review, 2018, 22 (1): 51 - 62.

[605] Rao, N., Singh, C., Solomon, D., Camfield, L., Sidiki, R., Angula, M. Managing risk, changing aspirations and household dynamics: Implications for wellbeing and adaptation in semi-arid Africa and India [J]. World Development, 2020, 125: 104667.

[606] Ray - Bennett, N. S. Disasters, deaths, and the Sendai goal one: Lessons from Odisha, India [J]. World Development, 2018, 3: 27 - 39.

[607] Raza, S. A., Shahbaz, M., Nguyen, D. K. Energy conservation policies, growth and trade performance: Evidence of feedback hypothesis in Pakistan [J]. Energy Policy, 2015, 80: 1 - 10.

[608] Reboredo, J. C., Uddin, G. S. Do financial stress and policy uncer-

tainty have an impact on the energy and metals markets? A quantile regression approach [J]. International Review of Economics Finance, 2016, 43: 284 - 298.

[609] Reboredo, J. C., Rivera - Castro, M. A., Ugolini, A. Wavelet-based test of co-movement and causality between oil and renewable energy stock prices [J]. Energy Economics, 2017, 61: 241 - 252.

[610] Richardson, H. W., Park, J. National economic impact analysis of terrorist attacks and natural disasters: Conclusions. In H. W. Richardson, J. Park, J. E. Moore II, Q. Pan (Eds.) [M]. National Economic Impact Analysis of Terrorist Attacks and Natural Disasters (2014), pp. 270 - 274). Cheltenham, UK and Northampton, MA: Elgar, 2014, 270 - 274.

[611] Rioja, F., Valev, N. Finance and the sources of growth at various stages of economic development [J]. Economic Inquiry, 2004, 42 (1), 127 - 140.

[612] Rodriguez - Oreggia, E., De La Fuente, A., De La Torre, R., Moreno, H. A. Natural disasters, human development and poverty at the municipal level in Mexico [J]. Journal of Development Studies, 2013, 3: 442 - 455.

[613] Roe, M. J., Siegel, J. I. Political instability: Effects on financial development, roots in the severity of economic inequality [J]. Journal of Comparative Economics, 2011, 39: 279 - 309.

[614] Romer, P. M. 1986. Increasing returns and long-run growth [J]. Journal of Political Economy, 1986, 94 (5): 1002 - 1037.

[615] Romero - ávila, D. Convergence in carbon dioxide emissions among industrialised countries revisited [J]. Energy Economics, 2008, 30 (5): 2265 - 2282.

[616] Roodman, D. A note on the theme of too many instruments [J]. Oxford Bulletin of Economics and Statistics, 2009, 1: 135 - 158.

[617] Roodman, D. How to do xtabond 2: An introduction to difference and system GMM in Stata [J]. Stata Journal, 2009, 9: 86 - 136.

[618] Rosselló, J., Becken, S., Santana - Gallego, M. The effects of natural disasters on international tourism: A global analysis [J]. Tourism Management, 2020, 104080.

[619] Rossi, A., Timmermann, A. What is the shape of the risk-return

relation (Working Paper) [R]. Available at SSRN: http://ssrn.com/abstract = 1364750, 2010.

[620] Ruehl, C. Energy-adapting to a changing world [J]. Journal of the New Economic Association, 2013, 20 (4): 184 – 197.

[621] Rühl, C., Appleby, P., Fennema, J., Naumov, A., Schaffer, M. Economic development and the demand for energy: A historical perspective on the next 20 years [J]. Energy Policy, 2012, 50: 109 – 116.

[622] Sadorsky, P. Do urbanization and industrialization affect energy intensity in developing countries? [J]. Energy Economics, 2013, 37: 52 – 59.

[623] Sadorsky, P. Financial development and energy consumption in Central and Eastern European Frontier Economies [J]. Energy Policy, 2011, 39 (2): 999 – 1006.

[624] Sadorsky, P. The impact of financial development on energy consumption in emerging economies [J]. Energy Policy, 2010, 38: 2528 – 2535.

[625] Sala – i – Martin, X. X. The classical approach to convergence analysis [J]. The Economic Journal, 1996, 106 (437): 1019 – 1036.

[626] Salim, R., Yao, Y., Chen, G. S. Does human capital matter for energy consumption in China? [J]. Energy Economics, 2017, 67: 49 – 59.

[627] Salim, R., Yao, Y., Chen, G., Zhang, L. Can foreign direct investment harness energy consumption in China? A time series investigation [J]. Energy Economics, 2017, 66: 43 – 53.

[628] Salvador, E., Floros, C., Arago, V. Re-examining the risk-return relationship in Europe: Linear or non-linear trade-off? [J]. Journal of Empirical Finance, 2014, 28: 60 – 77.

[629] Samargandi, N., Fidrmuc, J., Ghosh, S. Is the relationship between financial development and economic growth monotonic? Evidence from a sample of middle-income countries [J]. World Development, 2015, 68: 66 – 81.

[630] Samimi, R. Road transport energy demand in Australia: A cointegration approach [J]. Energy Economics, 1995, 17: 329 – 339.

[631] Santos, J. R., Orsi, M. J., Bond, E. J. Pandemic recovery analysis using the dynamic inoperability input-output model [J]. Risk Analysis 2009,

29 (12): 1743-1758.

[632] Sawada, Y., Takasaki, Y. Natural disaster, poverty, and development: An introduction [J]. World Development, 2017, 94: 2-15.

[633] Schwarz, P. M., Cochran, J. A. Renaissance or requiem: Is nuclear energy cost effective in a post-Fukushima world? [J]. Contemporary Economic Policy, 2013, 31 (4): 691-707.

[634] Sehrawat, M., Giri, A. K., Mohapatra, G. The impact of financial development, economic growth and energy consumption on environmental degradation: Evidence from India [J]. Journal of Environmental Quality, 2015, 26: 666-682.

[635] Shahbaz, M. Does financial instability increase environmental degradation? Economics Modelling, 2013, 33: 537-544.

[636] Shahbaz, M., Gozgor, G., Hammoudeh, S. Human capital and export diversification as new determinants of energy demand in the United States [J]. Energy Economics, 2019, 78: 335-349.

[637] Shahbaz, M., Hoang, T. H. V., Mahalik, M. K., Roubaud, D. Energy consumption, financial development and economic growth in India: New evidence from a nonlinear and asymmetric analysis [J]. Energy Economics, 2017, 63: 199-212.

[638] Shahbaz, M., Khan, S., Tahir, M. I. The dynamic links between energy consumption, economic growth, financial development and trade in China: Fresh evidence from multivariate framework analysis [J]. Energy Economics, 2013, 40: 8-21.

[639] Shahbaz, M., Lahiani, A., Abosedra, S., Hammoudeh, S. The role of globalization in energy consumption: A quantile cointegrating regression approach [J]. Energy Economics, 2018, 71: 161-170.

[640] Shahbaz, M., Lean, H. H. Does financial development increase energy consumption? The role of industrialization and urbanization in Tunisia [J]. Energy Policy, 2012b, 40: 473-479.

[641] Shahbaz, M., Lean, H. H. The dynamics of electricity consumption and economic growth: A revisit study of their causality in Pakistan [J]. Energy,

2012a, 39: 146 – 153.

［642］Shahbaz, M., Lean, H. H., Farooq, A. Natural gas consumption and economic growth in Pakistan [J]. Renewable Sustainable Energy Reviews, 2013a, 18: 87 – 94.

［643］Shahbaz, M., Mahalik, M. K., Shahzad, S. J. H., Hammoudeh, S. Does the environmental Kuznets curve exist between globalization and energy consumption? Global evidence from the cross-correlation method [J]. International Journal of Finance and Economics, 2019, 24 (1): 540 – 557.

［644］Shahbaz, M., Nasir, M. A., Roubaud, D. Environmental degradation in France: The effects of FDI, financial development, and energy innovations [J]. Energy Economics, 2018, 74: 843 – 857.

［645］Shahbaz, M., Ozturk, I., Afza, T., Ali, A. Revisiting the environmental Kuznets curve in a global economy [J]. Renewable and Sustainable Energy Reviews, 2013, 25: 494 – 502.

［646］Shahbaz, M., Zakaria, M., Shahzad, S. J. H., Mahalik, M. K. The energy consumption and economic growth nexus in top ten energy-consuming countries: Fresh evidence from using the quantile-on-quantile approach [J]. Energy Economics, 2018, 71: 282 – 301.

［647］Shan, J., Morris, A. Does financial development 'lead' economic growth? [J]. International Review of Applied Economics, 2002, 16 (2): 153 – 168.

［648］Shan, J., Qi, J. Does financial development 'lead' economic growth? The case of China [J]. Annals of Economics and Finance, 2006, 7 (1): 197 – 216.

［649］Sharpe, W. F. Capital asset prices: A theory of market equilibrium under conditions of risk [J]. Journal of Finance, 1964, 19 (3): 425 – 442.

［650］Shen, C. H., Lee, C. C. Same financial development yet different economic growth—why? [J]. Journal of Money, Credit and Banking, 2006, 38 (7): 1907 – 1944.

［651］Shi, Y. The role of infrastructure capital in China's regional economic growth [M]. Manuscript, Michigan State University, 2012.

[652] Shimbar, A., Ebrahimi, S. B. Political risk and valuation of renewable energy investments in developing countries [J]. Renewable Energy, 2020, 145: 1325-1333.

[653] Shrestha, K. Price discovery in energy markets [J]. Energy Economics, 2014, 45: 229-233.

[654] Shrimali, G., Kniefel, J. Are government policies effective in promoting deployment of renewable electricity resources? [J]. Energy Policy, 2011, 39 (9): 4726-4741.

[655] Shu, H., Xiong, P. The Gini coefficient structure and its application for the evaluation of regional balance development in China [J]. Journal of Cleaner Production, 2018, 199: 668-686.

[656] Silvapulle, P., Moosa, I. A. The relationship between spot and futures prices: Evidence from the crude oil market [J]. Journal of Futures Markets, 1999, 19 (2): 175-193.

[657] Singh, R. J., Kpodar, K., Ghura, D. Financial deepening in the CFA franc zone: The role of institutions [J]. Social Science Electronic Publishing, International Monetary Fund, Washington, 2009, 9 (113): 1-17.

[658] Sinha, A., Bhattacharya, J. Environmental Kuznets curve estimation for NO2 emission: A case of Indian cities [J]. Ecological Indicators, 2016, 67: 1-11.

[659] Sobreira N., L. C. Nunes, Rodrigues, P. M. M. Characterizing economic growth paths based on new structural change tests [J]. Economic Inquiry, 2014, 52 (2): 845-861.

[660] Sollis, R. A simple unit root test against asymmetric star nonlinearity with an application to real exchange rates in Nordic countries [J]. Economic Modelling, 2009, 26 (1): 118-125.

[661] Solow, R. M. A contribution to the theory of economic growth [J]. The Quarterly Journal of Economics, 1956, 70 (1): 65-94.

[662] Solow, R. M. Perspectives on growth theory [J]. Journal of Economic Perspectives, 1994, 8 (1): 45-54.

[663] Song, M., Yang, L., Wu, J., Lv, W. Energy saving in China:

Analysis on the energy efficiency via bootstrap – DEA approach [J]. Energy Policy, 2013, 57: 1 – 6.

[664] Song, Z., Storesletten, K., Zilibotti, F. Growing like China [J]. American Economic Review, 2011, 101 (1): 196 – 233.

[665] Soytas, U., Sari, R. Can China contribute more to the fight against global warming? [J]. Journal of Policy Modeling, 2006, 28: 837 – 846.

[666] Strazicich, M. C., List, J. A. Are CO2 emission levels converging among industrial countries? [J]. Environmental and Resource Economics, 2003, 24 (3): 263 – 271.

[667] Sutanta, H., Rajabifard, A., Bishop, I. D. Disaster risk reduction using acceptable risk measures for spatial planning [J]. Journal of Environmental Planning and Management, 2013, 56 (6): 761 – 785.

[668] Tamazian, A., Bhaskara Rao, B. Do economic, financial and institutional developments matter for environmental degradation? Evidence from transitional economies [J]. Energy Economics, 2010, 32 (1): 137 – 145.

[669] Tamazian, A., Chousa, J. P., Vadlamannati, K. C. Does higher economic and financial development lead to environmental degradation: Evidence from BRIC countries [J]. Energy Policy, 2009, 37 (1): 246 – 253.

[670] Tang, C. F., Tan, B. W. The impact of energy consumption, income and foreign direct investment on carbon dioxide emissions in Vietnam [J]. Energy Economics, 79: 447 – 454.

[671] Tang, C. F., Abosedra, S. The impacts of tourism, energy consumption and political instability on economic growth in the MENA countries [J]. Energy Policy, 2014, 68: 458 – 464.

[672] Tapio, P. Towards a theory of decoupling: degrees of decoupling in the EU and the case of road traffic in finland between 1970 and 2001 [J]. Transport Policy, 2005, 12 (2): 137 – 151.

[673] Tebaldi, E., Elmslie, B. Does institutional quality impact innovation? Evidence from cross-country patent grant data [J]. Applied Economics, 2013, 45: 887 – 900.

[674] Thombs, R. P. Has the relationship between non-fossil fuel energy

sources and CO2 emissions changed over time? A cross-national study, 2000 - 2013 [J]. Climatic Change, 2018, 148 (4): 481 - 490.

[675] Tokui, J., Kawasaki, K., Miyagawa, T. The economic impact of supply chain disruptions from the Great East - Japan earthquake [J]. Japan and the World Economy, 2017, 41: 59 - 70.

[676] Toya, H., Skidmore, M. Economic development and the impacts of natural disasters [J]. Economics Letters, 2007, 94 (1): 20 - 25.

[677] Troster, V., Shahbaz, M., Uddin, G. S. Renewable energy, oil prices, and economic activity: A granger-causality in quantiles analysis [J]. Energy Economics, 2018, 70: 440 - 452.

[678] Troster, V., Shahbaz, M., Uddin, G. S. Renewable energy, oil prices, and economic activity: A granger-causality in quantiles analysis [J]. Energy Economics, 2018, 70: 440 - 452.

[679] Trotta, G. Assessing energy efficiency improvements and related energy security and climate benefits in Finland: An ex post multi-sectoral decomposition analysis [J]. Energy Economics, 2020, 86: 104640.

[680] Tsionas, E. G. Kumbhakar, S. C. Markov switching stochastic frontier model [J]. Econometrics Journal, 2004, 7 (2): 398 - 425.

[681] Ucar, N., Omay, T. Testing for unit root in nonlinear heterogeneous panels [J]. Economics Letters, 2009, 104 (1): 5 - 8.

[682] Ulucak, R., Bilgili, F. A re-investigation of EKC model by ecological footprint measurement for high, middle and low income countries [J]. Journal of Cleaner Production, 2018, 188 (7): 144 - 157.

[683] Uritskaya, O. Y., Uritsky, V. M. Predictability of price movements in deregulated electricity markets [J]. Energy Economics, 2015, 49: 72 - 81.

[684] Ussanarassamee, A., Bhattacharyya, S. C. Changes in energy demand in Thai industry between 1981 and 2000 [J]. Encrgy, 2005, 30: 1845 - 1857.

[685] Valadkhani, A., Nguyen, J. Long-run effects of disaggregated renewable and non-renewable energy consumption on real output [J]. Applied Energy, 2019, 255: 113796.

[686] Van Dijk, D., Teräsvirta, T., Franses, P. Smooth transition au-

toregressive models: A survey of recent developments [J]. Econometric Reviews, 2002, 21: 1 - 47.

[687] Van, P. N. Distribution dynamics of CO_2 emissions [J]. Environmental and Resource Economics, 2005, 32 (4): 495 - 508.

[688] Varone, F., Aebischer, B. Energy efficiency: The challenges of policy design [J]. Energy Policy, 2001, 29: 615 - 629.

[689] Veronesi, P. How does information quality affect stock returns? [J]. Journal of Finance, 2000, 55 (2): 807 - 837.

[690] Vinuya, F., DiFurio, F., Sandoval, E. A decomposition analysis of CO_2 emissions in the United States [J]. Applied Economic Letter, 2010, 17: 925 - 931.

[691] Vo, M. T. Regime-switching stochastic volatility: Evidence from the crude oil market [J]. Energy Economics, 2009, 31 (5): 779 - 788.

[692] Vollrath, D. How important are dual economy effects for aggregate productivity? [J]. Journal of Development Economics, 2009, 88 (2): 325 - 334.

[693] Vowles, J. Does globalization affect public perceptions of 'Who in power can make a difference'? Evidence from 40 countries, 1996 - 2006 [J]. Electoral Studies, 2008, 27: 63 - 76.

[694] Wacziarg, R., Welch, K. H. Trade liberalization and growth: New evidence [J]. The World Bank Economic Review, 2008, 22 (2): 187 - 231.

[695] Wahab, M. Asymmetric output growth effects of government spending: Cross-sectional and panel data evidence [J]. International Review of Economics and Finance, 2011, 20: 574 - 590.

[696] Walheer, B. Labour productivity growth and energy in Europe: A production-frontier approach [J]. Energy Economics, 2018, 152: 129 - 143.

[697] Walker, I. O., Wirl, F. Irreversible price-induced efficiency improvements: Theory and empirical application to road transportation [J]. Energy Journal, 1993, 14: 183 - 205.

[698] Wang, S. Y. Trend and characteristics of global industrial structure adjustment and China's countermeasure [J]. Nankai Economic Studies, 2001, 6: 70 - 73.

[699] Wang, S. S., Zhou, D. Q., Zhou, P., Wang, Q. W. CO_2 emissions, energy consumption and economic growth in China: A panel data analysis [J]. Energy Policy, 2011, 39 (9): 4870 – 4875.

[700] Wang, Y., Yao, Y. D. Sources of China's economic growth 1952 – 1999: Incorporating human capital endowment [J]. China Economic Review, 2003, 14 (1): 32 – 52.

[701] Wang, Y., Wang, Y., Zhou, J., Zhu, X., Lu, G. Energy consumption and economic growth in China: A multivariate causality test [J]. Energy Policy, 2011, 39 (7): 4399 – 4406.

[702] Wang, Y., Wu, C., Yang, L. Oil price shocks and agricultural commodity prices [J]. Energy Economics, 2014, 44: 22 – 35.

[703] Wang, Z., Feng, C. The impact and economic cost of environmental regulation on energy utilization in China [J]. Applied Economics, 2014, 46 (27): 3362 – 3376.

[704] Wang, Z., Feng, C. Sources of production inefficiency and productivity growth in China: A global data envelopment analysis [J]. Energy Economics, 2015, 49: 380 – 389.

[705] Wang, Z., Liu, W., Yin, J. Driving forces of indirect carbon emissions from household consumption in China: An input-output decomposition analysis [J]. Natural Hazards, 2015, 75 (2): 257 – 272.

[706] Warr, P., Aung, L. L. Poverty and inequality impact of a natural disaster: Myanmar's 2008 cyclone Nargis [J]. World Development, 2019, 122: 446 – 461.

[707] Warwick, P. V. Government survival in parliamentary democracies [M]. Cambridge and New York: Cambridge University Press. 1994.

[708] Webster, M., Paltsev, S., Reilly, J. Autonomous efficiency improvement or income elasticity of energy demand: Ddoes it matter? [J]. Energy Economics, 2008, 30 (6): 2785 – 2798.

[709] Wei, D., Rose, A. Interregional sharing of energy conservation targets in China: Efficiency and equity [J]. The Energy Journal, 2009, 30: 81 – 111.

[710] Wei, W. X. , Wang, F. Convergence of energy intensities: Test for developed countries and developing countries [J]. China Population, Resources and Environment, 2010, 20 (1): 4 - 10.

[711] Wen, H. , Lee, C. C. Impact of environmental labeling certification on firm performance: Empirical evidence from China [J]. Journal of Cleaner Production, 2020, 255: 120201.

[712] Whitelaw, R. F. Stock market risk and return: An equilibrium approach [J]. Review of Financial Studies, 2000, 13 (3): 521 - 547.

[713] Williams, K. Do political institutions improve the diminishing effect of financial deepening on growth? Evidence from developing countries [J]. Journal of Economics Business, 2019, 103: 13 - 24.

[714] Wilson, B. , Aggarwal, R. , Inclan, C. Detecting volatility changes across the oil sector [J]. Journal of Futures Markets, 1996, 16 (3): 313 - 330.

[715] Windmeijer, F. A finite sample correction for the variance of linear efficient two-step GMM estimators [J]. Journal of Econometrics, 2005, 126: 25 - 51.

[716] Wirl, F. Energy demand and consumer price expectations: An empirical investigation of the consequences from the recent oil price collapse [J]. Resource Energy, 1991, 13: 241 - 262.

[717] Woldendorp, J. , Keman, H. , Budge, I. Party government in 20 democracies: An update (1990 - 1995) [J]. European Journal of Political Research, 1998, 33: 125 - 164.

[718] Woldendorp, J. , Keman, H. , Budge, I. Party government in 48 democracies (1945 - 1998): Composition, duration, personnel [M]. Kluwer Academic Publishers. 2000.

[719] Wolde - Rufael, Y. Energy consumption and economic growth: The experience of African countries revisited [J]. Energy Economics, 2009, 31: 217 - 224.

[720] World Bank, 1996. A Brighter Future? Energy in Africa's Development [R]. The World Bank, 1996.

[721] World Bank. World Development Indicators [DB]. The World Bank. Washington, DC. 2013.

[722] World Energy Council. World Energy Scenarios 2019 [R]. World Energy Council, London, 2019.

[723] Wu, J. Savings, investment and economic growth: Dynamic analysis of capital supply and demand in China [J]. Economic Research Journal, 1999, 11: 29 – 38.

[724] Wu, Q. S., Wang, J. W. Analysis of global energy consumption convergence-based on the method of Phillips Sul [J]. Journal of Beijing Institute of Technology, 2013, 15 (1): 40 – 45.

[725] Wu, Y. Has productivity contributed to China's growth? [J]. Pacific Economic Review, 2003, 8 (1): 15 – 30.

[726] Wurgler, J. Financial markets and the allocation of capital [J]. Journal of Financial Economics, 2000, 58: 187 – 214.

[727] Yalta, A. T., Cakar, H. Energy consumption and economic growth in China: A reconciliation [J]. Energy Policy, 2012, 41: 666 – 675.

[728] Yang, H. Y. A note on the causal relationship between energy and GDP in Taiwan [J]. Energy Economics, 2000, 22: 309 – 317.

[729] Yang, H. Y. Coal consumption and economic growth in Taiwan [J]. Energy Sources, 1999, 22: 109 – 115.

[730] Yang, K., Lei, X. The carbon dioxide marginal abatement costs calculation of Chinese province based on stochastic frontier analysis [J]. Natural Hazards, 2017, 85 (1): 505 – 521.

[731] Yang, Z., Zhao, Y. Energy consumption, carbon emissions, and economic growth in India: Evidence from directed acyclic graphs [J]. Economic Modelling, 2014, 38: 533 – 540.

[732] Yanikkaya, H. Trade openness and economic growth: A cross-country empirical investigation [J]. Journal of Development Economics, 2003, 72 (1): 57 – 89.

[733] Yao, S. On economic growth, FDI and exports in China [J]. Applied Economics, 2006, 38 (3): 339 – 351.

[734] Yao, S., Zhang, S., Zhang, X. Renewable energy, carbon emission and economic growth: A revised environmental Kuznets curve perspective [J].

Journal of Cleaner Production, 2019, 235: 1338 – 1352.

［735］Ye, S., Karali, B. The informational content of inventory announcements: Intraday evidence from crude oil futures market ［J］. Energy Economics, 2016, 59: 349 – 364.

［736］Yilanci, V., Tunali, C. B. Are fluctuations in energy consumption transitory or permanent? Evidence from a fourier LM unit root test ［J］. Renewable and Sustainable Energy Reviews, 2014, 36: 20 – 25.

［737］Yildirim, E., Aslan, A. Energy consumption and economic growth nexus for 17 highly developed OECD countries: Further evidence based on bootstrap-corrected granger-causality tests ［J］. Energy Policy, 2012, 51: 985 – 993.

［738］Yin, L., Han, L. Macroeconomic uncertainty: Does it matter for commodity prices? ［J］. Applied Economics Letters, 2014, 21 (10): 711 – 716.

［739］York, R. Do alternative energy sources displace fossil fuels? ［J］. Nature Climate Change, 2012, 2: 441 – 443.

［740］Young, A. Learning by doing and the dynamic effects of international trade ［J］. The Quarterly Journal of Economics, 1991, 106 (2): 369 – 405.

［741］Yuan, H., Feng, Y., Lee, C. C., Cen, Y. How does manufacturing agglomeration affect green economic efficiency? ［J］. Energy Economics, 2020, 92: 104944.

［742］Yuan, J., Xu, Y., Zhang, X. Income growth, energy consumption, and carbon emissions: The case of China ［J］. Emerging Markets Finance and Trade, 2014, 50 (5): 169 – 181.

［743］Yuan, J. H., Kang, J. G., Zhao, C. H., Hu, Z. G. Energy consumption and economic growth: Evidence from China at both aggregated and disaggregated levels ［J］. Energy Economics, 2008, 30 (6): 3077 – 3094.

［744］Yue, S., Lu, R., Shen, Y., Chen, H. How does financial development affect energy consumption? Evidence from 21 transitional countries ［J］. Energy Policy, 2019, 130: 253 – 262.

［745］Yuxiang, K., Chen, Z. Financial development and environmental performance: Evidence from China ［J］. Environment and Development Economics, 2011, 16 (1): 93 – 111.

[746] Zhang, C., Xu, J. Retesting the causality between energy consumption and GDP in China: Evidence from sectoral and regional analyses using dynamic panel data [J]. Energy Economics, 2012, 34 (6): 1782–1789.

[747] Zhang, D., Cao, H., Zou, P. Exuberance in China's renewable energy investment: rationality, capital structure and implications with firm level evidence [J]. Energy Policy, 2016, 95: 468–478.

[748] Zhang, G. J., Cai, M., Hu, A. Energy consumption and the unexplained winter warming over Northern Asia and North America [J]. Nature Climate Change, 2013, 3 (5): 466–470.

[749] Zhang, J., Zhang, Y. Recalculating the capital of China and a review of Li and Tang's article [J]. Economic Research Journal, 2003, 7: 35–43.

[750] Zhang, J., Wang, L. Wang, S. Financial development and economic growth: Recent evidence from China [J]. Journal of Comparative Economics, 2012, 40 (3): 393–412.

[751] Zhang, X. P., Cheng, X. M. Energy consumption, carbon emissions, and economic growth in China [J]. Ecological Economics, 2009, 68 (10): 2706–2712.

[752] Zhang, Y. J., Hao, J. F. Carbon emission quota allocation among China's industrial sectors based on the equity and efficiency principles [J]. Annals of Operations Research, 2017, 255: 117–140.

[753] Zhang, Y. J., Peng, H. R., Su, B. Energy rebound effect in China's industry: An aggregate and disaggregate analysis [J]. Energy Economics, 2017, 61: 199–208.

致 谢

出版者向以下材料的惠予使用版权者致以衷心的感谢：

Chang C P, Lee C C, Berdiev A N. The impact of government ideology on energy efficiency: Evidence from panel data [J]. Energy Efficiency, 2015, 8 (6): 1181-1199.

Chiu Y B, Lee C C. Effects of financial development on energy consumption: The role of country risks [J]. Energy Economics, 2020, 90: 104833.

Hao Y, Wang L O, Lee C C. Financial development, energy consumption and China's economic growth: New evidence from provincial panel data [J]. International Review of Economics and Finance, 2020, 69: 1132-1151.

Lee C C, Chiu Y B. Modeling OECD energy demand: An international panel smooth transition error-correction model [J]. International Review of Economics and Finance, 2013, 25: 372-383.

Lee C C, Lee C C, Lien D. Do country risk and ? nancial uncertainty matter for energy commodity futures? [J]. Journal of Futures Markets, 2019, 39 (3): 366-383.

Lee C C, Ranjbar O, Lee C C. Analyzing the hysteresis properties and growth stability of renewable energy production of the US [J]. Applied Economics, 2021, 53 (24): 2752-2770.

Lee C C, Wang C W, Ho S J, et al. The impact of natural disaster on energy consumption: international evidence [J]. Energy Economics, 2021, 97: 105021.

Liu G, Liu Y, Lee C. C. Growth sources of green economy and energy consumption in China: New evidence accounting for heterogeneous regimes [J]. Energy Journal, 2020, 41 (6): 33-63.

Liu T Y, Lee C C. Convergence of the world's energy use [J]. Resource and Energy Economics, 2020, 62: 101199.